中国青年消费研究

林江 著

Research on Youth Consumption in China

中国社会科学出版社

图书在版编目（CIP）数据

中国青年消费研究／林江著．—北京：中国社会科学出版社，2022.5
ISBN 978-7-5227-0170-7

Ⅰ.①中⋯　Ⅱ.①林⋯　Ⅲ.①青年人—消费—研究—中国　Ⅳ.①F126.1

中国版本图书馆 CIP 数据核字（2022）第 073006 号

出 版 人	赵剑英
责任编辑	张　潜
责任校对	闫　萃
责任印制	王　超

出　　版	中国社会科学出版社
社　　址	北京鼓楼西大街甲 158 号
邮　　编	100720
网　　址	http://www.csspw.cn
发 行 部	010-84083685
门 市 部	010-84029450
经　　销	新华书店及其他书店
印　　刷	北京君升印刷有限公司
装　　订	廊坊市广阳区广增装订厂
版　　次	2022 年 5 月第 1 版
印　　次	2022 年 5 月第 1 次印刷
开　　本	710×1000　1/16
印　　张	25.75
插　　页	2
字　　数	409 千字
定　　价	129.00 元

凡购买中国社会科学出版社图书，如有质量问题请与本社营销中心联系调换
电话：010-84083683
版权所有　侵权必究

目 录

导 论 ……………………………………………………………… (1)
  第一节 消费的多重作用 ……………………………………… (1)
    一 消费具有推动经济发展的作用 ……………………… (1)
    二 消费具有划分阶层的作用 …………………………… (2)
    三 消费具有整合社会系统的作用 ……………………… (3)
    四 消费具有构建社会身份的作用 ……………………… (4)
    五 消费具有反映社会文化的作用 ……………………… (4)
    六 消费具有影响人心理状态的作用 …………………… (5)
  第二节 青年消费的重要性 …………………………………… (5)
  第三节 青年消费的研究现状 ………………………………… (8)
    一 国外青年消费研究 …………………………………… (8)
    二 国内青年消费研究 …………………………………… (13)
  第四节 本书的内容框架 ……………………………………… (18)

第一章 青年消费的理论溯源 …………………………………… (20)
  第一节 马克思主义经典作家的消费理论 …………………… (20)
    一 消费结构理论 ………………………………………… (21)
    二 消费功能理论 ………………………………………… (24)
    三 消费力理论 …………………………………………… (28)
    四 消费异化理论 ………………………………………… (29)
  第二节 西方经济学视域下的消费理论 ……………………… (32)
    一 绝对收入消费理论 …………………………………… (32)
    二 相对收入消费理论 …………………………………… (33)

  三 生命周期消费理论 …………………………………… (35)
  四 永久收入消费理论 …………………………………… (35)
  五 效用理论 ……………………………………………… (36)
  六 需求理论 ……………………………………………… (37)
  七 消费者选择理论 ……………………………………… (40)
 第三节 社会学视域下的消费理论 ……………………………… (41)
  一 符号消费理论 ………………………………………… (41)
  二 自我呈现理论 ………………………………………… (43)
  三 社会比较理论 ………………………………………… (46)
  四 代际价值观变迁理论 ………………………………… (47)
 第四节 理论总结：青年消费的影响因素 ……………………… (49)
  一 宏观经济状况 ………………………………………… (49)
  二 消费者信心 …………………………………………… (50)
  三 就业及收入状况 ……………………………………… (51)
  四 储蓄状况 ……………………………………………… (52)
  五 重要他人 ……………………………………………… (53)
  六 消费心理 ……………………………………………… (55)
  七 文化因素 ……………………………………………… (59)

第二章 国外青年消费状况考察 …………………………………… (61)
 第一节 青年消费的国别考察 …………………………………… (61)
  一 美国青年消费 ………………………………………… (61)
  二 日本青年消费 ………………………………………… (71)
  三 印度青年消费 ………………………………………… (80)
  四 英国青年消费 ………………………………………… (88)
  五 韩国青年消费 ………………………………………… (89)
  六 泰国青年消费 ………………………………………… (91)
 第二节 各国青年消费的共性 …………………………………… (94)
  一 消费渠道多样化 ……………………………………… (94)
  二 消费决策中意见领袖影响力上升 …………………… (95)
  三 消费需求不断升级 …………………………………… (96)

第三节　国际青年消费的趋势 (98)
  一　趋同性与趋异性并存 (98)
  二　创造者与消费者身份并存 (105)
  三　消费观念多元化 (108)

第四节　国外青年消费的新特征 (110)
  一　社交媒体影响青年消费 (110)
  二　亚洲青年消费的政治化趋势 (115)
  三　日本青年的厌消费现象 (118)
  四　欧美青年消费观念的变化 (124)

第三章　中国青年消费的历史考察和比较分析 (128)
第一节　改革开放前中国青年消费考察 (128)
  一　经济状况 (129)
  二　消费状况 (135)
  三　青年消费特征 (144)

第二节　改革开放后中国青年消费考察 (156)
  一　经济状况 (157)
  二　消费状况 (161)
  三　青年消费特征 (166)

第三节　当代青年消费热点 (169)
  一　情感消费 (170)
  二　个性化消费 (179)
  三　娱乐化消费 (185)
  四　体验消费 (192)
  五　成就消费 (199)

第四节　城市青年与小镇青年消费 (204)
  一　城市青年消费 (204)
  二　小镇青年消费 (210)

第五节　"85后""90后""95后""00后"青年消费 (217)
  一　"85后"青年消费 (217)
  二　"90后"青年消费 (221)

三　"95后"青年消费 …………………………………… (227)
　　四　"00后"青年消费 …………………………………… (235)
第六节　不同性别青年消费 ……………………………………… (243)
　　一　男性青年消费 ……………………………………… (244)
　　二　女性青年消费 ……………………………………… (246)
第七节　青年线下消费与线上消费 ……………………………… (250)
　　一　青年线下消费 ……………………………………… (251)
　　二　青年线上消费 ……………………………………… (253)

第四章　中国当代青年消费现象案例研究 …………………… (258)
案例一　青少年追星引发的粉丝经济 …………………………… (258)
　　一　粉丝经济中的重要概念 …………………………… (259)
　　二　粉丝经济发展现状 ………………………………… (261)
　　三　粉丝经济中价值链的产生 ………………………… (263)
　　四　饭圈文化与饭圈生态 ……………………………… (268)
　　五　粉丝经济中的乱象与治理 ………………………… (271)
案例二　"娘化"与青年男性消费"中性化" …………………… (273)
　　一　"娘化"的开端与发展 …………………………… (274)
　　二　青年男性消费呈现"中性化"特征 ……………… (276)
　　三　"娘化"与青年男性消费"中性化"的成因 …… (280)
案例三　青年社交消费 …………………………………………… (283)
　　一　社交游戏的兴起 …………………………………… (283)
　　二　以圈层为核心的社交消费 ………………………… (288)
　　三　青年消费社交化的成因 …………………………… (290)
案例四　新冠肺炎疫情冲击下的青年消费 ……………………… (291)
　　一　疫情中青年消费的变化 …………………………… (292)
　　二　疫情期间应对青年消费意愿下降的措施 ………… (299)

第五章　中国青年消费的特征与趋势 ………………………… (301)
第一节　中国青年消费的特征 …………………………………… (301)
　　一　超前性 ……………………………………………… (301)

二　引领性 …………………………………………………… (302)
　　三　时尚性 …………………………………………………… (303)
　　四　高端性 …………………………………………………… (304)
　　五　多极性 …………………………………………………… (305)
　　六　矛盾性 …………………………………………………… (307)
　　七　社交性 …………………………………………………… (310)
　第二节　中国青年消费的趋势 ………………………………… (313)
　　一　消费需求的变化 ………………………………………… (313)
　　二　消费意识的变化 ………………………………………… (317)
　　三　消费意义的变化 ………………………………………… (319)
　　四　消费角色的变化 ………………………………………… (322)
　　五　消费模式的变化 ………………………………………… (325)
　　六　未来的青年消费 ………………………………………… (327)

第六章　中国青少年消费问题剖析 ……………………………… (339)
　第一节　青年超前消费 ………………………………………… (339)
　　一　青年超前消费现象分析 ………………………………… (339)
　　二　青年超前消费的危害 …………………………………… (348)
　　三　青年超前消费的成因分析 ……………………………… (349)
　第二节　青年面子消费 ………………………………………… (351)
　　一　青年面子消费现象分析 ………………………………… (351)
　　二　青年面子消费的危害 …………………………………… (354)
　　三　青年面子消费的成因分析 ……………………………… (354)
　第三节　青年跟风消费 ………………………………………… (357)
　　一　青年跟风消费现象分析 ………………………………… (357)
　　二　青年跟风消费的危害 …………………………………… (359)
　　三　青年跟风消费的成因分析 ……………………………… (360)
　第四节　青年伪精致消费 ……………………………………… (362)
　　一　青年伪精致消费的现象分析 …………………………… (363)
　　二　青年伪精致消费的危害 ………………………………… (368)
　　三　青年伪精致消费的成因分析 …………………………… (368)

第五节　青少年成瘾性消费 …………………………………（371）
　　　　一　青少年成瘾性消费的现象分析 ………………………（371）
　　　　二　青少年成瘾性消费的危害 ……………………………（373）
　　　　三　青少年成瘾性消费的成因分析 ………………………（374）

第七章　青年消费教育引导与政策支持 …………………………（377）
　　第一节　青年消费的教育引导 ………………………………（377）
　　　　一　国家层面 ………………………………………………（377）
　　　　二　社会层面 ………………………………………………（382）
　　　　三　个人层面 ………………………………………………（385）
　　第二节　青年消费的政策支持 ………………………………（388）

参考文献 …………………………………………………………（399）

后　记 ……………………………………………………………（404）

导　　论

青年作为最具活力的群体，不仅是未来国家建设的重要力量，更是消费市场的主力军，青年引领着消费的发展趋势和未来走向，这赋予了青年消费研究特殊的意义。

第一节　消费的多重作用

马克思认为生产与消费之间存在着辩证关系，生产对消费具有决定作用，生产决定了消费的对象、消费的方式和结构、消费的质量和水平。通过将先进科学技术应用于生产中，还有利于消费需求的刺激，而消费通过提供消费对象与消费需求对生产能够产生积极的反作用。生产归根结底是以消费为转移，要以消费为最终归宿，消费是社会再生产的重要环节，由此可见，消费在社会发展中的价值不容忽视。在社会学的相关研究中，消费也扮演着重要的角色。从凡勃仑著作中的"有闲阶级"到鲍曼口里的"新穷人"，消费逐渐开始成为社会发展中的一种逻辑，通过外显的消费行为，实现了社会阶层的划分、社会系统的整合、社会身份的构建以及社会文化的重塑。

一　消费具有推动经济发展的作用

从宏观层面来看，消费是中国经济腾飞的助推器。改革开放以来，中国依靠凸显的比较优势和竞争优势迅速占据了世界工厂地位，实现了经济的爆发式增长，至2010年中国已经成为GDP位居第二的经济大国。作为世界第一的人口大国，国民收入的提升、消费需求的增长使得中国在世界市场中的角色也发生了显著变化，由生产大国转变为消费大国。最终消费支出对经济增长的平均贡献率，2013—2019 年为 60% 左右，如果和发达经济体 70%、80% 的水平相比，还是有较大的提升空间。2011—2019 年，中国的消费率平均为 53.4%，2020 年尽管受到新冠肺炎疫情的冲击，但最终消费支出占 GDP 的比重仍然达到 54.3%，高于资本形成总额 11.2 个百分点，为近年来的最高水平。2019 年数据显示，仅信息消费一项前三季度消费规模近 4 万亿元，带动了大数据、人工智能、云计算等多项信息技术行业的发展，围绕以上产业社会就业规模破千万人次。消费是中国经济稳定运行的压舱石。

二　消费具有划分阶层的作用

作为消费的主体，人的社会属性决定了人的生活与生产方式受到社会规则的限制，米歇尔·福柯将这种对人的干预手段称为规训。社会规训手段常常以隐秘的方式出现，如政治制度、学校规则、军队管理方式等，社会阶层也是一种规训的方式。以地位特征、社会经济地位级别等复合指标为标准，群体被划分为不同社会阶层，并根据阶层的不同形成不同的生活方式。在社会阶层划分中，财富、权力与声望是成员社会地位评定的重要因素，而消费则是社会成员展现社会地位的外在形式。

凡勃仑最早关注到消费的社会功能，在对有闲阶级的研究中，凡勃仑发现这一阶级的出现同样是经济力量的产物。在社会从原始向现代的进化中，对于获取权力、优势地位的竞争从未停止，只是从传统社会的武力竞赛转变为财产累积量的比较。在竞争的过程中，竞争者希望自己的金钱拥有量高于社会平均金钱标准，以此来避免受到歧视，由于歧视性对比的存在，阶级被按照财产拥有量划分。有闲阶级是金钱竞赛中的优胜者，为了证明自身在竞争中获得的财富或权力，对财产的某种特殊化消费成为其金钱力量的证明。[①] 只是这种消费更多表现为一种礼仪性质，而不是用在必需品上，可以说有闲阶级通过消费来表现与维持其优势地位。

---

① ［美］凡勃仑：《有闲阶级论——关于制度的经济研究》，蔡受百译，商务印书馆 1964 年版，第 27 页。

在现代社会中，利用消费来实现阶级划分的行为更为明显，不同社会阶层拥有差异性的消费结构，或者说消费某类商品成为某一社会阶层的标志，这种现象的产生是由于商品的符号化。社会自发形成一套编码，将商品与消费者的社会身份、地位、名望一一对应，个体的消费过程也就成为社会阶层信息的展示过程。

三 消费具有整合社会系统的作用

鲍德里亚为世人描绘了一幅消费社会的图景，在消费社会里消费不再是满足需求的手段，被消费的产品也成为一种符号象征。鲍德里亚对杂货店的表述更能体现其观点，"杂货店本身具有完全不同的意义：它不把同类的商品并置在一起，而是采取符号混放，把各种资料都视为全部消费符号的部分领域"[①]。相较于凡勃仑有闲阶级的礼仪性消费，在消费社会中，物的价值被最大化地开发，一切消费都被赋予了超乎商品使用功能之外的意义，人消费的不再是物品本身，而是物品所代表的符号。消费者通过消费行为，如选择特定的消费产品或品牌，来塑造理想的社会自我形象，寻找自身在社会中的位置。

鲍曼将目光更多地放在消费主义与消费社会中人的发展上。随着发达国家由生产型社会过渡到消费型社会，人们在消费活动中看似不再受到生产者的制约，掌握了更多的主动权，但这不过是"以创造出的需求代替了强制性规范"[②]，以诱导性的消费文化代替强制性的国家权力，社会被作为消费者的人的活动所联结。[③] 在这一时代背景下，人的生活被一种名为消费的逻辑所主导，社会关系可以通过消费活动构建，权力的获取与对抗也能通过消费活动展现，"欲壑难填"成为推动社会前进的动力。而在消费社会中，贫穷者因为其在消费能力上的劣势而被排斥于社会关系之外，成为"有缺陷的消费者"。

[①] [法]鲍德里亚：《消费社会》，刘成富、全志钢译，南京大学出版社2000年版，第3页。

[②] [英]齐格蒙特·鲍曼：《工人、消费、新穷人》，仇子明、李兰译，吉林出版集团有限责任公司2010年版，第3页。

[③] [英]齐格蒙特·鲍曼：《立法者与阐释者》，洪涛译，上海人民出版社2000年版，第223—224页。

四 消费具有构建社会身份的作用

经济全球化使得国与国之间的界限逐渐模糊，社会转型的浪潮不仅只波及发达国家，可以说消费社会的到来已经成为趋势。在这样的背景下，如同"有闲阶级"的出现一般，消费所产生的差异正在制造着不同的社会身份。

鲍德里亚的符号消费理论为社会身份的构建提供了理论支持，他认为人的消费动力并非完全出自对物的使用功能的需要，而是对物的符号价值的寻求。对物的消费是一种自我指向性行为，人们借此展现自我的品位与惯习，塑造理想的社会自我形象。差异化消费的目的是与他人进行区分，或者说变得"与众不同"，例如小众定制产品的出现。而通过消费差异性物品，群体从单纯的消费者变为拥有时尚达人、贵妇、精致男孩儿等不同社会身份的独立个体。

五 消费具有反映社会文化的作用

卡尔·马克思认为，文化（上层建筑）与经济之间存在着相互作用的关系，文化的形成建立在一定的经济基础之上，并对经济基础产生能动的反作用。马克思·韦伯则更侧重于讨论文化对经济发展的影响，认为在不同的文化环境中，经济发展会呈现不同的趋势。而作为经济活动的组成部分，消费与文化之间也存在着某种联系。王建平在《中国城市中间阶层消费行为》一书中称"消费从一开始就不是简单的、关于物的实践过程，即便是最初的基于生存的需要满足的消费也是具有文化意义的"，这表明消费往往反映着特定的社会文化。

霍夫施泰德的洋葱皮理论将文化的层次概括为：符号、英雄、礼仪和价值观。借助这一理论框架，我们可以探讨作为经济活动形式之一的消费如何来反映社会文化。文化的形成经历了漫长的历史时期，迄今为止，在这段历史中被人类所创造的物质财富与精神财富的总和被称为文化。文化的传承性与稳定性影响着作为消费者的个体，使其在消费过程中无意识地做出选择，如中国消费者在选购餐具时更可能选购筷子而非刀叉。韦伯在其《新教伦理与资本主义精神》中谈到，新教徒崇尚禁欲、节俭，在经济活动中选择降低自身的消费需求，这种维持最基本生存的消费活动反映了新教徒所遵从的宗教文化。同时，消费活动也在影响着社会文化，这一影响在现代社会中尤为显著。现代社会中，科学技术的应用使生产力得到极大的提高，商品供给能力已经覆盖需求总量，市场的主导方由生产者转向消费者，市场经济活动围绕消费者展开，鲍德里亚在其著作中将消费定义为"一种积极的关系方式（不仅于物，而且于集体和世界），是一种系统的行为和总体反应的方式。我们的整个文化体系就是建立在这个基础之上的"[①]。中国"新三年，旧三年，缝缝补补又三年"的消费文化被以刺激消费需求为目的的购物节解构，"我买故我在"成为现代社会文化的一种真实写照。

六 消费具有影响人心理状态的作用

消费行为联结了需求出现与需求满足两种状态，需求的出现会使个体的心理产生紧张感，促使个体从事一些行为，这种紧张感可以被解释为驱力。当驱力出现时，就代表了个体心理处于失衡状态，为了缓解心理的紧张感，在驱力的作用下个体会通过各种措施来满足需求，而消费是其中最主要的形式。消费心理学就是以消费者产生的需求作为研究的起点，探索在这种需求的驱动下，消费者如何通过内外部条件的影响实现消费行为。

第二节 青年消费的重要性

投资、消费、净出口被称为拉动经济增长的三驾马车。在改革开放40多年中，中国社会消费品零售总额增长了200余倍，消费对经济增长的贡献率由1978年的38.3%一路攀升至2020年的54.4%（其中2018年高达76.2%）。中国特色社会主义进入了新时代，经济增长要依靠内需，构建双循环的新发展格局需要在开放中更好发挥国内超大规模市场的优势。

据国家统计局数据显示，中国14—35岁青年［根据《中长期青年发展规划（2016—2025年）》标准］人口数量约为4亿人，占人口总数的

---

① ［支］鲍德里亚：《消费社会》，刘成富、全志钢译，南京大学出版社2000年版，第1页。

1/4 以上。青年是最活跃、最具创造力的群体。面对消费市场,青年不仅是参与者,也是创造者,从传统工艺制作的竹节杯到酷炫的 VR 眼镜,从越用越新的台钟到具有互动功能的机器人。在青年的消费观念中,"万物皆可跨界",茅台酒和冰激凌可以合二为一;购物靠"万能的淘宝",从日用百货到黑科技产品一应俱全;拼多多里"砍一刀"是人际互动的方式之一,Nothing is impossible 成为青年消费的形象概括。青年在消费活动中完成了身份的转换,而消费也成为青年展示自身的舞台。对青年消费的研究不仅是对这一群体经济现象的关注,也是从多视域下对青年这一特殊群体的透析。

作为未来国家的建设者,青年消费群体已经展现出广泛的消费需求与巨大的消费潜力。2019 年百度发布的《双十一消费数据分析报告》中指出,"90 后"在双十一购物节的消费群体中占据绝对优势。麦肯锡的《中国奢侈品报告 2019》中关注到,"80 后""90 后"青年成为奢侈品消费的重要贡献者。2018 年 10 月 8 日银联商务发布的《2018 国情旅游消费大数据报告》中指出,旅游群体中年龄在 25—34 岁的消费者人数最多,人均消费能力在所有年龄段中位列第三,携程集团发布的《2019 国民旅游消费报告》也印证了这一观点。从休闲娱乐到高档商品消费,青年已经逐渐成为消费市场中不可忽视的中坚力量。

表 1   2019 年中国青年奢侈品消费状况

群体	奢侈品买家总量占比(%)	奢侈品消费总额占比(%)	年奢侈品消费额(元)
"80 后"	43	56	41000
"90 后"	28	23	25000

数据来源:麦肯锡《中国奢侈品报告 2019》。

在消费过程中,青年群体不仅在释放消费潜力,推动消费市场发展,还在通过创造、引领消费潮流对消费市场进行重塑,使市场迎合自身的消费需求。联商网发布的《2019 新消费趋势报告》中显示,单身经济、"95 后"[①] 消费、个性化消费成为关键词。报告指出,青年群体在消费中

---

① 此处主要指 15—30 岁年龄段消费者。

呈现自我化、即时化、易变性等特点，以"95后"为代表的现代青年成为懒人消费与粉丝经济的重要支撑群体。懒人消费兴起的背后是青年消费习惯的改变，淘宝2019年发布的《懒人消费数据》显示，淘宝懒人居家用品消费群体以"95后"为主，消费总量较2017年增长28%。BCG发布的《90后的快递生活》报告称，"90后"人均每月要收6个快递，快递中99%来自网购。《中国外卖产业调查研究报告（2019年前三季度）》数据指出，"80后"和"90后"是外卖消费的主要群体。同时，"95后"消费者还是粉丝经济主力军，致趣·百川发布的《2019粉丝经济报告》中显示，2018年偶像推动的粉丝消费规模超过400亿元，2019年偶像产业市场规模同比增长27.4%，其中青年粉丝消费的贡献率最高。除催生新消费业态外，青年消费者还在创新着消费渠道，麦肯锡发布的《2019年中国数字消费者趋势》中印证了这一点，如一、二线城市年轻消费者主导的实体店消费，使得线上线下全渠道消费成为新趋势；社交电商的兴起，迎合了作为互联网原住民的"80后""90后"一代的消费需求，将消费引入社交媒体应用之中。以上信息表明，青年通过自身消费行为塑造了消费市场。

除创新与引领消费潮流外，青年群体的消费观念还会通过文化反哺对社会群体产生辐射性影响，并反映在国家未来的发展中，因此对青年消费的研究就显得尤为重要。现阶段中国在青年消费方面的学术研究取得了一定的成果，但由于数据支撑力度不足，很难对青年群体整体消费状况进行推断。以青年为对象的各类商业机构借助大数据技术得出的消费调查报告，能够在一定程度上助力青年消费状况的研究，但是这类报告大多以商业营销为目的，对数据的学理解释力度不足。许多研究报告的数据集中在某一年龄段或某一领域，数据之间缺乏有效整合，未能勾画出青年消费全貌。

作为消费潮流的引领者与消费市场的主力军，青年群体的消费表现出许多不同于其他群体的新现象、新特征和新趋势，同时，青年群体的消费行为也带来了许多新问题。中国青年消费问题研究具有很大的理论价值和现实意义，理论层面的剖析需要基于多学科学理视角，实践层面的解读需要大量实证数据和案例支撑。鉴于此，笔者基于多学科理论视角，依托大量青年消费的调查数据，尝试对当代青年消费状况进行深入剖析，以期得出一些中国青年消费有价值的研究发现和结论。

第三节 青年消费的研究现状

随着青年群体在消费市场上作用的不断展现，国内外对于青年群体消费现象、行为、形成机制的研究也在不断深入，对现有国内外青年消费文献的梳理，有利于从整体上把握青年群体消费的研究脉络与未来趋势。

一 国外青年消费研究

在对文献进行梳理后，笔者发现国外青年消费研究具有多主体、专业化、目的性强的特点。除学术机构外，调查咨询公司、新闻媒体也参与到青年消费研究之中，通过问卷、访谈等研究方法在青年群体中进行消费信息收集，形成调查报告或新闻稿件，为消费市场与社会大众提供青年群体在消费领域的画像。笔者以学术研究综述为主，结合调查报告与新闻媒体报告的研究成果，对国外青年消费研究的状况进行梳理。

国外青年消费研究兴起于工业化大背景之下。作为时代产物，青年开始与其他社会群体区分开来，致使青年消费的研究具有其特殊性。国外青年消费研究始于对青年群体行为的讨论，20世纪中后期，以大规模机器生产为特征的工业化使城市规模不断膨胀，大量的青年劳动力与土地相脱离，开始向城市迁移。在集聚效应作用下，工业体系很快出现劳动力过载问题，容纳量不足致使劳动力供过于求，高产出的成年工人在劳动力市场中更受欢迎，青年失业率上升。作为高失业率的连锁反应，青年犯罪问题频发，以青年为对象的研究数量不断增长。以此为前提，青年这个概念往往与"失范"相联系，早期的青年消费研究中往往用青年的某类商品消费来探讨青年的行为失范问题。

以1990年第一届欧洲青年消费和生活方式座谈会为标志，国外开始将青年消费的研究与经济社会化进程、青年价值观相联系，青年消费研究进入一个新阶段。在此阶段中，研究者将青年问题置于生产型社会向消费型社会转变的大背景之下，开始关注青年群体的消费行为与社会流行的消费文化之间的联系，青年不再仅是"问题群体"的代名词。与此同时，消费市场开始关注作为消费者或潜在消费力量的青年群体，以青年为研究对象的商业调查报告开始出现。21世纪初期，随着对青年消费研究的深入，研究者的关注点更为广泛，研究重心也更多倾向于青年群体自身，如青年消费现象与青年文化的相关性、青年群体消费行为的影响因素与形成机制等，人们认为青年消费研究能够预测社会发展趋势，在此阶段青年被赋予更多的正面预期。

从国外青年消费研究的类型来看，大致可以分为以下三种。

第一种类型，青年行为失范与青年消费研究。借助 EBSCO host 平台进行搜索后发现，国外对于青年消费的研究主要集中于青年在酒类、吸毒、博彩、色情以及饮食消费的问题上，主要从法学、心理学、社会学等角度出发。青年群体酒类消费的研究主要针对青年群体的酗酒行为及其引发的社会危害，在已有研究中研究者对青年酒类消费与酗酒问题进行了相关分析，并提出相应解决措施。法学领域的研究者关注青年群体酒类消费与青年犯罪率之间的关联，Parker 等人根据已有研究，发现啤酒消费影响青年谋杀率，得出酒精消费与贫困的相互作用导致高谋杀率的结论，在此基础上，探讨了酒精消费率是否能够作为20世纪90年代美国谋杀案发生率下降的原因。研究结果显示，酒精供应量是青少年暴力行为在社区水平上地理集中度的一个重要预测因子，控制酒精供应量是防止暴力的一种可能机制。[①] 除此之外，还在酒类消费的年龄界定与限制未成年人酒类消费上做出了努力，讨论如何加强执法，强调最低饮酒年龄的相关法律对减少未成年人饮酒的潜在有效性。[②] 社会学对青年酒类消费及酗酒问题的研究则更多以社会身份、人口统计学特征为划分标准，Barnea、Zipora 等人研究发现，文化对于青年饮酒模式和环境的影响不断降低，饮酒行为在越轨青年群体中出现的概率远高于接受教育的学生，验证了饮酒行为与越轨青年群体之间具有相关性。[③] Janlert 等学者则关注失

[①] Parker, Robert Nash、Cartmill, Randi S. Alcohol and homicide in the united states 1934 – 1995—or one reason why U. S. rates of violence may be going down. *Journal of Criminal Law & Criminology*. 1998, Vol. 88 Issue 4, pp. 1369 – 1398.

[②] Barry, R. Edwards, E. Pelletier, A. Brewer, R. Miller, J. Naimi, T. Redmond, A. Ramsey, L. Enhanced Enforcement of Laws to Prevent Alcohol Sales to Underage Persons—New Hampshire, 1999 – 2004. *Journal of the American Medical Association*. 2004, Vol. 292 Issue 5, pp. 561 – 562.

[③] Barnea, Zipora, Rahav, Giora, Teichman, Meir Alcohol consumption among Israeli youth—1989: epidemiology and demographics. *British Journal of Addiction*. 1992, Vol. 87 Issue 2, pp. 295 – 302.

业率对青年群体酒类消费的影响,研究结果表明,在排除社会经济变量与早期饮酒量影响后,男性长期失业(长于20周)和饮酒量之间存在正相关关系,失业成为青年男性饮酒量增加的一个风险指标。[1] 在之后的研究中,学者陆续验证了社交活动中的生活满意度、饮酒环境、性别、家庭养育方式等与青年群体酒类消费的相关性,并不断尝试构建数据模型以量化青年群体酒类消费的影响因素,还原其消费的生成机制,取得了丰硕的研究成果。其他学科在青年酒类消费问题上也提出了若干研究结论,John E'Gay 以澳大利亚青年的饮酒消费为研究对象,提出青春期是饮酒态度与行为形成的关键时期,对青年饮酒消费的关注与预防是降低嗜酒成瘾概率的重要预防措施。[2] Leal 等学者通过青少年与成年的对比,测量了青少年的自我意识、自我反省、洞察力与酒类消费的相关性,结果表明,自我反省和洞察力与酒类消费呈负相关,青年饮酒的风险高于成年人,环境因素对饮酒行为具有调节作用。[3] 青年在吸烟、吸毒、饮食方面的消费也遵循了酒类消费的研究路径与模式,如1983年 Malhotra MK 首先开始关注德国青年的毒品消费问题,探寻青年毒品消费行为中个人和家庭的关联。研究成果向学科交叉、模型化趋近。[4] 在上述研究中,研究者侧重于青年消费与青年不良行为之间的联系,青年消费所扮演的角色仅是数据的提供者。

第二种类型,社会文化与青年消费研究。David Fowler 在他的作品《第一批青少年:"二战"期间英国年轻工薪阶层的生活方式》中提到,从20世纪50年代到"二战"期间作为消费类别的青少年的诞生,以及他们独有文化的群体认同。这部作品首次将青年视为消费主体,将消费视为一项经济因素引入研究之中,使学界开始注意到用消费行为来解读青年群体的可能性和必要性。之后,Claire Wallace 打破原有以社会阶层

---

[1] Janlert, Urban, Hammarstrom, Anne. Alcohol consumption among unemployed youths: results from a prospective study. *British Journal of Addiction*. 1992, Vol. 87 Issue 5, pp. 703–714.

[2] Gay J E. Australian youth and alcohol consumption. *Journal of the Royal Society of Health*, 1987, Vol. 107 Issue5, pp. 195–199.

[3] Leal S A. I know who I am: a true self-knowledge intervention to improve college students' anxiety, depressive symptoms, and alcohol use. *Montana state university*, 2016.

[4] Malhotra M K. Familial and personal correlates (risk factors) of drug consumption among German youth. *Acta Paedopsychiatrica*, 1983, Vol. 49 Issue5, pp. 199–209.

划分来分析青年文化的传统研究思路,提出了与 Fowler 相似的论点:青年在消费文化中所处位置与其他群体具有重要的不同。[①] 在接下来的研究中,学者对青年群体消费的解读不仅限于消费文化这一单一文化背景,Collins、Rebecca 在《Fashion acolytes or environmental saviours? When will young people have had "enough"?》一文中考虑了文化驱动力、社会规范和道德要求对青年日常物质消费行为的影响,通过探索青年群体所具有的物质财富与参与的文化项目之间的关联,来研究青年群体中垃圾文化的生产。Gica Pehoiu 同样对青少年的基础教育消费与文化产品消费进行了探讨,认为青少年在文化产品上的消费与其人力资本的潜在发展具有相关性。[②] Manish Gupta 等人通过对印度青年消费者进行深入访谈,利用主题分析技术制作主题地图,提出青年群体绿色消费的三个主题:个人因素、社会因素与环境因素。[③] 此类型的研究中,消费这一经济因素被引入社会、文化领域的研究中,主要用消费现象来解读青年与社会的联系。

第三种类型,青年消费现象的研究。21 世纪初期,国外学界对青年消费的研究开始细化,Ponsford、Ruth 关于青年母亲在子女养育中的消费的研究,揭示了青年母亲通过管理有限的经济资源——消费,来重新塑造自己作为受人尊敬的养育者的形象,这种消费行为可以理解为面对公众批判和谴责时展现抗逆力的表现。[④] Pedroz 从里约热内卢青年通过消费"扮酷"现象入手,调查了消费与社会、经济和文化不平等的关系,展示了青年对消费和社会问题的见解背后揭示的巨大的消费需求与压力。巴西等级结构的不平等阻碍了贫困青年参与消费社会,竞争性消费文化促使青年群体重视自我形象,增加在外表和服饰上的消费支出。面对这种消费现象,研究者给出了解决措施,教育是解决问题的重要因素,且在

---

① Wallace C. Youth Cultures and Consumption in Eastern and Western Europe: An Overview. *Youth & Society*, 1996, Vol. 28 Issue 2, pp. 189–214.

② Gica Pehoiu. Education and Culture. Cultural Consumption among Young People Aged 18–35. *Postmodern Openings/Deschideri Postmoderne*. 2018, Vol. 9 Issue 1, pp. 165–181.

③ Manish Gupta, Anitha Acharya. Answering key questions on green consumption: A qualitative study among Indian youth. *International Journal of Nonprofit and Voluntary Sector Marketing*. 2019, Vol. 24 Issue 4.

④ Ruth Ponsforda∗. Consumption, resilience and respectability amongst young mothers in Bristol. *Journal of Youth Studies*, 2011, Vol. 14 Issue 5, pp. 541–560.

未来，教育将是助力贫困青年跨越数字鸿沟的关键。[①] 而此方面的描述性研究成果大多来自商业调查公司的各类青年群体消费报告，如 Piper Jaffray 发布的美国青少年调查、青少年最爱的社交平台、青少年中 iPhone 购买状况；麦肯锡发布的中国数字消费者报告等，这类调查报告中既有综合性的调查成果，显示青少年在季度消费支出、电商平台选择、消费品牌、消费品类结构、消费信息来源等部分的状况，也有具体到年龄、性别、消费品类的专业性调查结果，揭示青年群体内部不同"集合"的消费差异。除商业调查机构外，新闻媒体、金融机构在青少年消费现象方面也给予了相应的关注，伦敦专业会计师协会的分析报告显示，当代英国青少年消费支出增长迅速，较之半世纪前同龄青少年增加至少 12 倍。《华盛顿邮报》在对美、英、加、德几国大学教育消费金额进行比较后发现，美国接受私立大学教育费用最高。在此类型研究中，由于研究机构专业性与研究目的的差异，导致研究成果质量参差不齐，新闻媒体、商业调查机构、金融机构出具的调查报告或访谈资料仅停留在对青年消费现象的描述层面，学术研究虽然更为深入，但研究成果较少，研究范围有很大的局限性。

从整个青年消费研究的脉络来看，青年消费与青年失范行为研究，无论从研究历史还是研究数量上均占据显著位置。青年消费文化研究的出现，不仅代表着青年消费研究领域焦点的转变，还意味着更为积极、正面的青年发展视角开始替代问题视角在青年研究中的主导地位，为青年消费研究提供了新的思路。同时，青年消费现象研究与消费文化中的青年消费之间的界限逐渐模糊，两类研究在研究视角上出现交叉，这一趋势的出现表明青年在社会发展中的作用得到肯定，青年对文化环境变化的敏感性，开始使其具备新的功能——预测与指向。

国外的青年消费研究以定量研究为主，注重通过实验或问卷的方法来量化研究成果，或验证研究模型的合理性，在研究成果的实践控制上具有更大的优势，但其研究中也存在不足之处，主要在于缺乏经济学等学科作为学理支撑。国外在消费领域的理论研究一直先于中国，对于消

[①] Sueila Pedrozo. "To be 'cool' or not to be 'cool'：young people's insights on consumption and social issues in Rio de Janeiro". *Journal of Youth Studies*, 2011, vol. 14 Issue 1, pp. 109–123.

费现象的研究也有许多成果，但在青年消费方面，经济学类的研究却有所欠缺，虽然商业、金融机构提供了大量的青年消费数据，但由于其专业性与目的性的限制，对青年消费的功能、影响因素、生成机制、发展趋势等方面缺乏深入的研究，未能很好地实现研究成果向实践成果的转化。此外，在自由主义价值观的主导下，研究者更偏重于对青年这一群体的心理、行为的剖析，而忽视了精神层面的影响因素。

二　国内青年消费研究

中国对青年消费的研究始于20世纪90年代，相对于国外来说虽然起步较晚，但研究成果颇丰。将"青年消费"作为关键词在知网平台上进行检索，共检索出597篇相关文章，其中166篇为SCI、CSSCI、核心期刊，研究主题多达30余项，仅以"青年群体""生产关系""消费行为""青年消费"为主题词的研究数量已过百篇。从已有研究成果来看，中国在青年消费研究中多学科融合的特征明显，其中运用到传播学、心理学、社会学、政治经济学、行为学等多学科理论框架，围绕着青年消费现象、消费方式、消费结构、消费趋势以及消费观五个方面展开，以探索青年消费的规律性为研究目标。

国内青年消费研究起始于消费与储蓄之间的讨论。随着改革开放及社会主义市场经济体制的建立，一些学者开始关注消费对经济的推动作用，全民高储蓄的背后反映出节俭的消费观，对青年经济生活的指导成为突破"节俭悖论"的关键。以丁剑锋所著《摸索青年消费规律　指导青年经济生活》与盛慕杰的《吃两分钱咸菜汤的青年——论消费与储蓄》研究成果为代表，丁剑锋引入经济学中收入、储蓄、消费三者的关系，认为年龄是影响国人消费能力的重要影响因素，不同年龄群体的收入水平、储蓄愿望具有差异。青年个体本身也在经历着经济生活的变化，可分为四个阶段，两对矛盾贯穿其中：消费能力与消费需求的矛盾、收入的固定性与消费的不固定性的矛盾，认为做好青年消费的引导工作对经济与社会的发展有益。[①] 盛慕杰认为，现有的研究对储蓄与消费的关系认识有所偏差，过分强调储蓄对消费的作用显然不符合实际，因此青年消

---

① 丁剑峰：《摸索青年消费规律　指导青年经济生活》，《上海金融研究》1983年第5期。

费中储蓄优先的观念较消费优先更具有研究价值,指出青年在消费活动中应当正确处理消费和储蓄之间的关系,不能为了储蓄而压缩必要的消费支出。[1] 随后共青团组织开始关注青年消费活动,并将其视为共青团在青年中开展思想政治工作的内容之一。

1985年后,对于青年消费的研究进入现象描述阶段。20世纪80年代末,中国经济与社会生活都发生了翻天覆地的变化,青年的消费结构、消费行为与消费观念也随之发生了很大变化,这一期间,黄葵心等人就广州地区女性青年群体的服装消费做了调查研究,发现青年女性在服装消费上开始打破统一,寻求个性、归属感、实用性、时尚感的消费特征。[2] 这一期间研究较多的是青年的结婚消费,钱江洪、毛国云、曲春耀等人聚焦青年结婚消费的研究,大中城市青年在结婚消费上呈现消费升级现象,结婚费用增长迅速,耐用品如家电、家具等方面消费上涨幅度较大。在农村地区,随着收入水平的提高和生活条件的改善,农村青年的结婚消费支出也不断上涨,消费过热、膨胀、超前,给家庭生活造成了经济负担。[3][4][5] 除青年某类消费现象的研究外,对青年消费的总结性研究数量也在增长。青年消费求新、求快特点凸显,物质型消费在价格与品质上升级,从必需商品消费过渡到关注享受类商品的购买;精神产品消费向专业化、多样化转变。刘开云将所关注到的青年消费现象概述为十大趋势,即新奇感、方便式、个性化、西服热、男装化、文娱热、智能型、高档次、艺术性、多样化。[6] 杨桂华对青年在生存、发展、享受三种资料上的消费状况做了总结,表明青年群体通过世代更迭与群体扩

---

[1] 盛慕杰:《吃两分钱咸菜汤的青年——论消费与储蓄》,《上海金融研究》1983年第8期。

[2] 黄葵心、吴重庆、李蓟贻:《美的追求——广州市女青年服装消费心理》,《青年探索》1985年第4期。

[3] 钱江洪、张杰、杨善华、张伦:《我国大中城市青年结婚消费研究》,《中国社会科学》1987年第3期。

[4] 毛国云:《从结婚支付行为看上海青年消费价值观的变迁》,《当代青年研究》1987年第6期。

[5] 曲春耀:《鲁西北地区农村青年结婚消费情况调查》,《青年研究》1989年第12期。

[6] 刘开云:《青年消费十大趋势》,《商业研究》1986年第5期。

散等机制对社会未来的生活方式进行重塑。[1] 此阶段中国的青年消费研究侧重于青年消费的方式与行为，带有问题导向性，主要围绕青年群体因经济状况的好转而产生的各类不良消费观念、行为开展研究。俞健萌基于改革开放时期的大背景，注意到青年消费在预测未来国内消费趋势、影响精神文明建设与生产力发展方面的作用，对青年"消费早熟"现象进行了分析。以上海青年结婚消费为例，指出青年的消费出现跨等级问题，消费水平远超其消费能力。[2] 贺爱忠指出改革开放以来，收入水平的提高与西方消费观念的涌入对城市青年消费的影响，造成多种畸形消费现象出现。[3] 黄志坚的《"现代化进程中的青年问题"之——一个巨大的青年消费市场关于当代青年消费方式的调查分析》一文运用了社会调查方法，得出青年消费观转变、消费结构畸形现象出现的结论。

21世纪初，中国的青年消费研究更加多样化，除消费行为、消费观念外，还出现了消费方式、消费文化等研究内容。总体来说，青年消费研究完成了从总结性研究向差异化研究的转变。以黄志坚为代表，将20世纪90年代青年消费现象的研究进行总结，得出青年消费在现阶段的趋势。如住行消费排位前移、教育消费异军突起、软性消费比值上升、信息消费热流涌动、信贷消费由冷转热等。现有的研究成果基本上能够完整地描述出青年总体在消费行为或观念上的共性，此后这类总结性研究告一段落，学界开始引入更多的学科知识，如社会学、心理学、行为学等理论视角来探析青年群体消费差异问题。这一阶段的研究不仅关注青年这一大群体的消费共性，而且开始关注青年群体内部存在的消费差异。对消费差异的解读促使青年消费研究中多学科的介入。李亚玲对音乐电视的兴起与青年消费之间的关系进行了分析，认为音乐电视作为一种新型广告的形式，通过视觉刺激，潜移默化地影响青年的消费观念。[4] 余开亮从青年的偶像崇拜中透视这一群体的文化消费现象，揭示偶像明星通过利用形象吸引、猎奇心理、塑造虚拟自我、提供情绪宣泄渠道等方式，

---

[1] 杨桂华：《青年的消费方式与社会的未来》，《中国青年论坛》1989年第6期。
[2] 俞健萌：《改革开放时期青年消费现象分析》，《青年研究》1988年第9期。
[3] 贺爱忠：《城市青年畸形消费面面观》，《消费经济》1993年第1期。
[4] 李亚玲：《从视觉的快感到购买的快感——音乐电视对当代中国青年消费的影响》，《当代青年研究》2003年第1期。

吸引青年群体消费偶像明星的文化产品，看似自觉自发的偶像崇拜行为，背后却是资本市场运作的结果，与青年的精神境界提升无益。① 徐湘荷用符号消费来解释城市青年追求品牌的消费现象，是对青年消费研究的一种新的尝试。② 但在此阶段，青年消费的研究成果数量仍处于较低水平。

自 2005 年开始，青年消费研究数量呈直线上升趋势，更多学者开始挖掘青年群体消费现象、群体内消费差异及其背后的影响因素，研究内容与领域向多元化发展。如以居住地为划分标准的青年消费研究，城市青年与小镇青年在消费动机、消费结构上存在着差异；以消费品类划分为标准的青年文化产品消费、影视娱乐消费、奢侈品消费、情感消费研究等。少量研究注意到青年消费对其他行业的影响，如青年的时尚消费对服饰制造行业的影响；青年的绿色消费观念对住宅、运动产品、商品外包装的影响等，青年群体的消费被视为一种力量，在经济社会中发挥一定作用。

同时，学界还尝试将中国青年消费现象置于世界价值观变迁背景之下进行分析，围绕青年消费现象与消费观念的探析形成一系列研究成果。江鸿的《当代青年白领消费生活方式研究》一文，关注青年白领独特的价值观念，从社会学、青年学、心理学多学科视角，描述了当代青年白领消费生活的整体状况，结合时代发展分析其消费特征。方永剑则关注城市上班青年群体中的"拼客"消费现象，将其解读为效用最大化的生活方式，提出青年创造消费文化的观点。③ 栾海英将青年旅游消费中所表现出的个性化、更高级、更有品位、多元化审美的特点，归结为后现代消费文化对青年群体影响的结果。④ 对青年消费文化的研究数量增加，青年消费被视为青年文化的外显，或者说文化成为影响青年消费的重要因素。符号消费的观念被多次引入青年消费研究，扈海鹂在谈及消费文化如何进入大学生群体生活之中时，认为大学生对于消费文化的"文化接受"是从内而外的过程，即首先接受消费文化所创造出来的符号价值体

---

① 余开亮：《从偶像崇拜透视青年文化消费》，《青年研究》2001 年第 11 期。
② 徐湘荷：《当代城市青年的符号消费透视》，《青年探索》2004 年第 4 期。
③ 方永剑：《"拼客"消费：都市上班青年消费新模式》，《当代青年研究》2009 年第 4 期。
④ 栾海英：《消费文化变迁对青年旅游消费的影响——基于后现代主义视角》，《旅游纵览》（下半月）2019 年第 2 期。

系，如语言、外在形象等，之后开始发生消费风格的转变，关注消费的场所、情境是否与自身所要塑造的风格相协调。① 朱强等人从代购消费火热的现象入手，用符号消费来解释青年选择代购商品的驱动因素，符号价值的消费观念、"编码—解码"的运作逻辑、认同危机三者勾画出青年代购消费的形貌。② 杜庆华将青年群体的不良消费行为与符号消费的现实价值相联系，认为过度追求消费的符号表示是导致青年陷入非理性消费窠臼的归因，树立青年健康消费理念的关键需从还原消费与人的发展的本质出发。③

相较于国外青年消费研究的局限性来说，中国的青年消费研究在研究范围上比较广泛，但也存在着自身的不足。首先，定量研究成果较少。从1983年青年消费开始进入学术研究领域开始，中国在此领域的研究方法就以定性研究为主，理论分析类研究成果居多，但在定量研究方面，从数量到质量均处于一个较低水平。由于研究方法的局限性，使得青年消费研究的初衷之一——预测未来经济社会发展的作用未能发挥，研究中模型化成果极少，研究向实际应用的转化率严重不足。其次，研究主题比较宽泛，研究深度不足。研究范围的广泛性与内容的多样性是中国青年消费研究的优势，但研究面的过度宽泛会导致对问题的研究专注度被分散。现有的青年消费研究水平仍处于借助其他学科来解释消费现象的阶段。最后，缺乏整合型成果。青年作为经济生活中最活跃的因素，作为未来社会发展的中流砥柱，其作用不言而喻。但从现阶段的青年消费研究来看，研究专题呈点状分布，缺乏类似21世纪初期的总结性研究，使得青年消费越来越像"雾里看花"，无法窥见其全貌。虽然时代背景的变化促使青年群体的内部差异越来越显著，但借助研究成果的整合，我们依然能够从中梳理出一些规律与变化趋势，用来预测或解释青年群体的消费变化。

---

① 扈海鹂：《消费文化下青年大学生的"文化接受"研究——一种"自我"转变的描述与思考》，《贵州师范大学学报》（社会科学版）2010年第3期。

② 朱强、张寒：《符号消费：代购热潮下青年消费行为透视》，《中国青年研究》2019年第1期。

③ 杜庆华：《一些青年热衷符号消费为哪般》，《人民论坛》2020年第17期。

第四节　本书的内容框架

本书以马克思主义消费观为理论指导，运用经济学、社会学、心理学等相关学科理论，侧重实证分析方法，通过青年消费的大量数据和案例，分析中国青年消费的各种现象及形成机制，不同青年群体呈现的消费特征，青年消费存在的问题、成因及危害，以期描绘出中国青年消费的一个总体画像，最后提出若干青年消费教育、引导以及政策支持的政策建议。

在章节安排上，本书共分为七章。各章内容如下。

第一章"青年消费的理论溯源"。首先，重点阐述马克思主义经典作家关于消费的理论观点，这是本书的价值取向和理论指引。其次，介绍西方经济学视域下的消费理论和社会学视域下的消费理论。最后，通过理论总结，归纳出影响青年消费的因素。具体包括马克思主义经典作家的消费理论、西方经济学视域下的消费理论、社会学视域下的消费理论、青年消费的影响因素等内容。

第二章"国外青年消费状况考察"。选取美国、日本、印度、英国、韩国、泰国等作为样本国家，旨在通过对这些国家青年的消费现状、消费结构、消费特征的分析，总结其消费的共性与趋势，为中国青年消费研究提供国别比较样本。具体包括青年消费的国别考察、各国青年消费的共性、国际青年消费的趋势、国外青年消费的新特征等内容。

第三章"中国青年消费的历史考察和比较分析"。首先，以时间为主线回顾了从新中国成立到当下青年消费的变迁。其次，基于时间截面比较分析了当代不同青年群体的消费状况，以期揭示不同青年群体的消费现象和消费特征。具体包括当代青年的消费热点、城市青年与小镇青年消费、"85后""90后""95后""00后"青年消费、不同性别青年消费、青年线下消费与线上消费等内容。

第四章"中国当代青年消费现象案例研究"。选取当代青年消费中的典型现象作为案例研究，试图分析这些青年消费现象背后的各种原因，包括青少年追星引发的粉丝经济、"娘化"与青年男性消费"中性化"、青年的社交消费、新冠肺炎疫情冲击下的青年消费等内容。

第五章"中国青年消费的特征与趋势"。本章是在基于前述章节对中国青年消费的变迁、不同青年群体的消费特征、当代社会典型青年消费现象案例的分析基础上，总结提炼出中国青年群体的消费特征和未来的消费发展趋势。具体包括中国青年消费的特征、中国青年消费的趋势等内容。

第六章"中国青少年消费问题剖析"。借助实证分析方法，针对当代青少年消费呈现的五种典型不良消费现象及暴露的突出问题，剖析其表现特征、危害及成因。具体包括青年超前消费、青年面子消费、青年跟风消费、青年伪精致消费、青少年成瘾性消费等内容。

第七章"青年消费教育引导与政策支持"，旨在研究如何通过教育引导与政策支持，实现青年健康适度消费的目标。具体包括青年消费的教育引导、青年消费的政策支持等内容。

由于青年消费问题的复杂多变性，加之新时代青年群体的分化日益加剧，新兴青年群体不断涌现，不同青年群体呈现不同的消费行为和消费特征，必然衍生出一系列不同青年群体消费的新问题，这有待学者进行持续跟踪研究，并且也值得学者去进一步研究。限于笔者的时间和水平，本书对青年消费的研究一定还存在不足，诚望大家批评指正。

第 一 章

青年消费的理论溯源

对青年消费的理论基础进行梳理，有助于更好地对各类青年消费现象进行理论解释，并对相关青年消费问题的研究提供学理支撑。

第一节 马克思主义经典作家的消费理论

消费是任何社会经济活动都包含的一个重要环节。同时，消费是"社会中的人"的消费，总是与一定的社会制度、经济体制相联系的。马克思、恩格斯等马克思主义经典作家在长期研究资本主义社会生产方式的过程中，创立并发展了科学的政治经济学体系，其中就有大量关于消费的理论论述。

笔者认为，尽管马克思、恩格斯等经典作家没有专门针对青年消费问题的具体论述，但是马克思主义消费理论对于认识青年消费问题具有基础性意义。具体而言，第一，在马克思恩格斯所处的时代，资本主义生产方式是极其野蛮的，在超高的劳动强度下，工人阶级中的相当部分都是青年工人，甚至有不少的童工、半童工。可见，青年群体的消费状况本身就是马克思恩格斯研究资本主义社会消费问题的重点部分。第二，历史唯物主义是关于人类社会发展一般规律的科学理论，建立在这一哲学基础之上的政治经济学对分析任何社会经济形态都有重要的指导意义，马克思主义消费理论对于认识过去和现在的资本主义社会，以及当代的社会主义社会的消费问题都具有普遍的解释效力。第三，在新中国成立后，马克思主义消费理论是中国制定消费政策的理论前提。不论是新中国成立后长期实行计划经济的时期，还是在改革开放过程中逐步建立社会主义市场经济体制后，马克思主义消费理论一直在中国经济领域发挥指导作用。因此，对中国青年消费问题的研究，必须坚持马克思主义消费理论的价值取向。

一　消费结构理论

（一）消费结构强调消费的构成和划分

在马克思恩格斯之前，亚当·斯密、大卫·李嘉图等古典政治经济学家一般将消费区分为生产性消费与非生产性消费，这种划分方式具有一定理论价值，但同时也存在很大局限，"资本家及其思想家，即政治经济学家认为，只有为了使工人阶级永久化而必须的，也就是为了使资本消费劳动力而实际必须消费的那部分工人个人消费，才是生产消费。除此以外，工人为了自己享受而消费的一切都是非生产消费"[1]。为此，马克思对消费的概念和结构划分进行了更为深入的探讨。

马克思继承了古典政治经济学中关于广义消费和狭义消费的界定。狭义的消费是指"人们为了满足物质、文化和精神生活的需要而对物品和服务的消耗与花费"[2]，也就是通常意义上的消费。而广义的消费指的是"人们为了满足生产和生活的需要而对物质资料的使用和消耗"[3]，并通过劳动把生产资料（劳动资料、劳动对象等）转化为产品的过程，这种消费与生产是一致的。因而，马克思恩格斯在不同语境下表述的"消费"，所代表的含义有时是不同的。

（二）在消费结构的划分问题上，马克思认为消费首先分为生产消费和个人消费

马克思在《资本论》中指出，对于工人而言，"在生产中他通过自己的劳动消费生产资料，并把生产资料转化为价值高于预付资本价值的产品，这就是他的生产消费，也是购买他的劳动力的资本家对他的劳动力的消费。另一方面，工人把购买他的劳动力的资本家而支付给他的货币

---

[1] ［德］马克思：《资本论》第1卷，人民出版社2004年版，第661页。
[2] 编写组：《现代经济词典》，江苏人民出版社2005年版，第1074页。
[3] 编写组：《中国大百科全书·经济学》第1—3卷，中国大百科全书出版社1988年版，第1078页。

用于生活资料：这是他的个人消费"①。而对于资本家而言，消费同样分为个人消费和生产消费，但区别在于，资本家的生产消费就是工人的个人消费，即支付"工人消费工资是生产的消费"。那些被资本家用于购买厂房、土地、原料、燃料、机器等的投入，实质上并非生产消费，而是一种交换。因为这些生产资料的价值并没有被消耗，而是被工人的劳动转移到了商品中。这表明，在资本主义条件下，工人的生存沦为了商品生产过程的附属品。并且，这也为进一步揭示了为什么资产阶级的生产投入如此巨大，但资本主义社会依然会出现生产过剩而有效需求不足的经济危机创造了理论条件。

（三）在个人消费中，马克思又从两个维度进行进一步划分

1. 根据消费资料类别的不同，马克思将消费资料划分为必要消费资料和奢侈消费资料

马克思指出，消费资料生产部门生产的产品中，"可分为两大分部类：（a）消费资料。他们进入工人阶级的消费，但因为它们是必要生活资料，所以也构成资本家阶级的消费的一部分，往往和工人的必要生活资料不同……（b）奢侈消费资料。它们只进入资本家阶级的消费"②。马克思对资本主义社会中奢侈消费进行了批判，指出资产阶级的集体奢侈是一种狂妄放肆，是对人的本质的蔑视，以及对物的践踏，"仅仅供享受的、不活动的和供挥霍的财富的规定在于：享受这种财富的人，一方面，仅仅作为短暂的、恣意放纵的个人而行动，并且把别人的奴隶劳动、把人的血汗看作自己的贪欲的俘获物，所以他把人本身，因而也把自己本身看作可牺牲的无价值的存在物。在这里，对人的蔑视，表现为狂妄放肆，表现为对那可以勉强维持成百人生活的东西的任意糟蹋，又表现为一种卑鄙的幻觉，即仿佛他的无节制的挥霍浪费和放纵无度的非生产性消费决定着别人的劳动，从而决定着别人的生存；他把人的本质力量的实现，仅仅看作自己无度的要求、自己突发的怪想和任意的奇想的实现"③。

---

① ［德］马克思：《资本论》第1卷，人民出版社2004年版，第659页。
② ［德］马克思：《资本论》第2卷，人民出版社2004年版，第448页。
③ 《马克思恩格斯文集》第1卷，人民出版社2009年版，第233页。

2. 马克思根据满足人的需求的层次不同，又将消费资料划分为生存资料、享受资料和发展资料

生存资料是满足人的基本生存所需的资料，主要包括吃、穿、住、行等方面。生存资料的内容是历史的、动态的，会随着社会生产力的发展而更新、扩充。同时，生存资料也是相对的。工人和资本家的生存资料就是不同的，工人消费的生存资料不仅在数量、质量上都远远不及资本家，一些对于资本家来说是基本生存所需的消费品，对于工人来说就是享受资料。

享受资料主要是指在基本生存需求满足后，能进一步满足人的更高层次物质、精神需要的消费品，如高级食品、华丽服饰、文学艺术、娱乐活动，等等。在一切阶级社会，享受资料大都被剥削阶级占有。不可否认的是，随着资本主义社会的发展，工人阶级能消费的享受资料在绝对数量上是增加的，具有一定历史进步性。马克思指出，"在工人自己所生产的日益增加的并且越来越多地转化为追加资本的剩余产品中，会有较大的部分以支付手段的形式回流到工人手中，使他们能够扩大自己的享受范围，有较多的衣服、家具等消费基金，并且积蓄一小笔货币准备金"①。马克思同时强调，尽管工人能消费部分的享受资料，但这并不会改变工人处于被剥削地位的处境和被剥削的程度，"吃穿好一些，待遇高一些，持有财产多一些，不会消除奴隶的从属关系和对他们的剥削，同样，也不会消除雇用工人的从属关系和对他们的剥削"②。需要强调的是，享受资料消费不等于奢侈消费、享乐消费。在马克思看来，享受资料虽然包括一些超出基本生存所需的物质产品，但更多是指休闲时间里的文学、艺术欣赏等。马克思曾以香槟和音乐为例，"如果音乐很好，听者也懂音乐，那么消费音乐就比消费香槟高尚"③。

发展资料是能对人的智力、体力发展起促进作用的消费品，主要是各类教育培训。从历史上看，垄断发展资料是统治阶级的通行做法，不论是古代中国的官学制度，还是近代西方社会的教育制度都是如此。工

---

① [德] 马克思：《资本论》第 1 卷，人民出版社 2004 年版，第 713—714 页。
② [德] 马克思：《资本论》第 1 卷，人民出版社 2004 年版，第 714 页。
③ 《马克思恩格斯全集》第 26 卷 1 册，人民出版社 1972 年版，第 312 页。

人阶级不仅很难占有发展资料,而且有限的享有也是被资本家主导的,无非是被训练为更为合格的工人(广义的工人,包括产业工人、企业一般职工、社会服务人员,等等),"一个教员只有当他不仅训练孩子的头脑,而且还为校董的发财致富劳碌时,他才是生产工人"[1]。即便是在现代资本主义条件下,发展资料依然是被少数人垄断的特权,欧美社会的私立学校收费高昂,平民子女很难进入这类贵族学校的教育不平等现象就是例证。

关于生存资料、享受资料、发展资料的划分,可以说是马克思消费结构理论中最重要的内容。通过这种划分,马克思揭示了资本主义消费不平等的实质不仅仅在于生存资料、享受资料消费的不平等,更在于发展资料消费的不平等。而这种不平等将使阶级固化,是资本主义制度维护自身的重要手段。这一划分的理论影响十分深远,不仅被马克思主义和非马克思主义的学者、理论家普遍认同和沿用,广泛应用于经济学、社会学、教育学等社会科学领域,而且为一百多年来全世界不同理论流派批判资本主义社会根深蒂固的不平等现象提供了重要支点。

二 消费功能理论

消费既是社会再生产过程的环节,也是个体生活的内容。马克思正是从这两个维度对消费的功能进行探讨。就社会再生产过程而言,马克思、恩格斯认为消费反作用于生产,同时对社会再生产有重要影响。

(一)消费对社会再生产有重要反作用

根据马克思主义政治经济学,社会再生产过程包括生产、分配、交换、消费四个环节。其中,生产是社会再生产过程中最根本的环节,对分配、交换、消费起决定作用。同时,消费对生产有重要反作用,并与生产具有同一性。"消费这个不仅被看成终点而且被看成最后目的的结束行为,除了它又会反过来作用于起点并重新引起整个过程之外,本来不属于经济学的范围。"[2]

---

[1] [德]马克思:《资本论》第1卷,人民出版社2004年版,第582页。
[2] 《马克思恩格斯全集》第30卷,人民出版社1995年版,第30页。

1. 消费使产品成为现实的产品

马克思说,"因为产品只有在消费中才能成为现实的产品,例如,一件衣服由于穿的行为才现实地成为衣服;一间房屋无人居住,事实上就不成为现实的房屋。因此,产品不同于单纯的自然对象,它在消费中才证实自己是产品,才成为产品"①。也就是说,不被消费的产品是没有意义的,正是消费完成了劳动产品由抽象向现实转化的环节。

2. 消费为生产提供动力

马克思认为,"消费创造出生产的动力;它也创造出在生产中作为决定目的的东西而发生作用的对象。如果说,生产在外部提供消费的对象是显而易见的,那么,同样显而易见的是,消费在观念上提出生产的对象,把它作为内心的图像、作为需要、作为动力和目的提出来。消费创造出还是在主观形式上的生产对象。没有需要,就没有生产。而消费则把需要再生产出来"②。在这里,马克思表明生产的最终目的是满足人的需要,而人的物质、精神需要都是通过消费得以满足的。简言之,正是因为人要消费,所以才会从事生产。

3. 消费生产出生产者的素质

马克思明确提出,"消费生产出消费者的素质,因为它在生产者身上引起追求一定目的的需要"③。这就意味着,人在消费的过程中,不仅满足了基本的生存需要,而且对更好、更高消费的追求也促使人不断提升自身的素质。此外,马克思还提出正是消费使人成为现实的生产者,"消费不仅是使产品成为产品的终结行为,而且也是使生产者成为生产者的终结行为"④。

(二) 生产和消费的比例关系是影响社会再生产的重要因素

马克思将社会总产品按实物形态划分为生产资料和消费资料两类,整个社会的生产划分为两大部类,即生产生产资料的第Ⅰ部类和生产消费资料的第Ⅱ部类。同时,马克思又将社会总产品按照价值形态划分为

---

① 《马克思恩格斯全集》第30卷,人民出版社1995年版,第32页。
② 《马克思恩格斯全集》第30卷,人民出版社1995年版,第32—33页。
③ 《马克思恩格斯全集》第30卷,人民出版社1995年版,第34页。
④ 《马克思恩格斯全集》第30卷,人民出版社1995年版,第34页。

不变资本（c）、可变资本（v）和剩余价值（m）三部分。马克思强调，在社会再生产过程中，存在简单再生产和扩大再生产两种形式。由于在原有规模基础上重复的简单再生产无法满足资本获取剩余价值的本性，因而资本主义社会中的再生产是扩大再生产。

扩大再生产实现的基本条件是第Ⅰ部类的可变资本加上追加的可变资本再加上第Ⅰ部类资本家用于个人消费的剩余价值的总和，必须等于第Ⅱ部类原有不变资本加上追加不变资本的总和。用符号表达即为：

$$\text{Ⅰ}\left(v+\triangle v+\frac{m}{x}\right) = \text{Ⅱ}(c+\triangle c)$$

由此公示推导，可以得到实现扩大再生产的两个基本条件：

$$\text{Ⅰ}(c+v+m) = \text{Ⅰ}(c+\triangle c) + \text{Ⅱ}(c+\triangle c)$$

即第Ⅰ部类的全部产出必须满足两大部类对生产资料的补偿需要和扩大再生产的追加需要。

$$\text{Ⅱ}(c+v+m) = \text{Ⅰ}\left(v+\triangle v+\frac{m}{x}\right) + \text{Ⅱ}\left(v+\triangle v+\frac{m}{x}\right)$$

即第Ⅱ部类的全部产出必须满足两大部类对消费资料的补偿需要和扩大再生产的追加需要。

以上公式表明生产和消费既要在总量上相互协调，在结构上也要相互协调。如果生产的总量与结构与消费不匹配，社会总产品就不能完全实现，价值补偿和实物补偿就不能实现，社会扩大再生产就难以顺利进行。

在资本主义生产方式中，随着社会生产力的快速发展，社会总产品规模不断扩大，但是消费者的有效需求却不断下降。随着生产过剩和有效需求不足的矛盾越来越尖锐，最终必然爆发经济危机。马克思断言，"生产力越发达，它就越和消费关系的狭隘基础发生冲突。在这个充满矛盾的基础上，资本过剩和日益增加的人口过剩结合在一起是完全不矛盾的；因为在二者相结合的情况下，所生产的剩余价值的量虽然会增加，但是生产剩余价值的条件和实现这个剩余价值的条件之间的矛盾，恰好也会随之而增大"[①]。"一切现实的危机的最后原因，总是群众的贫穷和他

[①] ［德］马克思：《资本论》第3卷，人民出版社2004年版，第273页。

们的消费受到抑制,而与此相对比的是,资本主义生产竭力发展生产力,好像只有社会的绝对的消费能力才是生产力发展的界限。"①

资本主义社会中生产和消费之间的矛盾正是由资本主义生产方式获取剩余价值的本质决定的,"因为资本的目的不是满足需要,而是生产利润,因为资本达到这个目的所用的方法,是按照生产的规模来决定生产量,而不是相反,所以,在立足于资本主义基础的有限的消费范围和不断地力图突破自己固有的这种限制的生产之间,必然不断发生不一致",②"决不应当忘记,这种剩余价值的生产——剩余价值的一部分再转化为资本,或积累,也是这种剩余价值生产的不可缺少的部分——是资本主义生产的直接目的和决定性动机。"③

可以说,生产和消费比例关系问题是马克思消费功能理论的核心内容,也是马克思主义政治经济学中社会再生产理论的核心内容,其根本指归就是通过分析资本主义社会生产和消费之间所固有的矛盾,从而揭示经济危机的爆发是资本主义生产方式不可克服的结构性矛盾,最终阐明资本主义社会必然让位于更高级的社会形态的规律。

就个体而言,消费促进人的发展,对人起塑造作用。消费的本质是满足人的需求,在需求满足的同时也包含着人的素质的发展。正如马克思所说,"消费生产出消费者的素质,因为它在生产者身上引起追求一定目的的需要"④。首先,消费为人的发展提供了条件。马克思在《德意志意识形态》中有过精辟的论述,"人们为了能够'创造历史',必须能够生活。但是为了生活就首先需要吃喝住穿以及其他一些东西"⑤。也就是说,人只有在消费需求得到满足之后,才能进行学习、实践活动。其次,消费为人的发展提供了动力。消费得更多、消费得更好是人类社会不变的追求,这是由人的内在属性决定的。而这种追求也促使作为消费者(同时也作为生产者)的人提高生产效率,改进科学技术,从而在发展社会生产力的同时也提高了人自身的素质。

---

① [德] 马克思:《资本论》第3卷,人民出版社2004年版,第548页。
② [德] 马克思:《资本论》第3卷,人民出版社2004年版,第285页。
③ [德] 马克思:《资本论》第2卷,人民出版社2004年版,第272页。
④ 《马克思恩格斯全集》第30卷,人民出版社1995年版,第34页。
⑤ 《马克思恩格斯文集》第1卷,人民出版社2009年版,第531页。

在消费中，人是主体，消费对象是客体。人的消费过程是客体主体化和主体客体化的统一。一方面，人通过消费，将消费对象变为自身的一部分，这就是客体主体化的过程。在这个过程中，人的体力、脑力消耗得到补充和恢复。另一方面，在消费过程中，作为主体的人也带有了消费对象的属性，使主体得以塑造。例如，更多的教育和培训消费能提升人的技能，更多的文学、艺术等消费能提高人的素养。

三　消费力理论

与古典政治经济学家只关注社会生产力不同，马克思创新性地提出了消费力概念。在《1857—1858年经济学手稿》中，马克思提出了"消费力"概念，"消费的能力是消费的条件，因而是消费的首要手段，而这种能力是一种个人才能的发展，生产力的发展"[①]。在马克思看来，消费力指的就是进行消费的能力，这种能力是个人能力的表征，包括消费需要能力（判别需要是否为真实需要的能力）、消费选择能力、消费支付能力和消费满足能力（能够有效满足需要的能力）。[②]

消费力被马克思划分为绝对消费力和社会消费力，其中，绝对消费力是在特定生产力条件下人们具备的消费一定物质和文化产品的能力，这种能力是建立在特定历史时期生产力基础之上的，因此是绝对的。而社会生产力指的是在一定生产关系中，人们实际能够进行消费的能力。

影响绝对消费力和社会消费力的因素是不同的。由于绝对消费力与社会生产力相对应，因此"只受社会生产力的限制"[③]，影响绝对消费力的因素主要包括分工、合作、技术进步、科学发展、人口增长等，生产力越发达，绝对消费力就越高。与绝对消费力不同，社会消费力更多取决于生产关系，特别是受社会的分配关系影响。马克思指出，"但是社会消费力既不是取决于绝对的生产力，也不是取决于绝对的消费力，而是取决于以对抗性的分配关系为基础的消费力；这种分配关系，使社会上大多数人的消费缩小到只能在相当狭小的界限以内变动的最低

---

① 《马克思恩格斯全集》第31卷，人民出版社1998年版，第107页。
② 罗建平：《马克思消费理论的内涵及其当代价值》，《学术研究》2019年第6期。
③ ［德］马克思：《资本论》第3卷，人民出版社2004年版，第272页。

限度"①。此外，社会消费力也受到资本积累动机的影响，"这个消费力还受到追求积累的欲望、扩大资本和扩大剩余价值生产规模的欲望的限制"②。马克思认识到，资本主义社会的分配关系使得社会上大多数人的消费水平非常低，"广大生产者却总是被限制在平均的需要水平上，而且根据资本主义生产的性质，必须总是限制在平均的需要水平上"③。

因此，从马克思的消费力理论看，分工合作、科学发展、人口增长节约了劳动时间，促进了生产力的发展，但由于受资本主义社会中对抗性的分配关系和资本积累动机的深层次影响，劳动时间的节约带来的仅仅是更多剩余价值的攫取，作为社会中绝大多数的工人阶级的消费力并没有得到根本改善。

四 消费异化理论

异化思想是马克思早期思想的重要组成部分，不仅为批判资本主义社会提供了理论武器，而且也是马克思恩格斯探索历史唯物主义的重要桥梁。有观点认为，在异化问题上，马克思主要考察了劳动异化与生产异化问题，没有讨论消费异化问题。但实际上，马克思在全面阐释异化理论的过程中已经包含了丰富的消费异化理论。

（一）马克思认为，资本主义条件下消费的异化首先表现为工人生产的越多，消费的越少

《1844年经济学哲学手稿》是马克思集中阐述异化理论的经典著作，在这部著作中，马克思指出"工人在他的对象中的异化表现在：工人生产的越多，他能消费的越少"④。在马克思看来，劳动产品应该由创造它们的劳动者所有，并由他们进行消费。而现实中工人阶级生产的商品越多，他们所能消费的就越少。这是因为，在不断涌现的新产品的刺激下，工人的消费欲望被无节制、无限度地扩大，现实中的人也不得不为此对各种殷勤的服务和产品提供酬金。但与此矛盾的是，随着资本有机构成

---

① ［德］马克思：《资本论》第3卷，人民出版社2004年版，第272页。
② ［德］马克思：《资本论》第3卷，人民出版社2004年版，第273页。
③ 《马克思恩格斯文集》第8卷，人民出版社2009年版，第275页。
④ 《马克思恩格斯文集》第1卷，人民出版社2009年版，第158页。

的不断提高，工人阶级的相对消费能力却在不断下降，这使工人在社会财富的积累和增长过程中越来越贫困。

（二）消费异化还体现为消费脱离了人的本性

需要是人的自然本性，人们为了满足需要进行生产，并将产品用以消费，这是消费的理性状态。但是在资本主义条件下，"需要—生产—消费"的自然链条被打破，需要脱离了人的本性，变成了一种"被创造"的存在物。也就是说，为了满足扩大再生产和资本增值的本性，资本主义社会总是创造出新的消费需要，一方面，奢侈与浪费加快了社会财富即实用价值的消耗，加快了资本循环的速度，因而在资本主义社会取得了合理性外衣；另一方面，消费的对象越来越多由实物转向"意义"或"符号"，人的许多消费并非为了实物，而是实物所承载的意义或符号。而这些需要实际并非人的本性使然，不是真正的需要，是被外在强行赋予的异己力量。马克思对此有过经典表述，"每人都千方百计在别人身上唤起某种新的需要，以便迫使他作出新的牺牲，使他处于一种新的依赖地位，诱使他追求新的享受方式，从而陷入经济上的破产。每个人都力图创造出一种支配他人的、异己的本质力量，以便从这里面找到他自己的利己需要的满足"①。

异化的消费在使消费资料精致化的同时，也使人的需要野蛮化了。"一方面所发生的需要和满足需要的资料的精致化，在另一方面产生着需要的牲畜般的野蛮化和最彻底的、粗糙的、抽象的简单化，或者毋宁说这种精致化只是再生产相反意义上的自身"，② 也就是说，虽然人们消费了琳琅满目的实物和符号，但是却连呼吸新鲜空气、居住、温饱、运动等自然需要都无法实现，更毋庸说自由全面发展、平等交往等社会需要了。这种消费资料的精致化、符号化与需要的野蛮化、简单化正是异化消费形成的讽刺对比。

（三）消费异化的一个重要表现就是商品拜物教

马克思认为，在商品经济社会中，人被商品所包围，劳动产品带上了拜物教性质。之所以劳动产品一旦采取了商品形式就具有了谜一样的

---

① 《马克思恩格斯文集》第1卷，人民出版社2009年版，第223页。
② 《马克思恩格斯文集》第1卷，人民出版社2009年版，第225页。

拜物教性质，奥秘在于"把人们本身劳动的社会性质反映成劳动产品本身的物的性质，反映成这些物的天然的社会属性，从而把生产者同总劳动的社会关系反映成存在于生产者之外的物与物之间的社会关系。由于这种转换，劳动产品成了商品，成了可感觉而又超感觉的物或社会的物。……商品形式和它借以得到表现的劳动产品的价值关系，是同劳动产品的物理性质以及由此产生的物的关系完全无关的。这只是人们自己的一定的社会关系，但它在人们面前采取了物与物的关系的虚幻形式。因此，要找一个比喻，我们就得逃到宗教世界的幻境中去。在那里，人脑的产物表现为赋有生命的、彼此发生关系并同人发生关系的独立存在的东西。在商品世界里，人手的产物也是这样。我把这叫做拜物教"①。也就是说，拜物教使本来反映人与物的关系、生产者与劳动的关系外化为物与物之间的关系，似乎与劳动产品的物理属性、与人的劳动本身都脱离了关系，成为冷冰冰的商品与商品之间的数量比例。

由于人与人的关系和人与物的关系被遮蔽在物与物的关系下，人们看不到资本主义社会制度中资本家对工人的剥削，体会不到人在劳动过程中实现本质的乐趣和愿望，在生产领域中对劳动的厌恶和在消费领域里对物的占有形成了鲜明的对比。商品拜物教不仅存在于无产阶级中，也存在于资产阶级中。资本家在剥削制度下不仅脱离了劳动，在生活消费中占有丰富的商品，而且在生产领域中资本的逐利驱使下被货币、资本所控制，马克思引自《工联和罢工》中那段经典论述正体现了这种偏执的目的，"一旦有适当的利润，资本就胆大起来。如果有10%的利润，它就保证到处被使用；有20%的利润，它就活跃起来；有50%的利润，它就铤而走险；为了100%的利润，它就敢践踏一切人间法律；300%的利润，它就敢犯任何罪行，甚至冒绞首的危险。"②

在商品拜物教的影响下，人们忽视自身发展丰富性的需要而在病态的欲望支配下产生了对商品的疯狂追求。于是，建立在私有制和雇用劳动基础上的私有制导致了生产者生产出商品却越来越贫困，消费的贫瘠使他们片面追求商品的占有和感官上的刺激而使劳动丧失了人的本质功

---

① 《马克思恩格斯文集》第5卷，人民出版社2009年版，第89—90页。
② 《马克思恩格斯文集》第5卷，人民出版社2009年版，第871页。

能。在资本主义经济条件下，商品拜物教又进一步发展为货币拜物教、资本拜物教，成为现代社会的享乐主义、拜金主义等观念的思想根源。

马克思恩格斯的消费理论不是脱离实际的"书斋学问"，也不是脱离人类文明成果的"闭门造车"。实际上，正是资本主义社会极不合理的消费状况以及工人阶级的悲惨境遇，引发了马克思恩格斯对资本主义社会的反思和批判。马克思恩格斯在创立自己的政治经济学的过程中，也充分汲取了古典政治经济学的科学成分。同时，空想社会主义者在长期揭露、批判资本主义社会丑恶面貌，以天才的想象力构想理想社会消费制度的努力，也为马克思恩格斯提供了有益借鉴。因此，马克思主义政治经济学中的消费结构理论、消费功能理论、消费力理论、消费异化理论等，是完全建立在现实世界的经济状况和以往人类文明成果基础上的理论体系，是对现代社会消费本质的科学把握。

第二节　西方经济学视域下的消费理论

消费是社会再生产过程中的重要环节，在国民经济中发挥着重要的作用。经济学较早介入了对消费现象的研究，在近百年的发展过程中形成了一系列的消费理论。宏观经济学中对消费的解析阐明了在宏观视域下，消费的短期与长期运行机制对经济产生不同的影响。微观经济学则是从个人消费的决策过程入手，讨论在面对不同商品时消费者选择的目标与约束。

一　绝对收入消费理论

凯恩斯将收入拆分为消费与储蓄两部分，认为居民消费水平的决定因素是收入，假定其他条件不变，收入增加时，消费与储蓄都会增加，反之亦然。消费是收入的稳定函数，用公式表示为：

$$c = c(y) \qquad (1-1)$$

凯恩斯提出了"边际消费倾向递减"的观点。在马歇尔的基础之上，凯恩斯将有效需求根据目的不同划分为两类：消费需求与投资需求。消费需求决定社会消费量的大小，可以用消费倾向来表示。当收入的增长超过一定速度或收入总量达到一定水平时，消费金额就不再与收入保持相同比例增加,而是在收入中呈现占比下降的趋势,即出现边际消费倾向递减。正是由于边际消费倾向递减规律在国民经济中发挥作用,社会总需求中才会出现消费需求不足的问题,从而导致有效需求不足。

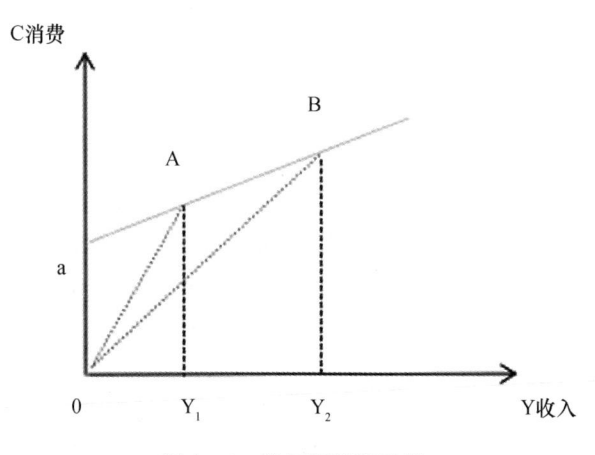

图1—1 凯恩斯消费函数

该消费函数理论有以下假定前提条件:消费者自由选择;价格的充分弹性;只考虑预期的、即时的预算约束,不考虑跨时间约束;由于在短期内的不确定性及由此产生的风险较小,消费者规避风险的行为较弱。虽然凯恩斯注意到了消费者预期,但他认为,对整个社会来说,从短期看,预期对个人消费倾向的影响可以相互抵消,故不考虑消费者的预期,同时也不考虑流动性约束。凯恩斯的绝对收入假说主要是分析短期消费和收入的关系,在短期内,消费主要取决于现期的收入水平。

总体来看,凯恩斯消费绝对收入假说中的消费者行为是短期的消费行为,且仅考虑了收入这一单项因素。绝对收入消费理论为一些消费现象的研究提供了直接的解释,如中国成为世界第二大消费市场的重要原因是国民收入的快速增长;已婚青年消费动力不足则与背负高额房贷、车贷有关等。

二 相对收入消费理论

杜森贝里在凯恩斯绝对收入消费理论的基础上提出了相对收入假说,认为消费者的消费行为不仅受自身目前收入的影响,而且受自身过去收

入与消费状况的影响,尤其是在收入高峰期的消费状况的影响。在不考虑消费者偏好相互影响的情况下,消费者的效用为:

$$\frac{C_j}{Y_j} = a + b \left(\frac{\bar{Y}}{Y_j}\right) \qquad (1—2)$$

U_i 表示第 i 个消费者所获得的总效用,C_i 表示第 i 个消费者的消费支出。

当考虑其他消费者的消费状况时,第 i 个消费者的总效用变为:

$$U_i = U_i(C_i) \qquad (1—3)$$

C_j 是第 j 个消费者的消费支出,a_j 是第 j 个消费者支出权数。函数式增加了其他消费者消费支出作为影响因素,表明个人消费者的消费效用受其他消费者消费支出的影响。由此推导出相对收入消费函数的第二个公式。公式表达为:

$$U_i = U_i\left(\frac{C_i}{\sum a_j c_j}\right) \qquad (1—4)$$

以上公式表明,消费者的消费支出受到消费者自身所在群体平均收入的影响,呈现收入水平低,但消费水平高的状态,追求与所在消费群体消费水平的相似性,表明消费具有示范作用。虽然短期内消费者的平均消费倾向出现了变化,但是将其放在较长的时间段来看,消费者的平均消费倾向实际上是保持稳定的。

相对收入假说还提出,当前的平均消费倾向不仅与短期内的收入相关,还受消费者个体曾经达到的最高收入与最高消费水平影响。

杜森贝里的相对收入假说考虑了消费者心理因素,得出以下结论:

一是个人消费受他人消费影响,消费中存在示范效应。杜森贝里认为消费的变动不依赖于消费者的绝对收入水平,而是依赖于其相对收入水平。在外部环境下,消费者会具有某种程度的攀比行为。这种攀比行为的出现与社会比较有关,为了实现自我合理化,个体往往会倾向于与他人做出相似的行为,在消费中也是如此。杜森贝里的相对收入消费理论揭示了某类群体中出现消费相似性的原因,解释了发展中国家消费迅速进入高水平阶段的原因,为之后消费影响因素中引入参照群体的概念提供了思路。

二是消费者消费水平的不可逆性假设，即棘轮效应。在短期波动中，当收入下降时，消费支出不是一味地减少，而是与以前达到的较高收入之间存在一定的联系，从而基本维持不变。在凯恩斯的消费理论中，在一定水平内收入与消费一直保持着稳定的函数关系，当收入下降时，个体的消费水平也会为了配合收入的降低而下降，这就是消费的可逆性，这是由于凯恩斯将消费者完全等同于理性人。但显然在现实生活中却出现了与此理论相违背的现象，如"由俭入奢易，由奢入俭难"，消费者靠借贷维持较高的消费水平。杜森贝里的研究对这一现象给出了较为合理的解释，受消费习惯的影响，人的消费水平不会随着短时间内收入的减少而降低。

三　生命周期消费理论

弗朗科·莫迪利安尼提出的生命周期消费理论强调了更长的消费预算约束时间段，假定消费支出由现期消费支出与未来预期消费支出组成，其与收入构成的函数可以用公式表示为：

$$C = \frac{WL}{NL} \times YL \qquad (1—5)$$

公式中，C 表示消费，WL 表示工作的时期，NL 表示依靠个人收入生存的生活年数，YL 表示每年工作收入。这一公式含有一系列假定，即工作期间收入维持在固定数值，不存在不确定因素，个人开始工作时没有积蓄，收入不受利率、通胀的因素影响，等等，但显然这是不可能的，当增加现实因素后，生命周期理论仍然适用，此时公式变为：

$$C = aWR + cYL \qquad (1—6)$$

其中，WR 代表个体的实际财富；a 代表财富的边际消费倾向，即个体每年消费掉的财富的比例；YL 为工作收入；c 为工作收入的边际消费倾向，即个体每年消费掉的工作收入的比例。消费者通过执行这样的消费活动使其整个生命周期内的消费达到最佳配置。

生命周期消费理论的贡献，主要在于它解释了为什么长期消费呈现稳定性的特点，而短期消费不断波动。

四　永久收入消费理论

在绝对收入消费理论与相对收入消费理论研究范围内，消费的影响

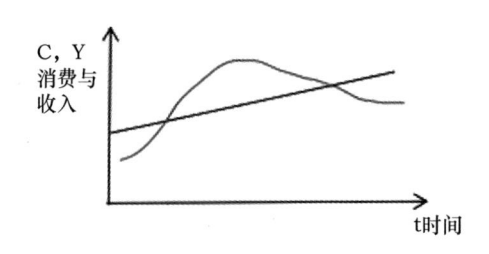

图1—2　生命周期不同阶段的收入与消费状况

因素是现期收入，而米尔顿·弗里德曼的永久收入消费理论则认为，消费主体的消费水平主要由其永久收入决定。用公式表示为：

$$Y_p = \theta Y + (1 - \theta) Y_{-1} \qquad (1—7)$$

公式中，Y_p 为永久收入，θ 为权数，Y 和 Y_{-1} 为现期与过去收入。

永久收入的消费理论是建立在永久收入假说之上的，这种假说与其他消费理论具有较为显著的差异。永久收入的假定条件与绝对收入、相对收入的假定均不同，绝对收入假定消费与现期的收入之间存在稳定联系，相对收入假定消费与过去、现在的收入均相关，而永久收入假定长期收入是影响现期消费的重要变量。虽然永久收入假说与生命周期假说都能够解释长期消费的稳定性与短期消费的波动性，但生命周期假说意在凸显个体消费中储蓄的作用，由于人具有储蓄意识，才能够在生命周期中执行不同的消费策略。而永久收入假说则更注重对消费者预期收入的估计，亦即当消费者认为预期收入会增加，才会实施超前消费的策略，可用于分析经济发展势头良好的国家的国民消费现象。

五　效用理论

效用一词最早由哲学家边沁提出，边沁主张用行为结果代替行为动机作为判断正误的标准，他认为当行为结果实现了大多数人的最大幸福即是一种有效用的表现，之后效用这一概念更多地被运用到经济学研究之中。萨缪尔森最早开始用效用解释消费者行为，他认为消费者消费的目的是获得幸福感，而幸福感来源于效用与欲望之比，欲望不会无限减小是因为人拥有基本的生存需求，那么在欲望值一定的情况下，获得幸福感最大化的途径来自效用的最大化。

要获取最大化的效用，首先需要对效用进行计量。学术界针对于效用计量的理论主要分为两种：基数效用理论与序数效用理论。基数效用理论的核心观点是效用可计量，用函数式可以表达为：

$$\frac{MU_1}{P_1} = \frac{MU_2}{P_2} = \cdots = \frac{MU_n}{P_n} = \lambda \qquad (1—8)$$

TU 代表总效用，是指消费者在一定时间内，消费一定数量的 X 和 Y 商品时，获取的效用量的总和。

消费者对商品 X 的欲望是消费的效用基数，当消费者获取足量商品 X 时，效用值达到最大，过量的获取商品则边际效用 MU_X 递减，用函数式表示为：

$$TU = f(X, Y) \qquad (1—9)$$

但基数效用理论也强调了效用的主观性，认为在不同个体、不同情况下效用计量结果不同。

序数效用理论则认为效用的主观性使得其只可以用来进行比较，不可计量，消费者获取的最大效用是通过对待选商品进行排序而来，效用的大小取决于消费者的偏好，无论消费者做出怎样的选择，效用程度均相同。

经济学把消费者看作"理性经济人"，即在约束条件下追求效用的最大化，当仅将收入视为约束条件时，消费者将有限收入分配至各类商品的消费中获得总效用最大是消费者均衡的研究重点。达到消费者均衡需要具备以下条件：

$$限制条件 \quad MU_x = \lim_{\Delta x \to 0}\frac{\Delta TU}{\Delta x} = \frac{dTU}{dx} \qquad (1—10)$$

$$均衡条件 \quad P_1X_1 + P_2X_2 + \cdots + P_nX_n = I \qquad (1—11)$$

I 代表工资收入，P 代表商品价格，X 代表商品，MU 代表边际效用。

根据边际效用递减规律，马歇尔对需求量与价格之间的关系进行了探讨，结果发现需求量与价格之间也呈现边际递减的关系，即当价格下降时需求量增加，但价格下降对于需求量的刺激是有边界的，当价格下降到一定程度，需求量的增加趋近于零。

六　需求理论

需求驱动消费行为的出现，经济学将需求分为有效需求和实际需求，有效需求是指在特定时间段内，消费者有意愿且有能力购买的商品数量，在此情境中商品的价格与商品需求量呈反向变化关系。实际需求则是当商品价格为零时，消费者在现实的状况下对商品的需求量。需求是购买欲望与购买能力相协调的结果，因此在消费者行为中，需求受到收入、替代产品、消费者偏好和消费预期等因素制约。

在经济学中，对消费的研究最初是从需求出发的，当时的经济学家将消费解释为满足需求的手段，而马歇尔的需求理论就是以此为出发点。马歇尔认为需求产生于人的欲望未得到满足，并引入效用的概念（一物品给所有者带来的幸福感或其他利益）。同时，马歇尔认为虽然人的欲望是无穷且多样的，但每一个具体的欲望都是有限度的，当人的欲望得到满足时，物品的边际效用会随着他拥有该物数量的增加而不断递减。举例来说，当给一个饿肚子的人一个馒头时，这个人的主观幸福感开始增加。当馒头的数量增加到三个时，这个人的主观幸福感达到最高，即这个人已经吃饱了，这时再给这个人一个馒头，他获得的幸福感不仅没有增加，反而下降，且给的馒头越多下降越多，因为他已经没有进食的欲望，更多的食物并不会让他觉得更幸福。

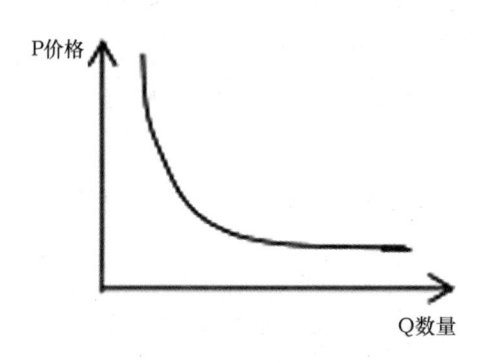

图1—3 需求曲线

马歇尔还发现，虽然价格的涨落会对需求量造成影响，但影响的幅度却因消费者的不同而不同。在此基础上，马歇尔又提出了需求价格弹性的概念，用以衡量需求随价格变动的程度，公式为需求弹性＝需求量变化的百分比除以价格变化的百分比：

$$e = \frac{dx}{x} \div \frac{dp}{p} \tag{1—12}$$

此外，基于边际效用理论，马歇尔还演绎出消费者剩余的概念。消费者剩余是指"消费者能够接受的价格超出他实际支付价格的剩余部分"，是用货币表示的由于购买经济物品而产生的消费者基数效用的增量。举例说，即当消费者极度口渴时购买矿泉水，第一瓶矿泉水的效用最高，消费者愿意花3元来购买一瓶矿泉水，而这瓶矿泉水的市场价格仅为1元，消费者在购买这瓶矿泉水时相当于获得了"3－1＝2元"的消费者剩余，当消费者购买第二瓶矿泉水时，因为口渴的状态已经得到缓解，此时消费者愿意付2元来购买第二瓶水，此时的消费者剩余为1元，以此类推，当喝完第三瓶水消费者已经完全不感到口渴时，他仅愿意花费0.5元再购买一瓶矿泉水，此时矿泉水的市场价格高于消费者愿意支付的价格，理论上来说消费者会选择不购买，表明在消费完第三瓶水时，消费者达到了均衡，且获得了全部消费者剩余。此时我们看到消费者剩余并不是直接的货币剩余，而是感觉获得了实际支付价格之外的效用，消费者剩余值越大，消费者对所消费物品的满意度越高，进而影响商品的需求，因此消费者剩余是衡量消费者福利的重要指标与分析工具。

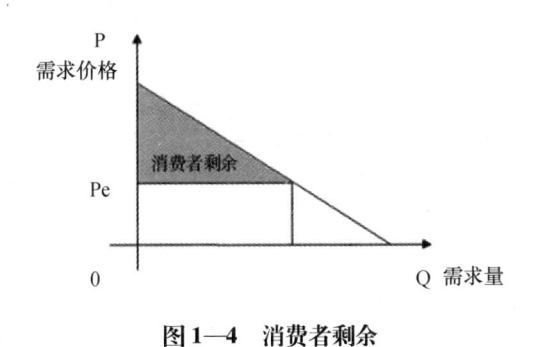

图 1—4 消费者剩余

马歇尔的学说为消费现象提供了理论解释，但同时也存在着理论缺陷。首先，马歇尔将效用视为可度量的单位，然而效用的大小完全取决于人们的主观评价，对其进行度量具有很大的主观性，度量结果不具有可比性。其次，马歇尔的理论主要围绕商品的边际效用递减来展开，但在研究需求量与收入时，又必须假定货币价值的边际效用为定值，可见马歇尔的理论中存在较为明显的漏洞。虽然马歇尔的消费理论存在若干问题，但他提出的概念与研究结论对于消费现象的研究具有重要意义，也成为现在经济学研究中的重要流派之一。

七 消费者选择理论

消费者选择理论以研究消费者的行为规律为目标，探讨消费者在消费过程中如何进行消费选择与决策。

根据边际效用理论，马歇尔还提出了消费者选择理论，即消费者如何使用自身拥有的可支配收入来实现福利最大化的问题。马歇尔认为理性的消费者应当将他闲置的货币收入进行妥善安排，使这些货币在每一用途的消费中的单位货币的边际效用趋于相等，来实现从有限的收入中获得最大满足感的目标，并认为这是消费者选择的基本原则。

消费的目的是获取幸福感，这会促使消费者在消费的过程中以实现消费总效用最大化为目标。但消费者行为受到主观条件——消费动机（欲望、偏好、预期）与客观条件——消费能力（收入、价格）的约束，这就需要消费者在约束条件下选择商品数量与效用的最佳组合。消费者选择理论不仅涉及效用理论，还考虑了效用最大化与消费者选择、价格和收入变化对消费者均衡的影响、消费中的替代效应与收入效应以及不确定性和选择，从更多层面解释了消费者进行决策的影响因素。

以消费中的替代效应与收入效应为例，来说明消费者选择理论的内在运行规律。当价格上涨时，需求量不仅未下降，反而出现上升趋势，如发生在昂贵商品消费中的"凡勃仑效应"，或者发生在必需品消费中的"吉芬效应"，从"吉芬商品"的特殊性中马歇尔推论出，在收入一定的前提下，价格下降时消费者对商品的需求量实际受到两种效应的影响：收入效应与替代效应。收入效应是指在收入一定的前提下，商品价格的改变会造成消费者的购买力发生变化，进而影响到消费者对商品需求量的变化。例如消费者所拥有的货币收入为100元，此时话剧票的价格为20元一张，消费者凭借现有收入可以购买5张话剧票。但当话剧票价格涨至50元一张时，消费者的购买力只能负担得起2张。替代效应则是指当某类商品价格发生变化时，消费者通过购买价格低的商品来替代价格高的商品，从而保持总效用不变。仍以话剧票的消费为例，话剧票的价格为20元一张，电影票的价格为15元一张，当话剧票价格上升到30元一张而电影票价格不变时，两者之间的相对价格发生变化，话剧票的价格相对更高了，此时消费者在收入一定的前提下，更倾向于购买电影票，商品之间发生了替代。

第三节 社会学视域下的消费理论

消费活动的主体是具有社会属性的人，同时，消费活动的发生也在社会环境之中，受特殊情境、人际关系等因素的影响，因此社会学中的相关理论也能够用来分析青年的消费行为。

一 符号消费理论

在结合了对消费、媒介、信息和技术社会发展的研究后，受罗兰·巴特的符号学理论的影响，鲍德里亚提出了符号消费理论，他将消费社会视为一个物的符号体系的集合，消费的功能不再是一个人为了满足自身需求而走向"给予"他满足的物的过程，"需求被可支配的财富目的化了，偏爱被市场上的产品等级所限定"，[1] 这些观念为之后的阶层消费研究提供了理论借鉴。

而在更早的研究中，出于维护自身阶级支配地位的需要，有闲阶级率先开始消费带有符号意义的商品，凡勃仑将其称为"炫耀性消费"现象。这种特殊的消费行为不是为了浪费财物，而是构建出一种阶层地位、社会身份的符号体系。新贵阶层与其他阶层之间通过"炫耀性消费"开展竞争，借此来维护自身的社会地位、声望、荣誉，获取自尊和满足感。[2]

鲍德里亚提出的符号消费理论借鉴了异化理论、符号学、社会景观理论等学科论点，形成了差异性理论、文化符号理论与符号政治学理论三大理论内容。

---

[1] 让·波德里亚：《消费社会》，刘成富、全志钢译，南京大学出版社2000年版，第58页。

[2] 王建平：《中国城市中间阶层消费行为》，中国大百科全书出版社2007年版，第71—72页。

(一) 差异化理论

差异化理论建立在需求的自我差异之上，由于批量化大生产，产品之间的差异很细微，为了与他人进行区分进而保有自我的独特性，个体产生了一种过度的自我指向，通过建立差异来确认自我的存在，因此个体会根据个性来选择消费对象，进行消费决策。而过分对个性的强调导致主体差异的丧失，人与人之间的个性不再通过其他方式传达，而是仅通过消费偏好或反映个人品位的消费来实现，这意味着具有象征意义的消费行为取代了人在主体上的差异性，导致异化现象出现。

此外，物与物之间的本体差异也被消除。物与物的差异表现为不同物品的功能不同，但在消费社会中，物与物的本体差异被象征意义所消除，具有同样功能的水杯，它们的差异来源于价格的不同，因此它们在消费者的眼中被标上物美价廉、高端大气的标签。依照这样的逻辑，新的区分鉴别机制出现，社会阶层被以消费能力与所消费的商品来进行划分，消费的意义不再是单纯地获取商品的使用价值，而是通过消费来辅助社会活动，通过消费对象来标记自我。

(二) 文化符号理论

文化符号的作用也是用于个体的标记与群体的区分，在鲍德里亚看来，考试是一种典型的文化符号。首先，考试具有标准化的特点：考试答案标准化、考试流程标准化，因此它为社会组织成员的竞争提供了一个同一的平台。其次，考试给予了社会组织中的每一个人同等的晋升机会，每个人都被考试分数所标记。最后，无论是按照考试分数还是是否参加考试，考试对群体进行了区分。考试分数成为阶级划分的标准，在标准线之上的，被标记为上层阶级，考试分数在标准之下的被标记为下层阶级，分数由个体所掌握的文化程度决定，因此文化也同样具有符号作用。

同理，将这种讨论置于整个文化产业，对文化符号的掌握程度赋予了个体在文化产业中的位置，因此对书籍、艺术品的消费不是指向本身的内容，而是指向对文化符号的期待。

(三) 符号政治学理论

在消费社会中，物还承担着阶层区分的功能，对整个社会机制重新整合。在鲍德里亚看来，社会产品的生产与流通都是为了凸显社会等级，在这个社会中，消费构建了物与社会地位的对应关系，并将其反映在社会组织结构之中，符号政治学就是研究符号消费如何进行社会等级秩序的重建。

布迪厄对社会分层与社会资本占有之间的关联进行了研究，对于炫耀性消费研究的创新之处在于将文化资本、惯习、区隔引入分析之中。在布迪厄看来，文化资本是个体社会流动的一种重要资本，上层阶级在将本阶级与其他阶级相区隔时借助了文化资本；在布迪厄看来，炫耀性消费实质上是阶层对于自身拥有的社会资本的展示，尤其是文化资本的展示。

品位在社会分层中发挥着重要的作用，在布迪厄看来，不同阶级由于品位不同，对阶层群体消费行为的影响也不同。品位受到文化资本的影响，是一种后天获得的区别和欣赏的倾向，个人的审美情趣被用来通过一种特殊的标记来确保在社会等级中的地位，表现出品位对个体行为的控制。布迪厄谈到品位对社会阶层起到区隔的作用，这种区别的过程比炫耀性消费更强大，也提供了一种更普遍的排斥手段。相较于凡勃仑谈到的有闲阶级的明显消费，布迪厄认为炫耀性消费变得更为隐蔽，与粗俗的奢侈品相比，具有独特性与高雅审美情趣的商品才是炫耀性消费的对象，而品位成为社会分层的重要标准。

品位不是上层社会的专用词汇，底层群体也有独属的价值观与品位，成为大众文化形成的温床，并且与上层群体具有相同倾向——区分本阶层与其他阶层，这就使得大众文化与社会上层文化之间形成对抗。中产阶级是其中一个较为特殊的阶层，他们渴望拥有与上层阶级相同的品位，但受到文化资本的限制。面对下层阶级，中产阶级又迫切希望建立区隔，不希望被"混为一谈"。在上层阶级与中产阶级的关系中这种建立区隔的动作依然存在，这就使得上层阶级想要与众不同时，只能绕过中产阶级与大众品位看齐，在这个过程中，上层阶级的炫耀性消费符号中包含了下层阶级的流行因素。

虽然中国尚未进入鲍德里亚所描述的消费社会的阶段，但消费的确已经成为国人的重要社会活动，因此在消费现象研究中有必要借用符号消费理论，作为时代背景的理论解释，进而能够更好地助力我们解释不同收入、社会身份的青年个体消费行为之间的差异。

二 自我呈现理论

消费不仅是一种经济行为，还是一种人际交往行为，自我呈现理论为消费主体的行为以及重要他者对个体消费的影响作用提供了解释。自我呈现理论源自戈夫曼的拟剧理论,戈夫曼在对若干社会学研究成果进行归纳总结后,发现对于社会机构的解读除了技术的、政治的、结构的、文化的视角,还存在着第五种视角——戏剧的视角,由此构建了这样一个框架,它不仅能静态地描述社会互动的发生,还涉及各种动态问题,用来解释社交中的变化,这个框架就是拟剧理论。戈夫曼认为,个体的表达包括两种根本不同的符号活动:他给予的表达和他流露出来的表达。[1] 第一种表达通过文字、语言等较为直接的形式显现出来,而第二种表达则更为隐蔽,如表情、神态、动作等,拟剧理论的研究正是针对第二种表达而来。在戈夫曼看来,人的社会互动活动是一场信息的博弈,个体通过主动或被动的释放信息(包括:身份经济地位、自我观念、能力、职业、个性,等等)来给对方留下印象,并通过各种措施来维持自身形象与信息中的自我印象的一致性,而作为观众的信息接收者,知道个体会通过印象管理来呈现有利于自身的形象。因此,为了验证自身对表演者的印象是否正确,他们会通过观察表演者行为中那些不太可能被控制的方面,来对照检查容易控制的方面,"交流过程起初的不对称性很可能一直会保持下去"[2]。

人与人之间的互动是为塑造他人眼中的自我形象,而不是展示真实的自我形象,或者可以说是为了对他人眼中的自我进行印象管理。因此戈夫曼提出了个体自我呈现的四种策略:理想化表演、神秘化表演、防卫措施及保护措施。

(一)理想化表演

表演者的目的是呈现理想自我,进行理想化的表演成为表演者必然执行的策略。理想化的标准在戈夫曼的研究中,被解释为表演与表演者所面对的社会的理解和期望相符合[3]。或者说表演者会为了迎合社会中正

---

[1] [加]欧文·戈夫曼:《日常生活中的自我呈现》,冯刚译,北京大学出版社2008年版,第2页。
[2] [加]欧文·戈夫曼:《日常生活中的自我呈现》,冯刚译,北京大学出版社2008年版,第8页。
[3] [加]欧文·戈夫曼:《日常生活中的自我呈现》,冯刚译,北京大学出版社2008年版,第29页。

式承认的价值而做出其行为并不具备的表演。理想化表演与社会阶层之间的"压差"息息相关,大多数社会都存在着分层系统,不同社会阶层所占有的社会资源、享受的权力不同,呈现金字塔形的由下至上递增的趋势,这就使得不同社会阶层之间形成了"压差",推动个体主动或被动地寻求向更高社会阶层的流动,个体对高阶层的理想化成为拟剧中理想化表演的驱动与模板。而理想化表演通过符号装备来实现,如仪式、物质财富的展现等。

(二) 神秘化表演

在学者看来,限制接触,与观众保持社会距离能够使观众产生并维持一种敬畏,而这种敬畏使得表演者处于神秘的状态。戈夫曼认为,个体通过自己给予的表达来形塑在他人眼中的自我印象,而作为观众的他人则更乐于寻找两种符号活动之间的差异,借由那些不易被个体控制的行为、语言、表情来检验个体所传递信息的真实性。以此为前提,后台区域的价值就在这里隐藏着表演者最关键的秘密。

(三) 防卫措施

戈夫曼在研究中谈到,戏剧化表演的结果包括了成功的表演与表演崩溃两种,而表演崩溃往往会造成小社会系统的混乱。为了避免这种情况的发生,参与者,尤其是表演者会采取一些防卫性的措施,主要包括:忠诚、纪律与谨慎。忠诚发生在剧班内部,剧班成员之间在无形中需承担起在表演中不泄露剧班秘密的道德义务,以保证整个剧班在表演中形象呈现的一致性。纪律是用以维持剧班表演的关键点,"遵守戏剧表演纪律的表演者,是那些牢记他的角色,但又不会在表演角色时犯无意姿态和失礼等错误的人"[①]。表演者通过遵守纪律来使其与剧班中所有成员的表情、神态、行为得到控制。为了通过观众或观察者的检验,表演者需要深谋远虑,预先对所做的表演进行设计,以使其在整体上看起来保持一致。

(四) 保护措施

为了保持"运作一致",观众与观察者也会采取措施来保护表演的进行。戏剧通过表演区域来分割表演者与观众、观察者,但并非仅有表演

---

① [加] 欧文·戈夫曼:《日常生活中的自我呈现》,冯钢译,北京大学出版社2008年版,第185—186页。

者会控制他人接近表演的前台或后台,观众或观察者也会自动离开表演区域,以使表演者能够充分准备接下来的表演,如在做客之前事先通知主人、邀请不善于交际的其他客人参与讨论或对表演的瑕疵视而不见。

自我呈现理论继承了符号互动论中个体通过互动实现符号交流的观点,并将其与戏剧运行原理相结合,强调人际交往中理想自我形象的呈现。戈夫曼认为个体会因为受到不同动机的驱使,而在社会交往情境中努力呈现能够获得他人肯定的自我形象,虽然这种自我形象可能与个体的实际形象并不相符,扮演理想自我的行为实际上是个体在通过印象管理对他人实施控制。

三 社会比较理论

社会比较理论最早由美国社会心理学家利昂·费斯汀格提出,以阐明个体如何在客观标准缺失的状态下完成自我评价为主要内容。费斯汀格认为个体参与社会比较的对象为类似自身的群体,通过与这些群体的比较来为自我评价提供更准确的信息,当然这里的"与自我类似"可以是某一方面,也可以是很多方面。当以下三种情况——(1)个体不确定自我的想法或感受;(2)处于高压力、新的或变化的情境中;(3)处于竞争环境中的任意一种发生时,个体就会倾向于进行社会比较。

在比较的过程中,个体会将比较标准划分出三个方向:上行、下行与平行比较。上行比较是指个体寻求与优于自身的他人进行比较,个体进行上行比较是为了找出与优秀他人之间的差距,激励自我不断改进,进而达到自我进步的目标。下行比较是指个体寻求与差于自身的他人进行比较,当个体遭遇消极生活事件时,个体的自尊、心理健康水平将会下降,为了维持自尊,获得主观幸福感,个体倾向于与处境不如自己的人进行比较。由此可见,下行比较是个体为了维持身心平衡状态而实施的保健措施。平行比较则发生在"势均力敌"的两个个体之间,在平行比较中能够激发个体的竞争精神,进而使自己在竞争中最大限度发挥个人潜力。通过多次比较,个体会无限趋近正确的自我评价,找到自身在社会群体中的定位。比较方向的不同造成了两种效应的出现:优于平均、差于平均。优于平均效应是指个体主观上认为自己的表现相较于其他人更好,拥有更多的积极品质和更少的消极品质。差于平均效应是指当在一些不寻常的能力或不常见的行为中进行比较时，个体往往觉得自己不如其他人。

费斯汀格之后，社会比较理论被不断拓展，除基本观点之外还形成了一系列重要的理论成果，如对自我评价的积极性期望使社会比较具有自我增进功能；个体间的比较只是暂时的，是为获得自我同一性服务的。而团体间比较则是持续的，是社会同一性形成的前提。

社会比较理论的核心概念在于社会比较成为一种驱力，使个体的观念与行为发生变化，并在社会生活中发生作用。那么社会比较理论是否能够用来解释消费行为呢？这就需要解答社会比较是否在社会生活中普遍存在。首先，个体不能脱离社会集体单独生存，那么在社会生活中，个体就受到群体要求一致性的压力，遵循社会规范行事，而社会比较就是一种"排异"的行为，通过与他人比较发现自身的差异，并做出相应行为与他人保持一致。而当个体表现出与群体态度、行为不一致时，在人际交往中就会被他人疏远、排斥，被孤立于人际网络之外。其次，社会群体中存在竞争，这是自然法则进入社会生活的表现。"物竞天择，适者生存"的自然法则进入社会中，转变为人与人对就业机会、发展机会、配偶、社会地位等的竞争，竞争结果（自我评价）会对个体的身心造成影响，为了保持现有地位或补偿竞争失利的挫败感（自我满足），向上性动机发挥作用，社会比较延续并扩大范围。最后，已有的评价成为社会比较的"模板"，使人们不自觉进行自我评价，并参与到社会比较之中。新闻媒体中每日刊登的社会事件版面实际上为个体提供了社会比较的模板，如对企业家的报道会采用"知名""年轻有为""爱国"等字眼，当个体在阅读此类内容时，会产生一个自我评价，使个体的观念、行为发生变化，并参与到社会比较之中。由此可见，社会比较现象在社会生活中具有普遍性，因此用社会比较理论对消费行为进行研究可以从另外一个角度为行为的发生提供解释。

四 代际价值观变迁理论

政治学家罗纳德·英格尔哈特在后现代化研究中发现，"发达工业社会的政治文化可能正在经历一场转型。它似乎正在改变特定几代人的优先价值观"①。这种价值观的转变不只是由于年龄的增长使社会群体更倾向于后物质主义,而是因为年轻世代群体的后物质主义倾向更加明显,年轻的世代在逐渐替代年老的世代。基于匮乏假设与社会化假设,代际价值观变迁理论解释了世界范围内不同世代间价值观变化的趋势,即由物质主义价值观向后现代主义价值观转变。

之所以需要对不同世代之间的价值观进行研究,是因为不同年龄群体在经验、地位、品位等方面存在差异。18世纪中叶,哲学家歌德意外发现同一世代成员拥有相近的世界观,而这使他们与其他世代成员区分开来,孔德认为社会变迁与世代更替相关,根据自身所处时代以30年作为一个世代更替的周期。伏尔泰从"生命本身"出发,从历史的角度来看待个体的存在方式,对世代给出了"同时经历了某些重要历史事件及其影响的人群范畴"②的定义,认为同一世代群体的重要特质是共有质的主观历史经验。奥尔特加把世代作为一种生命的构造来定义。世代就是出生在同一年代,拥有相同的人生阶段,经历相同的时代体验,形成了某种意识的自我和他者的集合。世代的形成并非主要依赖于重大历史事件,而是因群体中成员共享同一社会现实,从而对其生活造成影响。在世代更替的问题中,奥尔特加认为新旧两个世代的互动存在两种状态——"积累性时期"与"消解性时期","积累性时期"中新旧两个世代群体在某些基本准则上达成一致意见,进而进入相互支持的良性互动。而在两个群体未达成一致的方面,冲突产生并影响到两个世代之间的均衡,③不可避免地动摇社会,使之发生变化。而世代间的不均衡成为奥尔特加在世代理论的前提条件之一。除此之外,奥尔特加还设定世代活动的周期为30年,在这个活动周期中同时存在两个世代,壮年年代层与熟年年代层。

英格尔哈特通过七波世界价值观调查数据发现,现代青年群体中后

---

① [美]英格尔哈特:《现代化与后现代化——43个国家的文化、经济与政治变迁》,社会科学文献出版社2013年版,总序第1—2页。

② 沈杰:《青年、世代与社会变迁世代理论的源起和演进》,《中国青年政治学院学报》2010年第3期。

③ 沈杰:《青年、世代与社会变迁世代理论的源起和演进》,《中国青年政治学院学报》2010年第3期。

现代主义价值观的征候逐渐显现。虽然现代化征候如工业化、城市化、高等教育仍在社会价值观中占据主导地位，但是可以发现社会中正在出现一些新的变化，人们更加重视自我价值，追求个体幸福感最大化，经济增长不再是成就的唯一表现形式，宗教和国家的权威被逐渐解构，政治议程的内容开始与个体的发展息息相关。价值观的转变也带来了消费观念的转变，代际价值观变迁理论为不同世代青年群体消费特征的变化提供了理论遵循。

第四节 理论总结：青年消费的影响因素

根据以上与消费相关的若干理论，本节总结出青年消费的若干影响因素，并根据其属性分类进行阐述。

一 宏观经济状况

消费是宏观经济学总需求分析的重要组成部分，宏观经济运行通过影响社会群体可支配收入水平对消费活动产生影响。当宏观经济出现问题时，人们在消费活动中往往会选择更为保守的消费行为，如减少非必要消费支出、选择价格更低的替代商品等。因此在进行青年消费分析时，中国宏观经济形势的分析应当作为大前提被加以考虑。

表1—1　　　　2017—2021年中国宏观经济状况

年份	GDP（亿元）	CPI 年平均增长率（%）	社会消费品零售总额（亿元）
2017	832035.9	1.55	366261.7
2018	919281.1	2.13	380987
2019	990865.1	2.90	408017.2
2020	1015986.2	2.50	391980.6
2021（上半年）	532167.5		211904.3

注：数据来源为国家统计局官网，https://data.stats.gov.cn。

以上数据表明，中国经济发展状况良好，GDP（国内生产总值）正处于中高速增长水平，年平均增速在6%以上。CPI（居民消费价格指数）五年内增速大致范围在1.5%—3%，物价水平维持在可接受范围之内。GDP与CPI数值显示，中国市场经济运行平稳，国内未出现明显的通货膨胀与通货紧缩，为中国社会消费品零售总额节节攀升提供了稳定的经济大环境。

二 消费者信心

消费者信心通常用消费者信心指数衡量。消费者信心指数是反映消费者对总体经济发展和国家多个重要消费领域的满意程度与未来预期的指数。消费者信心指数能够预示消费者未来消费量的增减，消费者信心指数越高表明消费者的消费信心与可能性越强，是青年消费研究的重要指标。从全球消费者信心指数数据看，中国在多个消费相关领域指数高于全球平均水平，综合指数排名靠前，整体消费状况表现良好。2021年3月益索普咨询公司公布数据，全球消费者信心指数为44.7，较新冠肺炎疫情暴发前降低了约4%，中国市场消费者信心指数为71.8，在接受调研的24个市场中位居第一。①

表1—2　　　　　　　　2019年4月全球消费者信心指数

信心指数	就业指数	预期指数	投资指数
全球指数：49.0	全球指数：56.9	全球指数：57.3	全球指数：42.5
中国指数：69.6	中国指数：67.9	中国指数：71.7	中国指数：69.8

注：数据来自益普索咨询公司《全球消费者信心指数》，https://www.youcheyihou.com/news/167237。

中国消费者信心指数报告数据显示，24岁以下年龄段群体信心指数超过总体水平，预示青年群体中蕴含着巨大的消费潜力。尤其是"95后"青年群体，在高涨的消费信心与不断增加的经济收入的裹挟下，"95后"一代正在成为消费市场的"中流砥柱"。

---

① 互联网数据资讯网：《益索普：2021年3月全球消费者信心指数》，2021年3月18日，http://www.199it.com/archives/1218323.html，2021年5月10日。

表1—3 2020年1月中国消费者信心指数

年龄	现期满意指数	未来一年总体预期指数	未来五年总体预期指数
24岁以下	138.13	148	155.03
25—34岁	129.97	141.07	151.51
35—44岁	132.14	136.75	143.92
45—54岁	131.68	134.84	142.84
55岁以上	149.88	149.43	152.85
总体平均	137.13	143.25	150.27

注：数据来自北京大学国家发展研究院《2020年1月中国消费者信心指数报告》，https://www.nsd.pku.edu.cn/zsfb/zgxfzxxzs/502571.htm。

三 就业及收入状况

经济学相关消费理论表明，消费与收入之间存在函数关系。从微观层面看，消费者个体的经济收入成为影响其消费活动的关键因素之一。对于青年而言，其经济收入与其就业状况密切相关，因此初次就业率成为衡量青年经济状况的重要指标。2018年《中国首次青年就业状况调查报告》数据显示，23岁之前初次进入劳动力市场的青年数量占比为93%，工资收入成为支撑青年群体消费的主要资金来源。

表1—4 2017—2020年中国居民就业及收入状况

年份	全国就业率（%）	全国居民可支配工资性收入（元）
2017	96.1	14620.3
2018	96.2	15829
2019	96.38	17186
2020	95.76	17917

注：数据来自国家统计局官网。

从全国劳动力就业状况来看，中国失业率保持在4%左右，就业人员年增长数量稳定，居民可支配工资性收入涨幅达到10%，为消费市场的平稳发展提供了保障。人民日报新媒体中心5月29日发布的《中国青年发展报告》显示，受访青年中近六成月收入不足5000元。同时，中国青年报2017年发布的《跳槽新常态：求职更像是"尝试"，有人2年换5

份工作》一文中,称过半数青年第一次更换工作时间不超过一年,近四成青年不到半年就更换了工作。同时,青年群体失业率也高于全国失业水平。在此环境下青年消费势头仍然不减,稳定的就业市场与经济环境成为其消费行为发生的前提条件。

四 储蓄状况

除经济收入外,消费还受到储蓄水平的影响。在收入一定的情况下,消费与储蓄呈反向变化关系,因此,对青年储蓄状况的了解有利于更准确地分析青年的消费观念。储蓄状况通过个体与家庭两个层面对青年消费施加影响,从个体层面看,2020年支付宝发布了《余额宝90后攒钱报告》,报告从局部对青年群体的储蓄状况做出了描绘。报告数据指出,疫情之后"90后"青年人均攒钱金额比2019年增长近四成,60%的"90后"会进行有目的的小额储蓄,以此来解释青年的超前消费行为,使用花呗进行消费是青年投资理财理念与能力的展现。同时,青年的储蓄状况也解释了为什么在失业率高于社会平均水平的情况下,青年仍然能够成为消费市场的主力军。从家庭层面看,由于青年在发展过程中将会面临更多的不确定性,家庭成为支撑青年发展的主要经济来源之一。受传统消费观念影响,中国居民的储蓄在经济收入中所占比例较高,目前中国居民储蓄率达到46%,居民储蓄存款总量为14万亿元,高于国际平均水平,足以为青年发展过程中的消费提供稳定的资金支持。

表1—5　　　　　　　中国"90后"青年存款情况

存款情况	样本人数比例(%)
月光族,一分不剩	19.35
1万元以内	19.82
1万—5万元	29.56
5万—10万元	17.70
10万—20万元	8.21
20万元以上	5.25

注:数据来自南都大数据研究院联合唯品会发布的《中国社会新人消费报告》,https://www.sohu.com/a/323595714_780800。

五 重要他人

相对收入消费理论提出,消费者的消费行为会受到周围群体的影响。对于青年群体来说,会对其消费造成影响的重要他人包括:

(一) 父母

对于未参与就业的青年,从父母处获取的生活费用成为其消费资金的主要来源。同时,对于已就业青年来说,家庭资产是其消费函数中初始资产的构成部分,由此,父母是影响青年群体消费的重要他人之一。罗登·凯德定理提出家庭消费顺序的问题,即在家庭消费活动中,首先由子辈对他们"价值产品"进行选择,再由父辈选择是否馈赠以及自身的消费计划,最后子辈再选择其他商品。这个过程转化为函数式为:

子辈的效用函数 $U = U(x_1, x_2)$ (1—13)

父辈的效用函数 $V = V(x_3, x_2, U)$ (1—14)

x_1、x_2 为子辈可以选择的产品,x_2 为父辈认为的"价值产品",x_3 为父辈选择的产品。子辈效用函数最大化的条件在于获得资源 $I_c + g$,I_c 代表子辈的收入,g 代表父辈对自身财产的馈赠,父辈对于子辈的选择不施加强制力,但父辈通过财产的馈赠(g)对子辈的选择产生间接影响。父辈效用函数中 x_3 和 g 的最大化取决于其自身的收入 I_p 和子辈选择 x_2 的可能性。因此导出父辈函数的一阶条件:

$$\frac{\partial v}{\partial x_3} = V_3 = \lambda_p P_3 \quad (1—15)$$

$$\lambda_p = V_u \frac{dU}{dg} = Vu\lambda_c = Vu \frac{U_1}{P_1} \quad (1—16)$$

λ_p 表示父辈收入的边际效用,λ_c 表示子辈收入的边际效用,P_3 为父辈产品 x_3 的价格。子辈的收入边际效用受产品 x_1 影响。

子辈函数的一阶条件:

$$U_2 = \lambda_c \left(P_2 - \frac{dg}{dx_2}\right) \quad (1—17)$$

因为"价值产品"x_2 计入父辈效用函数之中,受父辈财产馈赠的影响,假设 x_2 和父辈的利他主义互补,则 x_2 与父辈利他主义动机正向增长时,g 的数值越大。换言之,"价值产品"和父辈利他主义的互相影响将引导子辈按照父辈的意愿增加对某些产品的消费。①

（二）同辈群体

消费具有构筑社会身份的功能，青年作为个体社会化的阶段，正在通过消费行为寻找群体认同，借以划定自身的阶层与群体归属。在这一过程中，同辈对于青年消费产生不可忽视的影响，可以用世代理论对其影响进行解析。

世代是指出生在同一年代，拥有相同的人生阶段，经历了相同的时代体验，形成了某种意识的自我和他者的集合。同一年代成长的群体所处的社会环境的统一性创造了"世代状态"，相同的世代状态会为同一年代的群体带来相同的经验感受，形成"经验的层化"现象，对于世代的分析有利于帮助解释相同文化现象或潮流的产生。同时世代还具有文化的继承与创造功能，世代的更替中，新的世代会通过传承与革新前一世代的文化完成世代的交替。同辈群体对青年消费的影响反映了世代理论在消费层面的显现。

（三）市场营销者与意见领袖

作为消费活动中的重要主体之一，市场营销者在利益的驱动下，会自觉地通过市场营销战略来实现对消费者的影响。其中广告被视为最有效、运用最多的营销手段，营销者通过广告来展现产品形象，赋予产品更多的符号价值。

意见领袖则是影响青年群体消费决策制定的重要他者。意见领袖是一个传播学概念，拉扎斯菲尔德在研究中发现，大众媒体在信息获取与意见引导方面并不能掌控群众，对群众接收信息产生影响的群体来自群众之中，拉扎斯菲尔德称其为"意见领袖"，"意见领袖"利用自身在信息收集与处理上的优势，担当起信息与群众之间的中介，这一过程就是传播学中的"两级流动传播"。营销学将这一概念发展为"关键意见领袖"，即对目标群体的消费行为能够产生关键影响作用的意见领袖群体，"关键意见领袖"成为连接品牌、商品与青年消费群体之间的重要中介。"关键意见领袖"之所以能够在青年群体的消费行为中产生重大影响力，

---

① ［美］加里·斯坦利·贝克尔：《家庭论》，王献生、王宇译，商务印书局2005年版，导论第15—18页。

是自我呈现理论与社会比较理论共同发挥作用的结果。

六 消费心理

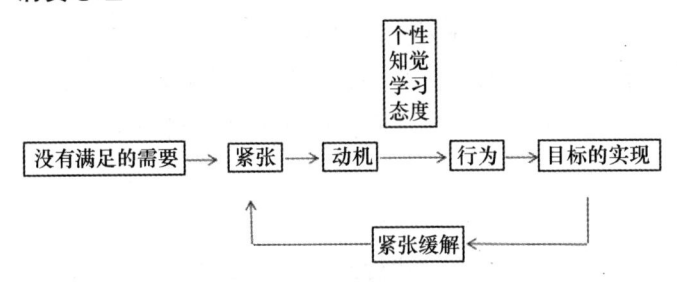

图1—5 消费的心理过程

注：资料来源 Jeffery F. Dugree et al. "Observations: Translating Values into Product Wants," *Journal of Advertising Research*, Vol. 36, No. 6. November 1996。

消费心理的形成包括以下因素。

（一）情感因素

1. 消费动机

消费行为的出现往往与消费动机密切相关，而消费动机的形成则是因为存在未被满足的需要造成了心理上的紧张感。为了缓解紧张感引发的不良的情绪，个体被迫做出满足需要和欲望的选择，使其由动机转变为行为。人的欲望是无止境的，只要欲望存在就会产生消费动机，因此消费活动不会因为某次需要得到满足而停止。马斯洛在需求层次理论中谈到，低层次的需求被满足，高层次的需求就会出现，只要仍存在未被满足的需要，消费动机就不会消失。

个体的不同需求对消费活动会产生不同影响，根据需求产生的途径可以将其划分为基本需求与习得需求两类，基本需求指人生理上的需求，包括衣、食、住等生存最基本的物质条件。习得需求是指在对社会文化与环境的学习中产生的需求，例如尊重、情感、权力等，这些需要的产生并非出自生理，而是个人的心理状态的反应。[1]

---

[1] ［美］利昂·G.希夫曼、莱斯利·拉扎尔·卡纽克、约瑟夫·维森布利特：《消费者行为学》（第10版），江林等译，中国人民大学出版社2011年版，第88页。

基本需求指导群体进行生活必需品的消费，而习得需求则使群体消费出现多样化与差异性的特征。经济学家往往将消费者假设为理性的经济人，其消费动机也应当符合经济规律，以效用最大化作为消费目标。而习得需求所引发的消费在某些方面不能用经济学原理来解释，因此在分析消费行为时，须知消费动机会受到消费者主观心理的影响，如情绪、社会地位、经验、性格等，在不同性质的消费动机作用下产生不同的消费结果。

2. 目标

在消费动机的驱动下，消费行为的发生是为了实现特定的目标，而目标的设定与人的需要往往共生。未满足的需要在外界因素的影响之下会转化为具象的多个目标，个人需要在不同的目标中借助自身的经验、个性、价值观等标准进行选择。例如对高颜值的需要会转化为眼睛大一点、皮肤白一点等更为具象的目标。目标越明确，需要被满足的紧张感越强烈，消费动机的驱动力越大，反过来增强目标实现的可能性。

目标可实现与否并非完全由客观标准决定，相当一部分个体是依靠主观判断，即通过个体能力发挥的状况来判断能否达成设定目标，低层次目标的实现为个体设定较高层次的目标增加了自信心，如一次地理测验的好成绩可能使一名学生选择从事测绘工作。而当原有目标不能实现时，个体则会降低自身对目标的预期，转而寻找一个更容易实现的替代目标，如收入水平不足以购买国际奢侈品牌，消费者就会选择国际小众品牌或国内知名品牌产品替代，并通过心理暗示对这种替代进行合理解释，认为并非自身能力不够，而是在消费中与众不同或支持国货。在这一过程中，由于最终实现的目标与设定目标之间存在差距，个体会产生受挫、失败、沮丧等心理反应。由于不同个体的主观判断不同，目标实现状况对消费个体产生的影响也具有差异，从而促使消费者做出不同的消费决策或行为。

（二）学习因素

消费行为并非人的先天本能，而是很大程度上来自消费者的后天学习，受内外条件影响而发生变化，因此消费行为可以用行为学习理论来解读。行为学习理论认为，行为的出现是一个刺激—反应—强化的过程，学习者在刺激的条件下做出一系列的条件反射，当反射的行为与所期待出现的行为一致时，通过不断奖励（正向强化）可以使个体产生"这种行为是正确的或被鼓励的"的认知联想。而当学习者出现与期望相反或相违背的行为时，惩罚会使（负向强化）学习者产生"这种行为是错误的或不被接受的"的认知联想，从而降低做出这种行为的频率。

行为学家还发现，在行为习得的过程中强化并非总是直接发生，学习者通过观察他人的行为强化过程，其行为也会受到强化。因此在青年消费者的成长过程中，家庭、学校、社会都会对其消费行为产生影响，如奢侈的社会风气、攀比与炫耀的班风等，进而影响青年群体消费观的形成。

（三）个性因素

个性对消费的影响表现在消费者的选择偏好上。个性能够反映个体的心理特征，包括能力、气质、性格、兴趣等。弗洛伊德在精神分析理论中，将人格结构解剖为本我、自我和超我三部分，本我受到原始欲望的控制，以自身的快乐为原则；超我受到社会道德与行为准则的约束，突出对规则的服从；而自我则是两者之间的交织地带，维持着原始欲望与规则之间的平衡，服从现实原则。个性受到遗传因素、家庭与社会环境、个人成长经历等因素影响，具有稳定性与动态性并存的特点，稳定性在于个性与个体行为之间具有可预测的联系，如特质理论所称个性的行为倾向特点。动态性则表现为不同发展阶段个性的变化。同时，人格构成的复杂性也决定着个性的独特性，正如"世界上没有两片完全相同的树叶"，同样世界上也没有两个性格完全相同的人。

应用社会学词典将个性定义为社会客观现实发生变化和以新代旧的根源。青年时期是一个个体的发展阶段，这一群体凸显出求新、求奇、求潮的个性，并在行为活动中保持了以上个性特点，由此与其他年龄群体区分。而作为个体的青年由于个性的差异也会做出不同的消费行为，如省钱型消费者与穷充型消费者、冲动消费与理性消费等。

表1—6　　　　　　　　　　受访者购物的首要考虑因素

因素	比例（%）
质量良好	68.53
性价比高	65.60

续表

因素	比例（%）
价格实惠	59.86
知名品牌	49.06
实用性强	40.36
国产优先	21.19
外观/颜值	16.28
进口优先	12.38
购物渠道方便快捷	8.51
售后服务	8.03
网红推荐种草	5.29
明星代言/爱豆同款	3.04
其他	0.08

注：数据来自南都大数据研究院联合唯品会发布的《中国社会新人消费报告》，https：//www.sohu.com/a/323595714_780800。

（四）知觉因素

当代西方心理学新词典用"认识过程"来解读知觉，在人们认识与理解世界的过程中，知觉发挥了重要的作用。在外界环境的刺激下，通过感觉系统收集的信息借助大脑的选择、组织、解释功能，转化为知觉，可见知觉是一系列生理与心理活动的产物。由于个体对客观事物认识的"加工"有所差异，对同一客观事物，不同的人会产生不同的知觉，知觉的产生不易被意识到，具有理解性、整体性、选择性和稳定性四种品质。消费行为的产生往往受到知觉的四种品质的影响，消费者在广告、声音、味道、文字等的刺激下，会设定不同的消费目标。

1. 知觉的理解性

由于个体在认识过程中存在差异，对于被感知到的知觉的解读也就不尽相同。预期、兴趣、需要、个人经验、接受刺激的阈值等都会影响个体对知觉的理解。

2. 知觉的选择性

知觉来自感官接收到的信息，在同一时刻感官能够获得大量信息，却并非所有信息都会产生知觉。个体往往会结合刺激本身的状况、自己的期望与动机有选择地进行信息加工,这部分知觉被称为选择性知觉。选择性知觉可能来自引起自己兴趣的产品、过去的消费体验、有创意的广告等,能够帮助个体完成消费决策的制定与实施。

3. 知觉的整体性

知觉的获得需要调用个体的已有知识经验,将感官系统获取的客观信息整合为一个整体加以识别,因此知觉具有整体性的品质。要对当前的活动产生较为完整的知觉,需要以个体所具有的知识经验为前提和必要条件。刺激物的各个部分、各种属性对个体产生整体知觉的作用不同。

4. 知觉的稳定性

不同的人对同一客观事物会产生不同的知觉,并且同一个人对同一类客观事物往往会产生相同或相近的知觉,这就是知觉的稳定性。在消费活动中,消费者往往会对与以往使用过的产品大小、颜色、形状相近的产品产生兴趣,这种惯性可以认为是知觉稳定性的证明。

七 文化因素

消费与文化之间存在相互影响的关系,那么文化因素如何影响消费活动?文化的概念十分广泛,不仅包括物质形式的产物,也包括精神形态的产品,如生活方式、价值体系、传统习俗等。Elena Karahanna 等人的研究表明,在组织环境中,个体行为受文化的三个层次(超国家层、国家层与群体层)影响,是这些层次共同作用的结果。[①] 三个文化层次通过渗透于个体的认知信念、价值观、社会规范之中来影响其消费决策的制定与执行。

由于青年群体追求独特的共性,在此处特别需要谈到青年亚文化对消费活动的影响。亚文化是指与主导性文化不同,可以被识别的,具有独特文化要素的文化群体,可以用人口学特征、地理位置、地域、兴趣爱好等来进行划分。以人口学特征为划分依据的亚文化群体已经成为调查报告中的基本要素,女性是消费市场的主要消费力量已经成为不争的事实,不同年龄群体的消费水平具有差异,不同国家的国民有不同的消

[①] Karahanna E, Evaristo J R, Srite M. Levels of Culture and Individual Behavior: An Integrative Perspective, *Journal of Global Information Management*, Vol. 13 Issue2, 2005, pp. 1–20.

费习惯，这表明性别、年龄、国别、亚文化对消费行为确实产生影响。在青年群体中，往往用"圈子"来称呼其所处的亚文化群体，如"饭圈""日漫圈""电竞圈""美妆圈"等，"圈子"消费已经成为青年为自己贴标签的方式，Owhat 发布的《2019 偶像产业及粉丝经济白皮书》中显示，2018 年粉丝经济市场总规模在 450 亿元，同比增长达六成。其中付费粉丝占粉丝总数的四成，粉丝平均客单价 80 多元，凸显文化因素对青年消费行为的影响。

第二章

国外青年消费状况考察

本章以经济发展速度、文化背景、地区为筛选标准，选取了美国、日本、印度等国家的青年消费状况进行分析，同时对不同国家典型的青年消费现象进行讨论。通过横向对比的方式，获取不同国家青年消费的共同点、趋势及特殊现象，以期为中国青年的消费分析提供参考。

第一节 青年消费的国别考察

一 美国青年消费

作为发达国家的代表，自"二战"结束以来，美国经济迅速发展并占据世界中心位置，时至今日美国的经济发展水平在国际社会中仍位居前列，虽然近年来其社会零售总额第一的位置被中国超越，但美国的消费市场体量依然不可小觑。消费社会是对现代美国社会的真实写照，管理学家大前研一曾在其著作中提到，即使是现在的美国，仍然保持着年轻社会的活力，而这里的活力指的就是民众在消费活动中表现出的巨大热情。

将美国青年选为研究的参照样本，其原因有二：首先，中美两国同为人口与经济大国，在经济数据或消费指标上具有一定的可比性，如消费市场体量、消费潜力、消费信心等。其次，受经济全球化的影响，中美两国青年的消费观念均受到消费文化的影响，而美国作为消费文化的发祥地之一，对美国青年消费状况的分析有助于对中国青年消费的研究。

（一）消费水平

从美国整体的经济发展水平看，自1950年至2019年的70年中，美国的GDP呈现逐年递增态势，年均增速约为3%，占世界GDP总值的

20%以上，顶峰时美国 GDP 曾占世界 GDP 总值的近 40%。经济增长为美国公民消费提供了条件与资金来源。从消费市场看，2017—2019 年，美国民众平均消费倾向在高水平区间内（0.745—0.827），消费者信心指数在 89.8—101.4 波动，表明美国消费需求旺盛。

表 2—1　　　　　　　　　美国居民消费水平

年份	个人可支配收入（美元）	消费支出（美元）	平均消费倾向
2017	15394.746	12729.713	0.827
2018	16118.377	12066.302	0.749
2019	16661.649	12410.416	0.745

注：数据来自 https://zh.tradingeconomics.com/united-states/disposable-personal-income，美国—个人可支配收入指标。

美国青年群体在消费中也表现出高消费倾向与高消费信心。艾媒数据中心统计显示，2019 年美国千禧一代（1980—1994 年出生的青年群体）年度支出为 1.4 万亿美元，占国民消费总支出的近 1/4，可见美国青年群体已经成为消费市场主体的重要组成部分。从家庭消费状况看，青年群体人均消费支出金额保持在 2600—2700 美元/年，与家庭年收入同向变动，消费金额在家庭收入中占比显著，超过除住房支出外的其他各项家庭消费支出份额。

表 2—2　　　　　　　美国青年（13—19 岁）群体消费水平

年份	家庭平均年收入（税后）（美元）	调整家庭平均年收入[1]（美元）	消费支出（美元）	消费在调整家庭收入中的占比（%）
2017	66100	16315.28	2677.0	16.41
2018	68300	17321.616	2704	15.61
2019	67700	数据暂缺	2600	数据暂缺

注：1. 除去家庭住房、交通、保险、储蓄后，完全用于日常消费的年收入额。

2. 数据来自 2017—2019 年 piper jaffrary，《Taking Stock With Teens Survey》，https://www.pipersandler.com/3col.aspx?id=5552。

（二）消费结构

Piper Jaffray 公司自 2001 年起每年春秋两季发布的青年群体消费研究报告（*Taking Stock With Teens Survey*），为我们大致展现了美国青年群体的消费状况，笔者从中选取 2017—2019 年的秋季报告数据来进行分析。调查报告显示，从消费的整体结构来看，青年群体的消费支出主要集中在食品、服饰、个护产品、视频、社交媒体、游戏等品类上，其中食品与服饰在消费支出中占比最大，相较于之前两个年度，2019 年个护产品在女性青年群体中占比持续增长，游戏消费基本持平。

表 2—3　　　　　　　美国青年消费结构分布　　　　　　　单位：%

年份	食品	服饰	个护产品（女性）	游戏
2017	22	20	16	暂缺
2018	24	25	15	8
2019	23	27	21	9

注：数据来自 piper jaffray completes《38th semi-annual generation z survey of 9,500 u.s teens》，http：//us.acrofan.com/detail.php? number=175678。

除 Piper Jaffray 所调查的消费支出项目外，美国青年消费支出中占比较大的项目还包括教育费用。尤其是在高等教育阶段，贷款接受教育成为美国青年继续深造的普遍现象。美国高等教育机构的性质可以简单分为两类：公立教育与私立教育，公立教育有地方财政拨款支持，教育费用相对较低。私立教育则由私人机构投资，教育费用高昂（见表 2—4）。《Vice》杂志公布数据显示，1980—2015 年，美国高等教育费用上涨幅度超物价水平上涨速度的近 4 倍，而同期美国家庭年收入增速仅达到 100%，这意味着美国青年要完成大学教育就必须背负巨额贷款，2017 年《福布斯》杂志报道，美国学生贷款总额达到 1.4 万亿美元。

表 2—4　　　　　　2018 年媒体报道美国大学教育费用

教育机构性质	学费/年（美元）
州内公立大学本科	8600
州外公立大学本科	21000

续表

教育机构性质	学费/年（美元）
非营利性私立大学	29000
知名大学	多于20万

注：数据来自https://www.sohu.com/a/224854835_636860。

从不同消费类别品牌使用状况来看，餐饮方面最受青年群体喜爱的餐厅品牌为chick-fil-A和Starbucks。chick-fil-A以美味的速食产品与创新理念为特色，除了为消费者提供干净、整洁、明亮的用餐环境，在品牌形象塑造、营销方案与管理措施上以新为最大亮点，如智能电子设备点餐系统、便捷的汽车餐厅服务等，都迎合了现代青年消费心理中猎奇与高效的特征，自2015年起，chick-fil-A连续三年在美国被评选为最受欢迎的餐厅。Starbucks通过环境、产品种类、用餐氛围等，营造了一种与众不同的消费体验，将自身塑造为时尚的代表。两种餐厅品牌的共性在于迎合美国的速食文化、化身为时尚标志以及满足青年群体追求质高价优的消费观念。服饰方面，Nike、American Eagle成为最受青年群体欢迎的服装品牌，Nike、Vans成为最受青年群体欢迎的运动鞋品牌。Nike以just do it（敢想敢做）作为品牌文化，塑造着健康、年轻的品牌形象，产品强调设计新颖、风格多样、品种齐全、用途专业。Nike贩卖的不仅是产品，更是一种积极进取的生活态度；Vans用色大胆绚丽，强调产品的个性化，集当季时尚元素于一身；American Eagle（"美国之鹰"，以下简称AE）品牌服装是年轻、张扬、活力的代表；青年群体对鞋服品牌的选择体现出对美国文化的认可与追逐时尚的特点。网购方面，Amazon成为青年群体最爱的网购平台，相较于其他网购平台，Amazon的优越之处在于提供高质量的产品与服务，价格相对便宜（Prime会员价格更优惠），物流速度快，在商品销售页面中增加商品评价功能，允许消费者在此处对商品质量等信息进行交流。娱乐方面美国青年群体更偏爱使用YouTube、Netflix网络平台，将其作为有线电视的替代品，YouTube、Netflix视频平台上的优势在于突破了有线电视中视频的时间限制。其中YouTube还提供了视频分享、评论等互动性功能，视频资源的丰富性与来源的广泛性使YouTube拥有更高的用户黏性。

表 2—5　　　　　　　　美国青年消费偏好品牌一览

年份	食品	服装	网络购物平台	视频平台
2017	Starbucks 12% chick-fil-A 8%	Nike 23% American Eagle 11%	Amazon 49% Nike 6%	Netflix 37% YouTube 29%
2018	chick-fil-A 12% Starbucks 10%	Nike 22% American Eagle 9%	Amazon 47% Nike 5%	Netflix 38% YouTube 33%
2019	chick-fil-A 18% Starbucks 11%	Nike 23% American Eagle 10%	Amazon 52% Nike 4%	YouTube 37% Netflix 35%

注：数据来自 piper jaffrary. spring 2019《Taking Stock With Teens Survey》，https：//www.pipersandler.com/3col.aspx? id=5552。

（三）消费特征

1. 已形成超前消费习惯

美国青年群体消费中，超前消费现象较为突出，这种现象的出现与国家完善的消费信贷政策与配套设施相关。美国是最早开始发展消费信贷的国家，1907 年美国就开始了在汽车消费方面的信贷消费尝试。1916 年消费信贷概念被提出，并迅速形成相关法律条文。1950—1960 年，美国消费信贷总额增长幅度为 291%，增长额达 450 亿美元。2005 年第一季度，全美商业银行消费贷款余额达到 2.45 万亿美元，占银行各类贷款余额的 1/2，2019 年 12 月，美国消费信贷总额达到 210.7 亿美元。消费信贷不仅在总额上增长迅速，从个体来看，美国平均每个家庭拥有信用卡数量为 13 张，至 2008 年第三季度，美国人均信用卡负债近 1 万美元。反观个人储蓄情况，自 2000 年以来，美国个人储蓄率一直在 5% 左右徘徊，直至 2008 年国际金融危机后才有所增长，但仍然低于其他欧洲国家。超前消费支付工具不仅在线下消费中普遍应用，信用卡也成为线上消费的主要支付方式。2018 年数据显示，信用卡支付是美国消费者在电子商务支付的主要方式。[1] 由此可见，超前消费的习惯早已在美国消费者群体中养成。青年群体在消费活动中同样会借助信贷产品，Bankrate 在 2016 年

---

[1] McKinsey & Company：《Global Payments Report 2019：Amidst sustained growth，accelerating challenges demand bold actions》，2019 年 9 月 23 日，https：//www.bcg.com/publications/2019/global-payments-tapping-into-pockets-growth，2021 年 5 月 11 日。

的一项调查发现,18—29岁年龄段的青年中,持有信用卡的人数比例占群体总数的33%。

表2—6　　　　　　　　　美国公民信用卡拥有状况

年龄段	拥有信用卡人数占总群体人数的比例（%）
18—29岁	33
30—49岁	55
50—64岁	62
65岁以上	68

注：数据来自Bankrate官网,https://www.bankrate.com/finance/consumer-index/money-pulse-0616.aspx。

美国青年超前消费观念的形成主要受经济与文化两个因素的影响。经济因素是指美国经济发展状况较好,且拥有成熟的信贷政策,在为需求旺盛的青年群体提供消费资金来源的同时,会控制其消费额度,使其保持消费理性。从文化层面看,美国文化以独立自主为核心,这种文化也反映在家庭养育模式之中。18岁以前美国青年群体的教育与基本生活支出由家庭负担,18岁之后家庭不再为其提供经济支持,需要青年群体通过兼职来负担,分期付款的消费方式迎合了青年群体在此阶段大额消费的需求。

2. 注重消费的体验感

piper jaffary与first insight两家公司的调查报告显示,美国青年群体在消费时对于商品或服务价格的关注度已不再位居第一,青年消费者更加注重消费过程中获得的消费体验。线下消费场景中,服务、环境、便利性等方面的体验成为青年消费所需考虑的重要因素。如当需要在chick-fil-A与同为炸鸡快餐品牌的McDonald's中二选一时,青年更偏爱前者,原因在于chick-fil-A的智能化点单服务与送餐服务。除传统的体验元素外,创意、支付安全、互动情况等也被列入体验之中。chick-fil-A凭借品牌营销上的创意脑洞,迎合了青年敢想敢做的个性,从而能够为青年提供更优质的消费体验。在购买美妆产品时,青年群体更偏向于选择实体零售店,原因在于实体店能够提供专业的购物指导与商品试用服务,深度互动能够帮助青年消费者做出正确的消费决策。而在线上消费中,便利性、售后服务对消费体验的影响更加突出。Amazon 购物平台能够在青年群体线上消费中占据重要位置，其优势在于"次日达"的物流运送速度、"随心退"的售后保障以及贴心的购物服务。

3. 为品牌的价值观买单

美国青年群体会出于对品牌价值观的认同而选择消费，由此成为某类品牌的忠实消费者。Bond Brand Loyalty 数据显示，美国消费者人均办理会员身份为 14.8 个，50% 左右的会员卡被频繁使用。[①] 在 Piper Jaffray 报告中，美国青年群体多半会使用父母的会员卡进行消费。消费中使用会员卡已经成为美国民众的消费习惯，青年成为会员的前提在于认同品牌所传递的价值观。在家庭消费中，青年会下意识地选择传递亲密、和谐家庭关系观念的品牌。而在青年群体自主选择的消费品牌中，品牌的价值观也成为影响美国青年群体消费的重要因素。例如 Nike 品牌受到美国青年群体的喜爱，并不仅仅是出于种类齐全、功能性强、设计时尚，广告语"just do it"才是其竞争优势的核心点。Nike 品牌所销售的并不仅仅是鞋服商品，而是一种青年群体文化，一种充满无限可能性的生活方式，这种多变与青年阶段充满不确定性的特点相吻合，因此其所传递的品牌价值观才能与青年消费者产生共鸣。AE 品牌的成功同样如此，AE 服饰以美式休闲风为特色，其服饰设计融合了自由独立的美国精神，向青年消费者传递出"Live your life"的品牌观念，因此在美国本土青年群体中大受欢迎。除此之外，以纯天然成分/无刺激成分为特色的美妆品牌因凸显"健康"的品牌价值观更受青年群体欢迎，超过半数的 Z 世代与千禧一代消费者愿意为购买推行"绿色""环保"价值观的品牌商品多支付 10% 的价格。

4. 通过消费塑造自我形象

如同鲍德里亚在消费社会中所表述的那样，商品不再是单纯地以使用价值和价值的形式出现，而是一种具有象征性的符号，美国青年群体消费的符号性特征凸显。2017—2019 年 *Taking Stock With Teens Survey* 中报告了超过 80% 的青年群体表示有计划购买 iPhone。作为热销电子产品，苹果手机以科技、创新为品牌定位，在使用功能上不断推陈出新，用先

---

① 网经社：《Bond Brand Loyalty：2019 年品牌忠诚报告》，2019 年 5 月 20 日，http://www.100ec.cn/home/detail—6509408.html，2021 年 5 月 11 日。

进科技优化手机性能,其目标对象是拥有一定电子产品使用技能,愿意尝试改变的人群,这一定位使得购买苹果手机成为青年群体塑造自我形象的途径之一。通过购买 iPhone 手机,个体能够彰显自身追逐时尚潮流、敢于尝试、具备现代人类基本素质的群体形象,从而与他人形成较为鲜明的区隔。在品牌选择上,青年群体偏好选择更能凸显个性的服饰,如多变的 VANS、美式休闲风的 AE 等,以塑造个性化的自我形象。

除了品牌文化中所强调的个性化形象,选择具有特殊功能的商品也成为美国青年塑造自我形象的方式。以 Apple 品牌产品为例,Apple 以 Human Interface Guidelines 作为设计理念,其中将 Human(人)而非 User(用户)作为设计呈现的对象,强调的是使用者的多样性,因此在功能设计与开发中增加了使用者对手机功能再开发的空间,使个人能够自定义手机功能,实现了青年展现个人独特性的消费目标。

5. 消费决策中重视性价比

作为一个消费大国,美国公民的消费需求与消费能力一直处于较高水平。虽然身处消费社会,但从青年的消费状况来看,美国家庭用于消费的年收入中,青年群体消费支出占比维持在一个较低水平,其原因在于:一是美国传统文化中对于青年群体独立自主的要求,家庭仅承担青年群体消费支出的 63%—68%。此外,2008 年国际金融危机引发的经济衰退制造了 1.02 万亿美元的信用卡循环债务,目睹亲人遭遇财务问题挫伤了青年群体对超前消费的热情,青年开始选择减持信用卡或减少信贷消费,这在一定程度上限制了青年的消费资金来源。

消费资金来源受限以及沉重的教育费用负担,使美国青年在消费中更偏好性价比高的商品,精打细算成为美国青年群体消费的重要策略,对于价超所值的商品消费热情不高。青年获取低价的方式主要在消费渠道的选择与消费折扣计算上,全渠道消费模式成为美国青年群体在渠道选择上的新策略。通过线上网购平台与线下实体商店的对比,青年消费者能够以更低的价格购入商品。在消费前先查找折扣信息成为美国青年的消费步骤之一。调查数据显示,消费之前有 32.86% 的青年会选择查询 2 个以上网站了解促销折扣;50% 以上青年群体会使用父母的 prime 在 Amazon 平台上购物,以获得更高的价格折扣。这种现象不仅出现在一般收入家庭,高收入家庭中的青年群体也会将 chick-fil-A(16%)、Starbucks（12%）列为就餐品牌首选。但青年在消费中也并非一味追求价格最低，而是以性价比作为消费决策的关键，若线下零售店能够购买到更符合自身消费需求或更优质的产品，青年群体愿意放弃线上的低价产品而选择去线下零售店购买。

表2—7　　　　　美国青年线上线下消费渠道使用状况

消费者类别	线上消费比例（%）	线下消费比例（%）
Z世代消费者	61	35
千禧一代消费者	58	38

注：数据来自Co. media《2018年美国线上消费者行为报告》，https://max.book118.com/html/2018/1117/5300114220001331.shtm。

6. 可持续消费理念增强

美国青年群体消费观念中，价格因素的影响力有所下降，而环境、价值、社会因素的影响力呈现上升趋势。在品牌选择上，千禧一代（1980—1994年出生的青年群体）与Z世代（1995—2012年出生的青年群体）消费者在购买产品时更倾向于选择环保品牌，62%的受访者表示会支持选购环保品牌。在为环保品牌付费上，73%的Z世代消费者与68%的千禧一代消费者表示愿意为购买环保产品多支付费用。除支持环保品牌外，美国青年还会通过购买二手商品来贯彻可持续消费理念，千禧一代消费者中23%的群体会在线下购买二手商品比例，21%会选择通过线上方式购买。而Z世代消费者购买二手商品更多选择线下渠道（线下26%，线上19%）。但在美国青年群体中，可持续消费理念对消费行为的影响有限，调查数据表明，59%的Z世代消费者与57%的千禧一代消费者会为了高品质或高感知价值选择非环保产品。[①]

7. 意见领袖影响力上升

互联网的深度应用使得美国青年能够通过更多的渠道获取目标产品信息，传统研究中的重要他人影响力发生变化。从调查数据中可知，当

---

① 道客巴巴：《The state of consumer spending: Gen Z shoppers demand sustainable retail》，2020年2月29日，https://www.doc88.com/p-77539955690971.html，2021年5月13日。

代美国青年消费者更少向家庭成员、导购人员寻求产品信息，而更多听从社交群体、意见领袖的建议。2019 年 Piper Jaffray 报告中显示，有89%的女性青年群体会在选购美妆时遵从意见领袖的建议。Morning consult 报告显示，17—21 岁青年群体对意见领袖的建议接受度更高，更容易受到意见领袖的影响。Z 世代和千禧一代青年消费者中88%的群体是从社交媒体上了解到他们需要的产品信息的，56%的群体会因为意见领袖的推荐而购买某种产品，50%的群体将社交媒体视为他们获取新品推荐的主要渠道。① 青年群体在消费中愿意遵从意见领袖建议，最关键的原因在于意见领袖具有的社交影响力。社交影响力会增加个体对意见领袖的信任，Morning consult 报告显示，千禧一代和 Z 世代青年消费者中仅有10%比例的人群坚信意见领袖会给他们最优的商品推荐，而在经常使用社交媒体的消费者中，这一比例上升为25%。Co. media《2018 年美国线上消费者行为报告》中显示，超过60%的青年群体会选择网上购物，在消费电子产品时，消费者会事先浏览 YouTube 中的测评视频。青年群体在 Amazon 平台进行消费时，会关注购买相同商品的消费者的评价。

不同年龄段对意见领袖意见的接纳状况

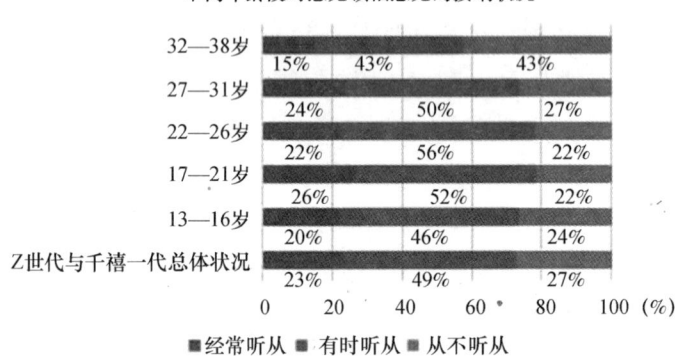

年龄段	经常听从	有时听从	从不听从
32—38岁	15%	43%	43%
27—31岁	24%	50%	27%
22—26岁	22%	56%	22%
17—21岁	26%	52%	22%
13—16岁	20%	46%	24%
Z世代与千禧一代总体状况	23%	49%	27%

图 2—1　美国青年消费决策权情况

注：数据来自 MORNING CONSULT《意见领袖营销报告——Z 世代和千禧一代》，http://www.199it.com/archives/967660.html。

---

① 互联网数据资讯网：《Morning Consult：Z 世代和千禧一代意见领袖营销报告》，2019 年 11 月 19 日，http://www.199it.com/archives/967 660.html，2021 年 5 月 14 日。

二 日本青年消费

日本作为中国的邻国，曾在"二战"后完成从废墟向世界经济第二大国的跨越式发展，在综合国力与国际竞争力上不容小觑。1978年是中国改革开放之始，同时也是日本经济黄金三十年之际。2008年国际经济危机与经济泡沫终结了日本经济的高速发展，日本国内生产总值一度出现负增长，这一亚洲经济神话似乎已经幻灭。

选择日本作为参照样本，源于同为亚洲国家的日本与中国拥有众多相似之处。从经济发展历程来看，20世纪50年代日本经济开始复苏，60年代日本进入经济高速发展阶段，GDP增速一直维持在10%的高位，70年代日本经济进入稳定增长期，1990年日本人均GDP达到2.59万美元。管理学家大前研一曾用奢侈品商店、旅游团中充斥着日本客人的身影来描述所见情景，可见当时日本民众的消费能力之强，消费意愿之盛。而中国的经济复苏期始于20世纪80年代，90年代之后的二十年，中国经济进入高速发展阶段，至2010年后进入稳定增长期，日本消费的盛景在今日的中国消费者身上重演。要客研究院《2018中国奢侈品报告》中显示，2018年中国消费者奢侈品购买量为1457亿美元，约占当年全球奢侈品市场规模的42%。经济发展历程的相似，使中日两国的社会变迁比较相似。从文化背景看，中日两国同属汉语文化圈，尊崇儒家思想，在文化上具有共通之处。日本青年消费状况的研究成果，在一定程度上能够为中国青年消费的研究提供借鉴。

（一）消费水平

从日本整体经济形势来看，自20世纪90年代初泡沫经济崩溃以来，日本国内生产总值一直保持着低增长的态势，将2008年国际金融危机与2011年日本大地震的影响排除在外后，日本实质国内生产总值已经有所改善，但在G7各国中仍处于较低水平。日本经济低速增长的主要原因之一，在于消费对经济的驱动作用未得到发挥，日本民众在家庭生计消费方面支出较低，更偏好于过节俭的生活，这一现象在青年群体中表现明显。从整体消费情况来看，日本青年消费总支出大致为平均水平的66%，处于较低水平。日本总务省统计局2017—2019年消费动向指数报告显示，日本青年消费支出中除住房支出项目外，其余支出项目均低于社会平均水平,原因是日本青年的经济收入过低,其收入中用于储蓄的比例较高。日本总务省统计局数据显示,日本青年年收入集中在355万—600万日元等级,按照2010年世界银行对日本中产阶级划分标准,中产阶级需年收入达到10万美元(约877万日元),青年群体中能够达到中产阶级收入水平的人数不足青年群体总数的20%,这一比例远低于日本社会中产阶级占比。与此同时,日本青年在收入支配中还倾向于存钱。2018年日本总务省家计调查中关于储蓄·负债部分的调查数据显示,29岁以下青年平均收入为531万日元/年,而其中用于储蓄的部分达到384万日元,占年收入的72.32%。

表2—8   2017—2019年日本青年平均消费状况

项目	2019年	2018年	2017年
持家率(%)	6.5	6.7	7.4
持家率平均水平(%)	75.3	75.6	76.1
消费总支出(日元)	174221	177168	165906
消费总支出平均水平(日元)	261287	259713	256844

注:数据来自日本总务省统计局主页消费动向指数,http://www.stat.go.jp/index.html。

(二)消费结构

日本总务省统计局从饮食、住房、日常能源、家具日用品、鞋服、医疗等十个方面对青年群体的消费支出进行了调查统计,数据显示,日本青年消费中维持基本生存需要的消费占比较高。其中饮食消费(25.16%)、交通通信消费(16.89%)、住房消费(16.51%)占据消费总支出的前三位,文娱消费(13.14%)与其他消费(12.40%)项目占比显著。

不同收入水平的青年在消费结构上略有不同。低收入青年饮食消费(28.38%)占比最大,鞋服方面(2.83%)的消费占比最小;中等收入青年在饮食(25.91%)、住宅(9.34%)、交通(13.85%)等项目上的消费占据了总支出的近50%;高收入青年生存型消费比例降低,包括购买美容商品与服务、交际费、礼金、生活费在内的其他消费支出(21.28%)占比高于另外两类青年。

表 2—9　　2019 年日本青年消费与社会平均消费水平对比

消费项目	29 岁以下人群（日元）	社会平均水平（日元）
饮食消费	43835	67502
住房消费	28759	19670
日常能源消费	8212	18424
家具日用品消费	5827	10478
鞋服消费	8202	9730
医疗保健消费	4967	12246
交通通信消费	29428	43541
教育消费	510	8794
文娱消费	22885	27820
其他消费	21597	43083

注：数据来自日本总务省统计局家计消费状况调查，http://www.stat.go.jp/index.html。

（三）消费特征

1. 自购住房比例较低

日本社会平均房屋持有率（购买自住房比例）为 75.3%，这意味着并不是每个人都会购买自有住房，部分日本人会选择终生租房居住，日本青年尤其如此。从统计数据看，日本青年在住房消费上支出比重较大，但并未转化为房屋持有率，直至 30—39 岁年龄段房屋持有率比例才上升至 53%，这表明在青年阶段的住房消费更多是以租房方式实现。低收入、高房价是青年无力自购住房的首要原因，东京作为首都，是日本经济、政治、文化中心，其地位与中国的北京市相近。在大城市集聚效应的影响下，越来越多的日本青年选择去东京"逐梦"，但东京房价高昂，受现有收入水平约束，青年群体更多选择租房而非买房。买房不仅需要支付高额的房价，还需要按期缴纳地租和相关税费，无形中增加了购房成本。经济危机后，房地产泡沫破裂导致房产价值缩水，住房不再是资产保值的手段，导致日本青年逐渐丧失对房产类固定资产的消费欲望，租房相对于买房成为解决居住问题的最优方案。在日本传统文化中，住房与个人的发展之间不存在必然联系，日本父母不会资助子女购买房屋，结婚也并非以拥有自购住房为前提条件。

2. 生存型消费占比大，储蓄意愿强烈

日本青年的消费欲望较低。除生存必需外，在消费与储蓄之间青年更倾向于后者。数据显示，自2005年以来，日本消费者信心指数一直在20—50波动，低于世界平均水平。低水平的消费者信心指数表明，日本民众不太愿意进行消费，在日本青年群体中，这种不愿消费的气氛更强烈。日本总务省数据显示，日本青年消费支出前三位为饮食、住房与交通，对此三类支出项目的明细进行分析，发现日本青年的日常消费明显以维持生存为目的，而非追求品质享受。首先，以消费总支出中占比最高的饮食消费来看，青年的消费支出大部分用于购买速食产品、外食、饮料，其中外食消费为20895日元，远超平均水平13746日元。其次，住房消费以房租费用为主，28000日元的住房支出中27447日元为房租。最后，在交通通信消费上，日本青年每年交通通信费用支出为29428日元，其中通信费支出为8586日元，其他均为公共交通（9684日元）和汽车相关费用（11157日元）。乘坐公共交通是青年的主要出行方式，铁道交通费用超过社会平均费用的两倍。以上数据表明，日本青年在日常生活消费以生存型消费为主。除生存必需的消费外，在对收入进行分配时，日本青年乐于压缩消费支出，降低消费在收入中的比例，将节省所得用于储蓄，即使储蓄利率为零，日本青年仍在积极存钱。

这种低消费、高储蓄的状态受日本宏观经济发展状况影响，日本经济发展速度放缓、通货紧缩、产业对劳动力吸纳的容量不足等问题，导致国民对于未来经济发展状况并不看好。然而，日本青年进行储蓄的目的性不强，或者说青年群体的储蓄更像是一种盲目的从众行为，学者松田久一在著作中曾对日本"80后"青年的厌消费现象进行了分析，发现泡沫经济对日本所造成的伤害已经影响到"80后"一代的消费观念，由于就业机会的减少，"80后"一代的低收入阶层增加，抑制了消费支出的增长，从而在青年群体范围内形成一种厌消费的情绪，配合经济、社会环境所带来的焦虑感，增强了年青一代的储蓄愿望。[①]

[①] [日] 松田久一：《下一个十年，消费崩盘的年代》，盛凯译，南方出版社2011年版，第60—77页。

3. 女性消费能力较强

表 2—10　　　　　　日本青年平均消费状况（按性别统计）

项目	男	女
持家率（%）	3.3	0.9
持家率平均水平（%）	45.5	65.6
消费总支出（日元）	162134	164138
消费总支出平均水平（日元）	166957	160965

注：数据来自日本总务省统计局主页消费动向指数，http://www.stat.go.jp/index.html。

以性别为划分标准，对日本青年消费支出进行整理后发现，青年阶段女性的消费能力超过男性。2019年统计数据显示，日本男性青年消费总支出为162134日元，而女性青年消费总支出为164138日元，两性消费相差约1%。从消费结构上看，女性青年虽然在饮食消费上的开支低于男性，但在住房、鞋服、教育、美容护肤等项目上的消费远超男性青年，尤其在鞋服与美容护肤项目支出上，消费总额超出男性近1倍。两性消费的差异源于日本传统观念影响，日本传统观念中女性将在婚后退出劳动力市场回归家庭，因此在未婚阶段，女性更乐于享受生活，为了获得优质伴侣，提升外在形象的消费有助于女性自身价值的增值。而在婚后，由于男性的薪资收入成为家庭消费的主要经济来源，日本女性在自身投资方面的消费金额减少，但社交类、提升生活品质类消费仍然保持在一定水平之上。由此看来，在青年群体整体消费欲望不高的氛围中，青年女性仍然保持着较高的消费需求与消费潜力，展现出传统文化与社会结构对日本女性消费的影响力。

4. 存在固定的礼仪消费

消费支出统计报表中记录的一些费用表明，日本青年会为维持人际关系而进行消费。首先，在其他消费支出类别中包括了交际费项目，包括礼金、应酬费、住宅相关负担费、其他负担费等项目，青年在应酬费、住宅相关负担费、其他负担费上的花销总额为3320日元，超过社会平均水平的3156日元。其次，鞋服消费中的洋装消费。洋装是指西服、礼服一类服饰，购买洋装是为了出席一些正式的社交场合。在洋装一栏中消费支出为4184日元，略高于社会平均水平的4160日元。最后，是饮食消费中的饮酒费。青年在饮酒上的消费支出为6475日元，大致为社会平均水平（2187日元）的3倍。从上述三种消费状况可以看出，日本青年重视在社交场合与人际交往方面的消费。日本青年重视社交源于日本传统礼仪文化的影响，礼仪文化从内容到顺序都有严格的程式，重视衣着仪表的美观，在人际互动中赠送礼品是日本社会生活中最基本的礼仪，礼仪文化是促使青年消费的内在因素。

5. 网购消费成长迅速

相较于中国青年线上消费的繁荣景象，日本青年的网购比例相对较低，但其增长率却令人瞩目。日本经济产业省发布的数据显示，2013—2018年，日本B2C电子商务市场规模由11.17万亿日元上升至17.98万亿日元，尤其在2017—2018年，日本电商市场规模增长率达到8.96%。日本青年在线上以旅游产品、电子产品、快消品等商品或服务消费为主。日本电商市场虽然仍处于成长期，但已经成为仅次于中、英、美的最大电商市场。从电商平台的种类看，以跨境电商与综合性电商平台为主，Yahoo！和日本亚马逊是日本民众使用较多的网购平台。日本本土的电商平台数量较少，仅有Rakuten、kakatu、ZOZOTOWN等。这些电商平台大多成立于日本消费的黄金时期，正在逐渐取代一些线下消费场所，成为青年消费的重要渠道。可以预见，在不断克服电子支付技术发展缓慢、线上支付渠道单一、本土电商平台数量不足等不利条件后，日本电商消费市场潜力将进一步被开发。

表2—11　　　　　　　　日本青年线上消费分类

种类	比例（%）
旅行	37
电子产品	20.7
家具、日用品	12.8
服饰	10.3
食品、药品和美妆产品	4.4
其他	14.9

注：J. P. Morgan 2019 Payments Trends-Global Insights Report：Data has been provided to J. P. Morgan Merchant Services by Edgar. Dunn and Company via E. Commerce Foundation and EDC。

6. 民族精神对消费影响甚大

鲍德里亚所提出的消费社会理念在日本学者的研究中被本土化，凸显出民族精神对日本青年消费的影响。三浦展将日本消费社会划分为依次递进的几个等级，第一消费社会以消费的大规模发生为标志，消费不再是贵族阶级所独享的经济社会活动，而是成为国民日常的经济活动之一。第二消费社会以家用电器、汽车等大规模的消费为标志，国民消费以便利、炫耀、增加休闲时间为目的。第三消费社会遵循"快乐原则"，即消费者为了寻求快乐而进行消费，或者说在消费者的认知中消费能够带来快乐。第四消费社会则更多地面对过度消费后的空虚，反思幸福与物质之间的关系。简单朴素的生活、生态、禅、DIY 等价值观在消费活动中体现。① 在前三个等级的消费社会中，展现了与现代资本主义国家相似的情境，但在第四消费社会中，民族精神在消费中的作用得以展现，尤其是日本民族的极致、简约精神。2018 年 Brank Finance 就日本品牌价值进行调查排序，其中 7—11 零售（9476 亿日元/＋19%）、优衣库服饰（9137 亿日元/—6%）位列第 17、第 18，② 这两个日本本土品牌的主要消费群体是青年，其商品特征在于极致、简约。7—11 零售在用户服务、食品新鲜度与口感方面做到极致，而优衣库的服饰特点则在于设计简单朴素，追求穿着的舒适感。

7. 御宅族消费实力强劲

御宅族是指沉浸于二次元世界，不愿参与现实社会活动的群体。至 2015 年，这一群体的数量约占日本国民总数的 1/4，由于与现实世界的脱离，部分御宅族青年丧失了社会生活的能力，因此造成了严重的社会问题。但御宅族在二次元消费市场中却扮演着意见领袖的角色，其消费能力不亚于其他青年群体。从总体上看，御宅族的消费支出基本均投入泛二次元（二次元及其周边衍生产品、服务）商品之中，矢野经济研究所调查数据表明，日本宅市场消费总额一直保持着稳定增长的态势，并且消费品类还在不断细化。从人均消费状况看，传统二次元产品（动漫）

---

① ［日］三浦展：《第四消费时代》，马奈译，东方出版社 2014 年版，序言第 006 页。
② 搜狐网：《2018 年日本最有价值品牌 50 强》，2018 年 7 月 8 日，https://www.sohu.com/a/239994406_800039，2021 年 5 月 21 日。

对于御宅族的吸引力依然强大，其中偶像消费（包括虚拟二次元偶像）增长迅速，与日本其他消费行业的衰颓状态形成鲜明对比。

对于日本御宅族青年的消费特征研究，需要引入商品的生命周期理论，它既可以从动态上解释某类商品在市场中的进入与退出过程，也可以从静态上分析不同消费群体对商品的需求。商品的生命周期可以分为四个阶段，第一阶段：导入期，此阶段中商品的特征在于消费者的高关注与低购买；第二阶段：成长期，此阶段中商品的特征在于消费者的高关注与高购买；第三阶段：成熟期，此阶段中商品的特征在于消费者的低关注与高购买；第四阶段：衰退期，此阶段中商品的特征在于消费者的低关注与低购买。每一阶段的消费者特征也不相同，在导入期阶段，商品的主要消费对象是具有潜在需求的消费者群体，这类消费者更乐于尝试新鲜事物，具有探索精神；成长期阶段中商品的销售状况最好，目标消费者的活性需求已被激发，消费者会自动自发地关注商品的最新情况，并在新品上市后主动购买；成熟期阶段消费者对商品的购买已经成为习惯，不再关注商品是否推陈出新，在需要时就会进行消费；衰退期阶段，由于技术的更新或消费观念、潮流元素发生变化，消费者的注意力转移到其他商品上，消费需求停滞。

据日本权威调查机构 JMR 发布的 2008 年调查数据显示，日本青年在漫画、动画方面的消费分属于成长期阶段，高活性需求驱使这类消费支出不断增长。这种态势一直延续至 2016 年，2019 年后，无论从新番（新动漫）发布量还是御宅族青年的平均消费金额上，均出现了大幅下降，排除宏观经济环境的影响，传统二次元商品正在经历从成熟期向衰退期转变的过程，但其中偶像消费的崛起值得关注。

表2—12　　　　　2016—2018 年日本御宅族人均消费状况

分类/调查结果	2018年调查 推定人数（万人）	2018年调查 人均年消费金额（人民币：元）	2017年调查 推定人数（万人）	2017年调查 人均年消费金额（人民币：元）	2016年调查 推定人数（万人）	2016年调查 人均年消费金额（人民币：元）
动画	598	20308	614	22380	600	29843
漫画	640	20541	648	20771	680	16370
轻小说	129	13200	157	10347	181	11133

续表

分类/调查结果	2018年调查 推定人数（万人）	2018年调查 人均年消费金额（人民币：元）	2017年调查 推定人数（万人）	2017年调查 人均年消费金额（人民币：元）	2016年调查 推定人数（万人）	2016年调查 人均年消费金额（人民币：元）
同人志	129	25396	154	15611	142	17512
塑胶模型	83	28871	106	27674	115	19928
公仔	101	47548	135	23716	151	21799
人偶	18	17870	37	19442	44	17373
铁道模型	39	63854	65	35137	67	25891
偶像	280	103543	264	88252	224	79783
职业摔跤	30	15608	64	11836	55	23397
cosplay服装	27	25608	43	7838	50	18536
女仆、cosplay相关服务	18	68114	41	12170	39	37289
在线游戏	216	45869	230	17929	246	16393
成人向游戏	39	15729	72	27139	76	27471
成人视频	53	36203	88	28069	76	13471
恋爱游戏	45	16975	72	18855	82	11681
BL	50	12943	80	14782	74	13153
机器人	26	4906	57	9439	68	8950
军装	21	34965	61	17579	79	24178
声优	108	30720	129	21997	124	16687
交换卡游戏	36	45386				

注：数据来自矢野经济研究所调查，https://baijiahao.baidu.com/s?id=1624171806726957321&wfr=spider&for=pc。

日本的偶像消费并非仅在青年群体中发生，这种全年龄段的追星文化成为青年偶像消费发生的大环境。环球网发布信息称，日本的老年也会为所追的明星应援。对日本偶像消费群体进行心理剖析发现，青年群体追星的驱动力在于体验奋斗感。由于经济危机的影响，青年成长过程中所面对的压力不断增加，"即使再努力也无法改变现状"成为御宅族青年面对生活的真实想法，偶像这一职业出现是为了填补精神世界的空虚。在日本的偶像文化中，偶像与粉丝的身份之间界定清晰，偶像的工作是贩卖梦想，因此偶像需要迎合粉丝的需求，以获取粉丝的热爱为目标不断奋斗。而粉丝则需遵守参加偶像活动、支持偶像事业、保护偶像隐私等规则，来回馈偶像为自身带来的良好体验。养成系偶像模式成为日本"造星"的重要模式，御宅族青年通过陪伴偶像一路成长来获取成就感。同理，日本青年沉浸于二次元世界也有逃避现实的因素。

三 印度青年消费

自 2009 年以来，印度 GDP 增长率一直保持在 5% 以上，平均年增长率达到 7%，中国世界工厂的地位正在被印度赶超。作为新兴市场国家的印度是世界第二人口大国，2018 年印度人口已超过 13 亿人，占世界人口总数的 17.81%。同时，印度也是世界上"最年轻"的国家之一，人口平均年龄为 27 岁。从印度的人口结构来看，《世界人口展望 2019：发现提要》报告中称，印度人口数量将在 2027 年完成对中国的超越，成为世界第一人口大国，相较于已经出现人口老龄化趋势的发达国家来说，印度正要迎来它的人口红利期。这代表印度拥有充足的劳动力资源与潜力极大的国内市场。印度正在创造一个流动性与连通性紧密相关的消费市场，越来越多的发达国家将目光投向印度。从经济发展历程来看，印度正在经历中国经济发展中所经过的一些阶段。同时，人口、自然条件的相似使得对印度青年消费的研究既可以为中国青年消费现象的出现提供相应的解释，也有助于反思中国青年消费中可能存在的问题。

（一）消费水平

2017—2019 年印度消费者信心指数数据显示，印度民众消费信心与消费意愿均高于世界平均水平，但印度国民消费支出在个人可支配收入中占比仅为 1% 左右，人均零售消费额不足 900 美元，但庞大的青年群体正在扭转消费支出不足的现状，印度社会消费支出呈增长态势。可以预见，随着印度个人可支配收入的增长，尤其是作为未来消费市场主力军的青年群体的收入逐渐上升，在人口的规模效应下，印度消费市场潜力巨大。高盛 2016 年发布的调查数据显示，印度拥有 4.43 亿的千禧一代和 3.93 亿的 Z 世代，青年群体占人口总数的 65%，数量仅为全国人口 1/10 的城市青年已经开始展现出强大的消费能力，在消费市场中发挥主力军作用。随着城市青年中接受高等教育的群体比例上升，这类群体的平均

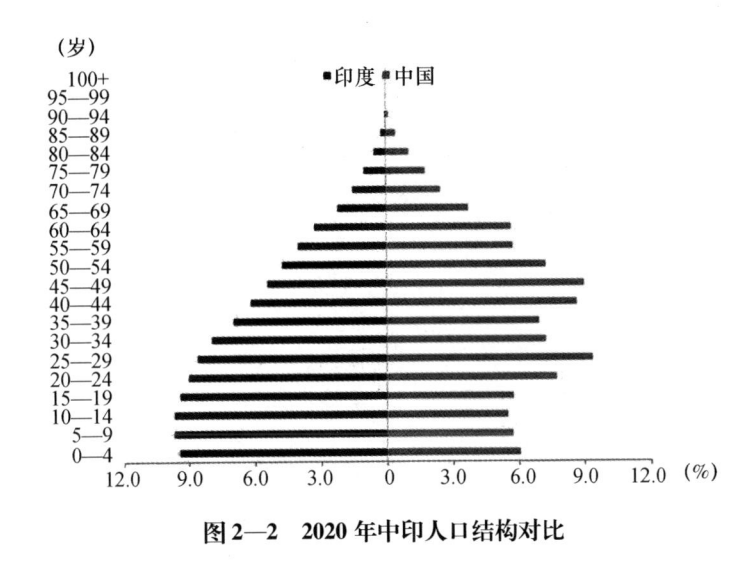

图 2—2 2020 年中印人口结构对比

收入已经超过 3200 美元，人均消费支出约为 1240 美元，将会成为支撑未来 10 年印度消费神话的主要力量。

表 2—13   2017—2019 年印度国内总体消费状况

年份	个人可支配收入（百万卢比）	消费支出（百万卢比）
2017	169623970	1911901
2018	192817450	2046415
2019	206752290	2166235

注：数据来自 https://zh.tradingeconomics.com/india/consumer-spending 印度—消费。

（二）消费结构

2016 年波士顿 CCI 印度消费者调查研究发现，根据消费频率可以将印度青年消费分为三个类别：高频消费，包括食品饮料、个人护理产品、娱乐、电子设备与网络服务消费；中频消费，包括服装、家具、旅游等；低频消费，包括耐用产品、汽车、家电等消费。高盛公司的调查数据显示，印度青年在食品、住房、网络通信等项目的消费支出占比较大，由此可见，在青年的消费结构中，生存型消费仍然占主导，电子设备与网络服务消费支出的增长表明，青年消费正在向发展型消费转变。

表2—14　　　　　　　　印度青年消费结构状况

消费种类	消费金额（美元）	占比（％）
食品	332	32.8
鞋服、美妆	108	10.7
住房	219	21.6
网络通信	166	16.4
娱乐	62	6.1
健康	84	8.3
其他	42	4.1

注：数据来自Goldman sachs《The Asian Consumer India Consumer Close-up Tapping the spending power of a young, connected Urban Mass》，https://www.goldmansachs.com/insights/pages/macro-economic-insights-folder/rise-of-the-india-consumer/report.pdf。

从印度青年线上消费状况来看，电子产品消费是其网购的主要对象，服饰、图书消费支出占比位于第二、第三位。电子产品与网络通信消费的不断增长表明：一是印度正在向数字化、网络化迈进；二是印证消除数字鸿沟在国家发展中起到作用。全球一体化进程的推进促使印度的发展进程被压缩，从消费特征上看，印度青年既有对中国青年在20世纪80年代的消费趋势的重演，又表现出当前时代的现代消费特征，可以借此推测，未来发展中国家的青年消费状态或将是多时空消费特征的叠加。

（三）消费特征

1. 城市中产阶级是消费的主力军

从主要消费人群的地区分布来看，城市中产阶级是主要消费力量。印度的城市人口有1.29亿人，占总劳动力的1/4。城市群体可以进一步划分为蓝领工人、农民和3200万受过教育的城市群体。受过教育的城市群体往往拥有本科学历，从事非劳动密集型工作，年平均工资超过5300美元，而城市蓝领工人的年平均工资约为2500美元。同时，在城市群体中还存在着一小部分城市中产阶级，主要由1000万政府雇员（包括国营企业）、85万中小企业主和1600万专业技术人员（具有研究生或技术学位）组成。在5.19亿的总劳动人口中城市中产阶级仅占到5%，在城市劳动力中占到17%，但在现阶段却贡献了印度大部分的消费份额。2018年千禧一代与Z世代中接受高等教育的人数比例为28.1%左右[1]，成为城市中产阶级的主要来源之一。

表2—15　　　　　　　　八类印度消费者状况

种类	人口数量	人均年收入
特权阶级	43万人 包括前3%的私营企业和大约0.05亿的自营企业	250000美元 以印度顶级企业员工的工资计算
政府、国企雇员	1000万人 中央和州政府雇员，包括武装部队，但不包括工资低得多的低级雇员	11439美元 国有企业员工的工资低于私营企业员工，但获得的非现金福利增加了他们的可支配收入。工资增长部分是由业绩提成推动的，每五年大幅度调整一次
城市白领、小企业主	1700万人 中小企业主和拥有学士或技术学位的人群。印度的IT公司是这个群体最大的就业来源	11250美元 以大公司白领平均工资计算，与政府中高级职位工资相当
受教育城市人口	3200万人 人口代表大学毕业的学生，他们被提供基本级别的工作。这一群体承担了包括较低级别的政府工作、中小企业工作和较低级别的企业工作	5385美元 以印度IT公司和中小企业的初始工资计算
蓝领工人、农民工	9700万人 这一数字包括城市劳动力和外来务工人员，就业前景随着服务业的需求而改善	2500美元 工资水平由政府的最低工资法决定

---

[1]　数据来自联合国教科文组织统计研究所。

续表

种类	人口数量	人均年收入
农村土地拥有者	1亿2000万人 人口普查数据推算	2159美元 农村土地所有者的收入历来由每年的农产品价格上涨推动,受气候影响收入不定
农村劳动者	1亿3800万人 农业农场、建筑工地等劳动者,可能成为进城务工人员	810美元 工资增长率通常在两位数以下,但由于农村发展不足而有所下降。由于工作流动不一致,他们的收入明显低于城市蓝领
农村临时工	1亿500万人 以农村就业数据和政府计划支持的人口为参考	432美元 收入水平因政府计划的预算拨款而异

注:数据来自 Goldman sachs《The Asian Consumer India Consumer Close-up Tapping the spending power of a young, connected Urban Mass》,https://www.goldmansachs.com/insights/pages/macro-economic-insights-folder/rise-of-the-india-consumer/report.pdf。

2. 以租代买成时尚

瑞信调查数据报告了新兴市场青年消费的新趋势——向更便利的生活模式转变。以汽车消费为例,数据显示,2018年印度家庭汽车拥有量在8个新兴市场中位于倒数第二,对比各国数据发现印度下降趋势明显。在购车意愿持续多年增长后,印度18—29岁年龄段群体购车意愿从2017年的第三位掉落至2018年的第五位,呈现下降态势。汽车消费量的走低并没有带来汽车使用频率的降低,印度租赁市场为青年提供了另一种出行解决方案。2019年12月环球时报报道了印度青年的租赁消费现象,从家具到智能设备均可租赁使用,租已经成为印度青年的生活方式之一。① 印度家具租赁平台的快速发展印证了印度青年以租赁消费为时尚的特征。RentoMojo初创于2014年11月,是一个

---

① GLOBAL TIMES:《From armchairs to iPhones, India's millennials rent it all》,2019年12月1日,https://www.globaltimes.cn/content/1171828.shtml?from=timeline&isappinstalled=0,2021年5月14日。

主要为客户提供家用电器、家具、电子产品、自行车等方面租赁服务的网络平台，后期租赁业务还扩展至健身设备、智能家庭设备领域，2020年 RentoMojo 完成第二轮融资后，获取投资者融资的总额已达 4580 万美元，公司市值估价近 1 亿美元。①

印度青年的租赁生活并非完全因经济收入的限制，生活模式的转变也是导致租赁消费出现的原因之一。环球时报分享了印度青年的消费事例，Spandan Sharma 谈到"千禧时代想要自由，以前被认为稳定的东西，现在看起来都象征束缚"。印度青年的创业热使得个体居住场所的变迁成为常事，能够便利移动成为创业青年的优先需求，相较于设备、家具的整体迁移来说，租赁是一条便捷、实惠的路径。

3. 结婚消费数额巨大

印度文化中对于婚嫁的重视程度远超其他国家，印度的传统习俗认为，女性嫁妆里黄金的数量与婚后的富足程度相关，新郎一方会想尽办法索要黄金，女性青年嫁妆的置办费用高昂，甚至家庭收入的大部分都会被积攒下来用于婚礼消费。Fastdata 公布数据显示，2018 年印度总储蓄率已达到30.9%，除大型城市房价暴涨之外，高额的结婚费用是居民储蓄的主要原因。2015 年高盛报告数据显示，印度青年用于婚礼的费用在 7500—75000美元，而当年城市青年的平均年收入仅为 3216 美元。据印度工商协会估算，印度人在婚礼上的消费约为储蓄总额的 1/5。②

4. 小镇青年消费正在崛起

与其他国家的城镇化进程不同，印度的城镇化不是首先集中于几个城市，而是在众多小城镇同时开始。2018 年印度城镇人口为 4.6 亿人，占总人口数量的 34%，较上一年增长 3.1%。城镇化进程虽然缓慢，但仍在不断推进之中。比较大城市与小镇消费状况，大城市的产品渗透率达到最高的可能性较小，这是因为大城市消费者，尤其是城市中产阶级，收入水平往往高于社会平均收入水平，这类消费者会购买更优质的产品，

---

① Inc4：《Exclusive：RentoMojo Is Raising INR 24.48 Cr In Series C Funding》，2020 年 5 月 14日，https://inc42.com/buzz/exclusive-rentomojo-is-raising-inr-24-48-cr-in-series-c-funding/，2021 年5 月 14 日。

② 搜狐网：《攒几年钱就为办奢华婚礼 税改后印度家庭更吃不消》，2017 年 10 月 26 日，https://www.sohu.com/a/200333882_313745，2021 年 5 月 20 日。

进行更高水平的消费活动。而小城镇的消费者则不同，这部分青年群体仅关注商品的种类和可获得性。到2025年，约40%的印度人口将生活在城镇地区，届时这些城镇居民的消费支出将占到消费市场的60%以上，消费的大幅度增长会在小城镇发生。[①]

5. 数字技术将在消费中发挥重要作用

印度是数字消费规模最大、增长最快的新兴市场之一，在数字技术的刺激下，青年群体在智能手机与互联网应用方面的消费飞速增长。在过去几年里，印度智能手机拥有量和互联网接入量有了显著增长，智能手机的普及率从2013年的约30%上升到2018年的80%以上。智能手机的普及和移动数据市场的扩张对互联网接入量的上涨起到了极大的促进作用，2018年印度已经拥有5.6亿互联网用户，其中18—29岁年龄段青年群体中约85%的群体拥有智能手机，九成以上正在使用互联网。[②] 除瑞信公布的印度网络化数据外，还有众多报告就印度市场互联网发展状况做出同样的总结。Fastdata公布的《2019年印度互联网发展趋势报告》数据显示，2019年6月末，全国范围内印度互联网用户超过6.7亿人次，互联网渗透率接近50%。2019年前三季度印度智能手机出货量为11560万部，实现连续五年手机出货量过亿的纪录。高盛公司预测，到2025年印度互联网用户占比会增长到55%甚至更多，届时互联网用户数量将达到8.5亿人次。

除数字用户总体的增长外，用户的构成基础也在发生变化，农村用户与高龄用户比例将会上升。到目前为止，受到数字化影响的群体主要集中在城市用户，但是在之后的十年里，农村地区的数字化建设将会快速推进，从而使其成为互联网新增用户的主要来源。到2020年，农村用户将占印度互联网用户总数的一半左右。在年龄构成上，当前的互联网用户有50%的群体年龄在24岁以下，但到2020年，25岁或以上年龄段互联网用户将占到总用户的65%左右，用户平均年龄的增加将导致用户群体呈现成熟化趋势。

[①] BCG波士顿咨询公司：《The New Indian: The Many Facets Of a Changing Consumer》，2017年3月20日，https://www.bcg.com/publications/2017/marketing-sales-globalization-new-indian-changing-consumer，2021年5月19日。

[②] 互联网数据资讯网：《瑞信研究院：2019年新兴市场消费者调查报告》，2019年8月14日，http://www.199it.com/archives/921644.html，2021年5月24日。

在数字技术影响下，当前印度的数字消费在每年450亿到500亿美元，预计到2025年，这一数字将增长十倍以上，达到5000亿到5500亿美元，占所有零售销售额的30%—35%。

表2—16　　　　　　　　印度互联网用户年龄分布　　　　　　　　单位：%

地区	15岁及以下	16—19岁	20—29岁	30—39岁	40—49岁	50岁及以上
农村	15	21	37	17	7	3
城市	12	14	33	22	11	8
全国	13	18	35	19	9	6

注：数据来自Fastdata《2019年印度互联网发展趋势报告》，http://www.199it.com/archives/985807.html。

6. 网络的普及带来线上消费的增长

互联网普及率与智能手机消费量的持续增长带来了电子商务市场规模的扩张，网络的普及进一步推动线上消费额的增长，而青年作为互联网与智能手机的主要用户，其线上消费占比更高。瑞信报告数据显示，2018年印度18—29岁年龄段青年每日上网时长约为2.8小时，主要用在社交网络与音乐视频上，其次是用于网购，时长比率约为43%。与其他年龄组相比，青年消费者更有可能在网上购物。[①] 青年网络的使用频率推动了印度电子商务业务的强劲增长，2019年印度电商用户达3.6亿人次，用户规模位列全球第二。无论是全球还是国内企业，都试图在争取获得印度青年消费者的关注。除青年消费者外，线上消费的兴起是多种因素共同作用的结果，其中包括在线商家对网络消费的引导、支付平台的激增、物流配送的优化，以及对该行业的大量金融投资。虽然从现阶段来看，线上消费只占零售总额的一小部分，但它正在快速增长。随着线上消费者数量的增加，预计到2025年，印度电子商务的总价值将达到1300亿—1500亿美元，占到消费市场总销售额的8%—10%。

---

① 互联网数据资讯网：《瑞信研究院：2019年新兴市场消费者调查报告》，2019年8月14日，http://www.199it.com/archives/921644.html，2021年5月24日。

表 2—17　　　　　　　印度网络应用对消费者的影响　　　　　　单位：百万人

年份	网络用户	网购消费者	数字化对消费者的影响
2015	320—340	80—90	120—140
2020（预计）	630—650	180—220	270—300
2025（预计）	820—850	300—350	400—450

注：数据来自 BCG《The New Indian: The Many Facets Of a Changing Consumer》, https://www.bcg.com/publications/2017/marketing-sales-globalization-new-indian-changing-consumer?linkId=117311983。

四　英国青年消费

英国作为老牌资本主义国家，虽然在"二战"中被美国、德国、日本等新兴资本主义国家赶超，但其在世界金融、贸易、海运等领域仍处于不容忽视的位置。受脱欧、通货紧缩等事件影响，自 2015 年以后英国消费者信心指数一路走低。英国的经济发展增速虽然放缓，但增长速度稳定，由此可以推测，英国消费者信心指数的下降并非由经济原因主导，还包含作为重要消费群体的青年消费者消费观念的调整。

2006 年英国《卫报》公布的一项调查报告显示，英国青年储蓄总额极低，财务危机成为其面临的重要问题之一，而引发青年财务危机的主要原因在于经济困难（25%）与信用卡透支（24%）。但财务危机的出现并非由青年收入水平较低引起，而是受时代变革影响，青年现有的财务管理能力无法应对社会、经济急剧变化带来的挑战。面对社会发展的不确定性，英国青年在消费中超前消费意愿开始逐渐减弱，不愿再背负日常消费债务。这种消费现象出现的原因在于青年经济收入的增速低于消费支出增加的速度，且生活成本的提高使青年除去租房支出后，实际能够用于支配的消费资金有限。2018 年英国国家统计局数据显示，英国居民在住房、能源、交通、文娱以及餐饮方面的总支出占其工资薪金收入比例较大，青年消费的资金支撑不足。为了解决生存困境，与父母同住青年群体数量增加。调查显示，英国"千禧一代"人群中，有四成以上仍然处于与父母共同居住的状态。

从消费渠道来看，channel advisor 调查显示，社交媒体成为消费者接触新产品的重要渠道，近四成受访者使用过 Facebook 或 Instagram 来搜集新产品信息，而其中青年消费者占比较大。50% 的受访青年（18—25 岁）

会在消费之前通过 Instagram 或 Facebook 来了解产品信息、进行产品调研，因此，在社交媒体中进行广告投放对于青年消费者的影响最大。调查数据显示，以 Facebook 作为广告投放渠道的有效率可达 47%，其中在 26—35 岁年龄群体中有效率为 75%。[①]

新冠肺炎疫情改变了英国青年的消费倾向。英国央行 2020 年数据显示，疫情期间英国家庭储蓄额增加一百三十亿英镑以上。同时，英国青年表达出强烈的购房意愿，Hometrack 搜索平台 2020 年 5 月公布数据，国民出于购房需求而增加的咨询量上涨 88%，远高于疫情发生前水平，其中作为首次购房者的青年群体咨询量上涨最大。另一同类平台 Zoopla 所公布的数据也验证了以上说法，调查显示，首次购房者（平均年龄为 32 岁）购房咨询和搜索量比照 5 月 4—10 日增长 3.5 倍。

对英国脱欧后国家发展前景的不确定性、经济发展速度放缓、疫情中超前消费劣势的凸显等因素，对英国青年消费观念的转变影响很大。此外，英国青年消费观念的转变还受到后物质主义价值观的影响，从自我感受角度出发，拥有大量的物质已经不能使青年获得幸福感，相反，进行适合自己条件的有限消费才是满足感的来源。英国青年消费模式的转变或将为青年未来消费趋势的预测提供一种思路。

五　韩国青年消费

自 1948 年建国后，韩国仅经历了几十年的发展就已经跻身亚洲"四小龙"行列，创造了"汉江奇迹"，其 GDP 增长速度在峰值曾达到 13% 以上的水平，2005 年便已经跨入发达国家行列。自 1977 年韩国跨入中等收入国家以来，韩国国民个人可支配收入一直呈现稳步增长态势。韩国银行数据显示，截至 2020 年，韩国国民可支配收入已接近 200 万韩元（约合 17000 美元）。经济收入增长的同时，韩国的消费者信心指数大多数时间段维持在 100—120 的乐观区间。受新冠肺炎疫情影响，2020 年 4 月，韩国消费者信心指数一路跌破 10 年内最低水平，零售销售年率同比低至 -8%。随着疫情的缓解，韩国消费市场回暖，消费者信心正在逐步

[①] 亿恩网：《揭秘 500 名英国消费者在亚马逊的消费习惯》，2020 年 9 月 24 日，https://www.ennews.com/article-14536-1.html，2021 年 5 月 20 日。

恢复。

与其他年龄群体不同，疫情的发生并未阻止韩国青年消费的脚步，其消费支出总额不降反升，韩国青年反常的消费行为备受社会关注。《朝鲜日报》报道了疫情期间韩国青年炫富式消费，主要表现为：一是热衷申请高端信用卡。高端信用卡由于制作精美，往往需要申请者支付制作费用，同时收取更高的年费，因此这类信用卡的主要申请者以经济条件较好的中老年群体为主。但当时三星推出的一款金属材质高端信用卡却受到青年消费者的喜爱，日均发卡量增长了7倍以上，其中20—30岁的青年申请者占比达七成，且相似情境在其他信用卡公司产品中也有所体现。二是高价商品消费增长。受疫情影响，2020年上半年，韩国主要百货商场整体销售额减少了14.2%，但从销售品类来看，名牌产品销量却实现了近10%的增长。韩国最大零售商新世界百货公布的数据显示，2020年上半年，青年顾客消费名牌商品导致其销售额同比增长30.1%。三是进口车消费增加。2020年上半年，韩国进口车消费群体数量大约为8万人次，其中37%的进口车消费者为青年。[①]

相较于为生活精打细算的美国青年与英国青年，韩国青年在消费方面更热衷于投资自身。《环球时报》的采访资料显示，被称为"N抛世代"的韩国青年消费随性，享受当下的消费观念使超前消费成为该世代青年群体消费的普遍现象。[②] 所谓"N抛世代"是指因为生活压力而抛弃恋爱、结婚、生育、固定住房、人际交往等人生阶段性体验的青年群体，他们认为以上这些人生体验无论怎么努力都离得太远，由于缺乏对未来的憧憬与规划，使得他们更愿意活在当下。"不管有钱没钱，花了再说"成为韩国青年消费观念的形象写照。

韩国青年形成的这种享受当下的消费观念与韩国的社会阶层固化有很大的关系。20世纪60年代韩国工业化进程开始，当时主要以引进外资与轻工业生产为主，经济状况相较50年代有所改善。进入70年代，韩国

[①] 环球网：《经济萎缩 韩国年轻人为何却爱上高档消费？》，2020年8月14日，http://finance.sina.com.cn/roll/2020-08-14/doc-iivhuipn8546657.shtml，2021年5月21日。

[②] 环球网：《环球时报记者手记：年轻人消费观，国外什么样》，2019年2月11日，https://baijiahao.baidu.com/s?id=1625125568103322246&wfr=spider&for=pc，2021年5月22日。

的工业化重心由轻工行业向重工行业转移，电子、石化、钢铁、车船制造等重工业领域开始起步，推动经济水平大跨步提升。到了80年代，韩国开始着手调整产业结构，加快进行企业合并重组，导致了一批大型集团企业垄断市场，财富迅速集中在大财阀手中，此后韩国社会阶层顶部开始固化。1998年亚洲金融危机的爆发，结束了韩国经济的高增长态势，韩国在产业转型升级、失业率激增、就业率下降的背景下，"学历通胀"现象出现，韩国青年只有进入全国排名最前的一流学府才能够在大企业、政府中获取职位，从而实现自我发展。而教育竞争的背后是家庭经济与社会资源的竞争，底层家庭无法支撑子女的额外教育支出，意味着子女很难获取优质工作，之后的人生规划更无从谈起，"N抛世代"的出现是韩国社会阶层固化的产物。韩国雇用劳动部在对1600名18—34岁青年的就业认知进行调查后发现，青年群体中超三成存在就业问题，且这一比例与学历状况成反比，46.4%的被调查者认为很难获得优于父母的就业机会。改善就业质量、确保就业岗位提供数量成为韩国青年的主要就业诉求。①

六 泰国青年消费

作为亚洲国家之一，泰国在重工业发展上的存在感较低，主要依靠丰富的旅游资源、粮食以及纺织品出口来实现经济增长。近10年来，泰国的GDP年均增速为3.57%，虽然经济发展速度缓慢，但泰国消费者信心指数一直保持在70以上，彭博社2018年对全球51个经济体的经济发展状况进行评估后发现，泰国成为其中最具幸福感的国家。在2019年的新兴消费者市场调查中，泰国的实际零售额同比增长14%，在所有新兴市场国家中增速最高。

2019年调查中还报告了泰国青年群体消费的新变化，或将成为消费市场的新动态。这种变化包括：潜在的需求从耐用品转向非耐用品；线下消费向线上消费转移；无现金支付模式出现；外卖服务消费激增。②

---

① 互联网数据资讯网：《韩国雇用劳动部：近半韩国青年认为难找比父母一代更好的工作》，2018年1月1日，http://www.199it.com/archives/669881.html，2021年5月21日。

② 互联网数据资讯网：《瑞信研究院：2019年新兴市场消费者调查报告》，2019年8月14日，http://www.199it.com/archives/921644.html，2021年5月24日。

(一) 非耐用品消费量增长

调查显示，2018年上半年，泰国青年消费者在汽车、个人保健、瓶装水、碳水食品、奶制品以及速食食品等非耐用品的消费量占比较高，达到50%以上，而在耐用品（汽车、房产、时尚品牌、香水、珠宝）与半耐用品（运动鞋、手表、眼镜、太阳镜、智能手机、皮革制品）品类的消费状况并不理想。对青年未来12—24个月的消费意愿进行调查时，发现耐用品的平均购买意愿排名最低，其次是半耐用品和非耐用品。除时尚产品外，46%的被调查青年预计会在家用物品和饮料上花费更多，表明消费者在非耐用品上增加消费支出的意愿最强烈。

上述状况的出现部分是由于泰国家庭的高负债率。泰国的经济发展以农业、服务业为支柱产业，农业方面以初级农产品的出口为主，服务业方面主要以旅游业为主，因此泰国经济发展容易受到国际环境的影响。收入的不稳定与信用消费规模的扩大，使得泰国青年在消费结构中以非耐用品消费为主，而在耐用品与半耐用品方面的消费意愿较低。

(二) 线下消费向线上消费转移

随着外部环境的变化，泰国青年消费者已经将部分消费活动从线下转移到了线上。泰国不仅拥有高达91%的互联网接入率，而且网络用户上网时间也在逐步增加。泰国电子交易发展署（ETDA）发布的关于互联网和电子商务活动数据显示，相比上一年度，2018年泰国互联网用户每日上网时间增长53%，从线上活动参与状况来看，与其他新兴市场国家相比，泰国青年在社交网络（88%）、新媒体（76%）和游戏（43%）领域尤为活跃，用网时长的增加与青年低价智能手机消费量增长有关，智能手机是青年上网的主要工具（91%的受访者通过智能手机上网），为青年的线上消费创造了条件，造就了青年网络消费的活跃。ETDA数据显示，2018年泰国互联网活动中，在线消费占比年增长率自2017年的14%增至24%。但从目前来看，在网络金融与网络消费的应用上，例如泰国在网上银行（29%）、购物（24%）和旅游（10%）等方面仍远远落后于其他国家。

尽管现阶段泰国青年消费者在线上消费方面仍落后于其他国家，但其电子商务行业的格局正在发生变化，从大型零售商到微型中小企业的商家，越来越多的企业开始为泰国消费者提供电商服务。全球电子商务公司（如阿里巴巴、Shopee、京东）正在布局进驻泰国，泰国本土在线电商平台数量也在不断增加，这些都将成为泰国青年网络购物的催化剂。

（三）无现金支付模式出现

从泰国当前的消费支付方式来看，约70%的消费付款方式为现金支付。调查数据显示，超过86%的受访泰国民众表示自己没有办理过信用卡，由调查样本推定泰国信用卡持有者的数量处于较低水平。但这种情况正在被改变，通过几轮支付体系的结构性调整后，非现金支付模式或将代替现金支付，成为青年消费付款的主要方式。现阶段，青年可以采取的无现金支付方式包括：即时支付、银行数字交易与银行票据支付，2017年5月至2018年3月，泰国电子支付（即付通）累计值增长显著，增长幅度达到13倍，无现金支付模式已经出现，并将随着支付方式的优化逐渐取代传统的现金支付。

（四）外卖服务消费激增

相较于2017年，泰国提供食品配送服务的初创企业数量正在增长，在线食品配送应用程序的出现，使泰国食客能够在家享用更多种类的食物。市场研究公司Euromonitor的数据显示，泰国食品配送服务占消费者食品服务收入的比例，从2012年的7.2%上升到2017年的8.9%，新兴市场在线食品配送具有相当大的增长潜力。这种潜力不仅表现在新兴市场与发达国家市场之间，还表现在新兴市场的城乡之间，泰国食品配送服务在城区内更为普遍，43%的泰国城区内消费者表示他们使用过外卖配送服务。从目前来看，由于受到资源的限制，大多数食品配送公司仍将服务提供范围集中在市区，待条件成熟后会进一步扩大至市区之外。

泰国青年消费的变化表明：首先，新兴市场青年的消费行为正在与国际接轨。泰国青年消费的变化预示泰国市场新消费增长点的出现，而这些消费增长点在国际消费市场上同样存在。青年消费行为变化的背后是社会的发展与消费观念的变迁，科技在提高社会生产力的同时，向青年群体输入了高效、便捷、开发与满足自我需求的理念，线上消费、无现金支付以及外卖服务均是青年要求高效、便捷的消费体验的表现，而非耐用品消费的增长，则是由于青年对自我需求的深度开发而实现；其次，智能电子设备消费与网络基础设施建设，是推动消费模式变化的重要影响因素。从印度、泰国两国的青年消费变化来看，青年的消费以智能电子设备消费的增长与互联网的快速普及作为前提条件,在智能手机与网络得到普遍应用后,电子消费的大规模出现才成为可能,从而推动电商平台、无现金支付技术的发展。同时,智能电子设备与网络技术的应用,也使得各国青年能够突破时空限制进行交流,推动了国际化时尚潮流的出现。

第二节　各国青年消费的共性

通过对几个典型发达国家、发展中国家青年的消费状况进行梳理后发现,虽然不同国家之间在经济发展速度、社会结构、文化背景等方面均存在差异,但各国青年在消费上却存在许多共性,其主要原因在于全球一体化进程影响下,各国经济发展状况开始趋近,思想文化的频繁交流引发价值观念的共鸣。

国际青年消费的共性主要表现在以下几个方面。

一　消费渠道多样化

互联网的普及与网络技术的快速发展,改变了人们的消费观念与消费模式,青年的消费渠道呈现多样性特征。

首先,传统消费渠道被保留并处于变革之中。新型消费渠道的兴起,对传统消费渠道的维持与发展冲击很大,但从各国青年消费的渠道选择来看,以实体店为主的传统零售行业仍担当着重要角色。在与新型消费渠道的竞争中,传统消费渠道实现了功能的转变,由提供消费商品转向提供消费体验,成为接驳青年日常生活与线上消费的联结点。如美国彩妆产品 MAC 推出的 AR 魔镜系统,为消费者提供了虚拟试色服务;日本的便利店不仅提供商品销售,还可以收发快递、代售门票、缴纳公共事业费用、速食就餐等,实现了效用的最大化。印度、泰国的实体店仍然是青年消费电子产品、服饰、日用品的主要渠道。

其次,网络购物平台已经成为青年消费的主要渠道之一。在发达国家中,网购已经成为青年消费的主要途径之一,发展中国家青年网络购物参与率增长迅速,价格、运送效率、退还条件、服务态度、消费者真实评价等因素,影响青年对网购商品的选择。Amazon、eBay 等跨国电子商务平台成为青年接触国外新产品的重要途径,"海淘"消费丰富了青年的创意要素,满足其塑造个性的需求。

再次,社交媒体成为青年接触消费渠道的触点。随着智能手机普及与社交软件的广泛应用,青年群体的社交活动正在呈现网络化趋势,社交媒体成为青年群体信息共享的平台。Facebook、WhatsApp、YouTube、Messenger、微信、Instagram等社交媒体每月活跃用户量突破10亿人次,社交媒体成为青年获取商品信息的主要渠道。

最后,线上与线下消费渠道正在逐步融合。世界各国正在由生产型社会向消费型社会过渡,借助互联网信息技术,线上与线下消费渠道正在以青年的消费需求为核心建立联系。如耐克产品的销售渠道主要包括线下品牌体验店与线上网络销售两大类,品牌体验店为消费者提供新品试穿服务,迎合了青年群体追求体验感的需求,线上销售提供快递服务提高了消费效率。青年消费者还可以在体验店试穿后网络下单,或线上下单后实体店自提。线上与线下消费渠道的融合,极大地提高了青年群体消费的灵活性,随着全渠道消费网络的建构,消费脱离了时空限制,释放了青年消费的潜力,青年消费对经济的推动作用更为显著。

除以上消费渠道外,青年还在借助现代先进技术不断创新购物方式,AR、AI技术在消费场景中的运用,使消费体验能够实时获得,这将会成为引领未来青年消费的新动向,届时围绕AR、AI技术,青年所接触的消费渠道将出现新的变革。

二 消费决策中意见领袖影响力上升

各国青年消费报告数据均显示,社交媒体已经成为青年消费信息的主要来源之一。社交媒体对青年消费的影响主要通过三种途径:广告、个人社交互动与意见领袖,其中意见领袖对青年消费的影响显著上升。意见领袖这一概念首见于《人民的选择》一书,用以定义在竞选过程中,作为中间环节出现的传播中介。意见领袖的存在表明大众传播存在两极传播模式,即"大众传播—意见领袖——一般受众",意见领袖直接对一般受众所接收的信息施加影响,这一特殊功能使其在大众传播中具有价值。詹姆斯·卡伦在《媒体与权力》一书中谈到新媒体影响权力分配方式。首先,新媒体会导致新的权力中心的出现,从而在现存的主导性的权威结构内部引发日渐激化的紧张状态。其次，新媒体会通过绕开已经建立起来的媒体传输机构，发布遭到禁止或限制的信息，通过这种方式来破坏控制社会知识的等级制度。当大众传播方式发展至新媒体时代，意见领袖的价值被重新评估。社交媒体作为新媒体形式的一种，其中同样存在着权力的分配问题。社交媒体通过网络手段拓展了人际关系网络的范围，在口碑效应下，意见领袖凭借自身在社交媒体中的影响力掌握到更多的权力，其中不仅包括施加影响的权力，还包括话语权、信息的优先获取权等。

青年在消费活动中，其自主性正在日益凸显，或者说青年越来越明晰自身消费某种商品的具体需要，因而，家庭成员在青年消费决策中的影响力逐渐下降，取而代之的是具有话语权与影响力的意见领袖。意见领袖对青年消费决策影响力的上升来自两个方面，一是信息不对称促使青年寻求消费建议。受到资金的限制，性价比成为青年消费追求的首要目标，性能与价格信息的收集成为决策的关键。由于商品供应的极大丰富，青年需要在更多的同类商品之间做出选择，由于商品之间存在的差异较小，增加了消费决策的难度。因此，在决策前青年往往需要通过各种途径来获取性能测试或同类商品的测评信息。二是意见领袖会为扩大影响力做出努力。意见领袖要保持自身在社交媒体中的影响力，也需要做出相应的努力来提升自我价值，主要方式是提升自身的专业度与信息获取的广度。通过掌握专业的知识与大量的信息，意见领袖不仅能够发挥传播信息的作用，还具有过滤信息、填补信息空缺、评估信息价值的作用。青年在消费中需要获取广泛而专业的信息，而意见领袖依靠自身的专业度与信息储备量来保持影响力，两者在功能与需求上的互补，提升了意见领袖在青年消费决策中的影响力。

三 消费需求不断升级

虽然在各国青年消费状况中，饮食、房租、日用品、交通等生存型消费项目仍占据较大比例，但从消费结构、消费水平的变化中，可以窥见青年的消费需求正在不断升级。除去生存型消费项目，青年的消费结构中网络通信、娱乐、教育类消费项目占比正在逐年增长，逐渐接近社会平均水平，表明青年对休闲、社交、谋求发展等精神类需求的增加。

从消费水平看，新兴国家青年消费水平增长迅猛，在不同品类商品的消费上均呈现旺盛的消费需要。发达国家青年消费水平保持在平稳区间内，鞋服、美妆、娱乐、电子等品类商品销售量不断增长，同时，置业成为发达国家青年的消费目标之一。由此可见，除生存的需求外，青年群体中已经衍生出对自身发展、社会融入、认同获取等更高层级的需求。

消费需求的升级与经济、社会环境的变化息息相关。经济的快速发展成为新兴国家青年消费需求升级的关键因素，发达国家青年消费升级则是受多方面因素的综合影响。经济的快速发展提高了个人的可支配收入，同时，新兴国家正在经历经济发展的黄金时期，巨大的发展潜力吸引全球资本在新兴市场逐利，无形中加速了新兴国家的发展进程，极大地丰富了消费市场上商品的种类、提高了质量、增加了供应量，提振了国民的心理预期，更高水平的消费需求被激活。

发达国家人均可支配收入总体上高于中等收入水平，且国内具有较为完备的产业链与成熟的市场体系，商品的种类、质量与供应量的提升，对消费的刺激已经出现边际效用递减现象，发达国家青年消费需求的升级更多是因为低层次需求得到充分满足，相关报告数据也表明，发达国家青年的生存型消费占比维持在一个稳定区间，而以追求时尚、休闲娱乐、自身发展为目的的消费增长迅速。

除经济、政治、文化等宏观因素外，消费需求的变化还源于：一是价值观的变化。在经济全球化、经济社会发展、消费文化、网络媒体等多种影响因素的共同作用下，青年的价值观念发生了变化，自我实现成为价值判断的中心。在主体意识觉醒的过程中，青年开始关注自身个性、权力、发展能力、认同等拥有状况，围绕以上未被满足的高层次需求展开消费。在消费文化的影响下，青年的价值观念带有物质主义倾向，或者说青年纯粹的精神需求被物化为物质需求，使其认为通过消费即可获得满足，如尊重的需求被物化为炫耀性商品的消费等，在此情况下的消费需求升级是一种被动式的升级。

二是情感支持的变化。发达国家青年从人际网络中获得的情感支持正在减少，强关系的来源发生变化。作为强关系的代表，家庭的结构发生了变化，核心家庭成为主要的家庭组成形式。发达国家的公民通常初婚年龄较晚，不婚、未婚人群独居所形成的独身家庭比例上升，家庭对个体情感关怀的支持力度在减弱，青年对情感的需求迫切。现代社会中人口的快速流动弱化了地缘、血缘、业缘构成的强关系，人与人的互动更多存在于弱关系之中，弱关系中能够提供的情感支持较少。当今社会，网络社交平台成为强关系的生产地，在网络社交平台出现的前期，通过促进个体线下参与，借此获得情感性支持。然而，随着互联网的发展，网络社交平台对青年情感需求满足的能力在不断下降，网络社交关系转化为线下社交关系的能力在弱化，生成亲密性社会关系的能力降低。因此，青年在消费活动中表现出更多的情感需求，网络游戏消费、休闲体验消费即是如此。青年在烟草、酒精类饮料上的消费，从另一个侧面验证了青年精神类需求未被满足的状态。

三是对未来发展预期的变化。青年对自身发展的预期同样会对其消费需求产生影响，其原因在于通过获取未来发展的渠道及资源，青年能够预估自身的发展状况，从而调整现阶段的消费需求。发达国家存在社会阶层固化的问题，家庭的社会阶层状况往往预告了青年未来所处的社会阶层。在此前提下，不同社会阶层青年对自身未来发展的预期值不同，在满足基本生活的前提下，享受型消费需求与发展型消费需求产生。发达国家给予青年的政策扶持，在一定程度上调节了青年的未来发展预期，青年对社会认同、自我实现等高层次的需求更为迫切，引发消费需求的升级。

互联网的出现加速了全球化的进程，各国青年之间在思想、价值观念方面都出现了趋同的现象，青年群体的消费需求升级成为必然，青年正在成为引领消费市场变革的重要力量。

第三节　国际青年消费的趋势

对各国青年的消费状况及特征进行分析后发现，青年消费的趋势可以总结为以下三点。

一　趋同性与趋异性并存

前文中已经对国际青年消费的共性进行了分析，在消费渠道、消费结构、消费需求等方面，国际青年的消费行为表现出趋同性的特征。但各国青年之间也存在着较大的消费差异。美国青年、英国青年在消费中表现出精打细算的行为特征，日本青年则呈现厌消费的状态，韩国青年更认同活在当下，认为消费的目的就是获得即时的愉悦感，这些差异的存在与国家的发展阶段、文化背景、青年自我意识的觉醒密切相关。

(一) 国家发展阶段对青年消费的影响

国家所处发展阶段的差异会造成青年消费行为的差异。以美国、英国为代表的发达国家的经济发展速度已经转入稳定增长期，经济增长速度基本维持在 1%—3%。日本的 GDP 年增长率在 2002 年甚至低至 0.12%，经济发展速度放缓意味着现有经济领域的发展已经饱和，新的经济增长点尚未形成。经济进入疲软状态，新的就业岗位供应不足，经济收入增长速度放缓，创业成功率降低。经济发展放缓直接影响到青年的消费信心，生命周期消费理论对于青年超前消费行为的出现给出了解释，即青年预期未来获得的收入高于现阶段的支出。当这种预期不能实现时，青年会更加慎重地对待消费活动。就业是青年实现社会化的重要途径，也是青年独立生活后消费资金的主要来源。就业岗位供应不足，加剧了青年群体在就业市场中的竞争，降低了青年获取收入的可能性，结果是抑制了青年消费。创业成功率的降低，从宏观看，不利于经济与产业结构的调整，无法使市场容纳更多的劳动力。从微观看，使青年寻求自主发展的路径受阻，无法通过自身思维、技能的优势实现自我价值。长此以往，青年对消费市场的引领作用将会消失，陷入"抑制消费需求—消费驱动作用降低—经济疲软"的死循环之中。新兴国家正处于经济的快速增长期，经济收入的快速提高释放了个体消费需求，消费与经济、消费与就业之间相互促进，青年群体也表现出较强的消费能力与消费潜力，这也是新兴国家成为外来资本逐利新舞台的重要原因。

(二) 文化背景对青年消费的影响

虽然全球化进程在不断推进，但各国文化的差异仍会反映在青年的消费活动中。以美日两国青年最爱消费的服饰品牌为例，美国青年偏爱的 AE 所输出的是不受拘束、展现自我、表达自我的设计理念，而受日本青年欢迎的优衣库则表达了对人本与极简的推崇。两者出现差异的原因可以从文化角度来分析，自由是构成美国文化的基石之一，自由精神不仅在政治体制与政治理念中有所体现，甚至已经渗透了美国公民的日常生活，AE 所强调的遵从自我正是自由精神的表现形式。而日本的审美观念来自神道教与佛教，崇尚自然与禅，因此其文化中带有静寂、简素的成分。

传统文化与流行文化是影响青年消费的重要文化因素，两者在影响方式与影响效果上均有所不同。传统文化是民族在历史发展过程中形成和积累的精神文明成果，具有鲜明的民族特征与相对稳定性，此类文化主要从思想意识、价值观念、习俗等方面对青年消费产生影响。

青年对艺术产品的消费，最能体现思想意识对消费行为的影响，正如亚洲青年偏爱水墨写意画作，而欧美青年更倾向于色彩浓烈的抽象画，不同国别的青年在所消费商品的艺术设计理念、艺术形式、艺术风格、表达形式、材质等方面都存在着较为显著的差异。

价值观念是个体进行价值评价、价值选择的主要依据。受传统文化影响，西方社会的价值观念由四部分因素组成：社会契约精神、民主观念、个人主义与竞争意识。

社会契约精神强调个体的责任感，即个体的行为须以保证整体社会成员的需求平衡为条件，在消费活动中消费者首先会考虑自身的社会责任，其次会考虑与企业之间共同建立的权利义务关系，从而影响到自身的消费行为。例如美国青年能够接受绿色消费理念，愿意为购买绿色环保产品多支付资金，遵循消费中的生态环保原则，履行公民的义务。

"民主"一词源于古希腊，原义是指"人民的权力"，"多数人的统治"，既是一个政治范畴，又是一个历史的阶级的范畴，民主观念是个体对民主及其作用的看法。17—18 世纪的启蒙运动宣扬了自由、民主和平等思想，民主观念在大众中传播并开始渗透，至今，在西方社会，民主已经成为公民价值观的组成部分。民主观念在消费领域中表现为消费民主，即在合法的前提下，青年可以根据自身情况来决定消费对象、消费结构、消费方式、消费数量与频率等，通过各种手段进行强制或限制消费是反消费民主的行为，美国青年发起保护 Tik Tok（国际版抖音 App）抗议活动，可以说是因为自身的消费民主被妨碍。

与亚洲国家不同，西方社会讲求个人主义，强调自我的价值、权力，西方国家青年的消费观念也同样受到个人主义的影响，他们在消费中重视自主性和自我主张，强调根据自己的判断做出选择。个性与自我依赖是其消费的主要特征，依稀可见个人主义的影响作用。达尔文在生物进化论中提出的优胜劣汰法则，强调了竞争促进物种优化的作用。竞争观念常常被引入企业营销战略之中，借由限量发布、新品发布来刺激自身商品销量的增长。

传统价值观方面，东方社会与西方社会的差异在于：责任先于自由，义务先于权利，集体先于个人。在东方社会的青年消费中，消费政治化现象较为明显，例如，韩国青年通过参与以"身土不二"为口号的活动来支持国货，日本青年也偏好于消费国产商品。共享经济在东西方社会的发展状况，也解释了价值观念对青年消费的影响。早在2009，年欧洲就拥有了一个以二手奢侈品交易为对象的共享市场——Vestiaire，2016年共享经济在中国市场取得了前所未见的成功，这种以合伙为特征的消费模式，在一定意义上成为东方集体主义价值观在消费中的体现。

习俗，或称风俗习惯，体现出不同文化背景下个体日常生活的常规行为，此处的常规中包含了规律，在重复性行为中可以认出文化类型及文化特性。习俗对青年消费的影响包括两种渠道：日常消费活动与节日消费活动。日常消费活动与日常的生活习惯相关，包括欧洲青年购买刀叉餐具，而亚洲青年购买筷子。节日消费则与各国不同的节日风俗相关，如西方社会的青年在圣诞节会购买火鸡、圣诞树挂饰、赠送给亲人的礼品与贺卡等；亚洲社会的青年则会在新年购买年货，添置新衣物。

传统文化对青年消费活动的影响正在逐渐淡化，这一现象的出现一定程度表明青年对民族、国家认同感的下降，如何激活传统文化在青年群体中的影响，增强青年对民族、国家的认同，成为摆在各国政府面前的难题之一。

流行文化是指伴随着工业社会、消费社会而生，以大众媒介为载体，以城市大众为对象，受商品市场规律影响的文化形态，对青年消费活动的影响具有外显性。流行文化在特定的阶段内，对相当数量的青年产生影响，除经济层面的原因外，还由于青年群体是流行文化的创造者，或者说这种文化形态迎合了青年的偏好，这一点从"韩流"文化在全球的风靡中可见一斑。流行文化影响了青年群体的特定观点、行为、表达方式与生活方式，进而对青年的消费产生影响。仍以韩国流行文化为例，以电影、电视剧、流行音乐为主要形式的韩流文化在中国、新加坡、日本、菲律宾等东亚国家掀起一阵赴韩旅游的热潮,增加了韩国国民收入。受到韩流文化影响,青年更偏好于选择韩国明星同款的服装饰品,将能够重演韩剧片段视为浪漫,热衷于韩式烤肉、炸鸡啤酒。同时,韩流文化还成为亚洲青年整容消费的助推器,韩国明星通过自身的行为,散播着白幼瘦即为美的审美观念,这种特定的审美观念被青年群体吸收,并驱动其在瘦身、美容、护肤方面的消费。

大众传媒与参照群体是流行文化对青年消费活动产生影响的重要渠道,流行文化之所以能够在较短的时间内被相当数量的大众群体所接受,与大众传媒有着密切关系。流行文化与大众传媒之间的共同点在于大众对娱乐的追求,在此基础上两者建立联系并相互促进,流行文化借助大众传媒交互式传播、高效复制的特点,来扩大自身的传播范围与影响力,而大众传媒则利用流行文化来寻找大众关注的热点。在两者相互促进的过程中,青年的消费欲望产生并逐步转化为消费行为。参照群体是青年消费的主要影响因素,现代青年的主要参照群体包括同辈群体、伙伴群体、偶像与意见领袖群体,通过信息共享与讨论来传播流行文化,使流行文化对青年消费造成影响。参照群体会有意无意地对青年个体施加压力来促成其在某方面的消费,即青年消费中出现的攀比效应、示范效应、虚荣效应与棘轮效应等,都是来自群体的影响。

随着青年网络社交频率的增加,流行文化对青年消费的影响正在增强,流行文化的出现与发展迎合了青年自我观念的表达欲望,也体现了现代社会价值观念多元化、包容性的趋势,有利于青年个性的塑造。但不容忽视的是流行文化存在弊端,容易使青年过分追求娱乐化,沉迷于流行文化编制的幻想之中,导致价值观扭曲,为追星过度消费等问题。

(三)自我意识的觉醒对青年消费的影响

自我意识是个体对自身状态的理解水平,由自我认识、自我体验与自我控制三个层次组成,涉及主我(社会视角)与客我(个体视角)两个方面。自我认识是主我认知、评价客我的结果。自我体验建立在自我认识的基础之上,是主我对客我持有的积极或消极的情绪体验,包括自信、自卑等感受。自我控制表现为个体主观意识对客观行为的控制。当青年的自我意识觉醒时,在消费中更倾向于购买个性化、具有情感体验的商品,同时其消费行为也更加理性。

1. 自我认识与青年个性消费

自我认识是自我意识的基础,当青年拥有清晰的自我认识时,就会导致个性消费的发生。2020 年 oc&c 咨询公司发布了 Z 世代消费者调查报告,报告选取巴西、中国、法国、德国、意大利、波兰、土耳其、英国和美国九个国家,共抽取 1.55 万名不同年龄阶段的消费者实施调查研究,发现 Z 世代(1998—2016 年出生人群)受访者中 35% 比例的群体认为具有独特的观念非常重要,占比显著高于 23—39 岁(33%)与 40—55 岁(28%)年龄段群体。Z 世代群体相较于其他世代群体来说,对"想要与众不同"的愿望更加迫切,他们对批量生产的主流品牌、知名品牌与带有明显品牌标识的商品的关注度逐渐下降,转而支持定制与限量商品,借此来彰显个性。[1]

社会价值观、家庭环境、智力水平、受教育程度等均会对个体自我认识能力造成影响,因此并非所有青年个体都能够产生清晰的自我认识。随着各国经济的发展与教育水平的提高,青年的自我认知能力不断增强,对自身需求的认知逐渐清晰,届时青年的个性消费将不仅限于衣、食、住、行等基础领域,甚至将贯穿于青年的所有消费范围之中。

2. 自我体验与青年情感消费

自我体验与个体对社会规范、价值标准的认识相关,积极的自我体验来自客我对主我要求的满足,并能够对个体产生激励作用。与前几代相比,当代青年更注重消费体验,"花钱买服务"是青年注重消费体验的最显著特点,而这种变化不能简单地用青年物质条件的极大丰富来解释,青年追求体验的消费趋势反映在所有的收入阶层之中,在此或许能通过自我体验与青年情感消费之间的关联来简单解释。

现代经济社会的高速发展将青年带入了一个多变的时代,在此背景下,青年的思想观念也在追随着变化的脚步快速更新,而社会规范与价值标准则具有相对稳定性,两者的不同步发展造成了青年难以获得积极的自我体验,甚至更多地处于消极的自我体验之中。其中较为明显的是对婚姻的理解,人类学词典中将婚姻解释为受到社会认可的男女两性结

---

[1] 互联网数据资讯网:《无国界的一代:拥抱 Z 世代消费者》,2020 年 1 月 20 日,http://www.199it.com/archives/999651.html,2021 年 5 月 24 日。

合形式，社会规范认为稳固的婚姻关系建立在双方物质条件对等的基础之上，但当代青年对于婚姻的解释却有不同之处。首先，婚姻同样可以发生于同性之中；其次，稳定的婚姻来自双方的情感支持或价值观的吻合。当青年寻求一段同性的恋爱关系，或处于一段物质条件不对等的婚姻之中时，就很难获得积极的自我体验。为避免消极情绪的产生，单身成为青年的选择之一，通过情感消费在单身状态获得情感支持，如二次元商品消费等。同时，青年在烟草、酒饮料等方面的不良消费也可能来自消极的自我体验，即社会对成功、人才的评价标准与青年的认知的冲突，使青年很难满足社会对自身的期望，在不断受挫的过程中造成习得性无助，从抽烟、酗酒中寻求解脱。

3. 自我控制与青年理性消费

自我控制是自我意识在行为上的表现，是实现自我意识调节的最终环节，只有做到自我控制才能称为自我意识的觉醒。自我控制对青年消费的影响主要表现在消费行为上，或者说自我控制能力决定青年是否能做出合理、健康、理性的消费行为。

消费主义伴随着市场经济的出现与社会的转型而来，对青年的价值观念、意识形态、生活方式、对待文化的态度等方面产生影响。在消费文化主导的社会中，消费的过程发生异化，消费是以占有物品为目的，快乐、幸福感等主观感受也能够通过占有相应的物品来获得，物质主义价值取向占据主导地位。马尔库塞在批判消费主义时提出，消费主义通过制造"虚假需求"来增强个体的消费欲望，甚至试图用人对物质的需求替代人对幸福的欲望。这种变化进一步影响到青年的消费观念与消费行为：青年追求消费带来的即时快感；消费目的从满足生存需求转变为注重享受，偏好消费享受型商品；会考虑消费中商品的符号价值，关注商品所附加的象征意义，在预付、分期等超前支付手段的推动下，一步步陷入消费主义的陷阱之中。要摆脱消费主义的旋涡，实现合理、健康、理性的消费行为，需要依靠自我控制，英国青年通过减少办理信用卡的自我控制手段，来降低超前消费的概率，从而降低负债率实现理性消费，自我控制对英国青年价值观念的转变起到一定的辅助作用。

二 创造者与消费者身份并存

当代国际青年在消费中的角色发生了改变，自我意识的觉醒意味着青年由被动的消费者转变为主动的消费者，两者的区别在于，被动的消费者只执行消费职能，而主动的消费者执行创造职能。PARCO 集团的杂志《穿越》曾提出了"创费者"的概念，认为现代青年的消费不再是单纯地为了获得某种商品或服务，而是在创造一种生活方式或表明一种生活态度。笔者认为城市青年正是这样一群"创费者"，这一转变呈现青年群体在消费中的主观能动性。马尔库塞曾将现代社会的个体称为"单向度的人"，认为个体在资本主义制度的操控下，已经丧失了批判性思维。"创费者"的出现在一定程度上表达了青年消费者对于消费的态度，不被迫选择，选择适合自我的，主动地创造带有个人特质的消费，这一现象在青年时尚消费领域尤为显著。

青年消费角色的变化基于三点前提：青年群体数量的庞大、群体具有巨大的消费潜力、青年超前的价值观念。联合国经济和社会事务部 2019 年发布报告显示，全球青年（15—24 岁）青年人口总数约为 12 亿人，占总人口数量的 16%，是未来世界发展不可忽视的力量之一。除数量外，青年群体正在逐渐替代成年群体成为消费市场中的主力军，虽然在消费单价上受到经济收入的限制，但在消费频率与消费范围上均超过成年群体。前两点使青年群体受到消费市场的关注，而超前的价值观念则是使青年成为消费创造者的关键。在世界价值观仍以物质主义为主导时，青年群体就开始表现出后物质主义的价值观念，当这种价值观念开始指导青年消费的消费活动时，青年的消费者角色发生了变化。

青年作为消费的创造者，主要表现在以下几个方面。

（一）创造消费需求

在经济社会的快速发展中，现代青年往往表现出超前的需求，当这种需求被试图通过消费满足时，新的消费需求产生便开始作用于消费市场。创造消费需求则是青年在消费市场中化被动地位为主动地位的表现之一。

相对于销售商来说，青年对消费需求的创造常常是无意识的。Pandora 品牌的成功可以作为青年无意识创造消费需求的例证，Pandora 珠宝以串珠手链为主要产品，其独特之处在于手链中的每个配件都有特殊意义，象征梦想、生命、自由、爱情等含义，同时还根据销售地区的不同提供本土化的象征性配件，消费者可以根据自己的愿望自由选购配件组装独属于个人的 Pandora 手链。Pandora 不以动人的品牌故事为卖点，而是选择了"消费引导设计"的模式，将青年消费者无意识的需求转变为商品的优势。

此外，青年也会有意识地创造消费需求，这种积极探索有利于推动青年实现创业创新。《亚太青年创业报告（2019）》公布数据显示（见下表），在所调查的亚太十国里，青年群体在初期创业活动中表现更活跃。全球青年创新创业大赛夺冠队伍 AngelSmart，其参赛产品为手机端便携式即时精子检测仪，以应对医疗市场中精子检测设备价格高、体积大，检测结果隐秘性差的问题。

表2—18　　亚太地区各国参与初期创业活动群体占比　　单位：%

国家	18—34 岁年龄段群体占比	34—64 岁年龄段群体占比
澳大利亚	13.5	12.5
中国	14.9	11.7
印度	10.2	11.5
印度尼西亚	18.9	16.6
马来西亚	2.8	3.0
菲律宾	14.2	20.5
朝鲜共和国	3.6	12.1
泰国	14.6	13.2
越南	15.5	11.9

注：数据来自《亚太青年创业报告（2019）》，https://www.sohu.com/a/366131809_100006727。

（二）创造消费渠道

不同年龄阶段的消费者对于消费活动的态度不同，相较于成年消费群体的"随波逐流"，青年消费者更乐于创造与变革，催生了多元化的消费渠道。

青年通过发挥创新思维，突破了时空对消费活动的限制。以网络二手商品交易平台的出现为例,二手商品交易在各国均有不短的历史,跳蚤市场在其中最具代表性。这种传统的二手商品交易市场的特点在于:价格低廉、商品种类繁多、质量参差不齐、摊位具有临时性,因此消费者在跳蚤市场进行消费时常抱着淘宝的心态,消费具有随意性。这种商品种类繁杂、供应不稳定的二手商品交易市场,显然无法满足青年的特殊消费需求。当从传统消费渠道中无法获取特定商品时,面对这种状况,个别青年开始依靠网络与社交工具完成二手商品交易。初期的二手商品交易发生在青年亚文化群体中,如电子发烧友寻找配件、时尚达人收集潮流服饰等。当这种偶尔的线上交易规模不断扩大时,网络二手商品交易平台的消费渠道雏形出现。

为提高消费效率,消费渠道之间被联通。现代青年的消费体验包括了消费服务的满意度、消费场景呈现状况以及消费便捷程度,效率成为青年消费活动中不可忽视的影响因素,而效率的最优解并不单独存在于线上或线下消费渠道之中。线上消费渠道的优势在于商品种类较多,价格优惠,提供送货上门服务,但由于商品配送需要时间,不能在下单的同时获取商品。而线下消费渠道的优势在于能够切身体验商品功能,可以直接获取所消费的商品,但可供商品展示的空间有限。青年对提高消费效率的需要推动了全渠道消费时代的到来,线上与线下消费渠道实现了互联互通,消费者可以通过线上下单到线下商店提取商品,也可以在线下体验后线上下单送货上门,极大地提高了消费的便捷程度。

小镇青年消费潜力的爆发,带动了消费渠道下沉。区域发展的不平衡性使青年群体消费潜力的爆发时间具有先后顺序,城市青年的消费潜力往往率先被激活,成为消费市场关注的重点,消费渠道也围绕城市布局,形成了便利店、全渠道大型综合商超、O2O即时电商为主体的消费渠道网络。受经济收入、区域基础设施建设、本地经济发展状况等因素限制,小镇青年的消费潜力并未被重视。随着网购平台的普及,小镇青年的消费能力被重新评估,吸引消费渠道下沉,围绕小镇青年消费形成了O2O电商为主,小型综合商超为辅的消费渠道布局。印度是全球最大的单一的下沉市场,被视为全球互联网电商市场的蓝海,引发亚马逊、Flipkart、ClubFactory等国际电商平台的争夺,而拥有智能手机、能够熟练网购的小镇青年成为电商平台争夺的关键。

（三）创造消费时尚

青年是时尚的风向标，同时，青年也在创造着属于自己的时尚。青年创造消费时尚的核心，是对时尚的敏锐触觉与求变求新求异的消费态度，自我表达的欲望成为驱动力，在市场经济、网络信息技术的助力下，个人的时尚理念变为时尚潮流。Lyst 发布的 2019 第一季度全球十大热门时尚品牌中，off-white 超越 Gucci 位列第一；Superme 联名旅行箱创下 16 秒售罄的销售纪录；KAWS 与 Dior 联名的公仔 9999999 美元高价在拍卖网站竞拍。

青年对消费时尚的创造力首先源于青年对自我与社会关系的探求，埃里克森的心理社会发展理论认为，人格发展包括机体成熟、自我成长与社会关系三个过程，青年阶段面临的危机是如何处理社会关系中自我与他人之间的关系。为了构建人际关系，青年通常会采取两种措施：从众与个性化来融入群体，从众是为了获取群体归属感，个性化则是维持社会关系中的独立性。这就使得青年在消费过程中制造与成年群体之间的消费差异，同时又与同辈群体保持消费的一致性，由此属于青年群体的消费时尚。新媒体的出现使青年对消费时尚的创造更加频繁，青年通过影视媒体获得更多的时尚知识，通过社交媒体分享时尚观念，介绍个人的时尚创意，通过网络媒体推动某一观念或元素成为流行时尚。依靠自身对消费时尚的创造力，作为时尚博主的 Danielle Bernstein 创造了自己的时尚服饰系列。

不囿于思维定式成为青年消费时尚创造力的又一来源。相较于成年群体，青年的社会化并不完善，使得青年在认知、处理问题等方面缺乏足够的经验，这决定了青年群体存在较少的思维惯性，而存在较多的想象力与创造力。青年敢于尝试不同的可能性，从不同材质的搭配到物品的新功能开发，再到时尚元素的跨界融合，迎合了青年群体对时尚商品的消费需求。

三　消费观念多元化

美国青年已经开始为体验买单，而泰国青年正在对创新类商品表现出极大的兴趣。同为亚洲国家，日本青年开始呈现厌消费的状态，韩国青年在疫情期间仍表现出极大的消费欲望。这种现象不仅存在于不同国家之间，还存在于同一国家、同一地区之中，表明世界青年消费观念呈现多元化特征，并将长期存在。消费观念的多元化是建立在社会经济发展不平衡的大前提之下，受后物质主义影响，青年价值观中出现关注自我价值倾向，同时对于差异更多地持包容态度。

消费观念的多元化导致了青年消费形象的多元化，通过对不同国家青年消费者状况进行梳理，根据驱动因素的不同，青年消费者大致可分为以下几类。

（一）价格驱动型

价格驱动型消费者主要受到商品价格的影响，以价格最低作为消费决策的标准。这类青年消费者一般分布在东南亚、非洲、大洋洲等经济发展较为落后的国家，以及国内经济欠发达的地区。落后国家的经济发展水平较低，市场能够供应的商品有限，商品价格较高，青年经济收入有限，对于价格很敏感。经济欠发达地区相对而言商品供应丰富，同类商品种类较多，但由于地区思想观念落后，教育质量较低，未形成完善的社会支持系统，青年的职业发展受限，其消费活动依然受经济收入限制，在消费中也往往以寻求低价为主。

（二）情感驱动型

情感驱动型消费者主要受个人情感影响，以情感的满足为消费目标。这类青年消费者一般分布在正处于黄金发展期的国家和发达国家中，青年消费者的经济收入能够覆盖个人的基本消费支出，丰富的商品种类催生了青年群体更高等级的消费欲望。在此基础上，消费者的消费习惯、兴趣爱好、情感状态等因素开始参与到个体的消费决策中，表现为品牌文化的打造、小众商品消费增长、以社交为目的消费类别增加、注重节日消费、追求体验式消费项目等现象。

（三）发展驱动型

发展驱动型消费者以个人的发展为消费目的，会综合考虑国家发展前景、个人发展可能性、个人发展所占有的社会资源等条件，来确定是否进行消费，采取怎样的消费态度。这类青年消费者一般分布于新兴市场国家以及具有创新意识的国家，国家的发展前景乐观，阶层之间能够实现流动，青年的发展空间较大。此时青年的消费从目的作用来看更类似于自我投资，消费者更愿意为提升学历水平、培养职业技能、拓展眼界与思维，获取人际关系网络进行消费，消费结构中文化产品、教育培训、社交礼仪、网络通信品类消费支出增加。

（四）科技驱动型

科技驱动型消费者关注最新科学技术成果，以生活智能化为消费目标，乐于享受科技带来的便利生活。这类青年消费者一般分布于综合实力较强、注重科技发展的国家。消费者的经济收入水平较高，个人发展前景较好，在生活与工作中均追求高效与更好的体验感。这类青年消费者拥有丰富的科技知识，或是科技行业从业者，能够积极看待科技的高速发展对人类社会的改变，其消费结构中智能电子设备消费支出占比较高。

以上只是对青年消费者形象的大致概括，仍有部分青年消费者游离于以上消费者类型之外。消费者在消费习惯、文化传统、人际关系状况、审美偏好等方面的差异同样会对消费观念产生影响，创造出更多的消费观念。因此，青年消费者的消费类别将不断增加，直至具有鲜明个人风格的消费者形象出现，来标记自我与他人的差异。

第四节　国外青年消费的新特征

本节以青年消费中的特殊现象为研究对象，借助各学科视角以及实证数据，对社交媒体如何影响青年消费、青年消费政治化、日本青年的厌消费现象以及欧洲青年消费观念的转变进行阐释。

一　社交媒体影响青年消费

2019年发布的《互联网报告》显示，全球互联网用户数量达到38亿人，约占全球人口的51%，亚太地区特别是在东南亚地区移动互联网用户增长迅速。世界的快速发展变化使当地民众对效率的追求更为迫切，而移动网络所提供的"随时随地"的接入服务，满足了当地民众在社交活动中追求效率的要求，例如，菲律宾、印度尼西亚和泰国等新兴市场的消费者，将大量时间花在社交媒体平台上。在欧美等发达地区，对于网络与社交媒体的使用在范围与频率上更为惊人，社交媒体的使用已经成为一种新的规范。

社交媒体已经成为青年接触消费的新触点，这种现象在各国青年消费中普遍存在。用户对社交媒体的应用已经不仅限于消磨时间或与朋友交流，而是将社交媒体视为一个消费娱乐内容、发现新产品和服务以及与品牌互动的空间。TAKUMI 调查数据显示，过去六个月内，60% 的 16—24 岁年龄段调查样本曾受社交媒体影响进行了消费。[①] ikala 咨询公司报告显示，东南亚地区消费者对在社交媒体上消费表示出极大的兴趣，并且开始在营销手段中呈现出来（见表 2—19）。同时，报告还发现，18—34 岁年龄段群体占据了社交消费者中的较大比例。

表 2—19　　　　　社交营销对销售的促进状况　　　　　单位：%

营销手段	促进销售量增长率（泰国）	促进销售量增长率（越南）	促进销售量增长率（菲律宾）	促进销售量增长率（新加坡）
社交广告	56	84	76	71
谷歌广告	38	41	30	42
即时信息推销	28	39	47	29
邮件推销	19	29	22	29
直播推销	44	45	60	46
互动推广	47	67	47	38
雇用意见领袖	25	18	14	17
建立社会信用	59	61	23	29

注：数据来自 ikala《东南亚社交电子商务的崛起》调查报告，http://www.199it.com/archives/1133877.html。

（一）在社交媒体影响下青年消费发生的变化

1. 消费信息接收倾向的变化

以社交互动方式为标准，当代社交媒体可以分为五种类型：社交网络、照片分享、视频分享、互动媒体以及博客/社区建设，使用不同的社交媒体会使青年产生不同的消费信息接收倾向，表现在消费意向、消费观念、消费偏好等方面。信息更新速度最快、用户活跃度较高的社交网

[①] 互联网数据资讯网：《意见领袖营销报告：信任、交易和引领潮流的人》，2019 年 12 月 22 日，http://www.199it.com/archives/945475.html，2021 年 5 月 25 日。

络，已经成为青年网络社交的主要工具，这类社交媒体能够承载各种形式的信息，更容易推动青年在流行文化、社交活动方面进行消费，也容易激发消费的从众效应、攀比效应。照片与视频分享类社交媒体，如Instagram、Youtube，以通过照片或短视频配文案为信息互动方式，用户可以通过标签来进行信息筛选，通过评论等方式与他人开展互动。这类社交媒体信息形式单一，依靠视觉冲击力与新奇的标题来吸引关注，推动了青年在时尚类、创新类、网红类商品上的消费，易引发冲动消费的行为。社交属性较强，以好友互动为主的互动媒体，更容易激发青年在强关系中的从众效应，此类社交媒体主要对价格较高或强调体验感的商品/服务产生影响，例如观影、用餐等，既可能强化青年的消费意向，也可能使青年打消消费念头。以信息共享为主的博客/网络社区则能够为青年提供更为专业的测评信息，迎合了现代青年在进行消费前制订消费方案的习惯，有利于青年的理性消费，在一定程度上避免了冲动消费与盲目消费。

2. 消费信息触达途径的变化

在传统消费环境下，青年的消费信息来源于报纸媒体、杂志期刊、电视广播、户外媒体及实体零售商店，社交媒体的出现增加了消费信息触达的途径。作为青年最为常用的社交媒体，通过在热帖下投放广告或与意见领袖合作，会使社交网络率先完成商品信息向目标消费群体的传输。由于越来越多的品牌零售商开始在社交网络上争夺潜在消费群体，常规内容已不足以吸引青年的注意力，零售商开始利用其他类型社交媒体的优势联合展开营销活动，如附链接开展各类活动，凑单享受优惠，意见领袖推荐，等等，提高广告投放向有效消费的转化率。

3. 消费所使用设备的变化

随着社交媒体的广泛使用，青年的消费设备开始被固定于移动端之上。在社交媒体出现之前，青年的消费途径有着较为清晰的选择标准。以网络电商平台为主的线上消费渠道主要向青年输出价格优惠、非急需、消费频率较低、大众品牌的商品，而以大型商超、便利店为主的线下消费渠道主要输出急需、消费频率高或高端品牌的商品。2016年signal公司对英国消费者习惯进行调查时发现，61%的受访者最爱用PC端浏览网络电商平台商品，五成以上的受访者通过PC端完成了网络购物。店内购物仍受到消费者的青睐，30%以上的受访者偏好在实体商店购买礼品。①社交媒体的出现提高了青年使用智能手机的时间，通过消费者体验分享，提高了青年线上购买高端品牌的概率，而社交媒体同地区信息发布功能解决了一部分急需商品需求。线下消费被转移至线上，其实质是提高了青年对移动端的依赖程度，使其逐渐养成移动端购物的习惯。

4. 消费对象的变化

ikala报告显示，泰国、越南和菲律宾等国青年更多地通过社交媒体来选购服装，而在新加坡，主要的社交购物品类则是食品和饮料类商品，在疫情得到控制时，以上国家社交购物的对象发生了新的变化，这表明社交媒体所引导的消费没有固定的规则，或者说在社交媒体的使用中，消费信息是双向输送，销售者与消费者是互相影响的关系。传统媒体的影响力受到限制，是由于消费信息只能做到从销售者到消费者的单向输送，这种单一的信息流路径无法满足当代青年的自我表达、消费自由的愿望，在社交媒体出现后，销售者与消费者之间搭建起信息沟通的桥梁，青年的消费信息被大数据收集分析，快速作用于商品的生产与销售环节之中，消费市场不同行业的反应速度，通过社交媒体所影响的青年消费活动展现出来。

（二）社交媒体影响青年消费的路径

社交媒体对青年的消费倾向、消费信息触达途径、消费所使用的设备以及消费的对象持续产生着影响，这种影响主要通过以下路径来作用于青年消费之中。

1. 通过创造性控制力增强用户黏性

GWI就美、英两国消费者调查发布报告显示，消费者更希望通过社交媒体关注到三类内容的信息：操作指南（40%）、有趣内容（37%）和简短视频（33%），其中Z世代消费者更偏爱搞笑内容（45%），会通过社交媒体关注创作者的生活（37%），千禧一代（1983—2000年出生的群体）也同样受到搞笑内容吸引，但Z世代对搞笑内容的兴趣明显高于其他世代消费者。社交媒体中搞笑内容成为人们关注的重点，不仅在于

---

① 互联网数据资讯网：《PC仍是消费者浏览和网购时最喜欢使用的设备》，2016年7月27日，http://www.ebrun.com/20160727/184669.shtml，2021年5月26日。

内容中富含幽默感，还在于这种幽默方式帮助消费者以一种可关联的方式进行沟通和表达。随着新冠肺炎疫情的蔓延，65%的互联网用户赞成购买在疫情暴发期间为消费者提供有趣/轻松的视频或内容的商品。[①] 有趣、新鲜是社交媒体对用户产生吸引力与控制力的核心，也是驱使社交媒体中的创作者进行内容创新的动力，创作者的不断竞争促使社交媒体对用户的黏性增强，青年使用社交媒体与进行消费活动之间重叠的区域不断扩大，增强了社交媒体对青年消费的影响力。

2. 消费场景社交化激发消费欲望

社交媒体的核心在于社交属性对青年的吸引力，社会发展改变了人际关系网络中强关系与弱关系的组成，线下社交活动已经无法为青年提供充足的情感支撑，使其将社交活动转移至线上。面对这种状况，带有社交属性的电商平台出现。这类平台将消费场景与生活场景相融合，用户可以通过平台发布或分享商品使用体验，吸引其他用户关注并积极参与到体验讨论之中。相较于传统电商平台由销售者提供商品体验描述而言，社交类电商平台以消费者的亲身体验描述为主，更具真实性与说服力。

社交类电商平台首先迎合了青年群体社交网络化的特点，利用青年在消费决策中希望获取大量且真实的商品信息的愿望，增加青年使用平台的频率与时长，在此过程中激发青年消费欲望。其次，利用青年渴望获得关注与认同的心态，通过培养有影响力的用户来吸引其他青年个体的参与，激发双方的消费欲望。

3. 意见领袖成为青年消费的重要参照群体

除社交媒体对消费者的影响外，TAKUMI调查还报告了意见领袖对美英两国青年消费者的影响程度，在关注意见领袖的受访者中72%的个体表示，自新冠肺炎疫情暴发以来，他们每天在社交媒体上花费的时间更多。在Z世代受访者中这一比例高达84%，远超其他年龄段群体。社交媒体使用时长的增加使意见领袖对青年群体的影响力不断增强，意见领袖为保持其在群体中的价值，会对青年群体的特点、需求、心理活动进

---

① 互联网数据资讯网:《GWI:意见领袖的世代报告》，2020年9月13日，http://www.199it.com/archives/1108718.html，2021年5月27日。

行分析，同时全面地接触、了解商品信息，增加自己的专业知识和经验，其所提供的信息既能够满足青年需求，又具有可信度，更容易对青年的消费活动造成影响。

4. 人工智能技术的应用使消费更加便捷

社交媒体价值被发掘后，各类品牌涌入其中，将社交媒体打造成一个消费的新平台。在这个消费平台中，零售商通过在互动社交过程中使用人工智能技术，为群体的消费活动提供便捷化、人性化的服务。越来越多的新加坡零售商正在使用人工智能聊天机器人来自动创建订单，而泰国零售商更喜欢使用 AI 驱动的订单管理系统。在越南和菲律宾，人们更依赖于利用支付提醒工具。在各个国家，自动检测或现场销售中识别购买意图的功能在社交卖家中排名相当靠前。人工智能技术在社交媒体中的应用成为吸引青年消费的创新点。

二 亚洲青年消费的政治化趋势

消费的政治化是指在消费活动中，消费态度、行为和实践被视为一种参与政治行动的方式。环球网报道称亚洲地区近年来抵制活动频发，2001 年因日本历史教科书问题，韩国民众发起抵制日货活动；2016 年因宗教信仰被侮辱，印度教教徒发起抵制亚马逊活动；2017 年因萨德事件，中国民众自发组织抵制韩货；2018 年因巴黎世家涉嫌歧视中国消费者，澳洲本地华人青年自发组织抗议活动，发起对巴黎世家品牌的抵制。在这些抵制活动中，青年成为一支最为活跃且忠实的力量。而联合国经济与社会事务部在 2016 年发布的《关于青年民事参与的世界青年报告》中指出，在全球范围内，青年在机构政治程序中的参与和对决策的参与程度均处于较低水平。消费的政治化与低水平政治参与之间的矛盾表明，青年在通过另外一种方式来表达参与政治活动、获取与行使政治权利的意愿。

（一）亚洲青年消费政治化的表现

1. 支持本土品牌与民族企业

2020 年 World Brand Lab 就亚洲消费者品牌忠诚度进行调查发现，日本受访者中 81% 比例的群体最喜欢本土品牌，其次为韩国（69%），中国（56%）受访者位列第三。韩国在消费上践行"身土不二"原则，主张购买国产品牌产品。Counterpoint Research 2020 年发布报告显示，三星手机在韩国本土市场份额超过 67%，而苹果品牌智能手机仅占到韩国市场份额的 19%。

2. 自发抵制政治立场存在问题的品牌

亚洲地区自进入 21 世纪以来曾发起过多次抵制国外品牌活动，除前文的事例之外，还包括韩国女星拒绝成为"战犯企业"三菱汽车在中国广告的代言人；2005 年因日本篡改教科书而引发的中国抵制日货浪潮；因萨德事件中国对韩国商品的抵制，韩国社交媒体上发起"抵制中国产品"的活动。同时，民众抵制的不仅包括外国品牌，也包括存在政治立场问题的国内品牌。

（二）亚洲青年出现消费政治化的原因

亚洲青年出现消费政治化的趋势表明，青年开始通过消费来表达自身的政治观点，这种现象的出现有以下原因。

1. 国家认同感提升

全球化进程使国与国之间的界限逐渐模糊，多元价值观念通过国际网络、世界范围内人口流动等途径在各国传播，冲击着青年群体原有的价值观体系，民族国家的作用日渐式微，国民身份危机在各国均有出现。亚洲青年出现消费政治化的趋势，其根源在于青年国家认同感的提升。

国家认同包含了政治、文化、民族等要素，政治认同解释了青年在消费活动中自发抵制政治立场存在问题商品品牌的行为，文化、民族认同与青年消费政治化中支持本土品牌与民族企业的行为相关。亚洲青年国家认同感的提升与国家经济发展、社会结构的变化、受教育程度的提高相关。20 世纪 80 年代后，亚洲地区一些国家经济开始起飞，2000—2008 年，亚洲中产阶级（年收入在 5000—35000 美元）数量翻了 6 倍，由 1.4 亿人次增长至 8.8 亿人次。经济的快速发展使人民的生活水平得到极大改善，幸福感提升的同时，对国家、政治、民族的认同度也大大提升。市场经济体制在社会发展中开始发挥作用，生产要素的多元化通过影响社会阶层流动来改变社会结构，在此过程中群体的政治态度发生变化。亚洲地区民众受教育程度的提高直接影响个体对政治信息、政治符号的理解能力与水平，其中受教育程度高的青年群体的政治意识相对较高。

2. 消费成为青年政治参与的形式

随着消费主导型社会的到来，消费行为与政治行为之间的边界逐渐模糊，政治行为不仅在特定的场域中发生，日常消费行为中同样存在政治动因。政治因素通过道德伦理、价值观念和政治意识渗透于大众消费之中，借此影响着消费者的消费决策，青年的消费中更容易体现以上影响。后物质主义价值观的崛起表明青年开始对与生活相关的政治议程感兴趣，关注国内与国际间的平等问题，如生态破坏、健康问题、能源匮乏等，并将这种关注融入社会活动的主要领域——消费之中。

青年通过环保消费、绿色消费来参与政治活动、践行社会公共责任。麦肯锡2019年报告显示，亚太地区Z世代消费者更喜欢消费环保产品与有机食品，重视流行环保理念，日本青年中54%的Z世代受访者乐于购买采用可持续方式生产的衣服；六成的中国Z世代受访者表示会尽量减少个人饮食习惯对环境的影响；39%的澳大利亚Z世代受访者愿意承担购买环保产品而多支付的费用。[①]

3. 青年获取权力的途径发生变化

在政治领域中，青年的声音往往被忽视，这是由于政治地位常与社会地位相关，或者说拥有较高社会地位的人更容易拥有政治地位。青年阶段是个体从家庭走向社会的阶段，在这个阶段中青年逐渐脱离家庭的支持，开始寻求独立的社会地位。但仅凭借自身的能力与现有的后致性社会资本，使得青年群体往往处于社会的底层。青年也同样具有权力表达的需求，底层的社会地位限制了青年在政治领域的表达。尤其是受儒家思想影响的亚洲各国，长幼尊卑有序的观念使青年在政治领域的发展被进一步束缚。

亚洲国家经济的迅速发展与快速建立起的市场经济，使得青年发现了新的权力获取途径。消费市场改变了社会整合的核心统治模式，它用诱导性的消费文化代替了国家强制统治，将权力中心转移到市场领域，消费者可以通过在市场中的竞争来获取权力。在这一前提下，青年群体开始行使消费者主权。亚当·斯密最早提出"消费者主权"的概念，在

---

① McKinsey & Company：《赢得"后浪"：亚太地区Z世代消费者研究》，2020年8月10日，https：//www.mckinsey.com.cn/赢得后浪：亚太地区Z世代消费者研究/，2021年5月27日。

"生产—消费"的关系中,消费者并非处于被动状态,仅能消费被生产者生产的产品,而是具有消费的主动权,生产者需要根据消费者的需求量和偏好来组织、协调生产活动,为消费者提供达成其预期消费需求的商品。青年群体在市场中表现出来的消费能力与消费潜力成为其获取权力的优势,青年可以通过是否消费、消费对象、消费策略等来对政治领域施加影响,日本青年的厌消费就是典型的事例。

三 日本青年的厌消费现象

在各国青年正在成为本国消费市场的主力军时,日本青年的消费欲望却开始退潮。日本经济学家松田久关注到青年消费行为的变化,发现本国的"80后"青年群体普遍开始厉行节约,合租房间以降低租房成本,自己做饭或购买饭团而减少外出用餐机会,对于"拥有物质"毫无欲望。管理学家大前研一在其著作《低欲望社会:"丧失大志时代"的新·国富论》中也谈到,青年不再愿意背负债务,从1983年到2008年的25年间,30岁至39岁群体的持房率从53.3%降至39%,不满30岁的持房率从17.9%降至7.5%。这一数据在2019年进一步下降至6.5%,而2019年日本房贷年利率不足1%,且房贷年限最长可至35年。同样,青年群体对购车、奢侈品消费也几乎没有什么兴趣。

老龄化与少子化的人口现状、物欲与成功欲的丧失、青年风险承担意愿下降,无论如何刺激都无法提升的消费者信心,构成了日本低欲望社会的全貌,日本青年的厌消费行为在经济领域引发连锁反应,成为日本经济持续低迷的原因之一。日本青年厌消费行为的出现也有其积极的一面,在一定程度上倒逼国家在政治经济制度上实施改革。

(一)日本青年厌消费的表现

对厌消费现象的解析,首先需要厘清厌消费与因收入受限而压缩消费之间的区别,这种差异主要表现为:

1. 对大件耐用消费品和电子产品的消费欲望降低

1996—2005年,日本新车销售数从700万台下降至不足600万台,[①] 每1000户家庭中20—29岁人群的汽车购买数量,在1980年之后的27年

---

① [日]三浦展:《第四消费时代》,马奈译,东方出版社2014年版,第99页。

间，从 96 台下降至 47 台，降幅达到 50% 以上。在电视机、洗衣机等商品上的消费也呈现这种趋势。①

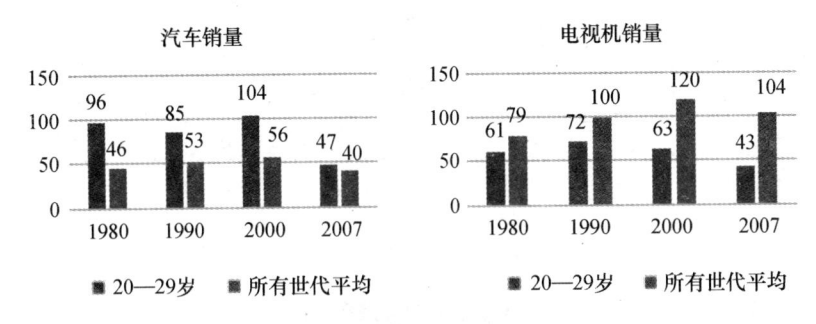

图 2—3　平均购买数量的变迁

注：1. 在两代人以上的所有家庭中，每 1000 户家庭购买台数。
2. 数据源自总务省《家庭生计调查年表推算》。

2. 在时尚品与炫耀性商品上的消费量减少

根据贝恩公司发布的《全球奢侈品报告》，1995 年日本仅 4900 万消费群体就消费了全球 68% 的奢侈品市场份额，人均消费金额达到 1996 美元。自 2000 年，日本的奢侈品消费在全球市场份额不断下降，至 2018 年奢侈品消费仅占全球市场份额的 10%。而不强调时尚元素，以价格低廉、满足消费者服装用品功能的优衣库销量增长迅猛。

3. 二次元领域消费增长迅速

NEWZOO 数据分析公司 2018 年公布数据显示，日本玩家在游戏消费上的人均支出为 151.4 美元，消费能力远超美国。而日本游戏玩家中 45.8% 比例的群体是 30 岁以下的青少年。青年在二次元以及二次元周边商品的消费金额上令人瞩目。SHIBUYA'109 娱乐公司调查发现，16—24 岁日本青少年女性在应援男性偶像与二次元角色上的消费金额每年高达 58000 日元（合 3827 元人民币）。动画、漫画在男性青年消费中也占据了较高比例，属于高关注、高购买的商品品类。

JMR 调查公司在 2008 年的调查数据则更为直观地展现出青年的厌消费状况。

---

① ［日］松田久一：《下一个十年，消费崩盘的年代》，盛凯译，南方出版社 2011 年版，第 6 页。

表 2—20　　　　　　　　　　厌消费程度指标

		个人支出增减意向		
		增加	不变	减少
个人收入增减	增加	3 分	4 分	5 分
	不变	2 分	3 分	4 分
	减少	1 分	2 分	3 分

注：数据来自松田久一《下一个十年，消费崩盘的年代》，盛凯译，南方出版社 2011 年版，第 12 页。

表 2—21　　　　　　　　　　属性差别上的厌消费程度

		厌消费程度平均值
	所有世代	2.94
世代	少子化一代	3.17
	泡沫经济一代	3.31
	生育高峰的年青一代	3.07
	新人类一代	2.9
	断层一代	2.71
	生育高峰一代	2.79
	废墟一代	2.76
收入水平	不足 200 万日元	2.91
	200 万—300 万日元	3.05
	300 万—400 万日元	3.07
	400 万—600 万日元	2.91
	600 万—800 万日元	3.03
	800 万—1000 万日元	2.85
	1000 万日元以上	2.85
职业	长期从事管理	2.92
	管理职位以外的从业者	3.17
	公务员	3.00
	非正式雇用	2.95
	家庭主妇、学生	2.92
	无业者	2.70
	其他	2.72

注：数据来自松田久一《下一个十年，消费崩盘的年代》，盛凯译，南方出版社 2011 年版，第 13 页。

(二) 日本青年厌消费现象出现的原因

在经济收入不断增长的时代中，日本青年对提升生活品质的消费兴趣却在不断下降，其根源在于：

1. 经济衰退影响消费信心

20世纪90年代，日本经济发生大规模衰退，GDP增速从5%高位迅速下降，并在之后的20年中基本维持-1%—2%。在日本的经济衰退之前，个人年收入600万—1000万日元才算是中产阶级，而2004年个人年收入低于600万日元的已占日本纳税总人口的78%，更有37.2%的临时雇员月薪不到10万日元。[①] 经济衰退影响青年对经济收入、就业状况与面对危机的预期，进而影响到青年的消费信心。

2017年日本总务省公布青年收入数据显示，20代（20—30岁）青年税前年均收入为346万日元（约合20万元人民币），30代（30—40岁）青年税前年均收入为455万日元（约合27万元人民币），20代青年中有61%的个体没有存款，而这一比例在2012年仅为38.9%。30代青年中无存款群体比例也上升了8.8个百分点，达到40.4%。历史数据说明，日本青年的经济收入状况不容乐观，且正在进一步恶化。经济的低速增长使青年并不看好国家未来经济发展形势，从而对未来的经济收入预期降低，一旦这种观念出现就会直接强化削减支出的意向，降低消费的可能性。

经济衰退还引发了青年就业状况的改变，能够提供正式雇用岗位的企业处于劳动力饱和状态，青年群体中非正式雇用员工人数不断增加，这类企业提供的岗位多为临时性或派遣形式，薪资收入不稳定且收入水平较低。同时，还存在着为数不少的无职业青年，18—29岁青年失业率高于社会总体失业率，茧居族、飞特族青年总数不断上升。不理想的就业状况对青年的消费产生明显的抑制作用。

面对经济低迷的现状，青年的危机意识增强，在经济状况较好的阶段开始积极进行预备性储蓄，以应对之后的失业或收入下降等危机的发生。从经济学角度看，储蓄的增加会挤占收入中用于消费的资金，但由

[①] ［日］三浦展：《下流社会 一个新社会阶层的出现》，陆求实、戴铮译，文汇出版社2007年版，序言第2页。

于日本青年消费中生存性消费占比较大，因此储蓄对消费的影响存在但并不显著。

2. 阶层固化带来的发展焦虑

从所得再分配调整前数据看，日本的基尼系数自1980年开始不断攀升，2014年日本基尼系数已达到0.55以上，这表明日本社会的贫富差距正在不断扩大。经济收入的差距使底层青年的发展受限，政府主要通过社会保险对经济收入实施再分配，而受益人多是退休的老年群体，对于青年群体贫困的缓解十分有限。

精英职业的世袭成为加速日本阶层固化的主因，身居要职的议员为典型代表。议员多是来自世袭，大型企业的中高层管理者的子女更容易获得好的职业前景。教育在阶层流动中的调节作用不断降低，2014年东京大学对在校学生家庭状况实施的调查数据显示，家庭年收入达到950万日元（约合50万元人民币）的在校生数量占全体学生数量的22%，而54.9%的在校生家庭年收入超过950万日元，家庭年收入不足450万日元（约合24万元人民币）的在校生数量仅占全体学生数量的13.5%。同样，贫困阶层也在逐渐固化，甚至落入更为贫困的境地。

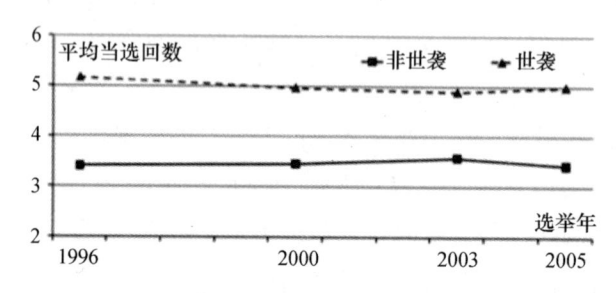

图2—4 世袭议员·非世袭议员的平均当选回数

注：数据来自饭田健·上田路子·松林哲也,《世襲議員の実証分析》,《選挙研究》2010（26卷2号）：139—152。

日本青年的发展焦虑源于无法获得理想的阶层位置。布迪厄认为社会资本占有情况决定了个体的阶层定位，处于优势阶层的社会个体会在代际转移和积累中保有其优势地位。阶层之间的流动逐渐减缓，出现贫者越贫、富者越富的阶层"沉淀"现象，导致社会阶层固化发生。日本社会中精英职业的世袭已经验证了布迪厄的理论，由于最易获得的文化资本对社会阶层流动的补偿作用下降，或底层阶级不易获得优质文化资本，中层阶级也很难实现阶层的攀升，甚至随时有向下流动的可能性，非优势阶层青年的发展愿望受阻，所引发的焦虑感反映在对消费行为的控制上。

帕累托的精英循环理论指出，精英的交替存在是社会维持稳定发展的关键，不同层级新旧精英的交替是社会发展的关键，当垂直循环受阻时，将由水平循环来代替，直到非执政层精英能力平均值超越执政层精英，以暴力夺权的手段来推动垂直循环，社会获得新的平衡。现存的社会状况使青年为解决生存问题疲于奔命，处于穷忙状态的青年成功欲正在逐渐丧失，因此，打破水平循环而推动阶层重新垂直循环的可能性较低，这成为青年发展困境的根本。

3. 价值观念的转变

日本经济的黄金发展期为当代日本青年提供了良好的物质生活基础，最基本的果腹问题已经解决，这使得日本青年的价值观念与消费理念实现了升华，表现为日本青年务实的生活观念与朴实的消费行为。

在经历过过度消费时代后，消费带来的虚假满足感被戳破，拥有更多的商品已经无法使青年消费者获得快乐。在此情况下，青年群体在进行消费选择时会出于兴趣爱好、精神需求等目的，偏好能带来持续满足感的商品。在这种挑选过程中，商品的价格与使用价值之间的关系被重新考虑，最终遵从务实的原则，选择能够带给自身最大舒适感和持久满足感的商品。

由务实的生活观念衍生出的朴实的消费行为，当拥有商品不再使消费者获得快乐时，消费从商品转移到商品的使用价值上，共享的概念开始在青年群体中流行。以合租公寓为例，更多青年在居住环境中选择了合租公寓，即多人同住在一间公寓房间中，公寓中能够满足居住者的基本生活要求，在安全度、与同龄人交往活动提高的同时，多人合住还降低了生活成本。而租住合租公寓的青年并不全是由于经济收入不足，高收入青年也会选择入住合租公寓。务实的生活观念与朴实的消费行为，在一定程度上降低了青年的消费欲望与消费支出总额，使青年群体呈现厌消费的状态。

日本青年的厌消费现象是日本的经济环境、政治制度、文化背景等因素作用下的结果,当以上因素发生变化时,青年的消费行为也会发生变化,如韩国的 N 抛世代,但其本质上具有统一性,即宏观经济环境、分配制度、就业保障等因素能够直接对青年的消费行为产生影响,为国家调节青年消费提供了思路与经验。

四 欧美青年消费观念的变化

消费观念作为价值观念在消费领域的表现,直接关系到个体如何对待自身的可支配收入,指导着个体判断商品价值、选择消费态度、确定消费对象、实施消费行为等一系列消费活动。从超前消费、过度消费到精打细算,欧美青年的消费观念正在发生转变。这种转变并非突然发生,而是与宏观环境的变化相关。欧美国家的借贷消费模式已经延续了近百年历史,2008 年美国信贷消费达到峰值,家庭债务占到国内生产总值的 95% 以上,欧洲各国消费信贷高峰期在 2010 年前后来临,家庭债务在国内生产总值中的占比接近 65%。在此之后,欧美地区消费信贷规模持续下降,至 2020 年美国家庭债务仅占国内生产总值的 75.2%,而欧洲各国家庭债务在国内生产总值中的占比下降了近 10%。以上数据表明,欧美国家的消费者开始谨慎对待超前消费行为。

(一)欧美青年消费的变化

在信贷消费规模下降的大前提下,欧美青年群体的消费也出现了新的变化,主要表现在:

1. 租房消费增长,与父母同住人群增加

2016 年英国决议基金会发布的报告《Stagnation Generation: the case for renewing the intergenerational contract》中称,能够在 29 岁之前拥有自购住房的英国青年仅占青年总数的 37%,25—34 岁的青年住房拥有率在 30 年的时间内从 53% 下降至不足 30%,伦敦地区青年住房拥有率已降至不足 5%。美国住房自有率也出现了下跌趋势,维持在 60% 左右。2018 年 CNBC 对美国千禧一代(1984—2000 年出生)的消费状况进行调查发现,27% 父母在帮千禧一代子女支付房租或住房贷款。房价的上涨,使得欧美的千禧一代不得不接受租房费用的上涨、通勤时长的增加,以及购房可能性的降低。虽然受疫情影响英国青年的购房需求被激发,但经济收入依然是制约青年购房的关键要素。生存成本的上升迫使更多的青年选择与父母共同居住，来减轻生存压力。

2. 信贷消费总额下降，青年超前消费热情冷却

Federl Reserve Board 数据显示，2016 年 35 岁以下青年群体信用卡欠贷比例降至 17 年来的最低值，截至 2019 年年底，个人在信用卡计划下使用的额度不到其额度可用美元总额的 1/4。Piper Jaffray 公司公布 2017 年调查数据显示，虽然美国经济已好转，但青少年消费支出却出现同比下降。Federal Reserve Bank of Australia 公布 2017 年消费数据显示，圣诞购物节期间澳大利亚人均信用卡债务水平降至 10 年来最低，截至 2017 年 10 月底，澳大利亚人均信用卡待偿还债务为 3061.90 澳元，相较于 2012 年的峰值下降了 300 澳元以上。

3. 开始控制消费支出

麦肯锡报告提出，面对欧洲的经济衰退，消费者开始控制了自由支配消费。主要表现在五个方面：一是控制开支。消费者开始减少总开支来控制自身消费的可预测性，对于诸如外出用餐和度假等自由支配消费，会削减计划支出或完全不进行消费。二是仅在需要时换新。这种策略主要是针对汽车、电子产品和家具等高价商品，消费者选择推迟购买新商品、减少购买的件数或选择二手商品来控制支出。三是自己动手。以自制用品代替购买来降低消费支出。四是评估价值。在总支出一定的前提下，消费者更为批判性地思考商品价值是否合适。对于价格较高或消费总额较大的商品，消费者会通过网络或其他信息渠道来评估商品的特性与价值。对于食品等高频消费商品则优先考虑功能与价格。五是更理智地消费。为了继续购买心仪的商品，消费者开始更加积极地寻找低价、特价和促销商品，如通过网购或折扣店来进行消费。[1]

（二）欧美青年消费观念转变的原因

从强调经济上的独立到选择与父母同住，从过度超前消费到控制消费支出，减少消费信贷，欧美青年在消费观念上出现了明显的转变，而

---

[1] McKinsey & Company：《Beating the recession：Buying into new European consumer strategies》2009 年 4 月 1 日，https://www.mckinsey.com/featured-insights/europe/beating-the-recession-and-buying-into-new-european-consumer-strategies，2021 年 5 月 24 日。

这种转变的根源在于：

1. 严峻的经济形势影响消费信心

2008年，以美国为中心的国际金融危机导致了美国本土经济的大萧条，2009年美国GDP年增长率达到40年内的最低值-3.07%，失业率一路上升至10%左右。国际金融危机与由希腊蔓延而来的主权债务危机产生叠加效应，在较长一段时间内对欧洲等国的经济造成严重影响，欧洲各国的GDP年增长率出现断崖式下跌，失业率一度高达12%以上，直至2013年后才略有恢复，欧美等国经济发展速度放缓。在危机的影响下，以超前消费为习惯的欧美消费者面临无法还款的困境，消费信贷不良资产率创历史新高。虽然后期欧美各国纷纷出台量化宽松的货币政策，但短期内对国内经济问题的缓解状况与消费的刺激作用有限，作为未来消费市场主力军的青年群体已经意识到超前消费的危害。

国际金融危机造成的影响尚未解决，主权债务危机的出现进一步迫使欧洲各国政府调整支出，削减福利待遇方面的预算计划，并在社会保障制度方面做出调整，包括降低失业救济金、对高额养老金征税以及延长退休年限。社会保障制度与福利待遇的调整，使青年在发展过程中的安全感降低，消费信心也有所下降。

2020年新冠肺炎疫情的大流行，成为影响青年消费的又一重大事件，新冠肺炎疫情使得全球公共卫生领域均面临危机，并由此延伸至经济领域。失业率上升、企业倒闭、资产大幅波动与贬值预示着未来经济发展的高度不确定性，从短期看，欧洲消费金融将受到很大的不利影响。

多次危机的来临改变了青年的消费习惯，甚至出现消费降级。青年不愿通过借贷消费来维持生活，而是选择更为朴实的消费观念，降低生存性消费支出，同时寻找更多的途径来降低娱乐、社交、兴趣爱好、时尚等方面的开支。

2. 生产力提升导致青年消费观念升级

生产力的发展状况决定了个体的消费观念，以生产力状况为标准，消费观念可以划分为三个阶段：理性消费阶段、感觉消费阶段与感性消费阶段。欧美青年消费的变化表明，其消费观念正在由感觉消费阶段向感性消费阶段升级。自20世纪30年代以来，欧美等国家工业化与机械化的发展，带动了劳动生产率与商品产量的提升，消费市场总体来看处于供过于求的状态，消费者进入感觉消费阶段。同质产品的大量上市，使买方在消费活动中拥有更多的选择空间，消费者的消费需求呈现多样化趋势，消费层次也在不断提高。卖方不得不让渡消费市场主导权，通过营销手段来对消费者施加影响，如广告、折扣、赠送等，但其销售目的性较强，忽视了对消费者更深层次的消费需求的发掘。欧美青年的消费需求相较上一世代更为多元化，如版权消费、网购礼品等，对电子时尚产品、运动鞋、品牌服饰等类商品的消费表现出更高的追求。

随着经济社会的不断进步，消费数字化与全渠道消费网络的构建使消费变得触手可及，青年群体在进行消费决策时的标准发生了变化，不再仅以价格作为唯一标准，而是以主观感受来衡量商品是否值得购买，以上种种标志着感性消费阶段的到来。青年在消费中表现出个性外显、追求消费品质、象征性消费增加等特征，此时商品所表达的价值并非源自其使用价值，而是青年进行自我表达的载体。

多次危机的出现使欧美青年意识到超前消费、过度消费建立在宏观经济运行良好的基础之上，一旦收入与支出的平衡被打破，很快会陷入负债累累的境地。欧美青年消费需求的升级速度，显然在某些方面已经超过消费市场的反应速度，在新的消费需求未被满足之前，实际上抑制了青年的消费欲望。

第三章

中国青年消费的历史考察和比较分析

新中国成立后,国民消费带上了时代变迁的色彩,在不同阶段呈现不同特征。青年作为消费群体中的组成部分,其消费经历了从"随大流"到主张自我的变化,这种变化使人们开始关注青年消费。厘清新中国成立后不同历史阶段青年消费如何发生,青年旺盛的消费欲望与强劲的消费力从何而来等问题,为当代青年消费现象的研究提供了新的分析视角。

本章遵循历史的脉络,从改革开放前和改革开放后两个视角,对新中国成立以来中国青年的消费状况进行考察。

第一节 改革开放前中国青年消费考察

新中国成立后,面对国内各行业百废待兴的局面,党和政府开始着手恢复社会经济秩序,有计划有步骤地实现从新民主主义社会向社会主义社会的过渡。1956年年底,中国基本实现了对农业、手工业、资本主义工商业的社会主义改造,社会主义制度在中国确立。1958年,中国开始执行第二个国民经济发展计划。由于忽视了客观发展规律,错误估计了国家发展状况,加之自然灾害频发,中国经济社会发展状况并不乐观。经过三年调整,经济发展速度才有所恢复。

一 经济状况

（一）新中国成立初期

新中国成立之初，经济萧条、百废待兴，1949年中国的国民总产值约为123亿美元，但人口总数达到5.4亿人，人均国民总产值仅为23美元，而同一时期的日本人均国民总产值为182美元，德国人均国民总产值为486美元，英国为642美元，美国达到了惊人的1882美元。彼时，棉布、面粉、煤炭等关系民生的重要行业大多由非国营资本运营，为了快速恢复国民经济，巩固新生人民政权，政府并没有马上着手对私人资本进行改造，而是采取利用和限制的政策，通过赎买的方式逐步将私营企业收归国有。至1949年年底，中国国营工业的固定资产占全国工业固定资产的80%以上，拥有全国电力产量的58%、原煤产量的68%、钢产量的97%，掌握了全国铁路和其他大部分近代交通运输事业以及大部分银行业务和对外贸易，国营经济成为社会经济的领导力量，同时还存在私人资本主义经济、农民和手工业者的个体经济、私人资本主义经济等多种经济成分。

从国民经济发展具体状况来看，1949年统计数据显示，中国工农业生产水平不及中华人民共和国成立前最高水平（见表3—1、表3—2）。农业方面，化肥、农具生产受限，农作物、家畜生产量较低。战乱及国民党政府的掠夺，进一步削弱了中国原本就薄弱的工业基础，工业产值接近中华人民共和国成立前最高产值的1/2，其中尤以重工业总产值下降最为严重。[1] 国内恶性通货膨胀、市场混乱等问题，对国民生活产生了严重影响。国民党政府统治时期，国家垄断资本囤积居奇、投机倒把，大量商人为逐利参与到商品垄断之中，造成粮食、棉布、棉纱等物价波动剧烈，甚至出现一日涨价数次的场景。

---

[1] 苏星：《新中国经济史》，中共中央党校出版社1999年版，第97页。

表3—1　新中国成立前最高年与1949年中国农业生产对比　　单位：千市担、%

农作物名称	新中国成立前最高年 年份	新中国成立前最高年 产量	1949年产量	1949年为新中国成立前最高年的百分比
粮食作物	1936	2773962	2161900	78
稻谷	1936	1146820	972894	85
小麦	1936	465893	276169	59
杂粮	1936	1034622	715988	69
薯类	1936	126627	196849	155
大豆	1936	226133	101723	45
棉花（皮棉）	1936	16976	8888	52
黄洋麻	1945	2174	736	34
烤烟	1948	3572	858	24
甘蔗	1940	113034	52843	47
甜菜	1939	6575	3810	58
花生	1933	63415	25364	40
油菜籽	1934	38144	14681	38

注：资料来自中华人民共和国国家统计局编，《我国的国民经济建设和人民生活》，中国统计出版社1958年版，第153页。

表3—2　1949年与1936年、新中国成立前最高年中国工业生产对比　　单位：%

	1949年为1936年的百分比	1949年为新中国成立前最高年的百分比
全部总产值（包括个体手工业）	49.9	
电力	113.5	72.3
原煤	78.3	50.0
原油	98.5	38.1
生铁	31.1	13.9
钢	38.2	17.1
水泥	52.9	28.8
棉纱	84.0	73.6
棉布	56.4	56.4
机制纸	—	65.5
面粉	52.8	52.8
食糖	48.1	48.1

注：1. 原煤、棉纱、面粉不包括个体手工业的产量。

2. 资料来自中华人民共和国国家统计局编，《我国的国民经济建设和人民生活》，中国统计出版社1958年版，第7页。

(二) 1949—1957 年

为了重振国民经济，恢复有序生产，人民政府在经济领域采用了一系列措施。在农业发展领域，深化土地改革，废除地主阶级封建剥削的土地所有制，实行农民的土地所有制，让农民成为土地的主人，真正做到"耕者有其田"；通过将官僚资本收归人民所有，建立国有经济。废除原有资本主义企业中剥削压迫工人的劳动制度，实现工厂民主化管理；团结一切可以团结的力量，合理调整工商业，通过赎买制度逐步实现国有企业对私营工商企业的接管；加强国家对经济的干涉力度，统一财政经济，打击投机倒把奸商，平抑物价控制通货膨胀，建立经济新秩序。

至1952年，中国国民经济实现了全面恢复，摆脱了财政赤字，财政收支平衡略有盈余。农业生产方面，据国家统计局数据，1952年，中国粮食产量达到16393.1万吨，较1949年增加了44.8%，棉花产量达130.4万吨，是1949年棉花产量的2.93倍，油料产量、糖料产量、黄红麻等都呈现产量增长趋势。工业总产值达343.3亿元，在工农业总产值中所占比重为41.5%，较1949年上升了11.5%。全国商品流转总额达2768亿元，对外贸易出口额达64.6亿元，扭转了长期存在的贸易逆差局面。

"一五"计划期间，政府组织大规模经济建设，五年内实现了在基础建设中550亿元的投资总额，① 中国经济继续向好发展。至1957年年底，农业总产值超额完成任务，粮食产量19504.5万吨，较1952年增长19.0%，年平均增长率接近4%。棉花产量为164万吨，较五年前增长了25.8%。工业总产值达到783.9亿元，较1952年实现了成倍增长。手工业较1952年也实现了83%的增长，年平均增长率高达12.8%。②

---

① 杨德才：《中国经济史新论》，经济科学出版社2020年版，第68页。
② 程连升：《筚路蓝缕：计划经济在中国》，中共党史出版社2016年版，第131—133页。

表 3—3　　　　　　　　1949—1957 年工农业总产值指数

年份	社会总产值	工农业总产值	农业总产值	工业总产值	工业总产值中	
					轻工业总产值	重工业总产值
1949	50.4	56.3	67.4	40.8	46.6	30.3
1950	66.2	69.5	79.3	55.7	60.6	46.7
1951	79.4	82.7	86.8	77.0	81.0	69.7
1952	100.0	100.0	100.0	100.0	100.0	100.0
1953	118.7	114.4	103.1	130.3	126.7	136.9
1954	128.8	125.2	106.6	151.6	144.8	163.9
1955	136.6	133.5	114.7	160.0	144.8	187.7
1956	161.1	155.5	120.5	204.9	173.3	262.3
1957	170.9	167.8	124.8	228.6	183.3	310.7

注：1. 以 1952 年总产值实数为 100，实数分别为社会总产值 960 亿元，农业总产值 1241 亿元，工农业总产值 510 亿元，工业总产值 450 亿元，轻工业总产值 282 亿元，重工业总产值 168 亿元。

2. 资料来自国家统计局编《光辉的三十五年》，中国统计出版社 1984 年版，第 9—10 页。

（三）1958—1978 年

由于忽视客观规律、对国家现阶段基本发展状况估计不足，中国开展了"大跃进"和人民公社化运动，对国民经济发展造成严重影响。加之周期性自然灾害，1958—1978 年，中国经济发展步伐缓慢。

从经济增长速度看，通过对国家统计局数据计算发现，1958 年中国经济增长率为 22.48%，1959 年增长率下降至 10.30%，1960 年、1961 年、1962 年、1967 年、1968 年、1976 年等六个年份出现了经济负增长。

分阶段来看，1958 年到 1960 年"大跃进"期间，中国社会总产值年均下降 0.4%，财政赤字严重。农业净产值年均下降 5.9%，总产值下降了 22.7%。工业总产值尤其是重工业总产值增长迅速，轻工业在工业总产值中占比为 33.4%，较 1957 年下降了 11.6%。工农业产值比例失衡，由 1957 年的 5.7∶4.3 变为 7.8∶2.2。

1961—1963 年经济调整时期，在"调整、巩固、充实、提高"方针的指导下，农业成为发展的重点，适当压缩了基本建设投资规模，在一定程度上调整了中国失衡的国民经济。至1962年，中国实现了财政收支平衡略有结余的局面，农业生产有所恢复，农业总产值较1961年增长了6.2%，粮食产量增长了250亿斤，达到3200亿斤的粮食总产量。同时，工业生产中重工业与轻工业发展失衡的问题也得到了纠正，重工业产值在工农业总产值中占比，由1959年的52.1%下降至32.3%，轻工业占比从33.4%上升为47.2%。至1965年，中国顺利完成了经济调整任务，国民经济各项指标均优于1957年，国民收入与社会总产值增长迅速（见表3—4）。[1]

表3—4　　1953—1976年中国经济增长相关数据比较　　单位:%

类别	1953—1966年	1967—1976年
社会总产值	8.2	6.8
其中工农业合计	8.5	7.1
农业	2.9	3.3
工业	12.9	8.5
建筑业	10.3	7.1
运输业	9.1	4.7
商业	3.9	5.0
国民收入	6.2	4.9
其中工农业合计	6.4	5.2
农业	2.0	2.5
工业	13.6	7.2
建筑业	8.5	6.2
运输业	8.1	3.7
商业	3.2	3.3

注：资料来自李成瑞《十年动乱期间我国经济情况的分析》，《经济研究》1984年第1期。

---

[1] 数据来自国家统计局官网。

受"文化大革命"影响,1967年工农业总产值出现下滑,较1966年下降了9.6%,1968年继续下降4.2%(见表3—5)。原油、原煤等能源产量增长迅速,1966年中国原油产量为1455万吨,原煤产量为2.52亿吨,到1976年,原油产量已增至8716万吨,年增长率达到19.6%,原煤产量增至4.83亿吨,年增长率超过6%。原油产量的增长为石油化工产业提供了充足的生产原料,同时也促进了轻纺工业的发展。[1]

表3—5　　　　1957—1978年中国国民经济投入产出比较

年份	物质消耗（亿元）	劳动力总投入（亿元）	国民经济总投入（亿元）	国民收入（亿元）	国民经济投入产出比
1957	698	416	1114	908	1.23
1958	1020	368	1388	1118	1.24
1959	1325	406	1731	1222	1.42
1960	1459	433	1892	1220	1.55
1961	982	475	1457	996	1.46
1962	876	487	1363	924	1.48
1963	956	493	1449	1000	1.45
1964	1102	510	1612	1166	1.38
1965	1308	526	1834	1387	1.32
1966	1476	549	2025	1586	1.28
1967	1287	572	1859	1487	1.25
1968	1233	589	1822	1415	1.29
1969	1567	616	2183	1617	1.35
1970	1874	643	2517	1926	1.30
1971	2126	671	2797	2077	1.35
1972	2260	692	2952	2136	1.38

[1] 杨德才:《中国经济史新论》,经济科学出版社2020年版,第268页。

续表

年份	物质消耗（亿元）	劳动力总投入（亿元）	国民经济总投入（亿元）	国民收入（亿元）	国民经济投入产出比
1973	2458	715	3173	2318	1.37
1974	2511	729	3240	2348	1.38
1975	2876	745	3621	2503	1.45
1976	3006	757	3763	2427	1.55
1977	3359	767	4126	2644	1.56
1978	3836	779	4615	3010	1.53
合计	39595	12938	52533	37435	—
平均	1799.773	588.091	2387.864	1701.591	1.39

注：1. 物质消耗＝工业部门物质消耗＋农业部门物质消耗；劳动力总投入＝工业部门工人工资总额＋农业部门劳动力总投入价值；国民经济总投入＝物质消耗＋劳动力总投入；国民经济投入产出比＝国民经济总投入÷国民收入。

2. 资料来自国家统计局国民经济平衡统计司《国民收入统计资料汇编（1949—1985）》，中国统计出版社1987年版，第1页。

二 消费状况

改革开放前，由于当时大环境的影响，青年的消费行为并未呈现与大众消费的显著差异。

（一）新中国成立之初

新中国成立前，有消费能力的群体由于对国家未来发展局势不明，在恐慌中掀起了一阵抢购狂潮，无论是米面粮油还是商店里的呢绒细布、各种成衣，几乎被抢购一空。国民党政府通过发行金圆券从国民手中公然掠夺财富，"被通货膨胀逼迫得无路可走的消费者实际上已经破产，愤怒的他们被迫成为与无产者并肩而行的革命者"[①]。

国民政府退败后，新中国面临的是整个经济社会百废待兴的局面，生产力低下、生产原料严重不足，导致各类基本生活用品仍处于匮乏状

---

① 孙骁骥：《购物凶猛：20世纪中国消费史》，东方出版社2019年版，第217页。

态，加之通货膨胀严重、市场奸商投机倒把，大多数国民挣扎在温饱线上，消费能力极为低下，"两白一黑"（面粉、棉花、煤炭）成为国民的主要消费产品。

（二）1949—1957年

1949—1952年，国家将工作重心放在国民经济的恢复上，随着工农业生产总值的提升，国民收入水平也随之增加，人均收入达到82.58元（见表3—6），当时受生产力发展水平限制，消费水平依然较低。1956年底，社会主义改造基本完成，社会主义公有制经济在国民经济中占主导地位，高度集中的计划经济体制建立，1954年后开始实施票证制度。

表3—6　1952—1978年中国居民人均收入和人均消费支出

年份	居民收入总额（亿元）	居民消费总额（亿元）	人口总数（万人）	人均收入（元）
1952	463.5	463.5	57482	82.58
1953	534.1	534.1	58796	93.08
1954	566.5	566.5	60266	94.86
1955	602.7	602.7	61465	98.54
1956	656.1	656.1	62828	107.21
1957	693.1	693.1	64653	108.12
1958	720.4	720.4	65995	113.99
1959	676.5	676.5	67207	103.02
1960	722.9	722.9	66207	111.00
1961	801.2	801.2	65859	124.52
1962	838.2	838.2	67295	120.35
1963	830.8	830.8	69172	118.53
1964	876.4	876.4	70499	124.34
1965	935.9	935.9	72538	131.57
1966	1005.4	1005.4	74542	138.28

续表

年份	居民收入总额（亿元）	居民消费总额（亿元）	人口总数（万人）	人均收入（元）
1967	1064.2	1064.2	76368	141.00
1968	1054.8	1054.8	78534	135.89
1969	1121.4	1121.4	80671	139.08
1970	1194.8	1194.8	82992	143.03
1971	1258.8	1258.8	85229	149.88
1972	1328.1	1328.1	87177	155.34
1973	1425.9	1425.9	89211	162.95
1974	1464.5	1464.5	90858	163.70
1975	1530.6	1530.6	92420	167.52
1976	1580.2	1580.2	93717	170.60
1977	1649.0	1649.0	94974	175.34

注：转引自孙国锋《中国居民消费行为演变及其影响因素研究》，中国财政经济出版社2004年版，第41页。

从饮食方面来看，居民饮食消费有所改善。首先，粮油消费增加，细粮在粮食消费中占比上升，但仍以粗粮为主。1950—1957年，农民年人均消费粮食380—410斤，"一五"期间农村人均食用植物油消费3.42斤，[1]较中华人民共和国成立前均有所增长。1950—1956年，河南省农民人均细粮消费量从84公斤上升到91.5公斤，细粮所占比例从39%上升至42%。[2]其次，肉菜、副食商品消费量增加。《中国农村统计年鉴》数据显示，1956年中国农村居民人均肉类消费为4.2千克，人均蛋类消费为0.7千克，食糖人均消费0.5千克，1957年中国农村居民人均肉类消费增长0.3千克，人均蛋类消费增长0.1千克。除粮食、肉、副产品消费外，有条件的城市居民还可以到餐馆、小吃摊等地进行餐饮消费。最后，

---

[1] 赵吉林：《中国消费文化变迁研究》，经济科学出版社2009年版，第97页。
[2] 河南省地方史志编纂委员会：《河南省志·人民生活志》，河南人民出版社1995年版，第45页。

居民饮食消费占消费总额比例下降。以吉林省数据为例，1956年，吉林省职工饮食支出占总支出比例为44.17%，较1941年下降了16.15%，对比1941年与1956年，农民饮食支出从69.20%下降至61.27%。①

从着装方面来看，购买布料自制服饰仍是着装消费主流，布料多采用手工土布（粗布、麻布）、机制棉布，颜色也是比较单调的蓝、绿、灰色，款式以列宁装、布拉吉、工装、军装为主，西式服饰与传统中式服饰从居民日常着装款式中消失，成衣消费较少，主要为针织内衣裤、线衣。纺织品销量增长迅速，棉布销量由1952年的30.8亿米增长至1957年的42.9亿米，1957年人均棉布消费量为20.47尺，较1952年人均棉布消费量增加3.35尺，呢绒、绸缎等织品销量与人均消费量也有所增加。② 但是，由于中国工农业基础薄弱，粮食生产能力尚不能保证国民温饱，因此棉花种植量被限制在一定范围内，棉织品供应紧张，1956年自然灾害造成棉花减产，国务院向国民发布了"战胜困难、精打细算、节约棉布"的号召，布票定量也一降再降。

从居住条件来看，新中国成立之初受战乱影响，房屋损毁状况严重，人民居住条件艰苦，"什么都能住，只要有的住"真实反映了居民的住房需求。城市居民多是在简易搭建的棚屋或红砖砌的平房中生活，而农村则仍是茅草顶、木梁、碎石墙的老式房屋。数据显示，1949年城镇居民人均居住面积仅为4.5平方米，几世同堂较为普遍。为了改善居民住房条件，政府通过国家投资兴建、自建公助、互换住宅等方式来提高人均居住面积，其中仅自建公助一项就实现了1年内住宅面积新增252万平方米的成果。③ 此时的住房消费主要为自建房消费，国家、国有企业建房主要用于分配给职工。

其他方面的消费项目较少，日用品成为消费对象之一。除饮食与服装消费之外，国民在其他生活用品上如桌椅板凳、锅碗瓢盆等基本上是自给

---

① 国家统计局编：《我国的国民经济建设和人民生活》，人民出版社1959年版，第319—320页。

② 朱高林、郭学勤：《1949—1956年中国城乡居民消费水平总体考察》，《当代中国史研究》2011年第1期。

③ 朱高林、郭学勤：《1949—1956年中国城乡居民消费水平总体考察》，《当代中国史研究》2011年第1期。

自足或统一配发，无须额外消费。城镇居民还可能会消费肥皂、灯油、文具等用品，高档商品如缝纫机、自行车、收音机等销量极低。农村居民的日常消费则以灯油消费为主。文娱活动主要发生在城镇居民中，政府对闲暇文化消费的补贴使得电影、歌剧等票价相对低廉，成为城镇居民文娱消费的主要对象。政府的补贴降低了居民在公共交通系统上的消费单价，1968年江苏省短途车票价不到0.1元，长途车票价为4.71元（见图3—1）。

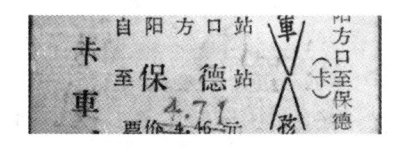

图3—1 1968年江苏省公共交通消费票据

总体来看，计划经济体制的建立，对于稳定物价、改善国民生活状况、发展重工业实现工业化意义重大，计划经济强调经济领域保持高积累率，消费领域强调均等分配，但高积累率意味着居民收入较低，低收入在很大程度上抑制了消费需求，中国居民消费在此阶段处于低水平（见表3—6）。当时，居民消费商品以粮食为主，恩格尔系数较高，农村居民维持温饱尚且困难，基本物质需求难以满足，制约了居民在其他方面的消费。

（三）1958—1978年

指导思想上的失误、自然灾害、国际局势变化，使中国在此阶段工农业生产总值下降，经济发展速度放缓，造成各种消费品紧缺，无法按需供应。在高度集中的计划经济体制管理下，配合户籍管理制度，按人头分配、计划供应、凭票消费成为此阶段消费的特征，"文化大革命"时期票证已经深入居民生活的方方面面，调控着居民的各类消费。

受自然灾害影响，1959年至1961年中国农业生产全面下降，居民粮、油、糖、蔬菜、肉、副产品消费下降迅速。数据显示，较之1957年居民消费状况，1961年城镇居民粮食消费减少8.4%，食用植物油消费减少47.6%，猪肉消费减少80.6%。"最困难时期，城镇居民基本生活消费品如纸张、锅、碗、瓢、盆、筷子等都缺乏，每人一年只发8尺布票,还包括买鞋、买线等折合布票在内。"1958—1961年,农村大范围兴办公共食堂,以吃饭不花钱为宗旨刺激农村劳动力积极生产,导致初期农村粮食消费增长迅速,1959—1962年自然灾害频发,公共食堂难以为继,为保障城镇居民食品供应,农村居民粮、油、肉消费下降程度远高于城镇居民,1959年农村居民粮食消费下降至年均366斤,到1960—1963年仅为300斤,食用植物油消费最大降至原有消费量的1/2、猪肉等消费从1952年的人均年消费11斤降至1962年的人均年消费3.8斤。[①] 为应对国内粮食短缺问题,居民的饮食多以粗粮为主,配以米面,到最困难时粗粮也无法按需供应,土豆、白菜等副食蔬菜也成为充饥的主食。1961年中国政府还从澳大利亚、加拿大等国进口小麦、大麦、燕麦来解决国内粮食短缺问题。直至1966年,粮食产量才达到1958年的水平,油料作物产量仍未完全恢复(见表3—7),到了20世纪70年代,这种粮、油、蔬菜供应短缺的状况才得以缓解。除日常饮食消费下降外,城市居民外出就餐现象也大大减少。三大改造完成后,私营的各类餐饮供应商通过公私合营成为公有制餐馆,餐饮供应数量减少的同时消费还需凭票,公有制餐馆的肉蛋奶蔬菜等均为限量供应,无法满足消费需求。

表3—7　　　　1958—1976年中国粮、棉、油料产量　　　　单位:万吨

年份	粮食	棉花	油料
1958	20000	196.9	477
1959	16969.2	170.9	410.4
1960	14385.7	106.3	194.1
1961	14750	80	181.4
1962	16000	75	200.3
1963	17000	120	245.8
1964	18750	166.3	336.8
1965	19453	209.8	362.5
1966	21400	233.7	391.9
1967	21782	235.4	398.5

---

① 赵吉林:《中国消费文化变迁研究》,经济科学出版社2009年版,第96—97页。

续表

年份	粮食	棉花	油料
1968	20906	235.4	343.2
1969	21097	207.9	333.1
1970	23996	227.7	377.2
1971	25014	210.5	411.3
1972	24048	195.9	411.8
1973	26494	256.2	418.6
1974	27527	246.1	441.4
1975	28452	238.1	452.1
1976	28631	205.5	400.8

注：根据国家统计局数据整理，https：//wenku.baidu.com/view/1264f22ff4335a8102d276a20029bd64783e62c4.html。

为了抵御自然灾害导致的粮食作物歉收，解决国民的温饱问题，大量耕地被用以种植粮食作物，其他农产品种植面积急剧缩减，棉产量大幅下降，导致国内人均棉花供应量下滑迅速。棉布供应的减少使国内服饰更为单调统一，首先，男女服装从款式到颜色上几乎无差别，花衣裳、西装、旗袍等服装被视为封建、资本主义思想的代表在社会中消失，只留下色彩单调款式统一的解放装、青年装、中山装等，"文革"时期绿军装在男女青年中流行。其次，添置新衣困难，穿衣讲求"缝缝补补又三年"。城镇居民穿着多次缝补的旧衣，一件衣服"老大穿完老二穿"成为寻常，农村贫困地区甚至出现衣不蔽体的状况。1965 年后，中国棉花产量恢复到1958 年的水平，但不同年份棉花产量波动较大，1969 年时，国民人均棉布消费量约为21 尺6 寸，刚够做件棉衣。此时化纤类布料的出现弥补了这一不足，1960 年国内首个大型纤维厂投产，"的确良"、尼龙等材质由于挺括、耐磨、耐脏、购买时布票可打折收取而受到国民的喜爱，由于此类布料产量较小，"上世纪60 年代，穿'的确良'成为当时的时尚，但这种布料价格昂贵，一件'的确良'男制服要卖19 元"[1]，为

---

[1] 腾讯网：《七八十年代，在农村有种潮流叫"的确良"，为何现在不流行了?》，2020 年11 月25 日，https：//xw.qq.com/cmsid/20201125A0FIPS00，2021 年6 月5 日。

了追赶时尚,国民会购买价格相对较低的"的确良"假领子,直至进入70年代,买到一件"的确良"的衣服仍然要靠"抢",随后中国开始大规模发展化纤生产,在70年代末建立起完整的纺织工业体系,使这一"奢侈品"走进大众消费之中。

20世纪50年代到70年代,国内环境平稳,物质条件改善。国家未对人口加以控制,导致人口呈现爆炸式增长,1950—1974年,仅24年时间人口数量就从5亿人上涨至9亿人,缺乏完善的居住用房体系,住房建设速度明显不及人口的迅猛增长,导致1960年中国人均居住面积较1949年不增反降,从4.5平方米下降至2.86平方米。[①] 此阶段中国城镇居民自有住房比例低,住房问题的解决仍停留在"等、靠、要"阶段,即等国家建房、靠组织分房、要单位给房,住房需要通过单位分配或从房屋管理部门租赁,60年代城镇居民多是居住在20多平方米的小土房中,用水、卫生、做饭都依靠公共设施,住房环境较差。70年代城镇职工开始住上单位分配的"筒子楼",这种由单位办公室或单身宿舍改造的"筒子楼",虽然称不上真正的住房,里面缺少必要的生活配套设施,但这种住房也不是针对所有群体,而是有分房资格的居民才能住上。农村居民大多自建住房,自己准备建房材料,并为建房的劳动力提供伙食,建筑结构简单,建房成本不高。60年代农村以茅草屋、黄泥屋居多,直到70年代后期生活状况有所好转才开始盖起青瓦、土砖的砖房,其住宅面积相对城镇居民较大,但住房环境较差。总体来看,1958—1978年,中国国民的住房条件改善不大,国家统计局数据显示,到1978年中国城镇居民人均住宅面积为6.7平方米,农村居民人均住房面积为8.1平方米。[②] 住房消费与前一阶段基本相同,城镇居民主要消费支出为房屋租赁费用。

从日常消费来看,相较于1949—1957年,此阶段的居民日常消费水平仍未有明显改观,国民收入增长缓慢,衣食消费占总消费支出的比例较大,限量供应凭票购买的供销制度抑制了居民对其他产品的消费,居民日常消费对象以家具、日化、生活用品等耐用品为主,偶尔有高档商

---

① 赵吉林:《中国消费文化变迁研究》,经济科学出版社2009年版,第97页。
② 数据来自国家统计局官网,https://data.stats.gov.cn/easyquery.htm? cn = C01&zb = A0A0L02&sj = 2020。

品消费。普通城镇家庭的家居种类简单，主要为日常必需的床、柜、桌椅，数量少、质次价廉，青年婚嫁时除以上家具外还要准备茶几、沙发等。城镇职工家庭开始使用搪瓷制品，如搪瓷脸盆、面盆、茶缸等往往以奖励先进的方式发放给职工，这种金属制品表面有防腐防锈的釉层，延长了制品的使用寿命，外观也光洁好看，成为当时青年结婚时的"标配"。"最为紧俏的搪瓷产品，须凭结婚证明才可购买。一套定价 122 元，包括 2 个面盆，2 个杯子，2 个痰盂，月工资约 40 元的上海普通工人得省吃俭用半年。"[①] 1959—1979 年，中国保温瓶工业发展势头良好，1978 年保暖瓶总产量达到 1 亿只，[②] 保温瓶开始普遍出现在城镇家庭中。20 世纪 60 年代中后期，"三转一响"（自行车、手表、缝纫机、收音机）出现在消费市场上，但仅有少数高干和高收入家庭能购买这类商品，数据表明，20 世纪五六十年代城镇居民中每百人自行车消费仅 0.5 辆、手表消费 1.27 只、缝纫机消费 0.2 台、收音机消费 0.14 部，[③] 到 70 年代，自行车才开始真正走进居民生活。农村居民则大多手工打制家具，用料足结实耐用，能连续使用好几代。70 年代中后期，在收入允许的情况下，农村居民也开始向城镇学习，购买一些生活耐用品，如胶鞋、暖瓶、纸烟、手电、搪瓷用具等，但购买量很少。

总的来看，1958—1978 年中国经济发展状况并不理想，国民消费处于较低水平，直至后期才有所改善。为解决各类物资供应短缺而全面实施的票证制度成为此阶段的特征，在社会主义计划经济体制下，国民消费以国家政策与行政指令为前提，维持了困难时期消费市场秩序，对后期经济状况的好转起到了积极作用。随着国民经济恢复平稳增长态势，这种强调高积累率、低消费的僵化模式显然已经与人民的意愿相违背，成为限制居民生活水平提升的障碍。

---

① 搜狐网：《搪瓷：回忆中七十年代的"紧俏货"》，2020 年 5 月 20 日，https：//www.sohu.com/a/396135985_120283587，2021 年 6 月 3 日。

② 徐定安：《中国保温瓶工业发展史与 21 世纪保温瓶发展前景》，玻璃与搪瓷，2016 年第 1 期。

③ 国家统计局贸易物价统计司：《中国贸易物价统计资料（1952—1983）》，中国统计出版社 1984 年版，第 56—59 页。

三 青年消费特征

从新中国成立到改革开放前，为使国民经济快速恢复与发展，在借鉴苏联模式和抗战时期管理经验的前提下，1953年中国在经济领域开始实施计划经济管理体制，这种经济管理体制在接下来的20余年中影响了中国居民的生产和生活。

计划经济体制的特征表现为单一的公有制、高度集中化的经济决策体系、平均化的经济利益体系、计划化的经济调节体系、行政化的经济组织体系，[①] 国有经济在国民经济中占据绝对的主导地位，使国家对国民经济具有极强的控制力，尤其是在指导经济生产与利益分配时，计划经济体制所强调的高积累低消费和平均化的利益分配，与市场经济体制截然相反，在这种经济体制管理下，中国青年的消费与大众消费既具有同质性，也表现出细微差异。

（一）消费主动权丧失

计划经济体制所强调的高积累低消费对新中国初期的发展具有十分重要的意义，将生产剩余集中投入工业化建设，使中国在8年的时间内就初步建立了工业体系，为中国工农业生产奠定了基础。

但从消费上看，计划经济体制实际上强制分离了商品、货币、市场，商品按政府提前制订的生产计划量供应，以统一的价格进行销售，消费者凭现金和票证购买，商品的供应量与消费量不受市场规律影响，市场仅作为消费场所出现，对消费行为不起到任何调节作用，在这种环境下，青年消费者实际上是在国家管控下被动进行消费。

首先，政府主导商品市场供销状况，青年无消费决策行为。在计划经济体制下，政府对国民经济的运行起到决定作用，社会生产按照"制订计划—提出总目标—实施—对照目标调整"的顺序进行。面对新中国工农业基础薄弱、农业生产力低下、国民温饱无法保障的局面，为了使中国脱离"贫困陷阱"，政府采取提高经济积累率的思路，定量供应国民生活必需商品，劳动剩余全力投入工农业发展，以解决新中国发展动力不足的问题。

对于青年消费者来说，定量供应意味着每人只能购买到一定量的商

[①] 杨德才：《中国经济史新论》，经济科学出版社2020年版，第63—64页。

品，仅以保障个体的基本生存为标准，与人的消费需求无关，也就不涉及消费决策问题。当时市场所提供的是生活必需品，这些商品按统一标准生产，具有完全一致的外形、材质、质量、价格，商品同质化使青年在进行消费时无须多做决策。这一问题在青年餐饮消费中表现得更为明显，城镇青年具有几乎相同的饮食结构，粗粮消费占比高，细粮消费占比较低，肉蛋消费较少，奶制品消费几乎为零，因票证管控、限量供应、工资收入低等因素几乎无外出就餐消费。

其次，高经济积累率必然挤压国民利益分配的份额，青年消费受到极大限制。数据显示，一段时间内中国国民收入都处于较低水平（见表3—6），其增长速度大致在2%—6%，较低的国民收入水平制约了青年的消费水平。相较于其他年龄群体，青年出于发展需要拥有更强的消费需求，但其消费需在收入水平之内，低收入限制了青年的消费决策。20世纪50年代手表价格昂贵，青年人想要购买一块手表需要攒上一年的工资，还需要抢到一张手表购买券，有时也只能选择价格相对低廉的上海、东风、北京等国产品牌，进口手表成为当时许多青年可望而不可即的梦想（见表3—8），六七十年代青年的自行车消费同样如此。可以说在当时的经济管理模式中，经济收入状况制约了青年消费决策的施行。

表3—8　　20世纪50年代香港表行进口手表标准品价格　　单位：元/只

牌名 外文	牌名 中文	规格	国别	类别	零售价 新平价
ROLEX	劳力士	17占全钢防水防震大三针金凸字男表	瑞士	一类一等	540.00
OMEGA	欧米茄	17占全钢防水防震大三针男表	瑞士	一类二等	420.00
CYMA	西马	17占全钢防水防震大三针男表	瑞士	一类三等	364.00
TISSOT	天梭	17占全钢防水防震大三针男表	瑞士	一类三等	364.00
MARVIN	摩纹	17占全钢防水防震大三针男表	瑞士	二类一等	322.00
CORTEBERT	柯迪柏	17占全钢防水防震大三针男表	瑞士	二类二等	301.00
ROAMER	罗马	17占全钢防水防震大三针男表	瑞士	三类	290.00

注：数据来自网络新闻整理搜狐网《上世纪50年代的国人都在玩什么手表》，https://www.sohu.com/a/220965388_182897。

最后，受当时国内环境氛围影响，青年丧失了消费主动权。以服饰消费为例，新中国成立之前，青年服饰款式较多，有穿西服、礼服、洋裙等西式服装的新潮群体，有穿长袍、马褂、旗袍等中式服装的传统青年，有穿对襟衣裤、短打等方便劳作的劳动青年。新中国成立后，人民脱掉了身上的"洋装"，换上了统一的制式服装，中山装以及由其款式改良的学生装、人民装、青年装成为城市青年普遍穿着的服装款式。此外，受中苏友好关系的影响，布拉吉、列宁装在城市女青年群体中流行。20世纪50年代国民劳动热情高涨，工装裤由于代表了工人阶级身份，且日常穿着结实耐用，在国民中受到欢迎，为响应政府"人人都穿花衣裳"的号召，青年人开始流行穿苏联花布制成的连衣裙和衬衫。到"文革"时期，以青少年为主体的红卫兵运动中盛行起"红卫兵服"，这种服饰以军装、军帽、武装带、军挎包为主要组成部分，女青年的服饰实际表达了对领袖、军人、英雄的崇敬。直至70年代中后期，青年的服饰消费才变得多样化起来，开始流行起"的确良"衬衫、毛线衣、蝙蝠衫等，甚至在当时掀起一场"的确良"热，但受生产能力限制，购买"的确良"需要靠抢购。从不同时间段青年服饰消费的变化可以看出，改革开放前，青年的消费带有浓重的政治色彩，服饰消费成为其政治立场、思想观念的外化，穿军装、列宁装被视为先进青年，而穿洋装、旗袍被视为思想落后的表现，而这种认知的形成是受到大环境引导的，青年在其中主动放弃消费决策或被动进行决策。

从以上三点可以看出，当时青年的消费者身份并不完整，1953—1978年，中国消费者的平均消费倾向始终保持在0.95以上，[①] 与低水平的消费成反向关系，可以说青年虽然进行相关消费，但不能选择消费的品类、数量、偏好，在消费活动中青年的消费主动权丧失，使青年消费所具有的引领性、创新性等作用无法发挥。

（二）采取自我服务型消费方式

自我服务型消费是指消费者在封闭圈子里通过自己动手的方式完成

[①] 唐兵：《新中国成立以来中国消费者行为变迁研究》，四川大学出版社2012年版，第66页。

整个消费环节。① 在计划经济体制下，国家对市场消费品生产与分配的"统"，与为城镇职工提供高福利的"包"构成了居民生活的主要背景，由于不追求国营企业的高盈利，又须为越来越多的人口提供基本保障，国家的经济负担越发沉重，反过来加重了对国民经济的集中计划管理，消费者的主动权丧失，为了满足自身需求，自我服务型消费方式出现。

首先，家庭内形成消费闭环，青年需自己动手才能保证吃穿。票证制度是计划经济体制中国民分配的主要制度，居民外出就餐的主要场所为国营餐馆，而当时企业管理行政化问题的存在，导致国营餐馆经营成本高，享受外出餐饮服务既要支付高昂的餐费，还受到肉副食品限量供应凭票购买的限制，消费金额显然是当时青年群体所无法承担的。此外，在服装消费上，成衣价格不菲且数量较少（见表3—9），显然不能满足消费者需求。资料显示"1961年……为回笼货币，满足市场需求，同年10月，国家决定在东北三省省辖市，工矿区及主要县城免票销售高级针棉织品……每条毛巾零售价4.85元，床单为58.5元，精漂圆领衫每件为11.5元，背心为9.6元"②。当时中国国民人均收入为124.52元。为了能穿上合身合心的衣服，大多数青年会买来布料自己或由家庭主妇们按照画报样式自己裁剪缝制，衣服破损了自己缝补，无法缝补的裁小了给孩子穿。在鞋、袜消费上也同样如此，可以说青年所消费的只是初级产品，仍需通过自己加工才能实现最终消费目的，并且这些消费品在家庭中被完全消耗。农村青年的日常消费则是完全的自我服务型，20世纪六七十年代，随着农村合作化运动与人民公社的开展，农村居民的生产生活由当地的公社或生产大队进行管理，劳动生产方式为工分制，劳动者的劳动量以工分计算，到一定时间可以兑换为粮食或货币，用于家庭日常消费。对于农村青年来说，吃靠工分兑换的粮食，穿靠自己纺织的土布，燃料与取暖靠山上地里的柴火麦秸，锅碗瓢盆都可以用原材料烧制或换取，除用作灯油的煤油外，在日常生活中基本实现了自给自足。

---

① 李琴：《中国传统消费文化研究》，中央编译出版社2014年版，第186页。
② 360个人图书馆：《以前穿衣到底贵不贵？60—70年代的物价——服装篇》，2019年2月9日，http://www.360doc.com/content/19/0209/15/61492514_813854002.shtml，2021年6月12日。

表3—9　　　　　　1965年长春市针织品零售价格调整一览　　　　金额单位：元

品名	产地	计量单位	规格、牌号	调前价	调后价
棉毛罗口裤	长春	件	浅色小开口，32支，90厘米	2.93	3.10
男球裤	长春	件	深色厚绒21厘米×6.9厘米	5.92	6.15
男球衫	长春	件	深色厚绒21厘米×6.9厘米	6.02	6.29
圆领男衫	长春	件	精漂32支，90厘米	1.38	1.62
……					
高领绒衣	长春	件	体健牌90厘米	5.78	6.01
平口男袜	无锡	双	42/2，花荣夹底	0.78	0.99
……					
圆领汗衫	上海	件	32支，90厘米男衫	1.45	1.47
背心	上海	件	32支，90厘米海光牌	1.27	1.29
汗衫	天津	件	32支，精漂100厘米男圆领	1.85	1.82
卫生衫	天津	件	32支，深色厚绒高领100厘米	6.95	7.08
……					
尼龙袜	上海	双	女袜100/243克	2.43	3.14
线袜	长春	双	96针21/5加棉丝底		1.02

注：数据来自网络资料整理《以前穿衣到底贵不贵？60—70年代的物价——服装篇》，http://www.360doc.com/content/19/0209/15/61492514_813854002.shtml。

其次，形成自我服务思想，能自己动手就不消费。受票证制度与低经济收入的限制，青年已经养成自我服务思想，主要表现为：一是充分利用商品的使用价值。以猪肉消费为例，由于粮食生产需要挤占了油料作物的种植面积，因此"油荒"伴随着"粮荒"而来，人均食用植物油供应一降再降，为了增加油脂消费，居民往往会选择用肥猪肉炼板油，用板油代替植物油使用，炼出的油渣可以食用。需要缝制新棉被时，旧棉被上拆下来的棉线会重复使用。在接受教育时，课本、书籍大多是能用二手就用二手，也有两个人看一本书的情况，本子用软纸烟盒订。二是自己动手解决问题。青年结婚需添置家具，家具也要凭票购买，面对这一问题，城市青年会选择将旧家具翻新，而农村青年则可以用粮食请木匠打制。在农村青年的住房问题解决上，更是体现了青年的自我服务思想，材料用二手或平时积攒的，请上村里的几个壮劳力，只要管上几顿饭，出几个工分，几天内就可以盖起一栋新房。此外男青年会把不需消费布票的洗脸毛巾攒下，用几条毛巾拼成一条毛巾被来替代薄棉被，女青年收集棉线染色后编织成线衣、线背心。

最后，消费几乎与世界相隔绝。改革开放前，国人的消费仅在国内范围进行，仅以家庭需求选择消费品，而在同一时期，世界其他发达国家早已进入消费社会，这些国家的国民不仅在生活必需品上有更多选择，在生活耐用品上也能接触到更多新型的商品，通过消费提高生活品质。20世纪五六十年代，美国的经济正经历高速发展，进入大众消费阶段，在此阶段流水作业的出现大大提高了生产效率，国民人均可支配收入增加，消费信贷的出现与成熟，汽车走进美国家庭之中。1929年收音机在美国家庭的普及率达到50%，1960年八成以上的美国家庭至少拥有一台收音机，洗衣机、留声机、家具、吸尘器等耐用品也在美国广泛使用。这一时期日本也呈现与中国截然不同的消费面貌，日本在1945年战败后，国内经济处于崩溃边缘，但在50年代到70年代却实现了经济的高速增长，科学技术水平大大提升。50年代日本的三大件是电视机、洗衣机、冰箱，60年代变为汽车、彩电和空调，人们倾向于购买新款、高端的耐用消费品，消费市场空前繁荣。反观此时的中国消费，还停留在日常必需品的限供与抢购之中，50年代手电筒、钢笔、手表还是稀罕物，60年代自行车、缝纫机年消费量极低，国民的生活处于洗衣靠双手、乘凉靠扇子、交通靠双脚的状态中，生产生活主要依靠人力投入，更不用说洗衣机、电视机、冰箱、空调、汽车这类高端耐用品，中国被隔绝在世界消费浪潮的进程之外，只能生活在自我服务型消费的环境之中。

改革开放前青年消费的自我服务与当代青年消费中的DIY截然不同，前一种是在物资短缺的情况下，在国家能够提供的消费品中进行选择，青年为了最大化地满足自身与家庭的必要需求而进行创造性消费，此时的消费秉持低消费、低资源消耗原则，无论青年本人还是家庭成员都要最大限度地压制物欲。后一种则是在物质丰裕的条件下，从青年自身精神性需求出发，为摆脱批量化生产带来的人与人的同质化，通过自己动手组装原材料、半成品，改装成品来满足标记自我需要的行为，这些原材料、半成品、成品，既可以来自国内市场，也可以来自国外市场。改革开放前青年形成的这种自我服务思想在国家快速发展时期，甚至抑制了经济的增长,盛慕杰在《吃两分钱咸菜汤的青年——论消费与储蓄》一文中讨论了青年过度节俭的问题,这种问题出现的根源就是在物资极度匮乏时期,青年自我服务型消费习惯的养成,以至于在消费必要商品时也采取能省则省的态度。

(三) 追求商品的实用性

计划经济体制下,按劳分配成为当时主要的利益分配原则,即按劳动者付出的劳动量与质进行劳动成果分配。在改革开放前,中国政府围绕按劳分配原则制定了八级工资制、计件工资制等收入分配制度,具体执行时出现浓厚的平均分配倾向,这就使得当时的工资或劳动收入差距较小,普遍处于较低水平。国家计划生产、统购统销,国内贫富差距小,工资收入低,在此前提下,青年养成"艰苦朴素、勤俭节约"的消费观念,在各类消费上均强调商品的实用性。

首先,在消费对象选择方面,青年的消费状况需要与家庭整体消费相结合。经济困难时期青年的消费需求可以用"能吃饱、有衣穿"来概括,1949—1976年,中国人口增长了近2倍,而住房建设速度却远远低于人口的增长速度,在这种情况下,几世同堂成为普遍的生活状态,青年作为劳动力之一,能够通过劳动获取工资收入,需要同家庭其他劳动人口一起,负担家庭中不具有劳动能力的其他成员,如未成年弟妹、子女,因此青年的消费往往不仅关乎自身,还关乎家庭整体。饮食上以供应量大、价格较低的粗粮消费为主,不讲求营养配比与种类搭配,只要能够填饱肚子就可以,最大限度地节约细粮给家中老少。衣着上由于棉布供应短缺,青年主要通过购买手工粗布、土布制衣,一件新衣往往大人穿完改改给子女,家庭中穿衣常见"新老大,旧老二,缝缝补补给老三"的现象,结实、耐穿、耐脏成为优质服饰的标准。20世纪70年代中后期,"的确良"面料服饰受到青年群体欢迎,虽然这种面料透气性差,穿着体验感不强,但耐脏、耐磨、经得起搓洗、布票折价的优势使其被青年视为实用性强的消费品。

除吃穿讲求实用外,青年在其他方面的消费也追求实用性原则。以婚嫁消费为例,20世纪50年代青年结婚只需要带上生活日用品就可以一起生活,婚礼由单位操办,婚宴可有可无。60年代青年在结婚时要准备双人床、衣柜、桌椅、沙发、暖水瓶、脸盆等日常使用的耐用品。70年代青年婚嫁时，家境殷实的则会送上手表、缝纫机、自行车（也可以是一两样）作为聘礼，这些商品虽然价格昂贵很难购买，但却不是现在意义上的奢侈品，在解决计时、制衣、交通上具有很强实用性。改革开放前，中国力求建立一个高福利保障国家，城市青年职工享受各种生活福利、劳动保险、劳动保护等，因此基本没有其他消费项目。而农村青年靠挣工分换口粮，温饱问题都无法解决，消费的指向性十分明确。

其次，在消费结构方面，青年消费中物质消费支出占比高，部分青年伴有精神消费。从青年消费的主要对象可以看出，衣食在消费支出中占据较大比例，尤其是食品消费，改革开放前，中国国民消费的恩格尔系数远超过发达国家和大部分中等收入国家。除最基本的开销外，青年还可能产生公共交通费用、服务性消费，以及教育费用、文娱费用等发展型消费项目。随着国家在基础设施建设投资规模的增加，国内的主线干道恢复通车，城市交通状况也有所改善，国家还补贴降低了公共交通成本，因此在市区内流动，青年会乘坐公交车，而当需要跨区域流动时，可以乘坐长途汽车、卡车、火车等公共交通工具，由此产生交通费用。教育方面，在新中国成立之初义务教育普及阶段，青少年上学所需缴纳费用仅有几元，在人均收入中占比极低。除国家财政支出外，50—60年代，国有企业也会在单位所在地承建子弟学校作为职工福利，使职工子女能够接受义务教育。1949—1951年，中国的高等教育学费收取标准并未统一，部分高校对学生征收学费，部分高校提供公费教育，北京率先实施的"人民助学金"政策开启了国家资助高等教育的先河。1952—1977年，人民政府以通知的形式规定了全国高等学校及中等学校废除学费，并应为全部高校学生提供人民助学金，中国青年实现了高等教育免费。[①] 文娱消费上，在工作之余的闲暇时间里，青年会通过读书、看报、看演出、参与户外活动的方式进行休闲娱乐，这主要归功于新中国成立初期国家的公共设施建设，并且在文娱活动中给予补贴，降低了居民精神消费的支出金额，公园票价不过5分钱，看场电影一两角。在书籍消

---

① 搜狐网：《新中国成立70年学生资助国家政策的演变》，2019年10月24日，https：//www.sohu.com/a/349315586_243614，2021年6月14日。

费方面即使是城镇居民，其书籍消费量在家庭总支出中占比也极低，有学者曾通过分析城市家庭消费账目，对20世纪六七十年代中国城镇居民的文化消费加以整理，其中公布账目记载1966年"1月19日：《破晓记》0.70元，《团章讲话》0.10元；2月8日：《玉树赞歌》0.28元；2月11日：《蒙古语文》0.50元；4月14日：《边疆破晓》0.70元……8月15日《欧阳海之歌》0.90元……1968年1月9日：教育革命刊物两本0.22元；4月12日：京剧本4本0.82元；5月6日：毛主席著作两卷0.4元；5月13日：老五篇①2本0.3元"②，而如《红岩》《太阳照在桑干河上》《林海雪原》《钢铁是怎样炼成的》等优秀小说著作在初期的销量并不乐观，直至70年代后期青年的书籍消费量才逐渐上升。文娱消费还随着大批城市青年上山下乡影响到农村青年。青年的消费中还存在部分服务型消费，如理发、洗澡等。男女青年的发型简洁单调，男青年多见"板刷头"，女青年则以"麻花辫"、齐耳短发为主，新中国成立后城镇居民理发方式由剃头匠改为国营理发店，理发店提供最基本的洗头、理发、刮脸服务，至70年代中期，《杜鹃山》电影带火了"柯湘头"，城镇女青年开始竞相模仿，增加了发型的多样性。农村青年理发则需要等理发员，生产队安排理发员每月为社员提供一次理发服务，按成人数量计算，每人收费几斤粮食。洗澡消费主要发生在城镇青年中，受当时居住环境限制，公共浴室成为解决当时城镇居民个人卫生的重要场所，在当时缺衣少食的条件下，一年中青年为洗澡花钱的次数屈指可数。

对改革开放前青年消费结构进行分析发现，受当时物质条件限制，青年基本处于生存型消费主导阶段，发展型消费占比极低，享受型消费趋向于无。这种消费结构以当时的社会发展现实为背景，是一种被动式的消费资金分配方案。青年的消费结构中体现出实用性的思想，尤其是在发展型消费项目上。相较于新中国成立之前，青年在发展型消费上的支出实现了跨越式的增长，教育支出正处于边际效用快

---

① 老五篇是指《为人民服务》《纪念白求恩》《愚公移山》《关于纠正党内的错误思想》《反对自由主义》五篇文章，在当时购买量大，普及率高。

② 胡鸣：《20世纪六七十年代中国城镇居民的文学阅读和文化消费——以一份私人日记和消费账为例》，《河北师范大学学报》（哲学社会科学版）2019年第5期。

速增长的区间内，每一单位教育费用的增加都起到两种作用：一是改变大部分青年群体文化素质低下的局面，使青年开始学会思考与自我发展；二是在短时间内为国家建设提供大批技能型人才，加快国家在各行业的建设发展速度。

综上，从青年的消费对象与消费结构来看，改革开放前青年的消费以满足物质需求为主，伴随着少量的精神文化消费。这种消费特征的出现与国内经济社会发展的大环境相关，在农业生产落后，多次自然灾害造成农业作物减产的情况下，粮食与衣物的短缺必然使生理需求成为青年消费的主导需求，但青年群体中精神文化消费的出现部分是由自我实现需求驱动，如青年自发购买自学课本等，这显然与马斯洛需求层次理论中需求按满足程度依次出现的论述相违背，但却有其出现的必然性。青年在消费中践行实用性原则，实际上体现了一种价值观，即对价值的考量不仅仅是出于个人层面的，更应当考虑社会层面与国家层面。从个人层面来说，购买衣食保证生存需要是实用性的体现，而对于社会层面与国家层面来说，提高个人知识文化水平，提升个人技能为国家建设做贡献才是价值的体现方式，在个人层面与社会、国家层面发生冲突时，青年选择精神文化消费违背了个人层面的实用性原则，但遵从了社会、国家层面的实用性原则，是一种更高层次的价值选择。

（四）有明确的消费计划

计划经济体制以资源配置的计划性为特征，强调生产按计划，分配按人口，这就意味着青年所能购买到的商品量是一定的。对于城镇居民，工资收入是固定的，拥有各种社会保险与社会福利，在相当一段时间内，其收入状况是可以预计的。而农村居民按工分兑换粮食或货币，生活保障由公社负责，拥有最低限度的医疗保险，除自然灾害突发情况外，收入水平也维持在一定的区间之内，不会出现极为明显的波动。在当时的社会发展背景下，为了能够合理、高效地分配资金与票证，青年的消费体现出明确的计划性。

首先，日常商品即时消费。日常商品是指国家能够保障持续供给的消费品，如米面、食用油、蔬菜、肉类、副食品等，这类商品是个体维持每日生存所需的必要消费，购买后就会马上开始消费掉。改革开放前，由于油料作物、糖料作物、蔬菜、水果、肉类及其他副食品产出量一直处于较低水平,供不应求已成为常态。因此,在此阶段日常商品主要是指粮食,尤其是粗粮。粮食供给是国民生存保障的根本,因此在青年进行粮食消费时,往往是每月按量购买,购买后划分每日粮食消耗量,按计划即时消费。

其次,少量供应商品择时消费。少量供应商品是指国家能够供给,但供给量未达到计划量的商品,如三年困难时期棉布、糖、肉类等商品,在当时就可计入少量供应商品。少量供应商品往往不会影响到个体维持最低生存需求,但能够改善个体的生存状态,因此青年在消费这类商品时往往要按时消费。举例来说,改革开放前家庭的猪肉消费往往是放在过年、过节这种具有特殊意义的时间,或是用来招待客人,筹办重要宴会才会使用,平时家庭饮食仍以粮食、蔬菜为主。在细粮消费、棉布消费上也同样如此,这类物品往往在购买后需要等到特定的时间或事件发生时才会进行消费,从而保证自己获得好的声誉或维持好的精神面貌。

最后,稀缺商品延时消费。稀缺商品是指国家不能保证按时供给的,全国供给量极少的商品,如手表、自行车、缝纫机、电视机等。这类商品并非个体生存的必要条件,只是为了改善生活条件而出现的,由于这类商品价格昂贵、供应量稀少、购买限制多,因此青年在消费这类商品时会采取延时消费的计划,即只有在保障了家庭温饱的情况下,经济收入有一定富裕,凭借人情或自身能力能够得到相应的票证的前提下,计划好每月货币的储蓄量,这种计划往往需要几个月甚至一年,才能够购买此类商品。青年选择购买此类商品除了因为商品的实用性,还出于商品背后所代表的经济实力、社会声望、人情人脉等综合因素,带有一定炫耀的成分。

青年消费的计划性还与借贷不发达有关,同时期的美国已经发展出成熟的消费信贷体系,而中国的信贷业务还尚未进入发展阶段,居民能够获得劳动分配以外的资金只有靠国家的特殊补贴、银行和信用社贷款以及民间借贷,前两种方式具有严格的要求与标准,而民间借贷规模小,能够借贷的金额少,不能满足个体消费需求,因此青年不得不根据自身的经济状况制订明确的消费计划,以免出现家庭收支赤字,导致基本生存需要无法维系的后果。

(五) 城乡消费呈现二元分化

从青年整体来看，改革开放前青年的消费与大众消费呈现同质性特征，但从青年群体内部来看，实际上存在着城乡之间的消费差异，这种差异的存在与计划经济体制的分配制度以及户籍管理制度相关。为了配合计划经济体制，避免由于城乡收入差异造成大规模人口流动，在新中国成立之初，中国就建立了二元户籍制度，根据户籍所在地行政区划划分了农业人口与非农业人口。二元户籍制度使城市居民的就业、社会保障、社会福利、统购统销等制度率先建立，城市无论是在保障力度、范围还是水平上均优于农村。二元户籍制度拉大了城乡居民的收入水平差距，这种差距成为城乡消费二元分化的前提，也造成了城乡青年消费的二元分化现象。

首先，城乡青年消费模式不同。城市青年的职业身份一般为工人、单位职员、教师等，每月按级别领取工资收入，国家或工作单位会为其提供社会保障及社会福利，因此城市青年生活保障相对稳定，这部分青年有能力在消费结构中安排部分精神消费，如教育、文化娱乐、物质产品等，消费模式已经跳出了完全的自给自足。农村青年的职业身份一般为农民，通过从事农业生产劳动换取工分，然后凭工分换取粮食和货币，生产的农产品不仅要满足自身和家庭的生活需要，还要完成国家农产品收购指标，困难时期留足人均最低供应量后，农产品须优先保障城镇居民消费，如果遇到荒年还要靠国家的返销粮、救济粮。因此农村青年处于收入差、福利待遇保障水平低、生活保障不稳定的状态，其消费中衣食占比极大，少有精神消费，仅有少部分无法自己生产的工业品才需要购买，可见其消费仍为传统的自给自足模式。

其次，城乡青年获取消费的信息量不同。20世纪二三十年代，民族工商业的发展使中国的大都市展现出繁华景象，除出现了高质量的商品外，还将品牌、广告等商业领域的新概念引入城市之中，一时间"回力"鞋、"爱国"香烟等国货商业广告在上海、北京、南京等城市铺展开来，这种商业广告以多种形式入侵到城市居民的生活中，包括广告牌、广告单、杂志、报纸，甚至是电影，城市成为消费信息获取的主要地区。新中国成立后，三大改造的完成使人民真正成为国家的主人，在计划经济体制下，市场机制被抑制，但广告这一宣传商品的形式依然存在，只是以更为简洁、直白的方式介绍商品功效、作用，使用广告的场所主要为城镇地区的国营商场，因此，城镇青年能够获取更多的消费信息，如品牌、材质、产地，等等。而农村青年消费的主要场所为供应农作物、衣服、鞋袜、日用品等的供销社，供销社建立的主要目的是调配各地物资分配，仅提供基本的销售服务，较少传播消费品信息。由于消费场所的差异，城乡青年之间在获取消费信息量上出现了差异，在城镇青年追求商品的品牌时，农村青年甚至还没见过此类商品，也就不易激发其消费欲望。在这种消费信息量的差距下，城乡青年消费的二元分化表现出来。

最后，城市青年引领消费时尚。拥有更稳定社会保障、更好经济收入、更优社会福利的城镇青年，在消费上出现了更高的要求，如购买钢笔、手表等高档商品，穿针织衫、球鞋、运动服，读小说，逛公园，看电影，看表演等，同时期农村青年对这些消费毫无概念，直到50年代到70年代上山下乡运动的开展，大量城市青年来到农村参与劳动，城市青年的消费习惯开始对农村青年产生影响，尤其是在服饰上，城市青年的穿着打扮成为农村青年效仿的模板，不少农村青年也开始模仿知青买起了钢笔、笔记本，在恋爱中也时兴起了送定情信物。城市青年随身携带的消费品也使农村青年深化了对消费的理解，如知青在农闲时间玩的排球、乒乓球等体育用品，文娱活动中使用的手风琴、口琴等音乐用品，使农村青年认识到除物质生活外，还应拥有精神生活，助推了农村青年的精神消费。

城乡青年消费二元分化特征的出现是国家区域发展不平衡的产物，且一直未得到实质性改善，即使在改革开放后，制约农村发展的各项制度被废除，农民经济收入明显增加，但农村与城市的消费依然呈现二元分化的状态。这种二元分化现象的存在，使得乡村成为城市滞销品、假冒伪劣产品倾销的场所，直至"互联网+"消费时代的到来，使农村消费者与城市消费者共享消费平台，农村青年的消费潜力才开始展现。

第二节　改革开放后中国青年消费考察

1978年12月党的十一届三中全会的召开，成为中国历史上具有深远意义的重大转折点，在这次会议上确立了解放思想、实事求是的思想路线，做出了将党和国家的工作重心转移到经济建设上来，实行改革开放的重大决定，以此为分水岭，中国社会开始实现了蜕变。1992年邓小平同志的南方谈话，为中国的经济发展指明了方向，改革开放和社会主义市场经济体制的建立，使中国经济进入了高速发展的黄金时期。

改革开放后，青年消费的特殊性才真正展现出来，青年群体旺盛的消费欲望与多样的消费需求使其不仅成为消费市场的重要主体，还成为推动消费市场创新发展的驱动力。

一 经济状况

（一）1976—1977年

1977年中国国民经济走出低谷，从1976年的2988.6亿元增长至3250亿元[1]，年增长率达到8.7%。1957—1977年，中国的经济增长是以大量资源和劳动力消耗为前提的粗放型增长，国民经济投入产出率一直处于上升态势，这表明在各产业上的投资并没有产生很好的经济效果，或者说国民经济总投入的不断增加并没有使国民经济增速加快。国家通过计划经济体制不断提高积累率，不计成本地投入工农业生产中，尤其是重工业生产中，期望通过持续的高比例投资来促进国家工农业的发展。虽然国民经济确实实现了正增长，但这种发展是以高物质消耗与劳动力投入为前提的，一旦要素投入超过边际利用效率最大值，国民经济就会出现增长乏力，甚至负增长的现象。国家在工农业生产的投资结构上也存在不均衡的问题（见图3—2），与"二五"时期投资结构相比，农业、轻工业投资比例降低，重工业投资仍占据较大比例。

1976—1977年，国民经济发展状况相较于前一阶段并未明显改善，产业布局不均衡问题仍然突出，高积累率制约着国民消费水平的提高，城乡居民物质生活水平仍不容乐观。当时，中国的商品生产与流通并不能够满足国家建设与人民生活的需要，在粮食销售上，用于买卖的商品粮在粮食总产量中的占比仅在20%左右，公社生产的各种产品的商品化率极低，农业机械等产品产量不能满足中国农业机械化、现代化的要求。国民消费的主要场所——供销社中，能够供应的轻工业产品、日用产品

---

[1] 数据来自国家统计局官网。

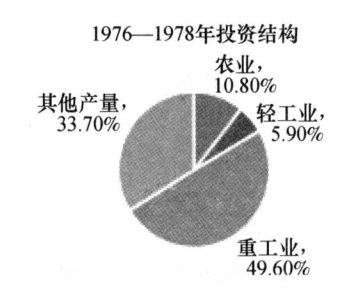

图3—2　"二五"时期投资结构与1976—1978年投资结构对比

注：数据来自国家统计局固定资产投资统计司《中国固定资产投资统计资料（1950—1985）》，中国统计出版社1987年版，第97页。

也极为有限。

（二）1978—1992年

在这一阶段，中国国民经济状况开始好转，GDP增长率在7%—14%的高水平区间，表明中国进入经济发展的高速增长时期。从行业发展状况看，各行业均在高速发展之中，尤其是建筑业、住宿和餐饮业、金融业以及房地产等领域，十五年间行业增加值涨幅都在1000%以上，甚至有些行业达到20倍的增长（见表3—10）。

表3—10　　　1978—1992年中国分行业国民经济指标状况　　　单位：亿元

年份	农林牧副渔业增加值	工业增加值	建筑业增加值	批发和零售业增加值	交通运输、仓储和邮政业增加值	住宿和餐饮业增加值	金融业增加值	房地产业增加值
1978	1027.5	1621.4	138.9	242.4	182.0	44.6	76.5	79.7
1979	1270.2	1786.5	144.6	200.9	193.7	44.0	75.9	86.2
1980	1371.6	2014.8	196.3	193.8	213.4	47.4	85.8	96.2
1981	1559.4	2067.7	208.0	231.2	220.8	54.1	91.7	99.8
1982	1777.3	2183.0	221.6	171.5	246.9	62.3	130.6	110.6
1983	1978.3	2399.0	271.7	198.7	275.0	72.5	168.9	121.6
1984	2316.0	2815.8	317.9	363.6	338.6	96.8	230.6	162.0
1985	2564.3	3478.2	419.3	802.5	421.8	138.3	293.9	214.8
1986	2788.6	4000.7	527.3	852.7	499.0	163.2	401.2	297.5

续表

年份	农林牧副渔业增加值	工业增加值	建筑业增加值	批发和零售业增加值	交通运输、仓储和邮政业增加值	住宿和餐饮业增加值	金融业增加值	房地产业增加值
1987	3232.9	4621.1	667.5	1059.7	568.5	187.1	506.2	381.9
1988	3865.2	5814.0	811.8	1483.6	685.9	241.4	658.9	472.8
1989	4265.8	6525.5	796.1	1536.4	812.9	277.4	1079.9	565.1
1990	5061.8	6904.5	861.7	1269.2	1167.2	301.9	1144.1	660.9
1991	5341.9	8137.9	1017.7	1834.8	1420.5	442.3	1195.2	762.2
1992	5866.2	10340.2	1417.9	2405.4	1689.2	584.6	1482.1	1099.1

注：数据来自国家统计局官网，https://data.stats.gov.cn/easyquery.htm?cn=C01&zb=A0204&sj=2020。

党的十一届三中全会后，中国开启了经济体制改革进程，中国经济进入高速发展时期。1978—1984年，中国将农村作为经济体制改革重点，通过推行家庭联产承包责任制，使农业生产与农民增收挂钩，鼓励农民通过积极劳动创收。家庭联产承包责任制解放了农村生产力，激发了农民的生产积极性，推动了农业生产的发展。1978—1992年，中国粮食产量从30476.50万吨增加至44265.80万吨，油料、糖料产量大大提高，棉花产量仍有较大波动，但较1978年也有了较大提高。农作物产量的提升，使国民食不果腹的状况得到扭转，人均食用油、糖、副食品供应量也充足起来，极大改善了城乡居民的生活。国家还通过提高农产品收购价格来保障农民收入水平，农民的物质生活状况有所改善。

1984年，党的十二届三中全会通过了《中共中央关于经济体制改革的决定》，此后，中国将经济体制改革的重心转移至城市。1985年，以增强企业活力为中心的城市经济体制改革全面展开，首先对国有企业经营中管理过死、过严、过僵的状况进行改革，引进市场竞争机制，实施"企业承包经营责任制"，进行国有企业股份制改革，优化了国有企业布局，使企业在市场竞争中焕发新的活力，工商营业执照的颁布突破了单一的公有制，中国开始从高度集中的计划经济向市场经济过渡。

(三) 1992 年至今

1992 年，邓小平南方谈话厘清了计划与市场的关系，中国开始向建立社会主义市场经济体制迈进。1993 年，中共十四届三中全会通过的《关于建立社会主义市场经济体制若干问题的决定》明确提出"整体推进、重点突破"的新改革战略。1997 年 7 月亚洲金融危机爆发并波及全球，各国经济发展均受到影响，中国采取宏观经济政策进行相应调整，使国内经济平稳度过了危机。2003 年以来，中国实施积极的财政政策，完善宏观调控方式，为国民经济平稳较快发展提供保障。2014 年中国经济发展放缓，投资驱动型增长模式对经济的拉动作用减弱，粗放型的经济增长方式造成了严重的生态问题。面对这样的局面，中国开始转变经济增长方式，走环境友好型、生态集约型发展道路，以新发展理念为指导，发挥市场经济作用，加强宏观经济调控，加快产业转型升级，推动中国经济度过深水区，实现新的发展。

1992—2020 年，中国国内生产总值年均增长 9.6%，高于同期世界平均增长水平，GDP 总量稳居世界第二。1992—2020 年，中国三大产业结构进一步优化，第一产业增加值从 1992 年的 21.3% 下降至 2020 年的 7.7%，第二产业增加值从 43.1% 下降至 37.8%。第三产业发展迅速，产业增加值从 34.5% 上升至 54.5%。第二、第三产业为经济增长贡献较大，2020 年第二、第三产业对 GDP 的贡献率占比达到 90.5%。具体看，农业生产总值变化较大，1992 年农林牧渔业总产值 9084.71 亿元，到 2020 年，这一数值增长至 137782.17 亿元，农业生产总值的不断增长保障了中国的饮食供应，以往限量供应、勉强温饱的状况一去不复返了。主要农业机械拥有量的增长意味着中国农业正在向集中化、机械化发展，农业生产效率将进一步提升，从而带动农业生产总值的增长。工业产品产量也在持续增长，尤其是能源类产品产量的增加，为国民日常生活提供了保障。

国内生产总值的增长带动了国民收入的提高，为消费的增长奠定了坚实的经济基础。国家统计局数据显示，2020 年中国居民人均可支配收入为 32189 元（较 1992 年的 2026.6 元增长了 10 倍以上），全年全国居民人均消费支出 21210 元。2020 年全国居民恩格尔系数为 30.2%，其中城镇为 29.2%，农村为 32.7%。

二 消费状况

（一）1976—1977 年

尽管"文化大革命"造成国内持续十年的动荡，但在这一时期，中国的水利、电力等基础设施建设取得了较大成就，为工农业生产创造了条件。随着"文化大革命"的结束，中国各领域发展逐渐回到正确的轨道，经济状况逐渐好转，国民物质生活条件有所提升。以往供应量较低的自行车、半导体收音机、手表等产品产量增加，逐渐走进更多国民的生活；20世纪70年代初需抢购的"的确良"、尼龙等布料也供应充足；城镇青年从窄小的排房里搬进了"筒子楼"。

（二）1978—1991 年

家庭联产承包责任制解放了农村生产力，农民的生产积极性与生产效率提高，农民收入也逐渐增长。国有企业工资制改革，普遍调整了企业职工工资，城镇居民收入得到了明显提高。国家统计局数据显示，1978年，中国城乡居民人民币储蓄存款年底余额仅为210.6亿元，人均储蓄存款不足22元。到1992年，中国城乡居民人民币储蓄存款年底余额达到11757.3亿元，人均储蓄存款增长至1003.43元，涨幅超过4500%，表明国民收入有了显著增长，社会购买力也不断提高。

20世纪80年代初，国家对重工业与轻工业的投资比例做出了调整，转变了以往重工业优先的发展战略，轻工业在工业总产值中占比增加，国民急需的日化、纺织等商品供应量得到了较大提高，消费品供应不足的状况得到极大缓解，逐渐取消了凭票供应的票证制度。经济收入的增长与消费品的充足供应，使得国民能够在消费市场上可以自由选购商品，思想大解放使得国民敢于做出消费选择，此时，消费者真正拥有了消费的自主权与决策权，中国的消费市场进入了快速发展期。

在满足基本消费需求的前提下，消费者在吃穿住行上开始求新、求潮。1949—1976 年，中国粮食供应一直处于基本满足国民温饱的状态，因此粮食消费在国民收入中占比高，但消费量变化不大。1978—1984 年，农村经济体制改革释放了农民的生产热情，农业生产力的提高带动了粮食、大豆、棉花、蔬果等农作物产量的增长，城乡居民的主食、副食消费量显著提高，精米白面开始取代粗粮成为国民的主食，肉类、水产品、蛋奶等以往稀缺的副食品也成为餐桌上的"常客"。在饮食结构明显改善的同时，饮食消费在消费总支出中占比下降，恩格尔系数降低，国民在饮食上告别了"吃不饱"阶段，进入"既要吃饱、又要吃好"的新阶段。

随着城镇经济体制改革的推进，非国有企业餐饮服务进入国民视野，外出用餐消费金额不断增长。1987年，第一家肯德基在北京前门开业，以肯德基为代表的洋快餐进入中国，受到了青年人的欢迎。1981年，可口可乐在中国投产，其凭借独特的口感赢得了青年好感。中国本土的碳酸饮料也纷纷问世，如健力宝、维尔康等，成为20世纪80年代青年人的回忆。

服饰消费上，自新中国成立初期，中国居民服饰多以灰、蓝、黑色制服为主。材料主要为棉布，成衣供应量小，纺织品、针织品价格昂贵等问题一直得不到解决，这些都成为制约国民服饰消费的因素。随着国民收入的提高与轻工业的发展，国民在服装款式、颜色、材质上有了更多的选择，喇叭裤、花衬衣、夹克衫、运动服等服饰在青年人中流行起来，被视为"封（封建主义）、资（资本主义）、修（修正主义）"的西装、旗袍重新回到国民的视野中。1987年党的第十三次代表大会上，中央政治局常委身着西装出席会议的场景，将国民对西装的消费热情推向又一个高潮，社会上形成一股"西装热"，不论性别、职业、年龄，西装成为潮流的代名词，甚至进城务工的农民为追赶潮流也会买上一身西装。女青年开始脱去掩饰性别的列宁装、工装，换上色彩鲜艳的红裙子，成为当时中国一道亮丽的风景线。在服饰材质的选择上，手工制土布几乎在城镇绝迹，棉、麻、尼龙等布料受到国民的欢迎，丝、绢等价格较高的布料也有消费者选购，70年代中期价格昂贵的"的确良"开始进入寻常百姓家。时尚在中国开始萌芽，1978年国际品牌范思哲进入中国，成为首个入驻中国消费市场的顶尖时尚品牌，1979年法国服装设计师皮尔·卡丹在北京举办了一场时装秀，使中国国民第一次认识到何为"时装"。

城市住房制度发生了很大变化，住房商品化、社会化成为趋势。新中国成立之初，城市人均住房面积不足5平方米，在之后30多年的发展中，住房建设速度始终滞后于人口增长速度。1978年10月，国务院转发国家建委《关于加快城市住宅建设的报告》，提出到1985年实现城市人均居住面积达到5平方米的目标。1980年，中国开始进行住房制度改革，兴起了作为个人消费品、可供买卖的商品房建设。解决青年人住房问题的途径增加了，依靠单位分配宿舍或租住公房的青年数量逐渐减少，更多人在新政策鼓励下开始选择购买公房、商品房、单位"福利房"。农村青年收入持续增长，黄土墙、茅草顶、几世同堂的住房环境早已不能满足农村青年的需求，农村青年开始攒钱盖新房，或将旧屋子翻盖成砖瓦房。

在耐用品消费方面，以往供应紧张的"四大件"进入寻常百姓家，有些高收入家庭还用上了家用电器。国家统计局数据显示，1981年，中国城镇居民家庭平均每百户洗衣机拥有量为6.3台，平均每百户电冰箱拥有量0.2台，平均每百户彩色电视机拥有量0.6台，平均每百户照相机拥有量4.3台。而到了1990年后，城镇居民还添置了摩托车、空调、音响和淋浴热水器。固定电话、BP机、"大哥大"（即手提移动电话）开始出现在少数高收入青年的生活中，消费电器、电话、摩托成为富裕程度和社会地位的一大标识。

在这一阶段，青年人的精神消费也丰富起来，图书、音像制品成为青年文化消费的主要内容，歌舞厅、游戏厅、录像厅进入青年娱乐消费的行列，霹雳舞、迪斯科、摇滚、街头霸王成为当时许多青年的回忆。随着人口流动限制的放开，物质生活条件改善后，城市青年在闲暇时间还会到外地旅游，促进了旅游相关产业的发展。

（三）1992年至今

随着时代的进步，中国居民的饮食更加营养、丰富，饮食结构进一步改善，饮食消费在总消费中的比例也进一步下降。在快节奏、市场化的社会环境下，青年饮食结构呈现多样化特征，既有图快速、便捷的"省事党"，将西式快餐、速食食品、冷冻食品列入日常饮食清单；也有追求健康和美丽的"养生党"，选择购买代餐食品（如谷物能量棒）、轻食（如杂粮饭、全麦面包、煮鸡胸肉、果蔬沙拉，等等）低热量、低脂肪、高营养的食品来塑造良好体态；还有不沾烟火的"外卖党"，家中厨房基本不用，叫外卖解决一日三餐。

餐饮服务消费成为青年饮食消费的重要组成部分，在选择餐厅时青年不仅会考虑口味、价格，还会将餐厅知名度、装潢设施、服务质量、就餐体验等作为考虑因素,追求潮流的青年甚至会为"拔草"网红餐厅而排上三四个小时的队。青年的饮食偏好也越来越多元化,川鲁粤淮扬总有一款适合自己。四川火锅、粤式茶点、新疆烤肉颇受青年青睐,想要换口味的青年会尝试泰式海鲜、法式大餐、日本料理、韩国炸鸡等。拥有宅属性的青年人会通过外卖来体验餐饮服务。从最早的电话订餐、网站订餐,到如今仅需一部智能手机就能点餐,青年的外卖消费经历了从繁到简的过程,甚至网上还出现"命是外卖小哥给的"的戏言。

青年希望改善住房环境,住房需求迫切。1993年中国青少年研究中心的一项调查中,青年对住房的需求非常强烈,有1/4的青年"无房可住"或"非常拥挤",加上住房条件为"勉强凑合"的青年后,占比高达56.8%。这表明,有近一半的青年将改善居住环境作为改善生活的主要目标。[1] 1994年7月,国务院颁布了《国务院关于深化城镇住房制度改革的决定》,城镇住房制度改革启动,到1998年,中国延续了四十多年的福利分房制度宣告结束。1998年,全国商品房成交量达到1.2亿平方米,住房建设进入"市场化"阶段,个人出资购买商品住房成了多数青年人获得住房的唯一方式。[2] 青年住房消费开始增加,购买商品房成为青年解决住房问题的主要途径。随着商品房价格的不断攀升,青年的生活成本也在不断增加,尤其是在一线或新一线城市工作、生活的青年,为买房不仅需要父母掏空积蓄来支持,还背上了高额的房屋贷款,房贷占据了收入的绝大部分,引发了青年人的住房焦虑,影响了青年人的生活质量。

家用电器等耐用品消费额增加,家电消费频率加快。1992年后,家用电器越来越多地进入居民生活之中,电视机从黑白换彩色、从小尺寸换大屏,音响、热水器、冰箱、固定电话、空调、录像机等成为城市青年消费的对象。一些青年人拥有了价格高昂的手机、私人电脑。

到了20世纪90年代,青年交通消费的对象再一次发生变化。自行车这种交通工具已经在国民中普及化。如今,中国仍是自行车保有量大国。

---

[1] 黄志坚:《当代青年生活方式的现状与趋势》,《瞭望新闻周刊》1994年第21期。
[2] 程静:《从福利房到商品房:城市青年房奴的职业状况研究》,《中国青年研究》2010年第9期。

据新华社、中国政府网、长江网、新浪客户端报道，中国自行车保有量近4亿，位居世界第一，其中电动自行车近3亿辆。随着出租车、私家车等新出行工具的出现，自行车的销量开始下降。以上海为例，出租车成了不少上海青年的经常性消费项目。①私家车消费成为青年交通消费的对象之一。进入21世纪，汽车消费者年龄结构发生了明显变化，2010年4月23日《中国青年报》公布的数据显示，2002年购车车主的平均年龄为38岁，到2009年已经降低到30岁。显然，青年消费者已经成为汽车消费的主力军。

改革开放以后，中国教育事业取得了很大的发展成就。1997年，全国高等院校实行收费并轨，教育全面进入市场化阶段，高等教育由无偿转为有偿，青年教育消费支出快速增长。国家统计局数据显示，1992年，中国各类学校教育经费学杂费为439319万元，到1996年这项数据增长为2610361万元。1997年高等教育收费后，高等学校学杂费为710775万元，至2011年高等学校学杂费达到18623612万元，表明青年的教育消费支出增长迅速。调查显示，城镇居民家庭中教育消费比例，在1990—1999年由8.78%上升到12.28%，在消费支出中居第二位。农村家庭的教育消费支出比例增幅甚至比城镇家庭更大，由1990年的5.36%上升到1999年的10.67%，在全部消费支出中居第三位。②国家计委宏观经济研究院的一项课题研究也显示，家庭为子女上学所准备的储蓄占比高达44%。③许多青年还会通过留学来提升学历，从一线大城市到二、三线城市，从社会精英家庭到普通工薪阶层家庭的父母，大都希望通过留学来增加青年的发展机会。

随着教育水平的不断提升，青年人的文化素质也越来越高，青年的文化消费不仅在种类上更加多元，在层次也逐步升级。除了阅读书籍、观看影视作品，音乐会、歌剧、舞剧、音乐剧等高雅艺术开始进入青年

---

① 黎洪伟：《观念趋向务实 结构喜忧参半 市场有待定位——上海职业青年消费状况调查分析报告》，《当代青年研究》1995年第2期。
② 李军、吕之望、辛贤：《奔向新时代——新中国70年百姓生活变迁录》，人民出版社2019年版，第226—227页。
③ 李军、吕之望、辛贤：《奔向新时代——新中国70年百姓生活变迁录》，人民出版社2019年版，第226页。

的生活,成为青年精神消费的一部分。据统计,2018年,"95后"观演人均年消费高达893元人民币,年增长幅度高出整体人群11%。[①] 2020年《中国青年报》的一项调查显示,平时年轻人经常关注和观看的现场表演中,舞蹈(57.7%)和音乐会(50.1%)的选择比例超过半数。其他还有:舞剧(38.1%)、音乐剧(36.6%)、曲艺类表演(28.4%)、话剧(21.4%)、歌剧(20.9%)。此外,购买海报、影碟、CD、参加音乐会、应援会的偶像娱乐消费,购买电竞游戏、网络流量套餐、手机应用及会员服务、付费视频等信息娱乐消费,购买运动服饰和器械、去健身房、租赁运动场馆、观看体育比赛的体育健康消费等,共同构成了青年娱乐休闲消费的众多选择。

进入21世纪后,随着人民生活水平的提高,青年的娱乐休闲消费也增长迅猛。其中,旅游消费的增长最为突出,国家统计局数据显示,1994国内游客数量为52400万人次,国内旅游总花费为1023.51亿元。到2020年国内游客上升至287900万人次,国内旅游总花费达到22286.3亿元。青年群体由于闲暇时间长,家庭物质条件较好,消费理念先进,在旅游方面的消费意愿更强,已经成为中国旅游市场的主力军。青年群体的旅游形式也更为多样,除传统的周末一日游、农家乐等旅游产品外、定制游、半自助游、私人团等新兴旅行方式也深受青年人的喜爱。

三 青年消费特征

改革开放后,随着国家经济的高速发展,居民的消费能力与消费需求得到了释放,青年开始成为消费的引领者,在时尚的浪潮中逐浪而行。青年因为求新、求异的群体特性,其消费呈现与大众消费不同的特征。

(一)消费呈现多元化

改革开放和社会主义市场经济体制的建立,不仅改变了国民的消费方式,还改变了国民的消费观念,以往限制消费的票证制度与户籍制度消失,销售方为在市场竞争中获取优势而不断创新消费形式,拓展消费渠道,促使青年在消费上呈现多元化,原有的卖方市场向买方市场转变,

---

[①] 央广网:《青年文化大数据:95后引领文娱消费新潮流》,2020年5月5日,https://baijiahao.baidu.com/s?id=1665812854135269622&wfr=spider&for=pc,2021年6月14日。

青年开始拥有消费选择权与决策权，成为真正的消费者。

首先，消费对象多元化。改革开放后，消费市场逐渐由卖方主导转变为买方主导，消费者的需求成为市场经济的增长点。以旅游服务为例，收入不同的青年会选择不同档次的旅游服务，如穷游、跟团游、半自助游、定制游、私家游，这种需求的差异使得青年的消费对象呈现多元化的特征。

其次，消费结构多元化。市场经济体制下，个体之间必然存在经济收入的差异，进而影响到个体消费。青年群体的消费同样受到收入的限制，这里的收入不仅包括现在的，还包括未来的；不仅包括青年个体的，还包括青年所处家庭的。经济收入有限的青年会选择更多的物质消费与更少的精神消费，消费结构较为简单。而经济状况优越的青年则拥有更多的消费选择余地，消费结构也更为复杂。

最后，消费风格多元化。城乡青年消费差异逐渐消失，取而代之的是不同消费风格。在青年消费者中既有省吃俭用的节俭型青年，也有处处使用优惠券的持家型青年，有热衷于购买高档商品的精致青年，也有背上包去穷游的文艺青年。在同一消费个体中，青年的消费也存在多样性，如可以20元买一杯奶茶，不愿10元开一个视频会员；愿意花两三百元买一件衣服，不愿意多出10元的邮费。这种个体内的差异更是推动了青年消费风格的多元化。

（二）个性消费凸显

追求个性是改革开放以来青年消费的鲜明特征。性格、喜好、经济条件不同的青年人，在着装、饮食、文化娱乐等方面有着不同的消费偏好。以服装消费为例，中山装、绿军装、喇叭裤等社会范围内的"现象级"消费消失，取而代之的是在小范围内掀起的服饰消费潮流。到21世纪，青年的服饰消费动机中，个性成为驱动消费需求产生的重要因素。青年的个性消费带来了多元化的特征。校园风、都市风、混搭风、街头风、复古风、嘻哈风、性感风、朋克风等不同穿衣风格都可以在青年群体中看到，汉服、JK服、cosplay等小众服饰也在青年中拥有一定的市场。

（三）热衷追求品牌

20世纪90年代青年人更多追求品牌，"穿名牌"成了新时尚。不少青年人看中的并非名牌服饰的质量，而是名牌所蕴含的社会符号，即用昂贵的价格、广泛的知名度突出自己的经济实力，从而获得一种优越感。90年代前，人们的品牌意识尚未形成，在消费时更关注商品本身的质量、功能。随着改革开放和市场经济的不断发展，一大批国外品牌陆续进入中国市场，以过硬的质量或广泛的知名度，赢得了消费者的喜爱。在品牌消费意识形成的过程中，青年人走在了前列，对名牌产品具有明显的偏好，将购买名牌产品视为一种时尚。

青年在服饰、鞋包、彩妆消费上追求使用国际大牌、奢侈品牌，奢侈品消费呈现年轻化特点。奢侈品消费年轻化也是青年消费升级的重要表现。随着经济收入的提高与消费观念的变化，青年消费者对于购买奢侈品消费持正向态度，认为奢侈品消费是自身成就的展示。

（四）消费观念分化

中国向世界敞开国门后，一些国外的观念、文化、思潮陆续涌进国内，这既给青年带来了思想的解放和观念的更新，也使部分青年陷入了价值观的迷茫。国外消费主义思潮的侵入和在中国社会的泛起，必然引起青年群体消费观念的分化。青年群体的消费观念可以分为三类。

第一类，向西方靠拢的消费观。对外开放使西方的消费观念借助音像制品、娱乐节目、外资品牌、网络平台进入中国，在青年群体中产生了很大的影响，特别容易影响那些世界观、价值观、人生观尚未成熟的青年。

这些国外不良思想给青少年的个人成长带来了不利影响，还引发了不少社会问题，因无力满足消费欲望而导致的青少年犯罪问题格外突出，信用消费、超前消费在青年人的消费中比较普遍。90年代中后期即消费信贷出现伊始，青年人对这种消费方式感到既新鲜又陌生。2001年北京市统计信息咨询中心调查数据显示，北京青年对消费信贷缺乏了解，既跃跃欲试又心有顾忌。[①] 在之后的几年中，随着信用卡的普及，信用消费、超前消费开始在青年中流行起来，几乎人手一卡或多卡，刷卡消费出现"野蛮增长"的态势。

第二类，传统消费观。中国传统的价值观以家庭教育的方式传承至青年群体中，使部分青年仍保有"勤俭""朴素"的消费观念。在传统消

[①] 黄志坚：《五年预测：中国青年消费八大趋势》，《中国青年研究》2001年第4期。

费观的影响下，青年养成了"货比三家"的消费习惯，在消费过程中会优先购买优惠、打折商品。双十一购物节中，除服饰、食品、数码、洗护产品外，日用百货成为青年消费的热门商品，囤卷纸、囤洗衣液等高频日用品的消费主体不再仅是中老年人，许多青年也加入囤货一族中，趁打折促销大量采购日用百货，这种消费行为就是传统消费观的体现。

第三类，绿色、共享的新型消费观。新发展理念对青年的消费观念产生了较大的积极影响。中国在过去的一段时期内，靠自然资源消耗来驱动经济增长，付出的代价是资源的枯竭与生态环境的破坏。在新时代，国家提出实现生态节约型、环境友好型的发展目标，由此催生了众多新兴产业和新经济业态，如共享经济为青年提供了一条保护生态环境新的消费方式。随着国民素质的提升，以及青年群体文化素养的提升，将会有越来越多的青年人选择绿色、共享型消费。

青年人出于绿色、共享的新型消费观念，会将"环保型"消费作为选择产品时的重要参考因素。例如，青年更倾向于购买贴有环保标签的家电，选购新能源汽车；城市青年除开车出行外，还会乘坐公交车、地铁，骑共享单车；在饮食上杜绝为了"面子"而大摆排场，单人餐、双人餐等提前配餐的方式成为青年餐饮消费的习惯。

青年对于消费就是占有物品有了新的认识。相比于父辈、祖辈置房置地的消费观念，青年开始接受通过消费获得商品的使用权而非所有权。分期付款、只租不卖、合租的共享消费方式受到青年人的欢迎。从数码产品到汽车住房都存在共享消费的影子，共享充电宝、共享单车、共享汽车、共享空间，几乎日常生活中的所有物品都能以共享的方式使用。这种消费模式不仅提高了商品的使用率，也极大地降低了使用成本和能源消耗。共享消费在青年群体中的流行，实际上也验证了青年群体所践行的绿色、共享的新型消费理念。

第三节　当代青年消费热点

近年来中国经济的高速发展使居民的人均可支配收入不断上升，国家统计局数据显示，2020 年中国国民总收入达到 1009151 亿元，人均国民总收入约为 72082 元（折合美元约为 ＄11100），按照世界银行标准的标准，中国已经达到中等偏上收入国家的水平。庞大的人口数量与可观的人均收入，使中国有可能取代美国成为世界最大消费国，中国消费者正在展现出强大的消费能力与消费影响力，而青年群体已经率先进入消费的黄金时期，在消费市场上掀起无数热潮。

一 情感消费

消费动机的出现源于需求。根据需求层次理论观点，现代社会物质生活的极大丰富促使高层次需求的出现，青年群体中最迫切的精神需求就是满足情感需求，满足精神需求成为消费市场发展的重要趋势。

国家统计局数据显示，2019年中国15岁及以上未婚人口数量达1.6亿人，空巢青年数量也超过7000万人。"空巢青年""单身青年"群体的日益壮大成为"单身经济""孤独经济"等众多经济形式生长的"温床"。情感消费的时代已经到来，人们不再满足于为物质的功能进行消费，从消费中获得情感支持成为物品消费的附加值，在青年群体的消费活动中情感溢出更为明显。

（一）宠物消费

为了缓解单身或独居的孤独感，很多单身或空巢青年开始喂养宠物，

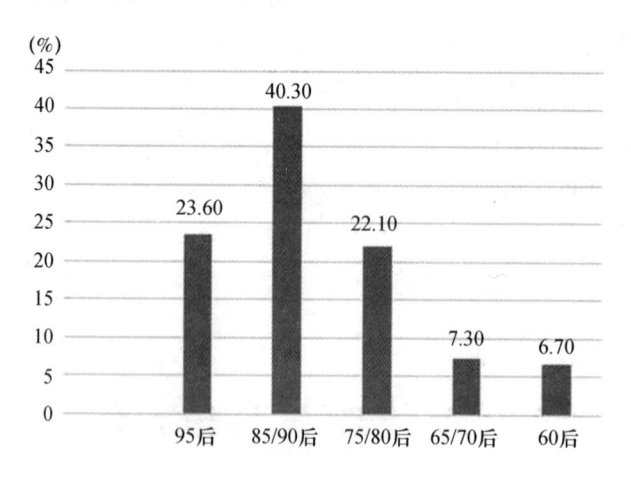

图3—3 线上宠物市场宠主年龄分布状况

注：数据来自尼尔森与京东联合发布的《2019中国宠物消费趋势报告》，http://www.199it.com/archives/969439.html。

或是选择以观看宠物视频、直播为主要形式来"云养宠",在青年群体中"云吸猫""云养狗"成为流行。CBN Data 发布的《2019 宠物消费生态大数据报告》表明,2018 年中国养宠家庭数量达到 9978 万户,每万户养宠家庭比例从 2013 年的 16% 上升为 22%,宠物行业市场规模超 1700 亿元。尼尔森与京东联合发布的《2019 中国宠物消费趋势报告》显示,"85/90后"成为现阶段宠物消费的主要人群,"95 后"青年紧随其后,在宠物

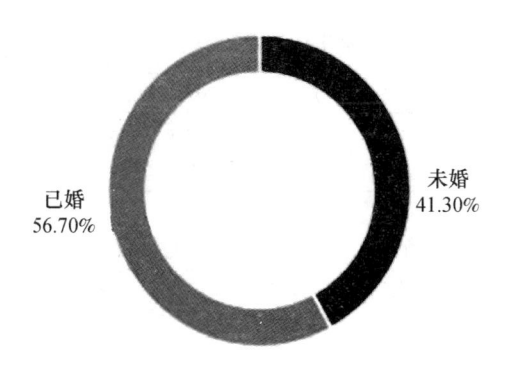

图3—4 线上宠物市场宠主婚姻状况

注:数据来自尼尔森与京东联合发布的《2019 中国宠物消费趋势报告》,http://www.199it.com/archives/969439.html。

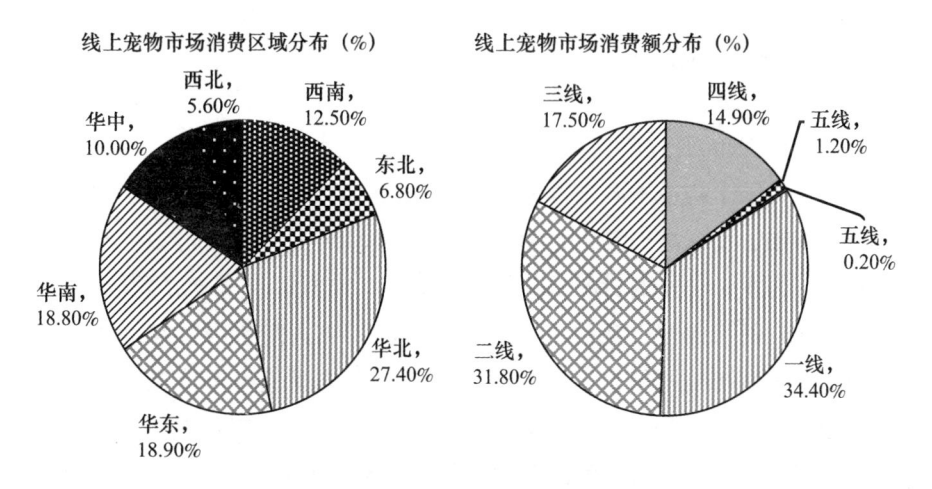

图3—5 线上宠物市场区域分布状况

注:数据来自尼尔森与京东联合发布的《2019 中国宠物消费趋势报告》,http://www.199it.com/archives/969439.html。

消费领域表现出巨大的潜力。从消费群体所在地区来看，一线城市如北京、上海、广州等地青年的宠物消费水平较高，同时，这些一线城市也是空巢青年、单身青年的主要分布地。从宠物消费趋势看，人宠互动成为关键词，宠主倾向于购买拟人化、互动性的宠物零食及宠物美容用具，通过增进与宠物的亲密度来填补孤独感。从宠物喂养的种类看，养猫群体迅速增长，异宠、水族等宠物活物消费所占市场份额可观。

表3—11　　　　　　　　线上宠物市场消费额前十名城市

排名	2017 年	2018 年	2019 年（前三季度）
1	北京	北京	北京
2	上海	上海	上海
3	成都	成都	广州
4	广州	广州	成都
5	深圳	深圳	深圳
6	天津	天津	天津
7	苏州	重庆	重庆
8	重庆	苏州	苏州
9	西安	西安	西安
10	沈阳	武汉	武汉

注：数据来自尼尔森与京东联合发布的《2019 中国宠物消费趋势报告》，http://www.199it.com/archives/969439.html。

Talking Data 通过调查数据发现，以主要消费渠道为标准，可将养宠人群划分为线上与线下两个群体，线上与线下养宠人群在主要消费群体、消费者习惯、消费潜力等方面存在较大差异。线上养宠人群以"80 后"已婚女性为主，养宠的目的是陪伴子女成长，主要是通过宠物类应用 App 完成宠物食品、保健、互动消费。线下人群则以大龄单身青年为主，此类消费者表现出宅的特性，但在宠物消费上会选择通过实体宠物商店实现。宠物用品或服务的价格对消费者的影响较大。[①] 相较于线上养宠人群来说，线下养宠人群对宠物的关注度与消费潜力更大。

---

① 搜狐网：《Talking Data：2018 宠物人群洞察报告》，2018 年 9 月 27 日，https://www.sohu.com/a/256623543_665157，2020 年 10 月 2 日。

结合中国单身青年数量增长的现实状况看，宠物消费的崛起验证了一个事实，即青年表现出较为强烈的情感陪伴需求。然而，青年对这种需求的获取却不是通过婚恋关系或家庭，主要原因是婚恋关系与家庭带给青年的陪伴体验质量不佳，情感的投入产出比较低，这与日本御宅族青年在二次元中寄托真实情感的现象类似。婚姻、生育成本的上升带给青年更多压力，工作时间的延长、养育子女、赡养老人投入精力的增加，在一定程度上挤占了青年个体与他人交流的时间，婚姻生活的体验感降低。当宠物所提供的情感陪伴效用高于婚姻时，部分青年选择以养宠来填补亲密关系的空缺。这种情感补偿，除了从实际的养宠行为中获取，还可通过直播打赏、为关注的宠物邮寄玩具零食、购买宠物相关产品、为流浪猫狗爱心捐款等方式获取。可见，由云养宠衍生的小众产业经济也可以满足青年情感需求。

（二）奶茶消费

据《美团外卖奶茶真香消费报告》数据，2018年美团外卖奶茶订单突破2.1亿单，远超传统饮品订单量，奶茶成为青年群体消费中购买频率较高的非耐用品。从基本功能看，奶茶相较于其他饮品口感更为丰富、选择范围广，奶茶种类多，设计新颖多变，个性化与趣味性并存，符合青年追求"颜值、潮流"的特点。此外，奶茶的配方中还会增加应季水果、谷物等，迎合现代青年追求健康的消费心理。

奶茶消费之所以在青年群体中掀起消费热潮，是因为其已经突破单纯的饮品功能，成为青年群体参与社交的工具，网红奶茶打卡成为个体追求时尚符号的标志。网红奶茶店以消费环境与创意茶饮产品为亮点，店面配色以暖色调为主，增加照明设备提升拍摄效果，融入流行元素符号，以满足消费者拍照分享需求。从奶茶消费的时间看，14：00—18：00成为奶茶消费的高峰期，奶茶成为办公室社交活动开展的道具，青年通过拼单奶茶、互送奶茶的方式建立人际联系，进行人际交往。

奶茶消费被赋予多种功能，其实质在于饮食具有社会功能。齐美尔将饮食定义为"以引人注目的方式，显现了其最为自我本位的特色"，[1]

---

[1] ［德］齐奥尔格·西美尔：《时尚的哲学》，费勇等译，文化艺术出版社2001年版，第29页。

174　/　中国青年消费研究

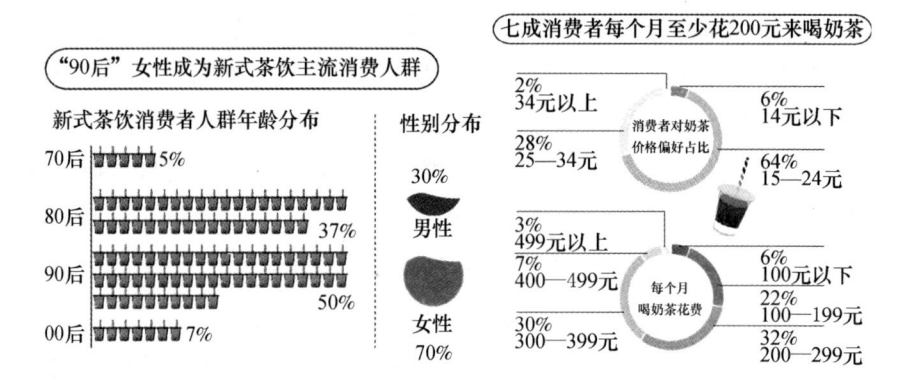

图3—6　奶茶消费的分布状况

注：图表来自《美团外卖奶茶真香消费报告》，https：//baijiahao.baidu.com/s?id=1677987790768226381&wfr=spider&for=pc。

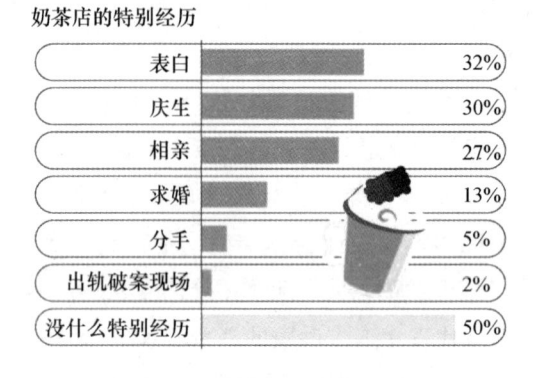

图3—7　奶茶消费情境

注：图表来自《美团外卖奶茶真香消费报告》，https：//baijiahao.baidu.com/s?id=1677987790768226381&wfr=spider&for=pc。

饮食不是绝对的私人行为，当这种行为与社交频繁产生联系时，饮食在社会学上就具有了重要的意义。奶茶消费规模不断扩大，不仅是这种饮品更符合青年的口味，还因为奶茶的消费与场景相联系，使消费对象不只指向奶茶这一实体的物质，更指向消费者当时的情感与社交需求，个人饮用奶茶与聚集在一起饮用奶茶所获得的消费体验不同。奶茶以圆形器皿盛装，将自我从他人中划定出来，其中不同品种的奶茶饮品更凸显了饮用者的特色，是对个性的表达方式之一。而聚集在一起饮用奶茶则成为一种新的社交活动形式，这种社交形式通过互相赠送奶茶、记住对方的喜好等礼仪形成独有的规则符号,以表达情感变化。奶茶还常与表白、庆生、相亲等场景相联系,这赋予了奶茶消费更多的社交意义,使其在消费中获得更为独特的体验。由于青年群体奶茶消费的普遍性,奶茶已然成为实用的社交话题,青年人以能否自由消费奶茶来划分财务等级,女生中有"奶茶续命"一说。

(三) 单身经济

国家统计局数据显示,2019 年中国结婚登记人口为 927.33 万对,这一数据已经是 10 年来连续下降,并且还有继续走低的趋势。相应地,中国单身人口数量却在上升,已经达到 2.4 亿人。Quest Mobile 报告对中国发生的单身潮进行了总结,新中国成立初期,首部《婚姻法》的发布实现了青年男女婚姻自由,离婚率的升高带来了初次单身潮。20 世纪 70 年代,上山下乡结束,大量知情从农村返回城市,在特殊情况下促成的夫妻关系解体,此次单身潮仍然是由离婚率的提升引起的。改革开放初期,新《婚姻法》将感情破裂列入离婚条件,经济条件的提升与思想观念的转变,使人们不再将离婚视为异类。进入 21 世纪后,女性接受教育的程度提高,获取高学历人数增加。教育程度的提高,不仅使得女性在劳动力市场中的竞争力增强,获取更好的收入水平,也提升了女性的独立意识,引发又一波单身潮,这种单身现象在 80 代之后的青年群体中越来越凸显。单身大军中的主力是青年群体,这就催生了单身一族的新型消费模式——单身经济的兴起。

从单身群体的年龄与性别分布看,2019 年 10 月数据显示,单身人士年龄分布主要集中在 19—24 岁年龄段（52.9%）,25—30 岁年龄段中单身人群占比为 34.7%。极光大数据公布的报告虽然年龄段划分有差异,但也得出了同样的结果,20—24 岁年龄段青年中单身族占比为 57%,[1] 也就是说,"95 后"已经成为单身人士的主力军。由于出生率中男女性别比例失衡,相较于女性来说,男性单身人数更多。从生活区域分布看,一线城市单身人士以"95 后"为主,三、四线及以下城市单身人士"85 后"较多。结合单身人群的收入与存款总额状况看,月收入在 4000 元以

---

[1] 互联网数据资讯网:《极光大数据:2019 年中国单身人群专题研究报告》,2019 年 5 月 20 日,http://www.199it.com/archives/879026.html,2020 年 10 月 8 日。

下的单身人士占比为 42.9%，其中月收入在 2000 元以下的单身人士占比为 32.4%。同时，存款总额不足 6 万元的单身人士占比为 50.4%。[①] 收入水平与存款总额越高，单身人士比例越低。由此推断，中国现有单身青年可分为两种类型：主动单身型青年与被动单身型青年。主动单身型青年分布于一线与新一线城市，个人经济条件较好，由于追求个体自由，不愿在没有感情的基础上承担婚姻家庭责任，因此自愿选择单身。被动单身型青年在地区分布上呈现两极化，一线及新一线城市、三线以下城市为这类青年的主要居住地，个人经济收入与储蓄总额较低，一般为刚进入社会打拼的"95 后"青年，以及被婚恋市场淘汰的"85 后"青年，这类青年婚恋意愿高但受条件限制而不得不单身。

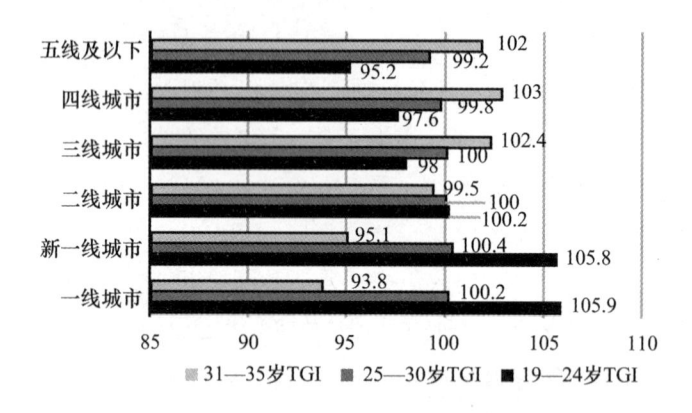

城市	31—35岁TGI	25—30岁TGI	19—24岁TGI
五线及以下	95.2	99.2	102
四线城市	97.6	99.8	103
三线城市	98	100	102.4
二线城市	99.5	100	100.2
新一线城市	95.1	100.4	105.8
一线城市	93.8	100.2	105.9

图 3—8　2019 年 10 月单身人士分布状况

注：数据来自 Quest Mobile《Quest Mobile 2019 单身人群洞察报告》，https://www.questmobile.com.cn/research/report-new/77。

单身青年在日常消费中表现出追求便捷、注重品质、悦己为先的特征。在饮食消费上求快、求简，一半以上的单身青年会使用外卖服务平台来解决三餐问题。以美团外卖（54.9%）、饿了么（59.1%）为例，提前点单、定时配送是外卖服务平台的亮点。拥有外卖服务的餐饮品牌受到单身青年的欢迎，如星巴克（59.6%）、肯德基（48.3%）这类快餐品

[①] Quest Mobile：《Quest Mobile 2019 单身人群洞察报告》，2019 年 12 月 31 日，https://www.questmobile.com.cn/research/report-new/77，2020 年 10 月 8 日。

牌拥有标准化的套餐、新品、经典餐单，缩减了消费者选择下单与商家配餐的时间。在休闲上追求品质、随心而为，随着单身人群数量的增长，旅游成为这一人群休闲娱乐消费的形式之一。一人玩景点消费人群年龄结构趋于年轻化，其中"90后""95后"消费者占比接近40%。一人度假消费中，消费者选择自由行比例为77.7%，半自助游占比11.5%，跟团游对单身青年的吸引力不足。出游花费方面，一人度假国内游平均花费约为3643.71元/人，出境游人均花费约为8626.85元/人，相较于多人出游人群花费水平高出60%以上。从消费结构看，一人出游花费占比最大的是住宿费，通常占50%以上，舒适的住宿环境是单身青年旅途中必须满足的条件。超前消费在一人游人群中相对更为普遍，"打白条"（分期付款）出游成为相当一部分一人出游者的选择。来自同程旅游数据显示，22.8%的一人出游者选择了"打白条"出游，其中大部分为"90后"和"85后"。超前消费在短时间内增加了青年消费的资金总量，因此消费品质也会有所提升。[①] 除旅游外，单身青年在健康、形象管理方面的消费能力也较强。2019年10月数据显示，单身人群在健康管理

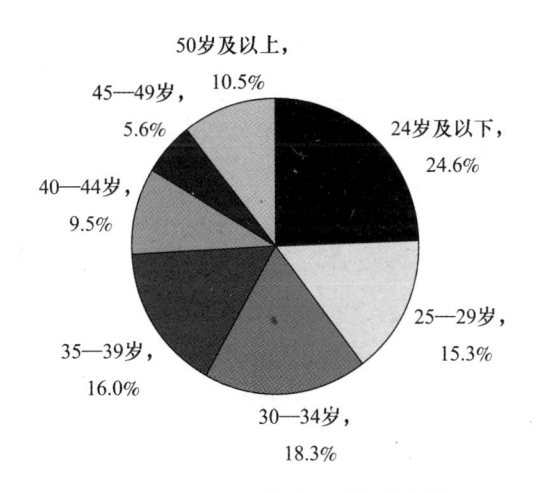

图3—9 一人玩景点人群年龄结构

注：数据来自同程与艺龙联合发布的《一人旅行报告2019》，http://www.pinchain.com/article/206609。

---

① 互联网数据资讯网：《同程艺龙 & 同程旅游：2019年中国单身旅行报告》，2019年12月9日，http://www.199it.com/archives/978036.html，2020年10月8日。

(130.8%)、医疗美容（75%）、运动健身（74.9%）等行业活跃用户规模同比增速最快。①

单身群体中不同性别的青年对待生活的态度大不相同。从单身青年男女婚恋交友类App的使用状况看，单身男性使用活跃率与月人均使用次数均高于单身女性，单身女性的婚恋意愿相对较低，在主动单身型青年群体中占比较高。从单身男女的兴趣偏好看，单身女性"宅"属性较明显，在社交、旅游、美食方面的TGI指数明显低于男性。单身女性更热衷于自拍、追星与健康，在粉丝社交、校园社交App中表现活跃。单身女青年更爱追剧、追星，长视频类App活跃渗透率最高，喜爱的男星以"90后"流量小生为主，有颜值有话题成为单身女青年所追男星的基本要求。单身男性更爱人际交往与户外活动，同性交友、游戏社区、陌生人社交类App使用频率较高，旅游偏好TGI指数较单身女性高出近三分之一。单身青年男性中游戏发烧友更多，在游戏直播类App上活跃渗透率最高，其中出身专业电竞选手的游戏主播更受单身男的喜爱，在此方面并无性别歧视，实力优先成为游戏主播获取单身男青年支持的标准。②

从单身青年的消费状况可以看出，单身经济与众多青年消费的新兴领域相伴相生，如宅消费、宠物消费、二次元消费、粉丝消费等。单身青年消费追求便捷、注重品质、悦己为先的特征，其消费驱动力表现为：一是寻求情感陪伴。被动单身型青年的婚恋意愿只是被压抑，情感陪伴的需求依然旺盛；主动单身型青年虽然在婚恋上秉持"不将就"的原则，但单身所带来的孤独感使得这类人群具有情感陪伴需求。二是追求高品质的单身生活。高品质生活指向物质与精神两个层面，即消费支出上的增加和生活品质上的提升。生命周期理论为青年超前消费提供了经济学解释，从短期看，超前消费能够在短期内满足甚至是超额满足青年的消费需求，超前消费的习惯一旦养成，"棘轮效应"就会发生作用，物质生

---

① Quest Mobile：《Quest Mobile 2019 单身人群洞察报告》，2019年12月31日，https://www.questmobile.com.cn/research/report-new/77，2020年10月8日。

② Quest Mobile：《Quest Mobile 2019 单身人群洞察报告》，2019年12月31日，https://www.questmobile.com.cn/research/report-new/77，2020年10月8日。

活的品质自然在不断提升之中。生活品质的提升主要表现在单身青年的消费围绕自己展开，以自我感受作为消费与否的标准，提高工作和生活效率就能够挤出更多的时间与自己相处，从事自己喜好的活动。

二 个性化消费

（一）定制消费

2017年，京东方集团副总裁柳伟对中国进入新消费时代后消费者的重要变化进行了分析，提出个性化、服务体验、发展性成为消费升级后消费者的重要需求，而个性化的需求催生了定制消费市场。小到手机壳、T恤衫，大到家电、装修、婚礼流程，定制已经成为青年群体中的时尚潮流。

1. 定制婚礼消费

婚礼纪结婚服务平台报告显示，近年来，"90后"青年群体进入结婚高峰期，2019年每对新人花费在婚礼上的费用平均在20万元以上，较2015年增长了3.5倍。"90后"在婚礼上表现出的强劲消费能力对婚庆市场产生了较大影响，创新、专属成为现代青年群体对婚礼的需求。报告中将"90后"青年结婚消费归纳为四种类型：懒系精致型、破壁悦己型、个性高光型、潮系智能型。懒系精致型新人选择一站式婚礼策划，委托婚礼筹划师来实现定制婚礼，2019年婚礼筹划师预约量同比增长218%。破壁悦己型新人的定制婚礼消费对象主要为婚礼场地布置、婚服等消费，突出婚礼中的某类元素，通过元素的搭配来标识自身个性。2019年主题类结婚消费在婚庆市场中占比为67%，现代风、电竞风、复古风、二次元等成为热门婚礼主题。个性高光型新人讲求个性的多元绽放，从婚纱拍摄、婚戒、婚纱的定制，到婚礼现场的布置、婚礼环节的设计，定制消费的需求相较于其他类别新人也更为强烈。数据显示，2019年旅拍婚纱照消费金额占比中，处于6000元至8000元档人数占比为49%，1万元至1.2万元档人数占比为40%。在婚戒的选择上，对定制婚戒的消费意愿几乎与品牌婚戒消费意愿数值持平，"烧脑"成为他们结婚消费的鲜明标签。潮系智能型新人将定制交给婚庆类App来完成，电子请柬、一键试婚纱、网购婚庆用品、虚拟婚礼场景设计，这类新人寻求科技智能与婚礼的融合，讲求高效、个性。95%比例的人群接受婚礼使用电子请帖，90%的人群接受在线收/送礼金，使得智能型新人的策划得以顺利实施。①

2. 定制旅游消费

旅游是项复杂的社会活动，从个人角度看，旅游消费是一种象征身份的符号，能够补偿性地满足消费需求，是由物质需求满足后衍生出的更高层次的精神需求。中国旅游研究院发布的《2019 中国定制旅行发展报告》指出，定制旅游已经从概念变为市场产品。从定制旅游消费者的地区分布看，定制用户正向低线城市渗透，2018 年定制旅游消费者中一线城市群体占比为 36%，低于二线城市定制旅游消费者数量（42%），定制旅游消费者在三线城市及以下城市中也有所分布（22%）。从单价看，定制旅游消费的门槛在不断降低。2016 年国内定制旅游客单价为 4000 元、出境定制旅游客单价为 8407 元。至 2018 年，国内定制旅游客单下降了 698 元，出境定制旅游客单价下降了 1363 元，降价幅度达到 17% 左右。飞猪公布的《2019 硬核旅行报告》显示，真枪"吃鸡"、开坦克、冰潜、铁笼观鲨鱼等超硬核旅行产品增长迅速，正成为这届年轻人的新"小众旅行"方式。硬核旅行用户中，"95 后"玩家占 9%，"90 后"玩家占比最高达

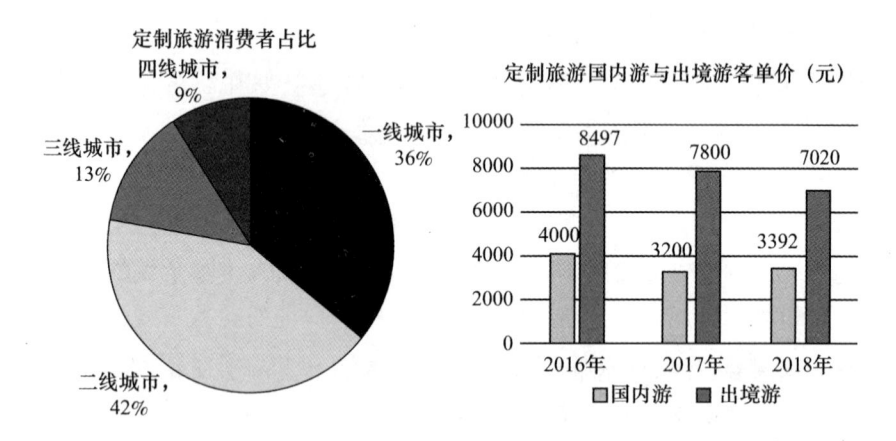

图 3—10　定制旅游消费状况

注：数据来自中国旅游研究院《2019 中国定制旅行发展报告》，http://www.199it.com/archives/906405.html。

---

① 互联网数据资讯网：《婚礼纪：2020 年中国结婚消费趋势洞察报告》，2020 年 1 月 15 日，http://www.199it.com/archives/998228.html，2020 年 10 月 10 日。

到31%，成为此类旅行产品的最大消费群体；"85后"玩家占比29%，"80后"仅占14%，排名第三。男性玩家以56%的占比完成了逆袭。

对定制消费的需求是青年在消费领域自主性的表达，即追求"随心所欲"，不希望被批量生产的商品所定义。自主性是指行为主体能够按照自身意愿行事的动机、能力或特性。青年的自主性表现为能够始终主动规划、掌控自身生活节奏与发展。这种自主性的出现与青年的社会化以及青年的价值观变化相关，青年社会化的目标是实现准确的自我定位，这要求青年既要放弃独特性而融入社会集体之中，又要在社会群体中保持自己的自主性，保有独立的身份。在这一过程中，青年既不能够完全脱离社会消费的主流观点，也不再满足于被动接受已有的消费符号与风格体系的状态，因此，青年开始通过自主摸索与尝试，自我定义适合自己的文化符号，自主地确定审美标准。青年的价值观更偏向于后物质主义，即青年更注重自我，要求通过各种方式来展现自我价值。定制消费的出现建立在成熟的消费商品或服务之上，通过邀请消费者参与产品或服务的再设计，使消费者获得与众不同的消费体验。这种消费模式迎合了青年表达自主性的需求，通过多种商品或服务的定制，能够使青年保持个人形象与风格的一致性，受到青年的欢迎。

（二）圈层消费

圈层是当今市场营销领域发明的又一热词，用以概括某类特定社会群体。圈层的划分标准较为宽泛，如经济条件、生活态度、品位、爱好、价值观等。在互联网时代，人们依据以上标准来划分自身所属群体，形成了特定的社交和消费圈子。圈层消费以圈层文化（亚文化）为支撑，是一种小众经济形态。青年群体尤其是"95后"的青年群体中逐渐形成了包含国风圈、饭圈、漫圈、游戏圈等在内的七大圈层文化，并开始围绕着这些圈层文化进行消费。

1. 二次元消费

二次元起初是一个空间概念，即拥有X轴与Y轴的二维空间。在之后的时代发展中，二次元被用来形容包括动画、漫画、小说等在内的存在于二维空间的事物，[①] 二次元爱好者在彼此的交流互动中逐渐形成了二

[①] 陈晓萌、陈一愚：《泛二次元：中国动画电影发展新趋势》，《当代电影》2016年第10期。

次元文化。漫圈、游戏圈、小说圈等圈层消费都可以归纳为二次元消费。艾瑞咨询公司在二次元消费报告显示，2013—2019 年，中国泛二次元用户规模由不足 1 亿人次发展至近 4 亿人次，年平均增长率为 25.09%。其中以"95 后"青年为消费主流，占动漫消费者比例的 46.4%；"80 后"次之，占比为 27.8%；"90 后"动漫消费者占比为 22.8%，位居第三。

以青年群体为主的漫画消费者呈现高学历、高收入的状态，艾瑞数据显示，2019 年中国动漫用户学历分布中，本科（包括在读）学历占比接近八成，表明动漫爱好者具有一定的审美素养与思辨能力。家庭收入状况方面，月收入在 12000 元以上的用户占比为 69.8%，在动漫消费市场中展现出较强的消费能力。动漫用户的性别比例较为均衡，女性消费者（51.7%）略高于男性消费者（48.3%）。从动漫消费者省份分布看，东部沿海地区与经济发达省份的动漫消费者占比较高（高于 4%），集中于北、上、广、深、鲁、浙等六省市，中东部 14 省动漫消费者占比在 1.1%—4%，经济发达地区动漫消费较为强劲。[1] 在二次元消费中，青年群体常常会跨圈层进行消费。"90 后"及"00 后"群体中喜好玩游戏的群体占比达 57.2%，以 Lofter、B 站为代表的二次元小圈子已经逐渐成熟化，Lofter 平台中过半的用户在关注 COS 圈、电竞圈等二次元文化，有六成的二次元产品创作者选择在其上发布作品。[2]

"95 后"成为二次元消费的主要参与群体，是内外部因素共同作用的结果。从内部因素看，"95 后"更注重自我表达，富有创新精神；从外部因素看，短视频、同人小说等建立于原创内容上的二次加工形式降低了创作门槛。通过对内外部因素的分析，可以得出二次元人群消费的三大驱动因素：自我塑造、同好圈层维系和购物愉悦感。了解二次元消费如何实现青年群体的自我塑造，首先需要了解青年群体试图塑造的自我形象是怎样的。鲍德里亚对符号消费的解释为我们提供了思路，二次元消费同样是一种符号消费行为，通过消费传递符号信息，从而构筑自身在

---

[1] 艾瑞网：《动漫二次元人群营销价值白皮书》，2019 年 12 月 26 日，http：//report.iresearch.cn/report_pdf.aspx? id=3496，2020 年 10 月 12 日。

[2] 胖鲸：《90 后，00 后二次元用户调研报告》，2018 年 4 月 20 日，https：//socialone.com.cn/anime-culture-netease-comic-symposia-review-2018/，2020 年 10 月 12 日。

他人眼中的自我形象。报告数据显示，在中国动漫用户喜爱的题材中，冒险热血、历史、玄幻/魔幻、仙侠古风位列前四，其中"90后"用户更喜欢总裁专宠、都市职场类作品，"95后"用户更喜欢少女恋爱、青春校园类作品。从作品的选择上看，未经历但符合年龄段特点的二次元作品成为青年群体的选择，由此推断，青年群体的理想自我形象首先是在同辈群体的社会比较中具有优势，如"90后"在逆境中寻求更好的事业发展前景，"95后"在校园中获得令人羡慕的恋爱关系等。其次，希望自己拥有热血、机智、独立、果敢等美好品质。最后，二次元世界往往将人物的社会身份、人生经历理想化，这种"巧合"不易在现实社会中出现，拥有如同主角一般的"好运气"也成为理想自我的一部分。除自我形象塑造之外，通过二次元产品消费，青年群体自身也能获得快乐，这种快乐是物质消费与精神消费的叠加。物质消费的快感来源于拥有二次元商品的满足，而精神消费的快感来源于二次元文化带来的精神满足。二次元世界相较于现实社会更加美好、单纯、理想化，通过二次元产品的消费，青年群体的梦想在精神世界中得以实现，同时达到悦己的目的。

社交是"95后"青年消费的影响因素与目标追求，维系同好圈层中成员的关系也成为青年群体二次元消费的驱动力之一。消费成为青年群体彰显自己爱好和吸引同好的重要方式，在二次元文化交流与产品消费过程中，青年个体完成了一对一、一对多、多对多的人际互动交往。为了维系建立起来的同好关系，青年群体会通过接受群体内意见领袖或好友的消费建议，或追逐圈内时尚潮流进行消费。

当前的二次元消费研究更多地将对象界定在泛二次元范围之内，即包含了核心二次元产品，也包含了二次元向三次元延伸的周边产品，如小到印有二次元人物的各种日用品，大到动漫舞台剧、小说改编电视剧等，二次元作品的大规模商业化引发青年群体在这类消费支出上的增长。可以预见，未来青年群体的二次元消费将会出现圈层细分加剧、消费偏好多样、形成固定消费习惯的趋势。

二次元文化形成的初期只存在于小众群体之中，以二次元中特有的人物设定、表达方式、肢体动作、社会规则及世界观、价值观、人生观为主要内容。作为青年亚文化的一类，二次元文化之所以能够在青年群体中产生影响，是因为其表现了青年对现实社会主流话语体系的抗争。二次元世界的故事情节设计往往带有权力反转的特点，主人公的成长伴随着自身能力的觉醒，凭借自身的能力对抗成人的规则，并最终获取话语权。在青年社会化的过程中，常常要面对各种困难与挑战，而受到现有社会规则的限制，青年很难凭借自身能力与主流话语体系对抗，二次元世界特有的权力反转情节迎合了青年对未来发展的期望。将二次元文化作为精神寄托是青年对未来发展产生迷茫的结果，虽然沉迷二次元世界可能会造成青年难以面对现实世界的问题，但不可否认，二次元文化为青年的成长提供了精神动力与心理疗愈。青年二次元消费的变化，预示着青年群体正在寻找打破"次元壁"的途径，试图将理想世界与现实世界融合。

2. 国货、国风消费

自 2001 年加入 WTO 后，中国开始深度参与到经济全球化之中，收入状况的改善使中国居民开始更多地选择通过海外采购渠道来获取高质量商品。但是，随着国产品质量和品质的不断提高，国货、国风产品正在成为青年群体消费的新时尚。截至 2019 年 11 月的数据显示，国货时尚品牌线上交易额同比增长 200% 以上，达到三年来国货品牌交易额增幅的顶峰。国货消费中，24% 交易额来自 25 岁以下青年消费者，30% 来自 26—35 岁青年消费者，青年群体对国货销量的增长贡献最大。[1] 国货消费风潮表现在青年群体消费的多个方面，从青年消费支出占比最大的服饰产品销售状况来看，李宁、回力等经典国货服饰销量持续增长，新国货品牌熊猫·本销量增长倍数高达 30.3。京东数据显示，电商平台中，下单国产品牌的新用户占比为 90%，主要以购买服饰内衣、食品饮料、家用电器、手机、运动户外产品等品类为主。老用户虽然下单国产品牌商品比例降低，但消费商品种类更为广泛，除上述商品品类外还增加了电脑办公、家庭清洁类产品。国产品牌商品销量的增长并非因为商品价格低廉，调查显示，高收入群体在国产品牌上的消费力年增长率为 2.69%，高于中高收入与低收入群体，[2] 国产品牌已经在国民心中树立起低价高质

---

[1] 互联网数据资讯网：《京东时尚 & WWD：2019 国货当潮白皮书》，2019 年 12 月 9 日，http://www.199it.com/archives/975487.html，2020 年 10 月 15 日。

[2] 互联网数据资讯网：《中经社经济智库：2019"新国货"消费趋势报告》，2019 年 5 月 17 日，http://www.199it.com/archives/876825.html，2020 年 10 月 15 日。

的形象。青年群体对国产商品的追捧更多出于产品中国风元素的设计，复古风、联名款成为青年消费者的最爱，中国李宁产品设计的"怀旧国潮"① 理念使其稳居销量榜首。

除国货消费热潮外，青年群体也乐于购买国风产品，典型的如故宫文创产品与故宫跨界产品，这类产品在青年群体中销量增长迅速。天猫数据显示，2019 年故宫网络成交规模较 2017 年增长了 3 倍。仅 2019 年一年，故宫这一 IP 就与食品、美妆、服饰三大领域实现了跨界合作，故宫口红更是成为最受欢迎的文创产品。② 除国风元素产品之外，中国传统服饰在青年群体中也受到了关注。CBN Data 消费大数据显示，Z 世代天猫古风服饰销售额同比增速惊人，2018 年增速为 450%，2019 年增速接近 600%。国风产品与中国传统服饰销售的暴增，古装服饰穿着的日常化，彰显着青年群体对中国传统文化的认同，文化自信在年青一代开始树立起来。

青年对传统文化的关注是政府大力扶持文化产业的结果。1978—1987 年不仅是中国经济发展的重要阶段，也是中国文化产业孕育的重要时期，在这个时期中，一些纲领性政策的确立使文化创作领域活跃起来，为文化产业的复兴奠定了基础。1988 年经济 + 文化的文化产业概念出现，政策开始有序培育与引导文化产业的发展。2000—2012 年，文化产业发展被纳入国家战略之中，文化产业政策从数量到质量上都有了飞跃式的提升。党的十八大以来，以复兴中国传统文化为核心，文化产业年均增长率超过 10%。③

三　娱乐化消费

（一）IP 消费

IP 在网络社会学词典里解释为"Internet Protocol（网络之间互连协

---

① 国潮定义为"以中国文化为底蕴，表达质感、个性、自信、运动"等核心要义的一类潮流风格。
② 互联网数据资讯网：《清华大学文化经济研究院 & 天猫：2019 年博物馆文创产品市场数据报告》，2020 年 4 月 25 日，http：//www.199it.com/archives/925235.html，2020 年 10 月 15 日。
③ 搜狐网：《文化产业重要政策回顾》，2019 年 1 月 11 日，https：//www.sohu.com/a/288221087_809097，2020 年 10 月 17 日。

议)"的缩写，也就是为计算机网络相互连接进行通信而设计的协议。但在现代的语境中，IP有了新的解释。易观报告给出了IP这一名词的定义：广泛意义上是指那些被广大受众所熟知的、可开发潜力巨大的文学和艺术作品。从形式上看，IP的表现形式多样，既可以是一个完整的故事，也可以是一个概念或一个形象，甚至是一句名言。除内容形态的多样性之外，在各内容形式之间流转、延伸，IP凭借影响力能够串联成一条完整的产业链，延长产业链实现价值的增值。以动漫为例，原创动漫IP除在平台投放时可以获取收益外，还可以通过空间授权、商品授权来产生收益。空间授权是指漫展、主题乐园等授权收益，商品授权主要是在周边与品牌授权上。此处的IP消费主要是指娱乐内容IP消费。

2015年是"IP元年"，中国在影视剧制作行业中出现了为数众多的"现象级"IP剧，开启了IP消费的进程，同时，互联网发展重点的转移在一定程度上推动了IP价值链与产业链的完善。数据显示，2017年互联网从移动时代进入内容时代，消费者对互联网的关注点由移动游戏、O2O、自媒体、大数据转向金融、文化娱乐、企业服务、营销零售等领域，IP产业的出现迎合了这一变化趋势。

艾瑞网对娱乐内容IP消费产业的供需侧进行了有效分析，从需求端看，中国居民可支配收入增长迅猛，精神消费需求上升。国内具有影响力的娱乐内容作品出现频次明显增加，娱乐内容IP消费的消费群体庞大，覆盖年龄跨度大，持续带动受众对娱乐内容IP衍生商品的消费需求。在消费上更显感性的青年群体成为娱乐内容IP消费的主流群体，从收入状况看，中国Z世代群体个体月均可支配收入（3501元）已超过全国平均水平（2344元）。从现有消费情况看，"95后"消费同比增长最快的五大爱好中过半与娱乐内容IP产业相关（手办119.7%、电竞41.7%、cosplay 29.5%）。娱乐内容IP消费在青年群体中的盛行，除了消费能力与消费意愿的支撑，还包括内容情感溢价的激励，典型内容形态触达用户规模数据显示，2018年触达用户规模相较于2013年增长了近1亿人次，用户对IP内容的情感溢价会对其衍生商品消费需求产生正向激励作用。从供给端看，2019年中国IP衍生品产业投资数量为178个，投资金额达到344.7亿元人民币，相较于2018年258个产业投资，295.4亿元人民币投资金额看，虽然投资数量上减少了近 1/3，但投资总额却增长了 49.3 亿元人民币，表明优质 IP 及衍生品的市场前景乐观，娱乐内容 IP 消费方式的多样化刺激了娱乐 IP 企业的兴起。

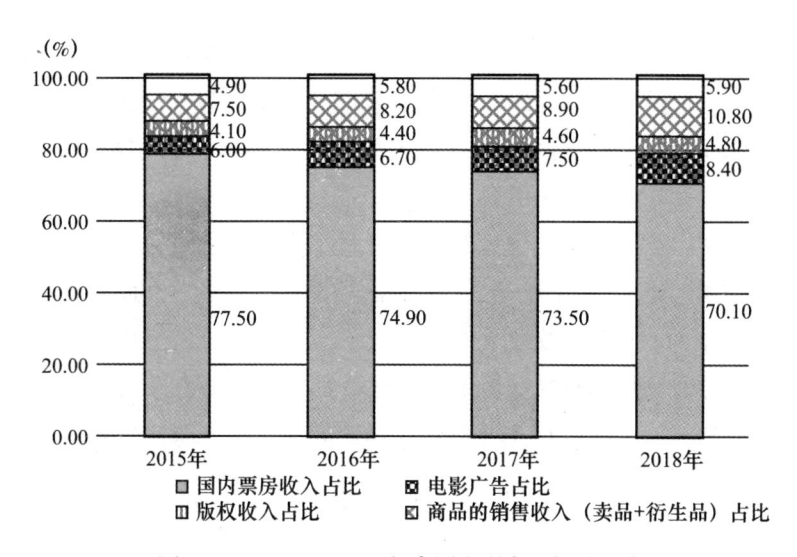

图3—11 2015—2018 年中国电影产业规模结构

注：数据来自艾瑞《2019 年中国娱乐内容 IP 衍生产业研究报告》，http://report.iresearch.cn/report_pdf.aspx? id = 3447。

CBN Data 报告从另一方面印证了青年群体在 IP 消费上的贡献。首先，数据显示，"85 后""90 后"已成为 IP 消费的主力人群。2017—2018 年不同年龄段热门 IP 剧线上相关 IP 消费数据显示，"85 后"消费者数量占比为消费者总数的 1/4 左右，"90 后"紧随其后，占比也超过 20%，"95 后"消费者虽然数量占比最少，但年增长速度最快，消费潜力可观。其次，IP 消费的高峰时段集中在暑假期间。2017 年热门 IP 剧相关线上消费高峰值在 8 月出现，2018 年整年 IP 消费热度放缓，但仍可看到 8—9 月 IP 剧相关线上消费小高峰的出现。影视 IP 作品线上消费的增长围绕六个关键点：一是热门 IP 角色同款成为潮流；二是 IP 作品中植入品牌价值的释放；三是粉丝为爱发电推动 IP 相关消费增长；四是同一 IP 不同内容形式之间形成互动效应；五是热门 IP 作品的衍生消费；六是与 IP 作品联名品牌或产品的开发,[①] 以上增长关键点解释了爆款消费热潮的出现。IP剧爆款消费不仅有剧中人物同款服饰、美妆产品、饰品、鞋包,还包括同款美食、发型、造型等消费,青年群体追求时尚潮流的消费特性、明星效应的加持、IP作品对品牌的另类阐释都是IP剧同款商品热卖的重要原因。同时,同一IP不同内容形式之间的互动效应为IP消费后期的增长提供了预测。初期IP作品的主要形式包括小说、动漫两类,在二次元消费部分已经对这两类消费的趋势及驱动因素进行了阐释,小说、动漫消费的不断增长,为IP消费提供了强劲的支撑与动力源。如南派三叔所拥有的盗墓笔记IP,作为初始形态是小说形式的盗墓笔记系列,由小说改编的电影、电视剧,由影视剧衍生的手机游戏、页面游戏以及以此IP为原型的一系列二次创作产品。

IP消费是一种典型的符号消费方式,其核心价值在于青年消费者对IP的情感投入。青年对IP的情感源于两个方面:一方面,个体对IP的自我评价投射。IP所提出的概念、人设、故事情节之所以能够吸引青年的关注,是因为青年在对IP进行评价时往往投射出自我需求,如对美好爱情的向往、对成功的渴望等,评价与自我需求的重合度越高,个体对于IP的情感投入越大。另一方面,群体互动的结果。对同一IP具有好感度的个体会自发汇聚成群体,并在相互交流的过程中增进成员之间的认同,群体互动频率及可靠性越高,群体成员之间的认同感越强,对IP消费的影响越大。

(二) 游戏消费

作为青年群体休闲娱乐的主要方式之一,网游领域的消费规模也十分惊人。NewZoo发布的《2019全球游戏市场报告》表明,全球网络游戏市场规模为152.18亿美元,其中手机网络游戏产值达5.49亿美元,占全球游戏市场的36%。中国2019年网游游戏市场规模达3.65亿美元,占全球游戏市场份额的2.4%,仅次于美国排名第二。据《第44次中国互联网络发展状况统计报告》公布的数据,截至2019年6月,中国网络游戏用户数量达4.94亿人次,占网民总体的57.8%。《2019腾讯网络游戏

[①] 搜狐网:《"悦"读时代,影视文学IP消费图鉴》,2020年3月31日,https://www.sohu.com/a/384634981_355066,2020年10月19日。

(总消费额152.18亿美元)

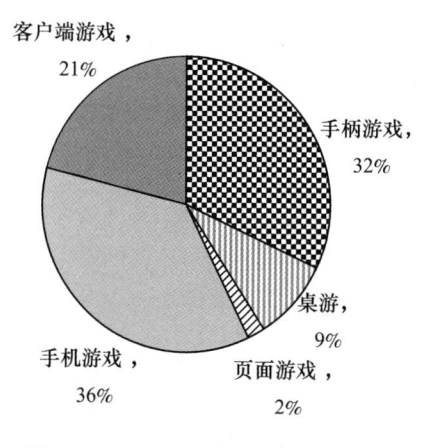

客户端游戏，21%
手柄游戏，32%
桌游，9%
页面游戏，2%
手机游戏，36%

图 3—12　2019 年全球游戏消费市场

注：数据来自 NewZoo《2019 年全球游戏市场报告》，https：//baijiahao.baidu.com/s？id=1636733762193784880&wfr=spider&for=pc。

白皮书》对网络游戏的参与人群进行了刻画，网络游戏玩家中年龄在 18—35 岁的数量占总群体的 1/2 以上，其中男性玩家占比为 58.8%。通过对网民游戏诉求分析发现，游戏的刺激度、团队合作、服饰外观成为游戏选择的重要影响因素，中国网民参与游戏的八大主要动机包括：乐群精深、征服掌控、沉浸避世、调剂减压、服饰外观、求偶求伴、免费倾向、刺激规避。百度指数 2019 年 5 月数据显示，腾讯游戏与网易游戏参与人群中，20—39 岁人群占主导，男性依然是网络游戏消费的重要群体。中国音数协游戏工委会发布了《2019 年度中国游戏产业报告》，报告显示，中国网络游戏用户规模 2019 年年底已达 6.4 亿人。从游戏类型看，角色扮演类与多人竞技类游戏受热捧，甚至衍生出相应的游戏文化（剑侠情缘三）与游戏周边产品，成为网游经济的又一新增长点，网络游戏被赋予了社交功能。

表 3—12　　　　　　　2015—2019 年中国游戏用户增长状况

年份	中国游戏用户规模（亿）	增长率（%）
2015	5.3	3.3
2016	5.7	5.9

续表

年份	中国游戏用户规模（亿）	增长率（%）
2017	5.8	3.1
2018	6.3	7.3
2019	6.4	2.5

注：数据来自中国音数协游戏工委（GPC）& 国际数据公司（IDC）《2019年中国游戏产业报告》，https://www.waitang.com/report/24854.html。

网络游戏诞生于现实世界之中，却又脱离现实世界成为独立的存在，两者之间既具有相似性又具有差异性。相似性表现在以下方面：一是网络游戏中存在明确的等级制度，游戏角色的等级与获得的装备、资金、荣誉挂钩；二是游戏参与者之间存在与现实相似的人际关系，如师徒、兄弟、夫妻等；三是游戏角色的成长需要时间的积累，或者通过消费来实现快速养成。网络游戏与现实世界的不同之处体现在规则、群体规范、道德标准等方面。网络游戏的规则表现为公平性、自由性与可反复性，即保证每个角色在出现时的绝对公平，赋予消费者在游戏中自由探索与尝试的权利，消费者在游戏失败后可重复再来；允许消费者群体制定符合自身需要的群体规范，可以通过游戏建立人际关系，允许存在虚拟亲密关系；道德标准不以现实中的法律为依据，如战争型游戏的非正义性和非人道性。由于网络游戏与现实世界之间的关系，使青年群体更乐于在网络游戏中发泄对现实世界的不满，将现实世界无法实现的梦想转移至网络游戏之中。

作为虚拟商品，网络游戏以为消费者提供体验为主要价值，以人为设计的二次元世界为背景，为消费者提供以第一视角与游戏角色共同成长的机会。在这一过程中，消费者通过操纵游戏角色升级、强化、变装、竞技等获得控制感与胜任感；在游戏体验过程中通过与他人互动获得归属感与亲密关系。围绕网络游戏的消费主要包括购买游戏点卡、购买虚拟外观与武器装备、购买升级与强化道具、维持人际关系的赠送消费等。

网络游戏消费的增长也催生了新行业——电子竞技。电子竞技运动是"以信息技术为核心，软硬件设备为器械，在信息技术营造的虚拟环境中，在统一的竞赛规则下进行的对抗性益智电子游戏运动"①。电子竞技诞生于网络游戏之中，为了凸显游戏的对抗性与益智性，将竞技功能专业化地呈现在电子竞技爱好者的面前。NewZoo 数据研究分析公司 2020 年数据显示，全球电子竞技总收入接近 11 亿美元，年同比增长率达到 15.7%，中国仍是最大的电竞市场，拥有 1.63 亿电竞观众，中国市场电

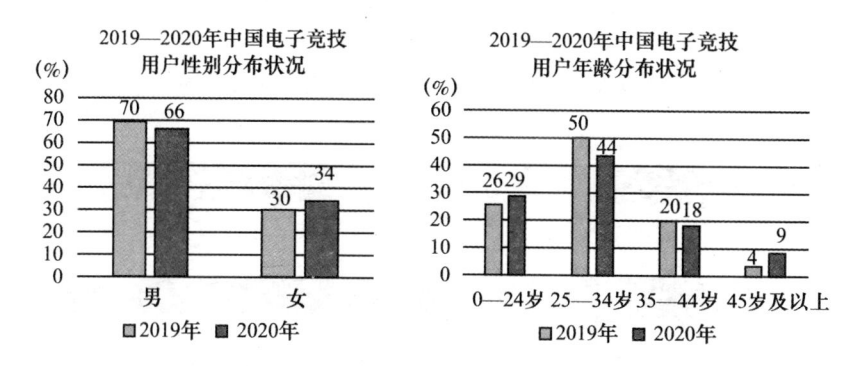

图 3—13 中国电子竞技用户分布状况

注：数据来自企业智库、腾讯电竞、尼尔森、国际电子竞技联合会发布的《2020 版全球电竞运动行业发展报告》，http://www.199it.com/archives/1106693.html。

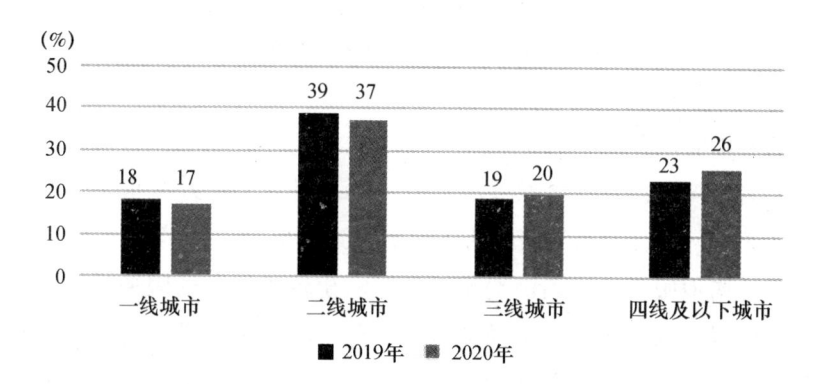

图 3—14 2019—2020 年中国电子竞技用户分布状况

注：数据来自企业智库、腾讯电竞、尼尔森、国际电子竞技联合会发布的《2020 版全球电竞运动行业发展报告》，http://www.199it.com/archives/1106693.html。

---

① 曹勇：《电子竞技与网络游戏的区别》，国家体育总局电子竞技研究组，2004 年。

子竞技收入预计将达到 3.85 亿美元，占全球总收入的 35%。[①] 电子竞技行业收入的主要来源以商业赞助、媒体版权、周边商品与门票、特许经营为主，围绕以上四项传统电子竞技业务形成"电竞＋IP 开发""电竞＋场景激活""电竞＋直播竞技""电竞＋城市名片""电竞＋硬件创新"一系列新营销模式，电子竞技元和电子竞技运营师已经成为国家人社部批准的新兴职业。

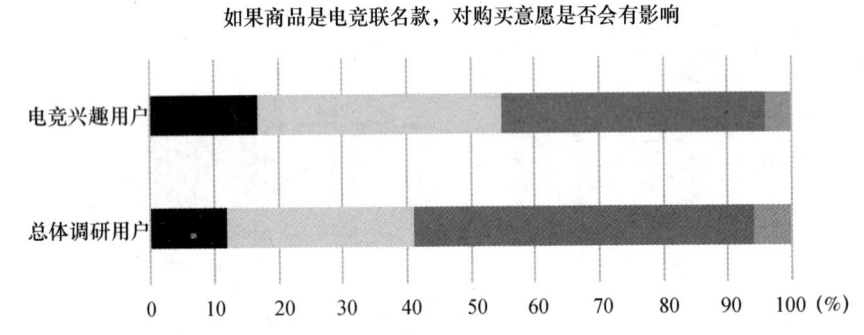

图 3—15　电子竞技行业对消费者的购买意愿影响状况

注：数据来自企业智库、腾讯电竞、尼尔森、国际电子竞技联合会发布的《2020 版全球电竞运动行业发展报告》，http://www.199it.com/archives/1106693.html。

四　体验消费

随着中国经济与社会发展水平的不断提升，消费升级也呈现了不断加快的趋势，精神需求对消费的驱动力得到了提升。从消费结构变化看，在消费结构中服务类商品消费比例上升。相较于过去的服务类消费，新时代青年群体的服务消费出现了新的变化，消费的主要目的不再仅是出于便利、高效，而是更多地为获取全新、多元化的体验，由此形成一股新的消费热潮。

（一）DIY 消费

DIY，do it yourself（自己动手），发源于 20 世纪 60 年代的欧美，为

---

① 互联网数据资讯网：《NewZoo：2020 年度全球电竞市场报告》，2020 年 3 月 24 日，http://www.199it.com/archives/1024946.html，2020 年 10 月 27 日。

了降低建筑物或花园的修理成本,人们不聘用专业的修理人员而选择自己购买工具与材料完成修理工作,后来发现通过这种方式能够产生与众不同的效果,在之后的发展中逐渐成为一种生活态度。DIY 的范围从房屋修缮扩展至汽车、电脑的改装、服饰鞋帽改造、食品的制作,等等。据 DIY 行业数据显示,参与手作消费的消费者年龄分布状况为:18—25 岁年龄段占比 15%,26—35 岁年龄段占比 60%,36—45 岁年龄段占比 25%,其他年龄段占比 10%,① 年轻人成为 DIY 消费的主要群体。在青年群体中 DIY 消费成为一种潮流的表现,消费形式与范围较为广泛。以上海市为例,2018 年上海 DIY 手工作坊主要门类中,花艺(14.5%)、陶艺(15.6%)、画坊(17.3%)、烘焙(18.2%)占据前四位,此外还有实品、皮具、木作等类型。②

青年的 DIY 消费可以分为以下几种类型。

1. 好奇跟风型

这类青年消费者并非对 DIY 的生活态度感兴趣,而仅是出于旺盛的好奇心,认为 DIY 是一种潮流时尚,抱着"尝鲜"的心理接触 DIY 消费。这与现代青年,尤其是"90 后"青年群体的性格相关。出生于 20 世纪 90 年代之后的青年群体,享受着中国经济高速发展带来的巨大红利,物质生活条件的极大改善、独生子女政策,使这些青年生活在无忧无虑的生活之中,因此他们在消费中更加感性、随意,愿意为了满足自身的好奇心,追求时尚潮流而进行消费。

2. 追求个性型

DIY 的诞生是为了降低消费成本,但当代青年消费者为 DIY 商品买单更多是出于追求专属、独特的目的。中国现代家庭中独生子女比例相对较高,这也养成了现代青年追求独立、个性的性格。DIY 消费的产出商品迎合了青年的这一性格特征,在皮具、饰品的 DIY 过程中,消费者可以增加许多个人元素,如姓名、喜欢的图案、不同寻常的风格和形状等,

---

① 东楚网:《手作 DIY 体验消费:追求品质生活》,2018 年 5 月 31 日,http://www.hsd-cw.com/html/2018-5-31/918115.htm,2020 年 10 月 29 日。

② 搜狐网:《体验 DIY 作坊消费撩法,洞察魔都各大商圈热度》,2018 年 2 月 26 日,https://www.sohu.com/a/224130924_537611,2020 年 10 月 29 日。

大大降低了与他人拥有同款的概率。

3. 品位创意型

DIY消费不仅是动动手而已，在这个制作过程中需要融入个人的创意，且产出品也反映出制作者的审美观与生活品位。追求品位创意的青年消费者往往会在DIY的过程中花费更多的时间，以保证自己DIY产品能够完美展现出自己的创意设计与个人品位。

4. 文化传承型

这类消费者往往是被中国的传统手工工艺所吸引，从而进行DIY消费。近年来，国家高度重视并大力倡导工匠精神，这对发掘、复原中国传统手工工艺起到了积极的作用，对青年群体也产生了积极影响。部分青年群体出于对传统文化与手工工艺的热爱而参与到DIY消费之中，如漆器、刺绣、雕刻、家具制作，等等，都是这类青年消费的对象。

青年人对DIY商品或服务感兴趣，不仅是追求个性化的目的，还源于青年生活态度的转变。经济社会发展速度变快、网络时代带来的信息爆炸，使得青年预见的未来呈现碎片化，相比于期待一个稳定的未来，把握当下、利用自身优势掌握主动权更能使青年获得安全感。青年群体开始关注每一条有用信息，即时吸纳、判断并随时调整自身的计划与行动，运用自身的创新意识与创造能力来打造属于自己的未来。在这个过程中，青年群体有足够的耐心关注日常生活与周围的人和事物，对事物的构成进行自我理解，尝试通过自我理解来对事物进行重新解析。对于青年群体来说，DIY消费的过程实质是青年进行自我叙事的方式。

(二) 智能服务消费

随着人工智能研究成果不断向现实生活转化，人类已经进入智能时代，作为敢于尝鲜的青年群体，对此类商品的关注度与消费意愿更是远超其他年龄段。智能商品与其他同类商品的主要差异，体现在智能商品所附带的智能服务上。国际知名护肤、化妆品品牌雅诗兰黛，在2017年5月推出了AR试妆应用服务，将智能技术与美妆销售相结合。同年7月，雅诗兰黛的对话式口红助手登录Facebook Messenger，消费者不需要通过专柜途径进行试色，也无须与服务人员进行面对面的交流。口红助手结合了面部识别技术、AR技术、数据收集分析技术，不仅能够为消费者呈现口红试色效果，而且能够根据消费者的个人数据进行颜色推荐，进行颜色与色号的对应查询等，满足了口红消费者在信息收集与决策过程中的基本需求。

Pegasystems 全球数据调查显示，在选定的 6000 名成年人样本中，72% 的调查对象认为自己了解 AI（Artificial Intelligence），并且给出了关于 AI 的描述：具有学习能力（57%）、逻辑思考（51%）、解决问题的能力（50%）、互动聊天（37%）、复制人类互动的能力（35%）、替代人类进行工作（31%）、玩游戏（19%）、感知情绪（14%）、控制世界（10%）、控制人的大脑（8%）。由此可见，在对 AI 的认知上，虽然人们自认为对其有所了解，但这种了解却流于表面，甚至是浅薄的程度。在对接受 AI 服务的态度调查中，35% 的群体表明在消费中愿意接受商家使用 AI 服务，28% 的群体表示抗拒或拒绝，而 37% 的群体表现为中立态度。对于消费者不愿使用 AI 服务的原因进行调查，发现支持率最高的选项是"人工智能服务不可能了解人类的喜好"（33%），其次为"害怕被人工智能所控制（奴役）"（24%）。[①] 其实很多人在日常生活中已经用上了 AI 服务而不自知，虽然接受使用 AI 技术的群体在数量上并未像智能手机那样出现碾压局面，但现阶段是人工智能从研究走向现实社会的初始阶段，消费者大多处于观望状态。不容忽视的是，人工智能服务的使用将会成为行业发展的大趋势。

埃森哲在对中国消费者进行调查后发现，中国消费者已经进入以智能手机为中介设备的智能生活。40% 左右的消费者购买过智能家电，64.7% 的被调查者拥有带智能语音助手功能的产品，91.3% 的被调查者会使用语音助手。健身与健康（67%）、远程监控等安全功能（53.2%）、对于家电的远程遥控（41.8%）成为中国消费者使用最多的智能服务，智能化的生活服务即将成为大众市场现象。在消费偏好方面，消费者对新型购物/服务方式的兴趣度主要集中在智能家电的管理与辅助购物功能（56.9%）、根据个人情况进行产品推荐（55.8%）、提供食谱与食材购买服务（55.1%）上。此外，借助 AR/VR 设备体验商品（52%），根据照片（46.9%）、语音（39.5%）、视频（38.1%）辅助购物也是消费者进

---

① PEGA:《What Consumers Really Think About AI: A Global Study》, https://www.pega.com/ai-survey, 2020 年 10 月 30 日。

行智能设备消费的重要原因。在现阶段,中国消费者已经表现出对人工智能服务消费的热情,除以上可消费的人工智能服务外,消费者在智能家居(55.3%)、健康医疗管理(52%)、汽车交通(49.5%)、智能监控安保(46.9%)、运动健身辅助(41.3%)、儿童陪伴教育(34.3%)、园艺管理(16.2%)、宠物照管(15.4%)等消费领域表现出旺盛的需求。可以看出,中国消费者现有消费场景与未来消费需求以日常生活为中心,展现出一幅未来智能生活的场景。[①]

智能服务消费的出现表明,现代科技已经开始跨入只属于人类的世界,在更多的领域代替人类工作。这一状况的发生,对人类生活的影响有利有弊,"利"是通过智能服务的使用,使个体摆脱了重复的体力与技术性劳动,生活品质得到了提升;"弊"是群体性孤独的出现,这一点从青年群体的行为中更容易观察到。智能服务的出现使社交关系数字化,这里的社交关系既包括弱关系也包括强关系。弱关系的数字化体现在智能服务代替人工服务与消费者开展互动活动,如销售、导航、驾驶、医疗诊断等;强关系的数字化体现在儿童陪伴、家庭管理等方面,对于人际关系的数字化,雪莉·特克尔在《群体性孤独》一书中将其称为"我们有人陪伴,却无须付出友谊"的幻觉。智能技术正在用虚拟的亲密关系削弱青年的生活体验,首先是社交体验感较差。线上社交活动的碎片化使青年感觉24小时在线,但由于社交对象空间的缺位,社交活动的体验感仅来自对话内容,缺少肢体、眼神、表情等更加生动的交流形式,这使得青年在这种社交活动中倍感孤独,却又不能脱离。其次是自我形象认知存在偏差。网络社交的匿名性带给青年安全感,通过智能技术个体拥有了比现实生活中更理想的虚拟身份与形象,借此在虚拟世界中获得更多的关注。而一旦回到现实,个体不得不再次接受真实的自我形象,以及较低的人际交往水平,线上线下自我形象认知的偏差使青年在现实社会中越加焦躁。由此可以预见,智能服务消费的规模越大,青年的群体孤独感越强,越倾向于能够提供良好体验的消费品类。

[①] 搜狐网:《数据报告 | 2018中国消费者洞察系列报告:互联世界,智能生活》,2018年1月16日,https://www.sohu.com/a/217091332_286606,2020年11月2日。

（三）共享经济

消费升级不仅体现在消费规模、价格、质量上的升级，还表现为消费观念的升级。人类社会的高速发展带来的不仅是生活的舒适与便利，还有很多的社会、生态问题，为了遏制生存环境的进一步恶化，国际社会提出可持续发展理念，1997年中共十五大将可持续发展列为现代化建设中必须实施的战略，共享经济的出现正是可持续发展理念在消费观念中的体现。

相较于欧美消费市场，中国的二手商品销售或租赁市场的发展并不乐观，经济收入水平的提升、工业化生产带来的低廉商品，使得人们不需要通过购买或租赁二手商品来降低生活成本，但可持续发展理念对青年群体产生了积极的影响，使其消费中的环保观念增强。中国一、二线城市"以租为乐"的青年群体转向共享消费之中，共享经济的出现在青年群体中形成一股风潮。

从基础数据看，2018年中国共享经济交易规模超29000亿元，年增长率高达41.6%，其中生活服务、生产领域与交通出行三个领域中共享经济发展最为充分，而共享办公、知识技能等领域的共享经济的发展速度令人瞩目，[1] 其中青年群体对共享经济的支撑作用最为明显。

第一，共享单车成为青年的主要出行方式。2018年数据显示，中国共享单车市场规模达108亿元，环比增速为73%，2019年共享单车使用依然保持较高活跃度，平均活跃用户为3000万人次，青年群体在其中占据数量优势。2019年6月全月人均启动次数为23.4次，人均使用时长为1.4小时，相较于2019年1月数据呈现上升趋势，表明以共享单车作为出行工具的习惯已经逐渐养成。[2]

第二，二手物品线上交易增长迅速。二手闲置电商平台的出现使得青年群体在消费途径上有了更多选择，参与二手交易的消费者呈现年轻化与高消费能力的特征。数据显示，闲鱼用户年龄分布中35岁以下青年

---

[1] 国家信息中心：《中国共享经济发展年度报告（2019）》，2019年3月1日，http://www.sic.gov.cn/News/557/9904.htm，2020年11月3日。

[2] 易观：《中国共享单车市场专题分析2019》，2019年9月23日，https://www.analysys.cn/article/detail/20019468，2020年11月3日。

占比 73.1%，24—30 岁年龄段人群为 43.3%（占比最多），其中，中高收入消费者占比达 88.4%。① 闲置商品消费成为青年群体消费中的重要组成部分，可持续消费的理念在青年消费行为中初见雏形。Talking Data 数据显示，全年龄段对二手闲置电商均表现出较强偏好，19—35 岁青年群体对二手闲置电商的偏好程度高于综合类、海外购物即垂直电商。② 从二手物品消费种类看，手机、衣服鞋帽、数码产品、图书、家具家电等品类在平台交易量较大。

第三，共享服务与共享资源受到认可。在共享经济中，青年不仅实现了物品的共享，对于无形的服务与知识也能够通过共享获取更大效益。共享服务包括美团跑腿、代驾、家政等共享个人空闲时间的服务，共享资源则更多是指共享专业知识资源，如丁香医疗、知乎等，通过共享个人所拥有的专业知识来帮助他人更高效地解决问题。③ 共享服务与共享资源借助互联网平台创新，将个人的无形资产转变为价值，并获得青年群体的认可，表明青年群体对现代社会中的价值有了全新解读。

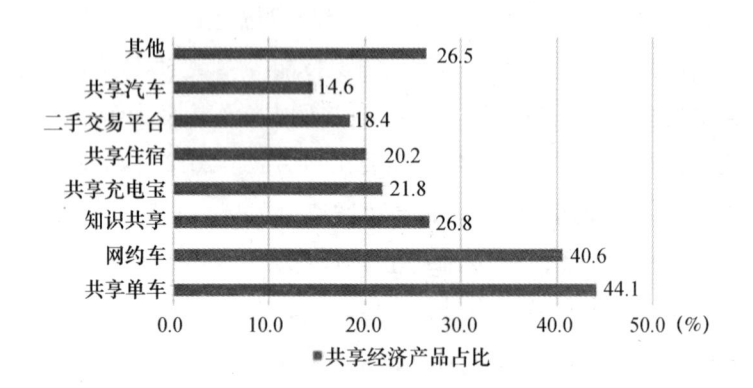

共享经济产品	占比 (%)
其他	26.5
共享汽车	14.6
二手交易平台	18.4
共享住宿	20.2
共享充电宝	21.8
知识共享	26.8
网约车	40.6
共享单车	44.1

图 3—16　2019 年中国网民使用共享经济产品情况

注：数据来自艾媒数据中心《2018—2019 中国共享经济行业全景研究报告》，https://www.iimedia.cn/c400/66502.html。

---

① 易观：《二手闲置物品交易平台专题分析 2018》，2018 年 3 月 30 日，https://www.analysys.cn/article/detail/1001254，2020 年 11 月 3 日。
② 移动观象台：《Talking Data 电商人群洞察报告》，2019 年 12 月 31 日，http://mi.talkingdata.com/report-detail.html?id=957，2020 年 11 月 3 日。
③ 艾媒网：《2018—2019 中国共享经济行业全景研究报告》，2019 年 10 月 24 日，https://www.iimedia.cn/c400/66502.html，2020 年 11 月 3 日。

五 成就消费

在青年群体中，以获取成就感或展现自我成就而进行的消费也成为青年消费的组成部分。中国青年报开展的一项消费调查显示，受访青年群体在"品牌符号能标志出消费者哪些特征"的回答中，更多地选择了"经济实力"（58.3%）选项，其次是品位格调（55.6%）、身份地位（50.7%），而作为青年消费的特征之一的潮流时尚（44.7%）仅排在第四位。当进一步问到"哪类商品最具符号价值"时，73.5%的人首肯"奢侈品"，61.1%的人认可"时尚品"。可见，符号消费，尤其是奢侈品、时尚品与人们身份地位象征的密切联系。[①]

（一）奢侈品消费

BCG对全球奢侈品市场进行调查后发现，虽然2018年X世代（出生于1965—1977年）消费者仍占据个人奢侈品市场的主力，但千禧一代（出生于1978—1992年）消费者紧随其后占比达到32%，仅与X世代相差6个百分点，表明青年群体在奢侈品上的消费能力较成人不遑多让。尤其是在奢侈品消费大国的中国，奢侈品消费的年轻化趋势更加明显。BCG与腾讯联合发布的调查报告显示，中国奢侈品消费者的年龄相对年轻，主要集中在18—24岁年龄段（36%）与25—30岁年龄段（32%），不仅北、上、广深等一线城市的消费者会进行奢侈品消费，二、三线甚至三线以下城市也拥有为数（58%）不少的奢侈品消费群体。

在青年群体影响下，奢侈品消费市场在信息搜集、制定决策、购买支付等环节均发生了新的变化，数字化、持续消费成为趋势。从信息收集渠道看，微信公众号（品牌及KOL）、微博、品牌官方网站或小程序成为消费者收集奢侈品信息的重要来源。传统的线下品牌店体验、品牌广告虽是奢侈品牌信息传递的主要渠道，但调查发现，消费者收集品牌信息所利用的线下渠道数量仅为6条，而社交网络平台、电商平台等线上信息渠道数量为9条。在消费者决策制定方面，由于线上渠道能够提供数量更多的品牌信息，电商、社交平台中所载已购评论更能够影响消费

[①] 章正：《消费时代的青年样本》，中国青年报，2015年T06版。

者的决策结果。购买环节中代购、购物中心是消费者进行奢侈品选购的主要方式。从奢侈品消费发生后消费者的行为变化看,开始关注微信公众号/微博、获得会员/促销信息、开始阅读品牌公众号文章在消费者行为中位列前三。[①]

表3—13　　　　　　　　中国奢侈品消费者信息渠道

客流类别	消费渠道	占比（%）
社交内容客流24	KOL（微信和微博）	12
	品牌的社交账号（微信和微博）	12
其他数字媒体客流26	品牌官网App和小程序	11
	数字化品牌广告	8
	第三方电商	7
自发客流29	门店	29
口碑客流18	线下口碑	14
	线上口碑	4
传统媒体客流3	电视广告/纸媒广告/营销活动/户外广告	3

注：数据来自腾讯数据实验室与波士顿咨询公司联合发布的《中国奢侈品市场消费者数字行为洞察报告》, https://www.sohu.com/a/423579624_801286。

青年群体进行奢侈品消费通常出于以下动机。

一是真实需求。在经济收入承受范围之内的青年消费者,会为了获取高品质的生活体验、社交活动、特殊场景而选择购买奢侈品。尤其是奢侈品牌开始执行冲击中端市场的政策,在国内经济水平不断提升的今天,奢侈品消费的增长很大程度是出于青年消费者真实需求的释放。

二是虚假需求。青年群体的奢侈品消费与社交媒体高频使用具有相

[①] CFW时尚:《2018中国奢侈品市场消费者数字行为洞察报告》,2018年9月30日, https://news.cfw.cn/v250068-1.htm, 2020年11月4日。

关性。竞立媒体在对中国奢侈品消费市场的调查中发现，在社交媒体中奢侈品消费者表现出与普通消费者不同的行为。普通消费者在社交媒体中对商品信息进行批量、公开共享，影响的范围较大，强调信息的视觉冲击，以商品的实用性为重点，将对商品的讨论置于普通的生活话题之中。而奢侈品消费者在其社交媒体上对商品信息的分享主要在私人领域，表现为一对一的信息共享，如向朋友推荐某一品牌的奢侈品等，影响范围小但影响力较大，强调信息的原始性与真实性，基于特定的兴趣与亚文化对商品进行讨论。从奢侈品消费者在社交媒体中分享的内容可知，此类消费者更关注奢侈品的符号价值。部分消费者通过购买奢侈品向外部传递符号信息，包括社会地位、身份、经济条件、家庭状况、个人成就等，购买与使用奢侈品能够起到炫耀、攀比的作用，这种需求可以被其他需求挤压，如疫情期间奢侈品消费量的锐减，是一种虚假需求。

表3—14　　　　　　中国奢侈品消费者社交媒体分享内容

分享主题	分享主要内容	份额占比（%）
经典奢侈品	奢侈品手袋	8.72
	自有奢侈品	4.86
	豪车	3.16
	不会过时的奢侈品	2.37
不同格调	名人眼光	4.54
	精致奢华时尚	4.34
	时尚简约主义	3.97
	潮流奢侈品	2.93
旅行与探索	独家海景	6.69
	西方古典传统	6.24
	前沿的城市探索	4.71
当下时分	浪漫婚礼时刻	5.45
	完美抓拍姿势	5.22
	饕餮美食	5.01
	珍贵时刻分享	4.06

续表

分享主题	分享主要内容	份额占比（%）
生活方式	现代室内设计风格	7.80
	少女心	3.90
	自然美与乐观主义	3.63
	奢华生活方式	2.29
	嘲讽式炫富	2.16

注：数据来自竞立媒体《解锁中国奢侈品社交密码》，http：//www.199it.com/archives/976747.html。

（二）时尚品消费

时尚品消费是青年展现自身成就的一种消费方式，拥有时尚品能够帮助青年在参照群体中获得良好的自我感受，尤其是在消费限量版时尚商品时，这种在竞争中脱颖而出所带来的成就感成为青年维持时尚品消费的驱动力之一。喇叭裤是"60后"一代青年时期的时尚品，"70后"可能是自行车，"80后"可能是爱马仕的限量包，每一代青年都有自己的时尚商品。对于现代的青年群体，尤其是"90后"的青年群体，其追求的时尚商品又有所变化。华扬数字报告从Z世代的热搜话题、偏好品牌中展现了Z世代青年对时尚的观念。在Z世代青年的社交话题中，排在前列共有17个关键词，其中与时尚相关的关键字——"时尚show""明星""博主""奢侈品""巴黎""带货王""大展""联名款"——共8个，其他关键字分别为购物类3个，流行语3个，潮流活动2个。从数量上看，青年群体对时尚呈现高关注的态势。而奢侈品牌在青年群体中受到偏爱，知名如DIOR、GUCCI、BALENCIAGA，以前卫大胆著称的ALEXANDER MCQUEEN排在青年喜爱品牌的前列。从以上两方面可以看出，青年对于时尚、价格高昂的消费品更感兴趣，但这并不能概括出Z世代青年时尚观念的全部，或者说青年群体对于时尚商品的选择标准更为严苛。除新潮、昂贵外，宝藏品牌、限量、跨界联名、明星同款、具有设计感、科技感、超越流行、外表惊艳均是青年在时尚品消费中的追求。由于青年对时尚的定义过于广泛，某一品牌或某一类时尚消费品很难一次性满足Z世代的所有标准，因此时尚品被进一步划分为六类：轻奢品牌、运动品牌、国民品牌、潮牌、快时尚、国际奢侈品。这六种时尚类别中，运动品牌在青年群体中消费最为频繁,其次为国民品牌,轻奢品牌相较于国际奢侈品牌更受青年的欢迎,运动品牌、国民品牌以高性价比获胜。可见,价格、品质与时尚元素是影响青年时尚品消费的重要因素。

表3—15　　　　　　　青年时尚品牌消费频率　　　　　　单位:%

频率	国际奢侈品	轻奢品牌	潮牌	快时尚	国民品牌	运动品牌
2—3次/月	6.6	13	21.7	20.5	26.6	22
1次/月	9.7	15.9	16.3	17.7	17	17.9
2—3次/季度	8.3	14.2	16.6	17.3	18.2	19.6
1次/季度	8.4	10.6	10.2	10	11.4	12.6
1次/半年	11	12	11.3	9.9	11.4	12.6
1次/年	16.6	16.9	9.9	9.9	7.7	11
没买过	39.3	17.5	14	14.7	7.6	4.3
平均值	7.7	9.8	12.6	12.5	13.6	12.1

注:数据来自华扬数字《时尚2020,潮Z看!Z世代时尚消费洞察报告》,https://www.doc88.com/p-94859504143299.html。

对时尚品的不同选择是在表达青年个体自身对时尚的解读,如国际奢侈品代表高级奢华、事业成功;轻奢品牌代表温和的奢华、低调有品位;潮牌代表紧跟潮流、嘻哈摇滚范;快时尚代表引领潮流、引人注目;国民品牌代表实用、平易近人;运动品牌代表简约、中性。当青年需要刻意营造某一形象,或为了迎合某一特殊场景时,也会选择不同类别的时尚,或者选择混搭来营造个人独特的形象。[1]

表3—16　　　　　　　青年时尚品牌穿搭场合　　　　　　单位:%

场景	国际奢侈品	轻奢品牌	潮牌	快时尚	国民品牌	运动品牌
正式晚宴	63.1	26.8	10.6	11.4	14.3	5.4
典礼(订婚、毕业、参加婚礼)	60.1	34.6	12.3	12.2	16.9	4.9

---

[1] 道客巴巴:《时尚2020,潮Z看!Z世代时尚消费洞察报告》,2020年12月26日,https://www.doc88.com/p-94859504143299.html,2021年3月26日。

续表

场景	国际奢侈品	轻奢品牌	潮牌	快时尚	国民品牌	运动品牌
商务会谈	48.5	25.8	7.6	10.9	20.3	5.7
派对和舞会	46.2	37.6	35.9	28.9	13.3	7
文化活动，如展览、艺术节、看电影	29.2	37.8	26.6	31.8	29.8	17.3
异性约会	23.5	41.2	29.6	31.9	17.6	8.7
同学聚会	15.6	33	42.2	36.6	34.5	17.7
办公室	13.9	21.7	7.9	14.9	26	7.7
夜店聚会	13.3	24.3	37.9	25.9	9.6	6.6
面试	13	19.7	5.6	9.9	19.7	3.4
度假旅行	12.3	26.2	31.5	31	24.3	36.5
休闲活动，如逛街、餐厅吃饭	10.9	30.9	45.2	41.5	36.5	44.3
朋友下午茶	10	35.2	28.8	31.3	33.2	17.6
适合各种场合	7	11.9	10.6	15.5	23.7	9.6
运动场合	5.2	6.3	18.5	10.2	17.6	73.2
学校	5.2	10.9	24	20	35.2	47.1

注：数据来自华扬数字《时尚2020，潮Z看！Z世代时尚消费洞察报告》，https://www.doc88.com/p-94859504143299.html。

第四节　城市青年与小镇青年消费

一　城市青年消费

中国经济的快速发展使得居民消费水平得到了明显提高，出现了新一轮的消费升级趋势。2010—2017年，中国家庭占全球家庭消费增长额的31%，并且这种消费增长态势仍在持续。自2015年以来，城市消费者一直是中国GDP增长的主要贡献者。相较于小镇青年，城市青年在不同的经济环境、社会结构、文化氛围中表现出不同的消费特征。

表 3—17　　　　2017—2020 年中国居民收入与消费状况

年份	居民人均可支配收入（元）	居民人均消费支出（元）
2017	25973.79	18322.15
2018	28228.05	19853.14
2019	30733	21559
2020	32189	21210

注：数据来自国家统计局官网，https://data.stats.gov.cn/easyquery.htm?cn=C01&zb=A0A0802&sj=2020。

（一）更强调品质与品牌

享受生活是城市青年消费的突出特征。网购已经成为青年群体消费的主要渠道与方式，但青年人在网购平台的选择上存在差异，这反映出不同青年群体消费观念的差异。WIFIPIX 的数据显示，城市青年在网购中更多选择海外购物平台（17.84%），轻奢类、奢侈品类购物平台的选择比例也高于小镇青年。在以廉价低质为特色的折扣类购物 App 中，城市青年的偏好总体较低（32.11%）。[1] 以上数据表明，城市青年在宽裕的经济环境中会选择更高品质与知名品牌的商品。

（二）更倾向自我投资消费

城市青年在休闲时光也不忘投资自我，通过消费实现自我的不断增值。唯品会对社会新人进行调查后发现，一、二线城市青年就职行业更多为互联网服务（一线城市 29.52%，二线城市 21.33%），而互联网行业向来具有压力大、快节奏的特点，需要工作者紧跟科技变化速度，不断学习并将知识成果转化为生产力。报告指出，青年消费支出中 6.75% 的比例用于参与培训与学习，以此提升自我价值。[2] 工作压力大、生活节奏快成为城市职场青年的普遍感受，怕被职场淘汰的焦虑转化为自我投资型产品的消费需求。WIFIPIX 数据显示，城市青年在运动健康

---

[1] 互联网数据资讯网：《90 后人群消费大数据分析：小镇青年 VS 都市青年》，2018 年 12 月 18 日，http://www.199it.com/archives/808979.html，2021 年 1 月 30 日。

[2] 搜狐网：《中国社会新人消费报告：精明的 90 后》，2019 年 7 月 13 日，https://www.sohu.com/a/326682700_661649，2021 年 1 月 30 日。

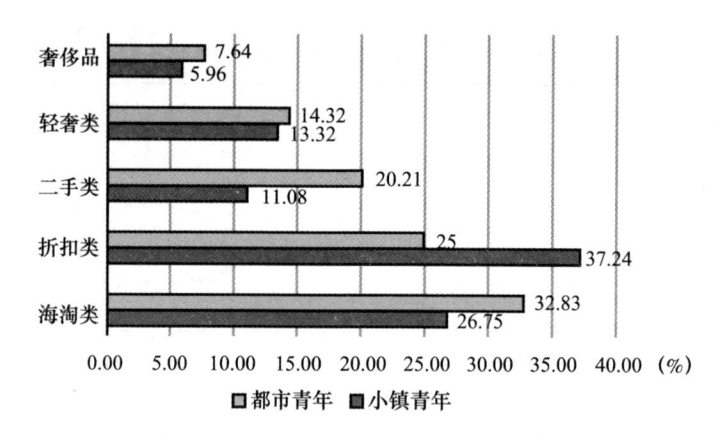

```
奢侈品  7.64
        5.96
轻奢类  14.32
        13.32
二手类  20.21
        11.08
折扣类  25
        37.24
海淘类  32.83
        26.75
```

图3—17　2018年小镇青年与城市青年购物App类型对比

注：数据来自WIFIPIX《90后人群消费大数据分析：小镇青年VS都市青年》，http://www.199it.com/archives/808979.html。

（30.59%）、化妆品（27.11%）、数码产品（21.25%）品类上的消费比例较高。同时，Talking data调查数据显示，一线及新一线城市为主的新零售受众（其中约65%为青年群体）应用软件活跃度前三位为生活服务、移动工具与学习教育。[1] 健康的身体、良好的形象、对最新科技/知识的掌握，为城市青年参与社会竞争增添了筹码。

（三）以消费换效率

城市生活的快节奏使得城市青年更乐于通过购买劳动服务来节省时间，以此换取更高的生活和工作效率，因此，代跑腿、代遛狗、代喂宠物、代练，一系列"代"服务成为城市青年消费的新宠。打开淘宝软件，各地的代跑腿服务类商品有上百件，销量最高的一家已经为1006位消费者提供了服务。上门代主人遛狗、喂猫、照顾宠物已经形成相当成熟的业务链，只要购买服务，就会有专业人员在规定时间内上门。这种求快的心理也蔓延至城市青年的日常消费中，ZARA、优衣库成为城市青年最喜欢的服装品牌，这些服饰品牌是快时尚的代表，能够在最短的时间内将近期的流行元素融入服装设计之中，并在销售时做好服饰搭配，供消费者整套购买，节省消费者服饰选购搭配的时间。这些品牌的门店采取

---

[1] 移动观象台：《Talking data电商人群洞察报告》，2019年12月31日，http://mi.talking-data.com/report-detail.html? id=957，2020年11月3日。

自助购物方式，消费者在选购过程中如无特殊需求，不需要花费时间与导购人员进行沟通，在较短时间内就可以完成购买流程。

（四）消费分化明显

虽然城市青年从整体上呈现追求品质享受，注重效率与消费效用等特点，但城市青年群体中也存在着消费分化的现象。以消费观念为划分标准，城市青年群体大致可以被分为三类：享受型青年、理智型青年与奋斗型青年。享受型青年追求时尚潮流，喜欢购买国际品牌与奢侈品，在消费中对价格因素的敏感性较低，追求最高水平的享受。唯品会调查显示，52.18%的受访青年月收入在5000—10000元，但仍乐于购入大牌服饰与高端护肤品，且不考虑性价比因素。麦肯锡调查报告显示，2018年"90后"奢侈品消费者总数占受访全年龄段的28%，68%的"90后"受访者因为品牌而选择购买奢侈品。① 理智型青年在关注商品的质量之外，更关注商品的性价比是否最高，质优价廉是这类青年的消费原则。唯品会的调查报告显示，受访青年中存在88.67%的比例会在比价后购买商品，24.79%的受访者会调好闹钟抢秒杀商品，12.64%的受访者会看价格优惠力度再决定购买。一、二线城市的高生存成本促使生活在这里的青年群体不得不"三思而后买"。奋斗型青年则会在消费活动中努力压缩自己的消费需求，节衣缩食过生活。麦肯锡调查报告显示，奋斗型青年占受访者总数的10%，他们全面缩减了支出，其中缩减幅度最大的是非必需消费品，例如能量饮料、碳酸饮料、瓶装水和白酒。追逐更好生活的梦想驱使人口从低级城市向高级城市流动，但由于收入较低，一、二线城市的房价、物价水平较高，想在一、二线城市求生存，价格因素对于新进入城市之中的奋斗型青年影响更大。

（五）消费的道德原则显现

城市青年的组成成员，或是拥有更高的受教育水平，或是为了融入城市而逐渐熟悉并践行城市中的公序良俗，因此在消费行动中，城市青年展现出更多的道德原则，更加关注消费对社会、生态、环境等的可持续发展的影响。在社会的可持续发展进程中，青年主动承担了可持续发

---

① McKinsey & Company：《中国奢侈品报告2019》，2019年4月26日，https：//www.mckinsey.com.cn/中国奢侈品报告2019/，2020年11月3日。

展生活方式的践行者、传播者、创变者的责任,[1] 购买二手产品是城市青年践行消费道德的主要方式。调查显示,受访Z世代青年群体中37.4%表示会购买二手商品。[2] 在电商平台应用中,25岁以下年龄段群体在二手电商平台用户中占比最高（38.22%）,其次为31—40岁年龄段群体（31.21%）,[3] 说明青年消费者较为偏好在二手闲置平台上购物。与小镇青年相比,城市青年更喜欢使用二手类购物App。

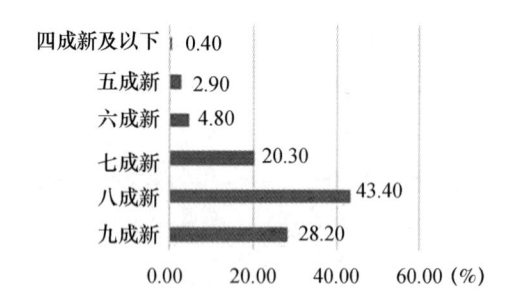

保留品质	比例(%)
四成新及以下	0.40
五成新	2.90
六成新	4.80
七成新	20.30
八成新	43.40
九成新	28.20

图3—18 青年消费二手商品保留品质的接受程度

注：数据来自企鹅智库《2019年Z世代消费力白皮书》,http：//www.199it.com/archives/927807.html。

城市青年的整体消费状况呈现第三、第四消费时代特征。三浦展在其著作《第四消费时代》中将日本消费社会的发展划分为四个时代。第一消费社会以城市为中心,人口规模较大的城市出现大众消费,而家庭手工业生产出的消费品数量有限,仅能供中等以上阶级享受。第二消费社会从城市扩大到全国范围,家用电器、汽车等提高生活效率的商品的消费在全国范围内普及。第三消费社会以个人化消费为特征,"轻、薄、精、小"的商品受到市场欢迎,单身群体数量增加引发单身经济。第四消费社会中消费者的利他意识觉醒,注重消费对环境、社会造成的影响。

---

[1] 搜狐网：《Bottle dream：2019中国年轻人可持续生活趋势白皮书》,2019年3月6日,https：//www.sohu.com/a/299547742_665157,2021年2月4日。

[2] 互联网数据资讯网：《企鹅智库：2019年Z世代消费力白皮书》,2019年8月22日,http：//www.199it.com/archives/927807.html,2021年2月4日。

[3] 搜狐网：《2018年度中国二手电商发展报告》,2019年6月10日,https：//www.sohu.com/a/319550114_100014482,2021年2月4日。

共享成为生活的主要方式,消费者不强调物的拥有与炫耀,对幸福的定义也发生了变化。当代城市青年消费开始从关注品牌到关注品质转变,重视消费对环境、集体的影响,同时关注消费在满足生活必需以外其他作用的发挥,呈现第三、第四两个消费时代的特征。

表3—18　　　　　　　不同消费时代青年消费偏好

生存所需的必要商品	参与社会生活所需的必要商品
(第一消费时代)	(第二消费时代)
差别化、表现自我的商品	自我启蒙及充实内心的商品
(第三消费时代)	(第四消费时代)

城市青年消费分化的现象表明,需求存在方式在青年群体中出现了新的变化。马斯洛所提出的需求层次理论认为,需求从低级向高级发展,以此为基础形成了阶梯式逐级递增的需求模型。传统的需求层次模型是以商品对消费者的最大价值作为排序标准。低层次需求阶段,消费者追求的最大价值是商品对生存的保障与商品本身具有的功能。高层次需求阶段,消费者更注重所消费的商品是否能满足情感与自我实现的需求。城市青年在需求上表现出的差异性,多种需求同时存在、需求跨层出现成为青年消费行为多样化的原因。由此可见,原有的需求模型已经无法对现实情况进行解释,城市青年的消费需求模型从阶梯式转变为扁平化,生存需要/安全保障、情感共鸣、认同归属、自我实现在时间与空间上发生重叠。需求扁平化现象的出现可以用价值观念的变化来解释,城市青年较早受到西方思潮与后物质主义价值观念影响,强调价值观念的多元化与包容性,在基本需求得到满足后,城市青年在消费需求上出现分化,根据自身价值观念的引导来选择驱动力最强的需求。

除需求存在方式的变化外,青年群体所处的社会阶层也解释了城市青年群体消费分化的现象。布迪厄认为消费阶层化可以用区隔、惯习、品位、场域来解释,人的消费活动是一种标识行为,不同阶级地位的群体通过其独特的消费模式相区分,这种区分会逐渐形成不同消费阶层的"惯习"与文化欣赏"品位",最终在特定的消费场域中呈现出来。享受型、理智型、奋斗型青年群体的背后是家庭所处社会阶层的影响,通过

"继承"的方式在青年的消费观念中呈现出来。

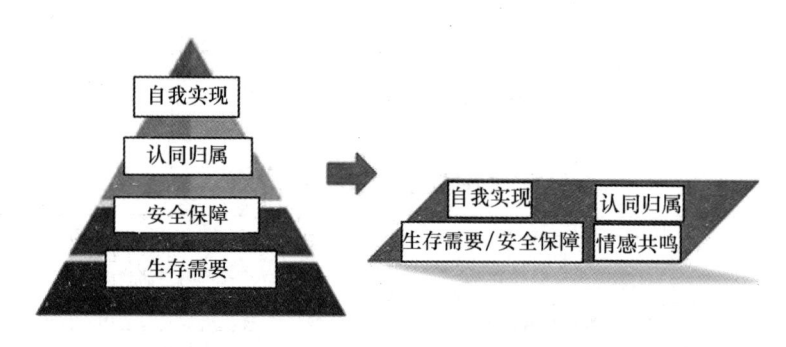

递进式需求层次模型　　扁平化跨域需求模型
图3—19　需求模型变化趋势

二　小镇青年消费

对于小镇青年的定义，学界尚未有定论。笔者结合多个研究机构的调查报告，将小镇青年定义为生活工作在三线以下城市的青年群体。中国消费规模普遍增长的同时，消费者的行为也在发生分化。麦肯锡调查报告显示，中低线城市消费新生代成为增长新引擎，中国中低线城市涌现出一支新的消费生力军，这批来自三线及以下城市的年轻群体具有很强的消费意愿。2018年，中国三、四线城市年可支配收入达到14万元人民币以上的家庭，复合增长率为38%，[①] 当前，中国城镇居民人均可支配年收入也迈入4万元人民币大关。小镇青年经济收入的增加似乎正在挑战以城市为主要消费增长点的格局，向消费市场展示着中低线城市和农村市场的消费潜力。阿里巴巴数据显示，在成交额递增速度方面，3—6线城市在77%的商品品类消费中超越了1—2线城市；在成交人数递增速度上，3—6线城市在84%的商品品类消费中超越了1—2线城市，[②] 首先布局低线城市，以廉价为特点的电商平台拼多多依靠激发城镇居民消费

[①] McKinsey & Company：《2020年中国消费者调查报告》，2020年1月1日，https：//www.mckinsey.com.cn/wp-content/uploads/2019/12/麦肯锡2020年中国消费者调查报告.pdf，2021年2月5日。

[②] 网经社：《阿里妈妈：下沉市场洞察报告——时空脱域中的小镇青年》，2019年8月17日，http：//www.100ec.cn/detail—6523421.html，2021年2月6日。

而成功上市。Quest Mobile 2019 年 11 月数据显示，小镇青年线上消费能力与消费意愿整体呈现增长趋势，1000 元以上档次消费人数占比从 2018 年的 20.2% 增长至 2019 年的 23.1%，而 200 元以下档次消费则从 2018 年的 31.4% 降至 2019 年的 29.0%。

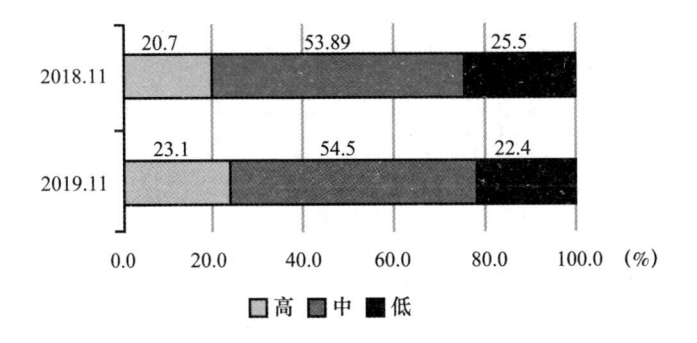

图 3—20　中国小镇青年线上消费意愿

注：数据来自 Quest Mobile《2019 小镇青年消费洞察报告》，https：//www.socialmarketings.com/articldetails/1615。

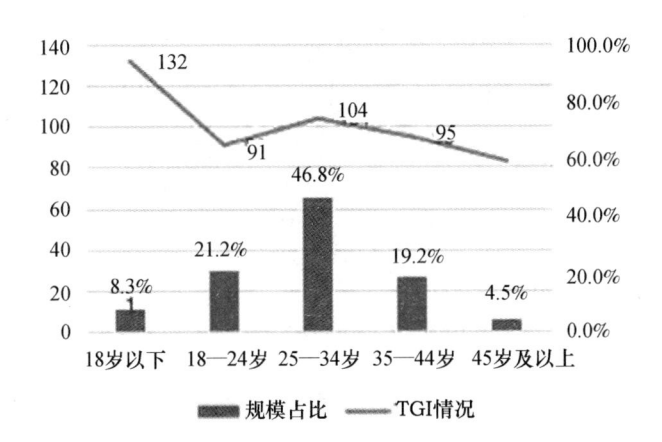

图 3—21　下沉市场用户年龄分布

注：数据来自 Mob 研究院《2019"下沉市场"图鉴》，https：//www.163.com/dy/article/EHS7M3VB0518Q6MI.html。

（一）网购消费支出占比较大，女性成为网购主力军

小镇青年的生存类消费支出比例较小，消费潜力大，网购弥补了小

镇线下消费场所不足的劣势，成为小镇青年与时尚潮流联结的渠道。Quest Mobile 调查报告数据显示，小镇青年每月使用移动购物平台时长为 7.1 小时，综合电商小镇青年用户规模为 2283.8 万人，闲置交易平台小镇青年用户规模为 1510.6 万人，数码电商小镇青年用户规模为 1103.6 万人，[①] 通过不同类型的电商平台，小镇青年能够满足几乎所有消费需求，网购已经成为小镇青年消费的重要渠道与习惯。Mob 研究院 2019 年 5 月数据统计显示，小镇青年电商平台用户中，25—34 岁人群数量最多，占总群体比例的 46.8%，18—24 岁人群数量占比位居第二。电商平台用户中 50.4% 的使用者为女性，[②] 这与麦肯锡报告中三线以下城市的年轻女性作为消费生力军的代表的调查结论一致。受传统家庭观念影响，小镇女性青年通过婚恋能够拥有部分积蓄（彩礼或嫁妆），在生育子女后成为全

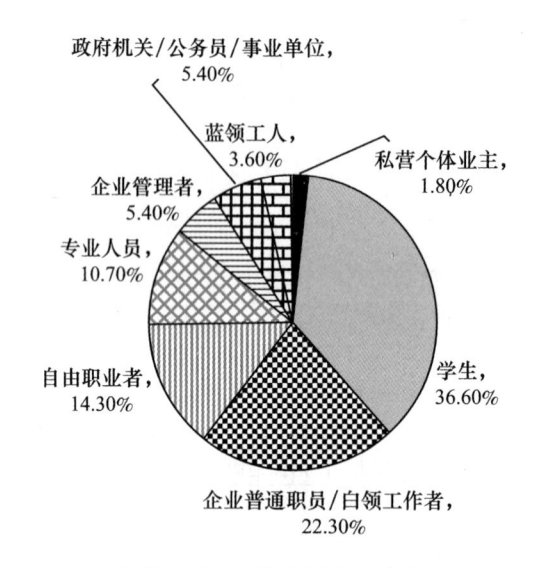

图 3—22 小镇青年职业分布

注：数据来自 Quest Mobile《2019 小镇青年消费洞察报告》，https：//www.socialmarketings.com/articldetails/1615。

[①] 广告狂人：《Quest Mobile 2019 小镇青年消费洞察报告》，2020 年 9 月 3 日，https：//www.socialmarketings.com/articldetails/1615，2021 年 2 月 7 日。

[②] 网易：《Mob 研究院丨2019"下沉市场"图鉴》，2019 年 6 月 17 日，https：//www.163.com/dy/article/EHS7M3VB0518Q6MI.html，2021 年 2 月 7 日。

职母亲的概率较大,承担较少的家庭经济责任,且受到来自父母一辈的家庭支持,因此表现出较强的消费信心与购买意愿,成为小镇青年网购的主力军。

(二) 消费需求多元化

相较于以往城镇居民消费种类的差别,小镇青年拥有更多元的消费需求,除旅游、汽车、理财、视频服务等传统消费种类外,三、四线城市青年还表现出对观影、付费网游、智能产品打卡、塑性健身等多方面消费领域的热情。Quest Mobile 调查数据显示,2019 年小镇青年在民宿短租、在线旅游、旅游攻略行业的活跃渗透率 TGI 指数[①]较 2018 年有所增长。在汽车消费上,小镇青年中"有车一族"占比达到 10.8%。支付结算与网上银行成为小镇青年理财的主要方式,分期消费形式在小镇青年消费中同样存在。

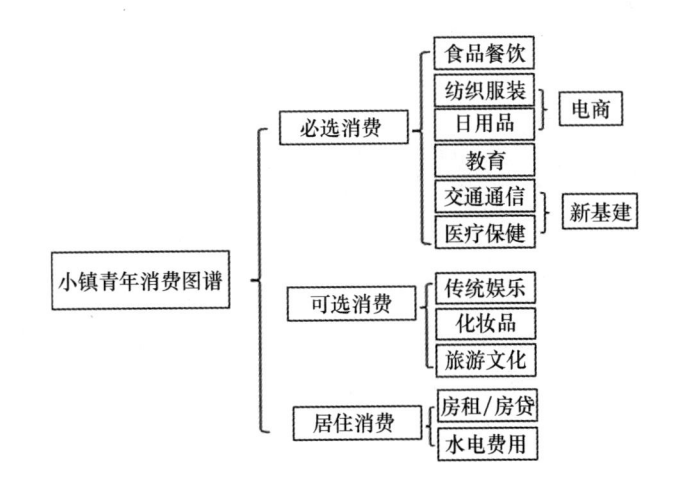

图3—23 小镇青年消费图谱分析

注:资料来自前瞻产业研究院。

(三) 偏爱国产产品

从消费品牌看,高性价比,价格适中的国产品牌产品在小镇青年中

---

① 活跃渗透率 TGI:小镇青年在目标细分行业的月活跃渗透率/全网在目标细分行业的月活跃渗透率×100。

更受欢迎。Mob研究院数据显示，小镇青年更多使用OPPO、vivo等品牌的手机，常见机型为OPPO R95、OPPO A595等中档国产手机，Quest Mobile调查报告则拓展至最受男性欢迎的数码品牌，其中小米、华为上榜，位居第三、第四位。小镇女性青年在护肤品上也较多选择国产品牌。如丸美、百雀羚等。在汽车品牌的选择上，江淮、五菱最受欢迎，小镇青年汽车品牌偏好Top10中，国产品牌占据6个。从服饰选择上看，WIFIPIX数据显示，2018年小镇青年最喜欢的服装品牌中前五位为国产品牌，分别是美特斯邦威、以纯、海澜之家、安踏、李宁。

（四）对价格敏感

Quest Mobile对小镇青年收入分布数据的统计为：2000元以下人群占比36.6%，2000—4000元人群占比20.5%，4000—6000元人群占比20.5%，6000—8000元人群占比11.6%，8000—10000元人群占比5.4%，10000元以上人群占比5.4%，平均收入为3938元。[①]且小镇青年中未成年人参与到网购之中的比例偏高。受经济收入影响，在小镇青年的消费决策中，价格是影响青年消费的重要因素。在2019年11月的小镇青年网购数据中，青年对所消费商品进行优惠比价的TGI指数为112.3，仅次于小镇青年对闲置交易与数码电商的关注。Mob研究院数据显示，2017年成立的拼多多网购平台，2018年就占据了小镇青年用户媒介偏好榜的第三位，App安装渗透率为50.1%，TGI指数达156。2019年这一数据再次被刷新，App安装渗透率为64.6%，TGI指数达176，高于淘宝（App安装渗透率=52%，TGI=155）。拼多多成为最受小镇青年喜欢的网购软件，比价、拼单成为小镇青年使用这一购物软件的主要原因。

（五）跟风式消费升级

经济状况的好转，使得小镇居民开始不满原有的城乡社会阶层差距水平，要求提升自身社会地位，在小镇青年群体中尤其如此。消费承担了小镇青年社会身份重塑的任务，在小镇青年群体中，消费品类的选择上正在向一、二线城市看齐，首先表现在奢侈品消费上。京东数据显示，小镇青年在奢侈品上的消费贡献率正在赶超一至三线城市。德勤和寺库共同发

[①] 广告狂人：《Quest Mobile 2019小镇青年消费洞察报告》，2020年9月3日，https://www.socialmarketings.com/articldetails/1615，2021年2月7日。

布的《2019 进博会蓝皮书》报告了三线以下城市奢侈品消费状况，从整体奢侈品消费市场规模看，一、二线城市依然占据绝对优势，消费总额占市场总额的 56%。然而，三线以下城市的奢侈品年消费频次、复购人数比例与购买三单以上人数比例增长较快，超过一、二线城市。小镇消费者在奢侈品消费方面表现出强劲的消费动力与能力，其中小镇男青年为奢侈品消费贡献最大。数据显示，网购奢侈品的小镇青年消费者中，30 岁以下男性占比较高，主要消费品类集中于鞋服、3C 数码和美容个护产品。

（六）易受人际关系影响

相信熟人之间互相推荐，经常和熟人好友拼购下单，愿意花时间获得现金激励，这表明小镇青年在消费中社交属性突出。网购方面，作为社交电商的拼多多占据大部分小镇市场，App 安装渗透率达 64.6%，其核心特色在于邀请好友砍价、拼单、建立拼友圈来获得更低的商品销售价格。娱乐方面，快手 App 在小镇中的渗透率为 68.8%，在快手平台中小镇青年的年活跃规模约为 2.3 亿，2019 年快手平台上视频发布数近 30 亿；视频获赞数 800 多亿；每年在快手上视频评论数 180 多亿[1]，快手直播为这部分人群展示自身生活提供了渠道，快手直播的打赏功能也成为社交消费的支出之一。资讯获取方面，趣头条依靠"网赚""补贴"等政策维持用户忠诚度，成为小镇青年的最主要平台，App 渗透率为 64.9%。[2]

除经济收入的提升外，小镇青年消费快速增长的原因包括以下几个方面。

一是相对生存成本较低。居民消费结构中，维持生存的基本消费包括衣、食、住、行四个方面。从消费支出最大的住房部分看，小镇青年负担房租更轻松。生活在一、二线城市的青年群体房租收入比平均在 27%，在特殊区域一线城市与新一线城市的房租收入比甚至达到 60%，而这一比例在小镇中仅在 20% 左右。在购房的青年群体中，房贷金额之间的差距相对较大。而衣、食则与青年群体所在地物价水平、人际环境

---

[1] 互联网数据资讯网：《快手：社交新物种，增长新动能》，2020 年 3 月 8 日，http://www.199it.com/archives/1005553.html，2021 年 2 月 10 日。

[2] 网易：《Mob 研究院 | 2019"下沉市场"图鉴》，2019 年 6 月 17 日，https://www.163.com/dy/article/EHS7M3VB0518Q6MI.html，2021 年 2 月 7 日。

的衣食消费状况、个人消费观念相关。城市青年群体在衣食方面消费开支更高,为了获取所在群体的认同,塑造理想的个人形象,城市青年群体会主动或被动地挂在"棘轮"之上,随着群体消费的升级而升级。出行成本的差距则更多表现为时间成本,一、二线城市规模大,工作途中需要花费的通勤时间长,小镇青年在此方面花费时间少,相对的时间成本也较低。相较于城市青年生存成本的快速增长,小镇青年的生存成本相对较低,为其在其他领域的消费提供了更宽松的资金预算。

二是人际关系资源可变现。城市化是社会转型的结果,中国正在从"熟人社会"向"陌生人社会"过渡,小镇与城市恰好是这两种社会形态的代表。小镇中因为血缘、地缘因素,人与人之间存在着天然的信任关系,这种信任关系就是人际资源的价值所在。小镇青年消费中的社交属性凸显,这种人际资源通过熟人推荐、好友拼单等消费活动变现,驱动着小镇青年消费的增长。

三是小镇青年的时空脱域。吉登斯在其现代性理论中提出了一个很关键的概念——脱域,吉登斯将其解释为"社会关系从彼此互动的地域性关联中,……'脱离出来'"。[1] 在现代性到来之前,时间与空间是紧密联系的整体,现代性在时—空分离之后到来,空间与地点的分离使得小镇青年能够参与到消费的狂欢之中。流动的时空驱使现代社会中个体价值取向的时空分离,小镇青年对线下空间的不满可以通过线上的购买行为来脱域,从而获取与城市青年相同的生活体验。

消费升级正如同水池中的涟漪,以人口规模大、市场经济机制完善的城市为中心,向四周扩散。相较于城市青年消费中第四消费时代特征出现的情况,小镇青年的消费更多显现出第三消费时代特征,消费重心正在由关注消费数量到关注消费品质迈进。经济的高速发展解决了商品匮乏的问题,消费者不再需要为是否能够买到商品而担心,这一改变无形中也提高了消费者的消费预期。小镇青年正在经历着这样的过程,电商平台的下沉,使得小镇青年商品消费需求得到满足,从数据上看,小镇青年在电商平台上的消费不再是百分之百追求低价,奢侈品消费量的快速增长,表明小镇青年正在进行着由量到质的消费变化。

---

[1] 安东尼·吉登斯:《现代性的后果》,田禾译,译林出版社2000年版,第18页。

第五节 "85后""90后""95后""00后"青年消费

一 "85后"青年消费

"85后"青年是指1985—1989年出生的青年群体,总人数约为1.19亿人。这部分青年已经告别了职场新人的称号,开始向成年早期阶段迈进。"85后"青年出生于改革开放初期,亲历了国家经济的快速发展,在生活条件上较以前世代有了很大改善。从总体看,"85后"青年具有以下世代特点:一是初代网络原住民。"85后"网民比例较大,每日网络使用时长最长。Mob研究院调查数据显示,2018年7月至2019年7月,"85后"移动网络使用月活跃规模趋势呈现平稳增长,日均使用网络时长峰值为5.8小时,总体日均使用网络时长超过"95后"与"00后"群体,表现出频繁使用网络以不被时代抛弃的心理。二是节俭的时代烙印。"85后"青年出生于经济体制转型期,在"85后"的童年阶段物资相对匮乏,居民收入水平较低,因此,"85后"青年刻上了节俭的时代烙印。申银万国证券报告数据显示,1985—2018年,中国基于购买力平价的人均GNI数值不断增长,而人口出生率自1988年开始持续下降,"85后"青年由于总体数量较大而在青年群体中成长红利最低。三是受传统成功标准影响。"85后"青年月收入大部分集中在3000—10000元,月收入在此范围之外的群体仅占总体的21.7%。其中月收入在5000—10000元的人群为43.9%(占比最大)。在资产方面,"85后"拥有汽车的人群为22.8%,拥有住房的人群为43.6%。① 稳定的经济收入,有车有房成为"85后"青年的成功标准。

"85后"青年具有以下消费特征。

(一)家庭相关消费比例大

"85后"青年群体进入了成年阶段,组建家庭是其成长阶段中的标志性事件,在"85后"的兴趣圈层中,汽车、房产、装修、婚礼、亲子成

---

① 数英:《Mob研究院发布〈85后、95后、00后人群洞察白皮书〉》,2019年10月15日,http://www.199it.com/archives/943327.html,2021年2月11日。

为主要构成要素，围绕家庭相关的消费在"85后"青年消费支出中占据显著比例。从服务类 App 安装偏好看，公积金类（TGI = 141）、婚庆类（TGI = 137）、家政服务类（TGI = 132）App 是"85后"青年群体安装最多的应用类型，安居、成家、家庭维护类商品的消费表明，"85后"青年群体的消费正在逐渐带上家庭属性。

（二）追求平价优质商品

虽然"85后"青年消费者已经成为消费市场的主力，在人均消费量、平均客单价上处于领先位置，但是"85后"青年多集中在一、二线城市，且72.2%的"85后"青年群体为已婚状态，31%育有子女。有房有车的奋斗标准、高昂的生活成本与教育成本，使得"85后"青年在消费中较为关注价格因素。从购物平台选择看，相较于其他年龄群体，"85后"青年消费者偏好团购优惠券类购物平台（TGI = 118），用更低的价格获取相等的服务，"85后"青年将省钱延伸至日常生活消费。从智能手机消费看，"85后"群体中54.2%人群选择购买中端商品，选择高端手机人群占比为25.4%，低于"95后"占比。OPPO、HUAWEI、三星受到"85后"消费者欢迎。[①] 从网购消费特征看，26—35岁消费者2000元以上的大额网购消费比例仅为2.14%，而在500元以下的网购消费比例占到89.06%。[②] 跨境电商平台的出现，为"85后"青年消费者提供了国际商品比价的便利，"85后"青年消费者也乐于购买海外平价商品。

（三）育儿支出占比较大

进入家庭生活的"85后"在母婴消费上花费颇多，从备孕到儿童教育等养娃消费，成为"85后"已婚青年群体的主要消费品类。京东大数据显示，"85后"在母婴商品消费占比上高于其他年龄群体，消费量占总订单的10%左右。[③] Mob 研究院数据显示，"85后"消费者偏爱的电商平

[①] 数英：《Mob 研究院发布〈85后、95后、00后人群洞察白皮书〉》，2019年10月15日，http：//www.199it.com/archives/943327.html，2021年2月11日。

[②] 移动观象台：《Talking data 电商人群洞察报告》，2019年12月31日，http：//mi.talkingdata.com/report-detail.html? id = 957，2020年11月3日。

[③] 国搜河南：《"代际消费数据报告"发布：85后成消费主力》，2018年11月1日，http：//hn.chinaso.com/twqh/detail/201811_01/1000200033078161541037852797197574_1.html，2021年2月11日。

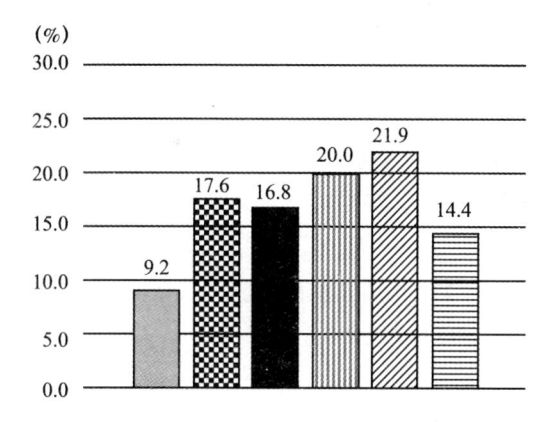

图 3—24 "85 后"青年地区分布状况

注：数据来自 Mob 研究院《85 后、95 后、00 后人群洞察白皮书》，http：//www.199it.com/archives/943327.html。

台中，母婴电商 TGI 指数为 148，在其他电商平台种类中居首位。在教育培训消费中，"85 后"消费者更乐于在儿童教育上进行消费（TGI＝125）。在医药健康类 App 偏好榜单中，试管婴儿（TGI＝437）、小豆苗疫苗助手（TGI＝195）等婴幼儿保健 App 成为"85 后"消费者的最爱。进入家庭生活后，"85 后"消费者更多考虑对子女身体健康与未来发展的投资。"85 后"成为母婴、备孕商品的消费主力，相较于 20 世纪六七十世代，"85 后"青年群体生育年龄向后延长，30—35 岁才进入生育高峰期。从 Mob 研究院数据可以看到，"85 后"群体中未婚人群占比为 27.8%，已婚未育人群占比为 69%，显示出"85 后"与六七十世代不同的婚姻观、生育观。"85 后"群体看重育儿质量，中国人口增长率呈现逐年下降趋势，处于生育阶段的"85 后"群体在母婴产品消费上仍展现出强势购买力，追求子女养育的高质量成为"85 后"青年群体育儿消费的主要目的。

（四）更看重运动与健康

Talking Data 数据显示，一线、新一线、二线城市运动健康消费人群占比约为 50%，TGI 指数也显著高于低线城市，[①] 生活在这些城市的"85

[①] Talking Data：《Talking data 运动健康人群洞察报告》，http：//mi.talkingdata.com/report-detail.html？id＝964，2021 年 2 月 14 日。

220 / 中国青年消费研究

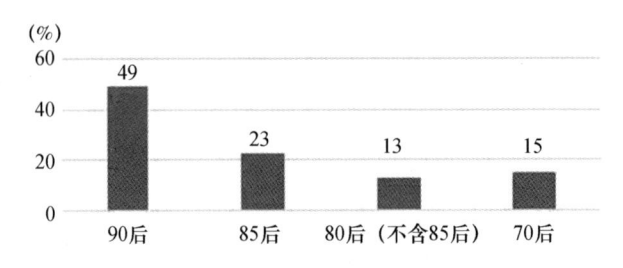

图 3—25　中国母婴消费代际分布状况

注：数据来自腾讯广告《2019 母婴行业人群洞察》，https：//baijiahao.baidu.com/s?id=1650163627475016338&wfr=spider&for=pc。

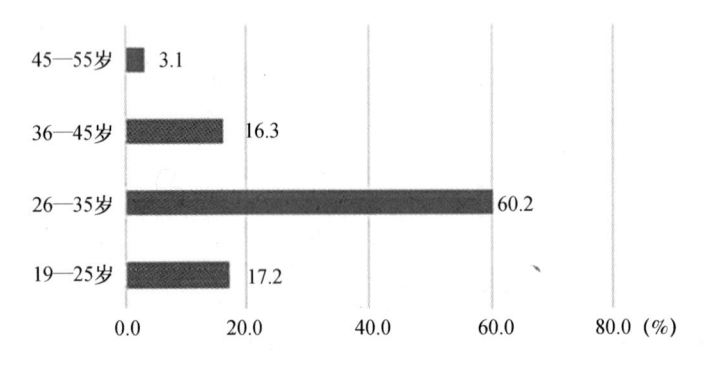

图 3—26　中国母婴消费年龄分布状况

注：数据来自《Talking Data 母婴人群洞察报告》，http：//mi.talkingdata.com/report-detail.html?id=960。

后"青年看重自身的运动、健康状况。阿里数据报告显示，"85 后"成为跑步机/大型健身器械的主要消费者，在销售额占比与人数占比上均超过其他各年龄段。① Mob 研究院数据报告显示，25—34 岁年龄段人群是健身运动的主力军。② 京东数据显示，在电子产品的选择上，"85 后"消费者更偏好购买运动耳机（58%），运动相机的选购比例也高于"95 后"。在 App 选择上，用药医疗、问诊挂号、运动健身类 App 受到"85 后"青年的喜爱。

---

① CBN Data：《2019 天猫大型健身器械消费趋势白皮书》，2019 年 2 月 12 日，http：//cbn-data.com/report/1333/detail?isReading=report&page=1，2021 年 2 月 14 日。

② Mob 研究院：《2019 中国颜值经济洞察报告》，2020 年 1 月 15 日，https：//www.mob.com/mobdata/report/87，2021 年 2 月 14 日。

(五) 热衷网购生活必需品

作为初代网络原住民,相较于其他年龄群体,"85后"青年消费者更喜爱网购。"85后"容易受到网络新鲜事物影响,网络活跃度高,日均在线时长更长,更容易将线下消费转移至线上。Talking Data 数据显示,26—35岁年龄段人群对电商类应用有更强的黏性,活跃率约为18%,高于其他各年龄段。[①] 作为母婴产品的最大消费群体,"85后"更偏爱在网上购买进口产品,备孕、怀孕人群在网购 App 中更偏好使用海外购物类 App (TGI=220)。[②] 在生鲜类电商、二手闲置平台、综合类电商平台的使用偏好上,"85后"消费者的 TGI 指数也高于其他年龄段。

二 "90后"青年消费

"90后"青年是指1990—1994年出生的青年群体,总人数约为1.09亿人。相较于"85后"群体来说,"90后"是真正没有体验过物质匮乏、享受着改革开放带来的经济腾飞红利的一代人。"90后"青年成长于"计划生育"政策全面推行的年代,独生子女成为"90后"一代独特的标签。总体看,"90后"青年具有以下世代特征:一是强调自我和个性。身为独生子女,"90后"一代受到了家庭和社会更多的关注,养成了以自我为中心的处事态度。过分的关注往往带来的是过高的期待,作为焦点的"90后"青年不希望活成"别人家的孩子",在努力形塑着自我个性,为自己贴上与众不同的标签,并乐于尝试新鲜事物。二是作为次代网络原住民,"90后"青年的成长伴随着网络信息技术的发展,受时代影响培养了互联网思维,求新求变是"90后"青年的特色,追逐时代潮流是"90后"前进的动力。三是拥有务实精神。对于"85后"青年来说,品牌代表着信誉、口碑的积累,更是与身份、社会地位挂钩的一种展示品。对于"90后"青年来说,商品能够带来舒适的体验要比品牌带来的价值有用得多。

[①] Talking Data:《Talking Data 运动健康人群洞察报告》,http://mi.talkingdata.com/report-detail.html?id=964,2021年2月14日。

[②] Talking Data:《Talking Data 运动健康人群洞察报告》,http://mi.talkingdata.com/report-detail.html?id=964,2021年2月14日。

"90后"青年具有以下消费特征。

(一) 追求新鲜感，品牌忠诚度低

"90后"成长在一个物质供给充足的时代，商品的同质性使得"90后"的品牌偏好降低，而商品的新奇程度与好评度成为影响"90后"群体购买意愿的重要因素，相较于普通商品，网红产品更能抓住"90后"的眼球。苏宁金融报告显示，"90后"人群认为最能展示个性的方式是购买服饰，在影响线上购买服饰类商品的因素中，"90后"消费者更关注服装的样式款式、质量和价格，而较少关注服装的品牌。[①] CBN data 也报告了同样的情况，"90后"消费者中选择原创设计服饰的人群比例为23%，超过"85后"消费群体。[②] "90后"不仅在日常消费上会被新鲜产品种草，在奢侈品消费中，这一现象也很明显。麦肯锡数据报告显示，"90后"专门购买（数量小于5个）某类奢侈品牌的比例为29%，而选择偶尔购买非首选品牌来进行尝试的人群比例为52%，比例远高于"80后"的30%，凸显了"90后"追求新鲜感的消费特征。[③]

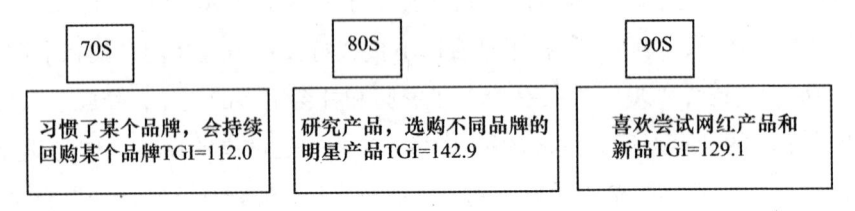

70S	80S	90S
习惯了某个品牌，会持续回购某个品牌 TGI=112.0	研究产品，选购不同品牌的明星产品 TGI=142.9	喜欢尝试网红产品和新品 TGI=129.1

图3—27　2018年中国70S/80S/90S品牌选择观念

注：数据来自艾瑞咨询 TGI：目标年龄段同意该观点的人群占比/其他年龄段同意该观点的人群占比×100。

(二) 超前消费现象明显

"90后"青年作为社会职场新人，经济收入还没有趋于稳定，收入水

[①] 搜狐网：《90后人群消费趋势研究报告》，2019年11月24日，https://www.sohu.com/a/355696322_250742，2021年2月15日。

[②] 原创力文档：《2018中国原创设计创业与消费报告》，2019年3月13日，https://max.book118.com/html/2019/0312/5240004213002020.shtm，2021年2月15日。

[③] McKinsey & Company：《中国奢侈品报告2019》，2019年4月26日，https://www.mckinsey.com.cn/中国奢侈品报告2019/，2020年11月3日。

平也暂时低于以前世代，但消费意愿与消费需求却相对较高，花呗、借呗、信用卡等可以先花后还的金融产品迎合了"90后"青年的消费需求，为"90后"超前消费提供了便利。尼尔森数据报告显示，86.6%的青年群体在使用信贷产品。在信贷类型中，互联网分期消费占青年月收入的16.9%，信用卡消费占13.7%，除去当月偿还部分，"90后"青年互联网分期消费占月收入比例为0.83%，信用卡占比0.53%。对这部分青年进行分析发现，参加工作的"90后"人群负债率位列第二，负债人群占比为87%，在去除"支付工具"因素影响后，参加工作的"90后"人群负债率位居第一，实质负债人群占比57%。相较于在校学生与工作"95后"群体，工作"90后"群体的超前消费现象更为明显。① 苏宁金融报告的数据也印证了这一结论，"钱不够，能满足超前消费"是"90后"群体选择消费金融的首要原因。

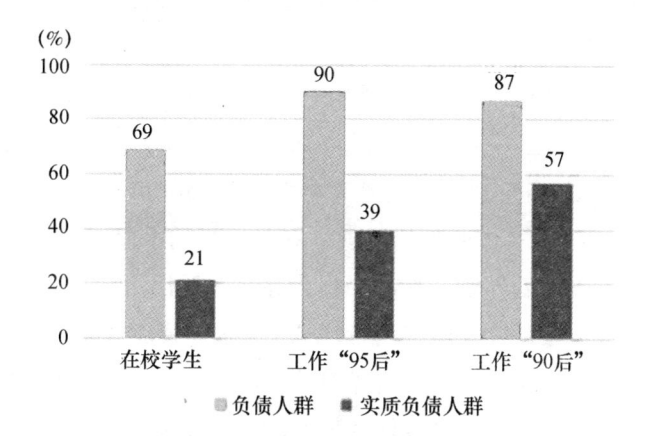

图3—28 中国不同年龄段青年负债人群比例状况

注：数据来自尼尔森《中国年轻人负债状况报告》，http://vr.sina.com.cn/news/hot/2019-11-18/doc-iihnzhfy9948302.shtml。

（三）注重体验与品质

在"90后"消费者看来，商品除具有使用价值外，还拥有其他

---

① 新浪网：《2019年中国年轻人负债状况报告》，2019年11月18日，http://vr.sina.com.cn/news/hot/2019-11-18/doc-iihnzhfy9948302.shtml，2021年2月16日。

附加价值,如提升生活质量、改善情绪等,"90后"群体在消费中更多的是出于追求消费体验与商品品质的目的。比较不同代际用户消费商品品质指数发现,"90后"群体的指数最高,其数值在2018年较2017年增长幅度最大,表明"90后"消费者对商品品质的关注度更高。"90后"对商品品质的追求主要体现在电脑、手机、美妆个护这三类商品上,而对传统的消费品类如食品饮料、酒类的商品品质要求较低。从中可看出,对"90后"群体来说,电子产品与美容护肤产品与"90后"群体的生活紧密度很大,这类商品的高品质能够带来更好的消费体验。[①]

(四)追求生活仪式感

以前世代将生活解读为常态化的人生经历,而"90后"则更希望自己的生活每天都值得纪念,这种观念在"90后"青年群体的消费活动中也有所体现,影响着"90后"青年对商品的消费偏好。首先,乐于动手制作,体会生活乐趣。唯品会数据显示,相较于经济条件优越的"70后""80后"世代,"90后"在购买厨具、小家电等商品品类的占比较高(30.52%),尤其在一线城市的青年,2018年数据显示,一线城市面包机销量增长率为37.67%,榨汁机销量增长率为45.19%,增长速度较快。[②]动手制作是"90后"体验生活乐趣、制造惊喜的手段。其次,运用智能设备,打造品质生活环境。唯品会报告显示,2018年,在青年群体中扫地机器人销量暴涨,一线城市销量增速166%,智能音箱销量涨势相似,智能家电产品在"90后"青年消费者群体中大受欢迎,在便利了生活的同时提升了品质。最后,改善软环境,增加生活仪式感。唯品会数据还反映出,与之前世代相比,"90后"在小装饰方面消费更多。[③] 桌布、杯碟、花瓶成为"90后"改善软环境的主要消费品,生活的仪式感来自营造配套的情境,喝咖啡的咖啡杯、喝红酒的高脚杯、喝水的马克

---

① 豆丁网:《行业研究报告:京东数科:2018代际用户消费洞察报告》,2019年6月13日,https://www.docin.com/p-2220117262.html,2021年2月17日。

② 搜狐网:《中国社会新人消费报告:精明的90后》,2019年7月13日,https://www.sohu.com/a/326682700_661649,2021年1月30日。

③ 搜狐网:《中国社会新人消费报告:精明的90后》,2019年7月13日,https://www.sohu.com/a/326682700_661649,2021年1月30日。

杯，每种杯碟都有自己的情境功能。北欧风、清新风，仅仅变更一下桌布的风格，在桌子上摆一瓶花就能够让"90后"感觉到生活中的美好。

（五）单身群体消费支出增长

中国的高等教育正在进入普及化阶段，"90后"群体中高学历人群数量明显上升，接受教育年限的增长，也相对推迟了传统中青年"成家立业"的时间。国家统计局数据显示，中国初婚年龄正在逐渐向后推迟，结婚率也在不断降低，Quest Mobile 报告显示，25—30岁单身人数占总单身人数的34.7%，仅次于19—24岁年龄段，这一现状导致了单身经济的崛起。相较于已婚青年，单身青年的消费支出更大，偏爱在美食、网购、旅游等方面进行消费。为了缓解一个人用餐的尴尬，"90后"单身人群在三餐问题上选择餐饮外卖服务。2019年数据显示，单身人群生活服务类 App 目标群体占比中，美团、美团外卖、饿了么位列前三，本地生活、美食菜谱类生活服务 App 活跃渗透率均低于外卖服务类 App。"90后"单身人群还表现出更强的消费意愿，消费意愿指数基本处于中高分数，较全网平均水平明显更高。在消费计划上，"90后"单身人士的消费更加大胆，为追求品质生活较为频繁地使用超前消费手段。Quest Mobile 数据显示，单身人群线上消费在200元以上的消费群体占比高于平均水平。相较于已婚青年群体，单身人群使用支付宝、信用卡的比例更高，消费金融类 App 偏爱指数较大，超前消费现象明显。不仅在消费上大胆，"90后"单身人群在消费决策时也十分随性，随时会来一场说走就走的旅行。没有家庭、婚恋的负担，"90后"单身人群在旅游计划制订方面拥有更高的自由度，自由行是其选择最多的旅游方式，在线订好酒店机票，做好攻略就能出发。[1]

单身经济的崛起也带动了宠物消费的上升。相较于难找的对象，养只宠物来提供情感陪伴在"90后"单身群体中更为常见。据58同城调研数据，参与调研的单身人群中近四成拥有宠物，日常花销占比中，宠物旅游等游乐支出占比为21.2%，每月宠物消费在500—1000元档人群占

---

[1] Quest Mobile：《Quest Mobile 2019 单身人群洞察报告》，2019年12月31日，https：//www.questmobile.com.cn/research/report-new/77，2020年10月8日。

比最高（40.4%），其次为500元及以下消费。①

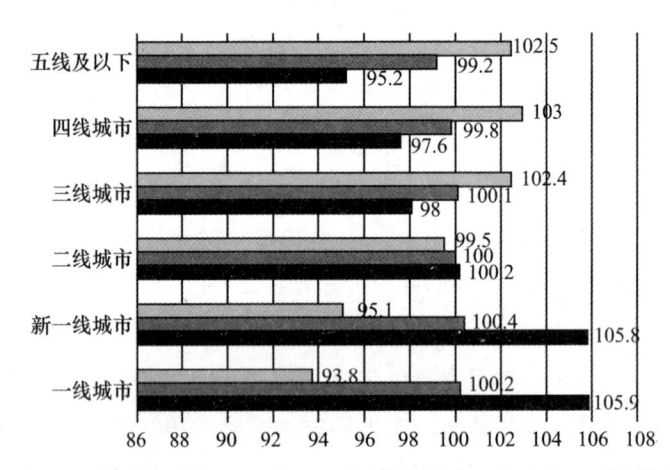

城市线级	31—35岁	25—30岁	19—24岁
五线及以下	95.2	99.2	102.5
四线城市	97.6	99.8	103
三线城市	98	100.1	102.4
二线城市	99.5	100	100.2
新一线城市	95.1	100.4	105.8
一线城市	93.8	100.2	105.9

■ 31—35岁各线级分布TGI　■ 25—30岁各线级分布TGI　■ 19—24岁各线级分布TGI

图3—29　中国不同线级城市单身人士各年龄段地区分布状况

注：数据来自《Quest Mobile 2019 单身人群洞察报告》，https://www.questmobile.com.cn/research/report-new/77。

（六）购物式惜命，朋克式养生

脱发、失眠、肥胖、焦虑、体质下降，在各年龄层群体中，"90后"青年对自身健康评分最低，严重的健康焦虑，促使仍处在奋斗阶段的"90后"开始了"保温杯里泡枸杞"的养生生活。"90后"青年开始通过各种消费手段来对抗初老状态，阿里巴巴2018年8月至11月时段数据显示，29%受访"90后"开始泡枸杞、服用叶黄素养生，燕窝（146%）、阿胶（232%）销量增长惊人。运动也是"90后"青年关注健康的表现，受访"90后"群体消费集中在跑步机（51%）、左旋肉碱（64%）、筋膜枪（55%）、肩颈按摩仪（56%）等商品上。② 在疾病预防上，"90后"青年对宫颈癌疫苗和基因检测类产品表现出极大的热情，调

---

① 未来智库：《2019单身人群居行报告》，2020年4月5日，https：//www.vzkoo.com/doc/10380.html，2021年2月17日。

② 搜狐网：《淘宝发布〈90后惜命指南〉，真是〈怕死又作死〉的一代》，2019年12月10日，https://www.sohu.com/a/359439913_629540，2021年2月17日。

查时段内宫颈癌疫苗预约人数增长了 5 倍以上。速途研究院就中国保健品市场进行调查发现，七成以上受访"90后"群体会服用保健品。融360 金融平台调查结果也验证了保健品消费年轻化趋势的出现，"90后"在营养保健品消费群体中占比已达 25.01%。"吃最贵的保健品，熬最深的夜"，购物式惜命、朋克式养生成为对"90后"青年群体关注健康的形象概括。

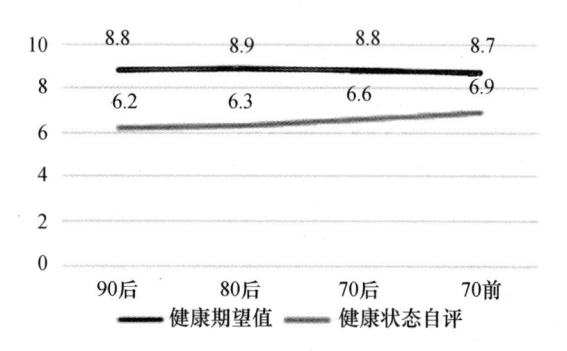

```
10   8.8      8.9       8.8      8.7
 8
     6.2      6.3       6.6      6.9
 6
 4
 2
 0
     90后     80后      70后     70前
        ── 健康期望值    ── 健康状态自评
```

图 3—30　2020 年不同年龄人群健康自评得分

注：数据来自丁香医生《2020 国民健康洞察报告》，http://www.199it.com/archives/1000843.html。

三　"95后"青年消费

"95后"青年是指 1995—1999 年出生的青年群体，总人数约为 9898 万人。"95后"的出生伴随着中国互联网向社会开放的进程，在"95后"群体的成长过程中，以互联网为核心的网络技术不断推陈出新，网络功能多样化，社交软件从单一的 QQ 走向多元化的微博、微信，网络购物随着电商平台与物流体系的完善，成为日常生活的一部分，智能手机的出现使得移动互联互通的时代到来，在这样的时代背景下，"95后"群体具有以下世代特征：一是爱分享爱表达。如果说"90后"青年是在"无声"的展示自我个性，"95后"就是将个人形象通过网络公开展示，"有爱就要说出来"是"95后"青年群体的特征。"95后"青年群体更爱网络社交，作为互联网原住民，社会交往活动被"95后"群体从线下移至线上。二是亚文化制造者。独乐了不如众乐了。多元化的兴趣、网络的使用、社交意愿高，使得"95后"青年更容易制造亚文化，或者说在

"95后"群体中形成了许多圈层，愿意为爱好花钱的"95后"群体，其圈层消费逐渐常态化。三是陌生人社交需求较强。现代社会打破了以往基于地缘、血缘关系的社会交际网络，现代社会中的人际关系更多的是建立在互不相识的陌生人之间，"95后"群体对于陌生人社交模式有着更高的尝试意愿，热衷于通过网络社交来获取好友。"95后"更注重对个人生活的保护，在未建立起信任之前，不会透露个人的真实信息。四是带有懒宅属性。相较于其他群体，"95后"群体的懒宅属性更为突出，网购、外卖、快递、代服务帮助"95后"群体解决了大部分消费问题，短视频、电游、漫画成为"95后"群体的主要娱乐方式，弹性制工作、线上办公使得"95后"有更多时间可以宅在家里获取经济收入，网络时代为"95后"群体的懒宅提供了条件。五是更具全球视野。"95后"青年生活在一个开放的社会中，从国际视角看，这一年龄群体从价值观念到处事态度，正在呈现惊人的趋同性。可以说，中国的"95后"一代相较于以前世代更具全球视野。

"95后"青年具有以下消费特征。

（一）流行圈层消费

"95后"青年爱好广泛，更会为自己的兴趣爱好花钱，这一需求促使以圈层文化为核心的商品出现。圈层消费将有共同的兴趣爱好、价值观、生活情怀的不同维度的人集聚在一起，形成以社群为核心的消费群体。社交工具的兴起，为社群的形成提供了便利。

"95后"青年典型圈层包括电竞、二次元、国风、模玩手办、硬核科技、追星等。"95后"硬核电竞玩家不仅要高配电脑、机械键盘鼠标，甚至在桌椅上都要求符合电竞专业需求，2019年，Z世代天猫电竞桌椅销售增速达70%以上，远超整体电竞设备销售增长速度。在二次元圈内，"95后"群体在cosplay相关产品上的消费支出，为其贡献了近40%的销售额，将二次元人物带入三次元之中。"95后"青年群体国风盛行。报告显示，B站国风爱好者中"95后"群体占比高达88%，而国风视频UP主中70%是"95后"青年群体，在国风服饰消费上，2018年销售额同比增长超3倍，2019年增长速度近600%，古风配饰增速近100%。模玩手办圈盲盒消费成主流，2019年天猫盲盒销售额增速为2018年的近两倍。"95后"伴随科技而生，82%的"95

后"青年群体期待尖端科技的应用，97%认为科技已经融入日常教育。2019年，"95后"消费群体在智能家居系统品类上的消费增幅高达344%。① 36氪报告显示，使用追星平台的用户中，67%的用户来自18—28岁的年轻人，81%的受访者表示曾购买过明星代言的产品。其中，为购买明星代言产品，年消费支出额度在1000—1999元的群体占比达37%，31%的群体在此类商品上的年消费支出额度在2000元以上。73%的受访者购买过明星的专访杂志、写真、海报等周边产品，41%的群体在此类商品上的年消费支出额度在500元以上。② Mob研究院颜值经济报告数据显示，18—24岁医美用户数量增长较快，年增长率达6.8%。③ 苏宁易购数据显示，"95后"群体在提升颜值方面的花费增速快于其他年龄段，其中美容仪销售增速超5倍，美妆护肤产品消费金额增速为167%，洁面仪消费金额增长60%。④

（二）偏爱互动营销

"95后"出生的一代青年群体属于Z世代，Z世代是天生的消费者，他们出生于中国经济高速发展的时期，互联网的出现与应用为Z世代青年创造了一个高消费欲望的环境，无论是线上还是线下世界，都充斥着大量的商品信息，甚至在人际关系的构建与巩固上，都可以通过消费信息的分享来完成，社交成为这一世代消费特征中最重要的属性，Z世代消费被进一步网络化与细化。从消费需求的激发，到消费决策的执行，都在线上完成，网络社交平台成为Z世代获取消费信息的重要来源，消费的"示范效应"在网络社交中成倍放大，裹挟着Z世代的消费行为。圈层文化是Z世代网络社交的产物，且Z世代还在不断创造着更多的圈层，使得消费领域进一步被细化。社交需求的出现表明，Z世代的消费需求相较于以前世代发生了升级。

---

① 互联网数据资讯网：《CBN Data：Z世代圈层消费大报告》，2019年8月5日，http：//www.199it.com/archives/916710.html，2021年2月17日。
② 互联网数据资讯网：《36氪：粉丝经济下用户行为观察报告》，2019年1月23日，http：//www.199it.com/archives/825092.html，2021年2月17日。
③ Mob研究院：《2019中国颜值经济洞察报告》，2020年1月15日，https：//www.mob.com/mobdata/report/87，2021年2月14日。
④ 易观：《95后年轻人群消费趋势洞察2020》，2019年12月27日，https：//www.analysys.cn/article/detail/20019620，2021年2月17日。

"95 后"群体的线上娱乐方式主要为短视频、直播、社交媒体、娱乐类 App 等,"95 后"群体更乐于分享与互动,通过互动营销,更容易激发"95 后"青年的消费潜力。微博数据显示,"95 后"对于网红播主推荐商品的接受度较高,易被直播平台种草。小红书中"95 后"用户占比高达 49.6%,活跃渗透率 TGI 指数为 263.7。小红书以分享好物为特点,通过明星、网红、使用者等发布的商品试用体验来吸引"95 后"群体的购买。① 卡思数据显示,短视频 KOL 粉丝年龄分布情况是,18—24 岁人群比例为 33.3%,高于其他年龄段。②

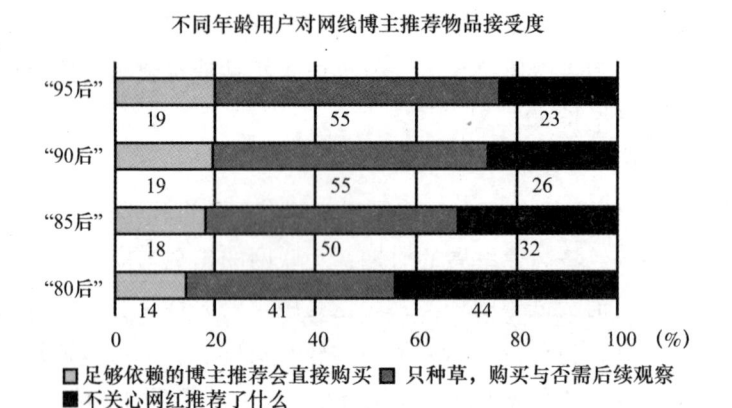

不同年龄用户对网线博主推荐物品接受度

群体	足够依赖的博主推荐会直接购买	只种草,购买与否需后续观察	不关心网红推荐了什么
"95 后"	19	55	23
"90 后"	19	55	26
"85 后"	18	50	32
"80 后"	14	41	44

图 3—31　网红博主对青年消费的影响状况

注:数据来自《95 后年轻人群消费全面分析洞察分析》,https://max.book118.com/html/2021/0716/6133034241003213.shtm。

(三) 消费品类出现性别模糊

在传统的消费市场中,男性消费者与女性消费者之间存在明显的消费偏好差异,如女性更爱购买护肤品,男性更爱在科技类产品上消费。然而,在"95 后"群体中,一些商品的消费出现性别的模糊。京东报告显示,男性美妆消费正在呈现上升趋势,一线城市男性美妆消费比例高

---

① 易观:《95 后年轻人群消费趋势洞察 2020》,2019 年 12 月 27 日,https://www.analysys.cn/article/detail/20019620,2021 年 2 月 17 日。
② 原创力文档:《2019 短视频 KOL 年度报告》,2020 年 4 月 7 日,https://max.book118.com/html/2020/0407/8101115064002105.shtm,2021 年 2 月 17 日。

于全国水平。CBND Data 发布报告显示，男性在美妆护肤产品上的消费支出增速，新男性时代降临。专用护肤消费方面，男性无论在消费人数还是消费单价上都有所增长，在"95后"男性青年消费者中，48%的人群在16—18岁开始使用护肤产品，2019年，"95后"男性消费护肤产品比例增长至40%以上，远超其他世代。① 男性美妆护肤消费支出的增长表明，关注个人形象不再是女性的专利，护肤品成为无性别差异消费品。同样，电竞消费中以往男性消费者占据主导市场，男女消费者数量差异较大；然而，"95后"青年消费群体中，女性电竞消费者数量开始上涨，2019年数据显示，天猫电竞设备销售中女性消费额增速远高于男性，电竞消费中呈现"巾帼不让须眉"的态势。

（四）理财观念增强

虽然"95后"青年消费者消费意愿强烈，喜欢使用网络分期产品进行超前消费，但这并不代表"95后"青年群体陷入盲目消费之中，部分青年在收入可以负担消费支出的情况下，依然选择分期产品来延期支付，通过使用互联网分期产品、信用卡等方式来执行自身的理财计划。《2019中国消费年轻人负债状况调查》报告显示，87%的青年人一年内未出现过逾期现象。中国新经济研究院联合支付宝发布的《2019年中国90后攒钱报告》显示，80%的青年会使用余额宝进行理财，九成"90后"使用花呗的目的是获取一个月的资金收益。从负债状况与支付方式看，"95后"青年的理财观念相对较强。尼尔森报告显示，参加工作的"95后"青年群体中负债人群比例为90%，但去除当月能够偿还的人群比例后，实质负债人群比例仅为39%。参加工作的"95后"的实质债务收入比为12.2%，即可支配收入中的12.2%需用来偿付债务，这一比例低于"90后"群体。从使用信贷产品的原因看，参与工作的"95后"群体中，50%认同这是一种更精明的消费方式。74%的已工作的"95后"会将10%以上的收入用于储蓄，16%的参加工作的"95后"群体认为信贷有

---

① CBN Data：《2019男性护肤消费趋势报告》，2019年9月20日，https：//www.cbndata.com/report/1936/detail? code = 071vir3% 20e0p9UBu1rHe4e0G2E3e0vir35&isReading = report&page = 1，2021年2月17日。

风险,不应轻易使用。① 宝呗青年调查显示,"95后"青年选择使用花呗消费,是想赚取消费与支付之间货币的时间价值。由此可见,"95后"的超前消费是理财观念增强的表现。

（五）注重消费体验与"情怀"

物质的极度丰富,使得"95后"群体在消费过程中不再只关注商品或服务是否优质,而将注意力更多放在消费体验与"情怀"上。OC&C调查显示,相比之前的世代,超过11%的"95后"受访者强烈同意"宁愿把钱花在体验上,而不是产品上"。② 在"95后"群体的消费中,对于社会的责任感更加凸显。波士顿资讯公司调查数据显示,"95后"环保意识更强,要求快递纸箱回收比例高。③ 在对可持续生活群体进行画像时发现,一、二线城市的青年群体中,23—25岁年龄段践行可持续生活的群体数量显著,在对于应当如何实现可持续发展时,青年群体认为减少浪费、从长远方面考虑是面对这种状况的态度和解决方案,将适度消费、回收利用和长效设计等作为消费决策的考虑因素。④

（六）颜值消费主力军

"95后"青年群体对于颜值的关注度较高,成为颜值经济的推动者。其消费主要表现在医美整形、护肤美妆、美颜设备选择上。据各大美容整形网络平台数据显示,中国医美整形市场主要消费者年龄集中在18—26岁年龄段,从消费者性别比例看,女性仍占据主导地位,但男性医美整形消费者数量增长显著,虽仅占整形人群的5%,但人均消费金额达到1.3万元人民币,整形消费额占整体整形消费金额的40%,表明男性自身审美意识觉醒,开始关注塑造具有个性的新形象。面部调整与抗初老成为"95后"青年群体医美整形消费的主要诉求,相较于整形手术来说,"95后"青年对安全度较高的医美服务更感兴趣。

---

① 新浪网:《2019年中国年轻人负债状况报告》,2019年11月18日,http://vr.sina.com.cn/news/hot/2019-11-18/doc-iihnzhfy9948302.shtml,2021年2月16日。
② 互联网数据资讯网:《无国界的一代:拥抱Z世代消费者》,2020年1月20日,http://www.199it.com/archives/999651.html,2021年5月24日。
③ 互联网数据资讯网:《波士顿咨询:90后的快递生活》,2020年1月19日,http://www.199it.com/archives/999747.html,2021年2月24日。
④ 互联网数据资讯网:《Bottle Dream:2019中国年轻人可持续生活趋势白皮书》,2019年3月6日,http://www.199it.com/archives/840595.html,2021年2月24日。

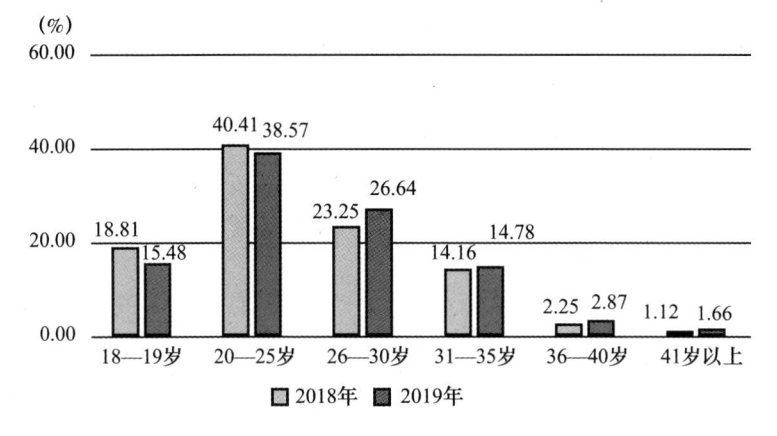

图 3—32　2018—2019 年中国医美消费者年龄分布状况

注：数据来自新氧医美网络平台发布的《2019 医美行业白皮书》，http：//www.199it.com/archives/919374.html。

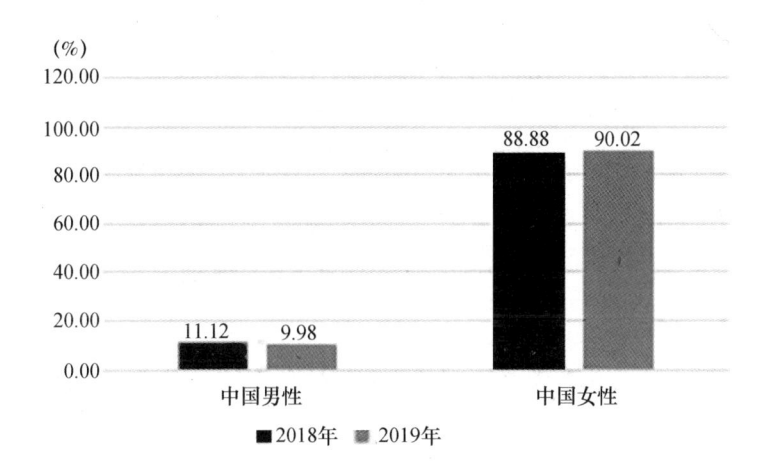

图 3—33　2018—2019 年中国医美消费者性别分布状况

注：数据来自新氧医美网络平台发布的《2019 医美行业白皮书》，http：//www.199it.com/archives/919374.html。

在护肤美妆商品的消费上，"95 后"青年表现不凡，除口红消费外，"95 后"青年在其他美妆商品上消费偏向理性。南都零售实验室课题组调查数据显示，仅有 6.17% 受访者极少购买口红，而 14.54% 的受访者一年内购买口红数量达 10 支以上。在其他彩妆产品消费上，50% 以上的受访者选择在优惠活动时的彩妆产品，线下品牌专卖店成为"95 后"青年群

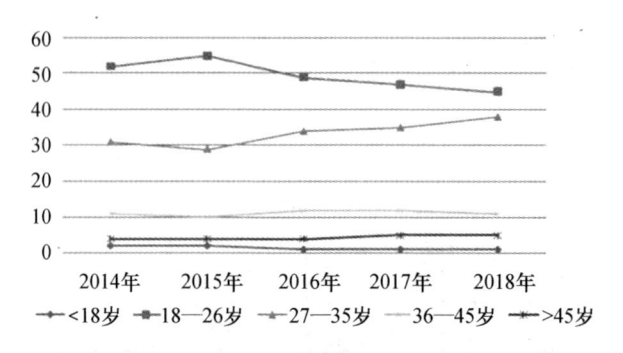

图3—34 2014—2018年中国整形群体年龄分布状况

注：数据来自广州美莱《20年整形大数据》，https://blog.csdn.net/D1j4robv/article/details/84050603。

体体验新品（50.91%）的主要渠道，另外品牌专卖店的室内氛围、产品陈列与产品齐备程度成为促使"95后"青年选择线下消费的重要原因。"95后"青年在彩妆产品消费中也受到联名或限量产品影响，57.5%的受访者表示偶尔会购买IP联名或限量款彩妆。从影响渠道看，"95后"青年群体出现"种草"靠KOL，"拔草"靠朋友的现象。六成以上"95后"受访者表示偶像、美妆博主、主播等会影响到其购买决策，微博、小红书、抖音、快手等社交平台成为"95后"青年彩妆"种草"的主要渠道。88.92%的受访者表示在确认选择购买时，身边朋友的意见更重要。①

"95后"青年酷爱P图，对美颜设备需求旺盛。极光大数据2017年调查显示，"95后"女性群体拍照P图类应用渗透率（月均值为62.66%）远超全国水平（月均值为45%），目标用户②拍照P图类应用平均安装数量达2.3款，其中安装5款及以上P图类应用的目标用户占比达到10.6%。通过"95后"女性群体目标用户画像获知，社交需求、圈层文化与提升自我形象成为驱动女性P图的主要因素。

---

① 互联网数据资讯网：《2019年95后美妆消费报告》，2019年12月28日，http://www.199it.com/archives/1033906.html，2021年3月1日。

② 目标用户指至少安装了一款拍照P图App的"95后"女性用户。

表3—19　　　　　　"95后"女性群体目标用户画像　　　　　　单位：%

目标用户分群信息	社交风格	音乐	90.7
		书籍	51.2
		美食	39.4
		美容美妆	33.7
		动漫	27.5
		校园社区	55.4
		二次元	47.3
		知识青年	14.0
		流行时尚	12.8
		同城交友	8.9
目标用户应用偏好度	通信社交	新浪微博	21.7
		QQ	14.9
		微信	9.1
		百度贴吧	6.4
		知乎	5.9
	影音图像	哔哩哔哩	16.2
		网易云音乐	13.3
		芒果TV	11.9
		QQ音乐	11.4
	健康医疗	Keep	5.86

注：1. 数据来自《极光洞察》，https://www.sohu.com/a/163777161_399033。

2. 偏好度＝应用在目标群体中的渗透率－应用在全国网民中的渗透率。

四 "00后"青年消费

"00后"青年是指2000—2009年出生的青年群体，人口数量约为8339万人，又被称为千禧宝宝。在改革开放政策实施20年后，"00后"一代的成长环境相较于以前世代更加优越，使得"00后"呈现以下世代特征：一是创新意识与创新能力强。经济全球化给中国带来的不仅是经济发展空间的拓展，更是现代思想的交融，国民思维的广度与深度发生了很大变化。在这种自由开放和鼓励创新的生长环境中，"00后"拥有更强的创新意识和更大的创新潜力。二是具有独立自主人格。"00后"顶着"独二代"(独生子女的子女)的称号出生,优生优育的生育观念已经深入人心。在"00后"的养育上,父母关注更多的是养育子女的质量,家庭的核心也是围绕子女展开,这使得"00后"十分强调个人专属。"00后"的父母大多拥有较高的教育水平,在"00后"的养育中更多强调独立性、自主性的培养,父母会引导子女逐渐参与到家庭消费决策中来,8%的"00后"青年认为,自己对父母消费观念的影响胜过父母对自己的影响。在家庭日常消费中,"00后"青年群体也起到了影响消费决策的作用,30%的"00后"会主动参与到家庭消费决策之中,且这个比例与"00后"群体的年龄呈正向变化。在与自身相关的消费中,"00后"青年群体的参与度更高[1]。三是存在对成人消费行为的模仿。网络的高覆盖率与智能手机使用者年龄的不断降低,使得"00后"过早地受到媒体和社会的影响,"00后"开始与成人世界无缝对接,生活方式和喜好初现"拟成人化"。四是社交本命。2+1的核心家庭结构对"00后"的人际活动影响逐渐凸显。"95后"群体热爱陌生人社交,乐于使用网络社交软件,但仍有线下社交活动的存在,而"00后"则是将社交活动直接转移至线上,构建虚拟人际交往社区。

"00后"青年群体具有以下消费特征。

(一)智能产品消费需求旺盛

"00后"一代互联网基因与生俱来,网络已经与"00后"青年的生活密不可分。ADD咨询公司2019年调查显示,"00后"首次拥有手机的平均年龄为14.3岁,在小学阶段拥有首部手机的受访者比例为27.63%,初中阶段拥有首部手机的受访者比例为37.56%,相较于以前世代,"00后"是真正与互联网相伴生长的一代。除智能手机外,"00后"青年还拥有其他配套智能电子产品,平板电脑的拥有率为54%,智能手表的拥有率为49%。[2]"00后"对于先进科技产品

---

[1] 互联网数据资讯网:《进取的00后:2019年腾讯00后研究报告》,2019年11月3日,http://www.199it.com/archives/960156.html,2021年3月1日。

[2] 互联网数据资讯网:《自娱:2018—2019年中国新势能人群App接触行为报告》,2019年7月12日,http://www.199it.com/archives/905141.html,2021年3月1日。

关注度较高,43%的"00后"群体愿意优先选择采用 AI 等先进科技产品。① 零点调查显示,94.3%的"00后"有自己专属的数码产品,60.8%的"00后"中学生有自己专用的手机②。深度数字化的生活环境使"00后"对智能产品的消费需求更加迫切,"00后"受访者认为,"手机是必不可少的工具,信息化时代没有手机寸步难行,手机像身体的一个器官"。

(二)轻物欲的消费观念

"00后"拥有优越的家庭物质条件,家庭月收入集中在 10000—20000 元,"00后"青年平均每月消费支出为 3150 元,家庭消费中用于子女养育的消费占比为 36.5%。③ 但这并不代表"00后"青年群体具有很强的物欲,腾讯企鹅智库数据显示,"00后"群体的存款总额相当可观,近两成"00后"青年存款总额在 5000 元以上,且大部分"00后"青年有储蓄习惯。④ 在智能手机选择上,相较于"95后"一代,"00后"青年群体更多选择使用低端产品,选择高端价位手机的人群比例仅为8.7%,储蓄习惯的养成与低价日用商品的选择表明,"00后"一代的物欲相较"90后""95后"一代要轻。

(三)消费品类拟成人化

过早接触社交媒体,使得"00后"在消费品类选择上也出现"拟成人化"趋势,追求高颜值在"00后"群体的消费中凸显。18 岁以下医美用户数量年增长率最快(13.8%)⑤。在医疗、健康类 App 安装偏好调查中,医美(TGI=196)、健康减肥(TGI=109)类 App 成为"00后"青年群体的最爱。在日常生活中,"00后"更偏好使用美容美甲按摩类

---

① 互联网数据资讯网:《进取的 00 后:2019 年腾讯 00 后研究报告》,2019 年 11 月 3 日,http://www.199it.com/archives/960156.html,2021 年 3 月 1 日。
② 互联网数据资讯网:《千禧一代:中国 00 后群体研究报告》,2019 年 3 月 22 日,http://www.199it.com/archives/849426.htmll,2021 年 3 月 1 日。
③ 互联网数据资讯网:《千禧一代:中国 00 后群体研究报告》,2019 年 3 月 22 日,http://www.199it.com/archives/849426.htmll,2021 年 3 月 1 日。
④ 搜狐网:《〈腾讯 00 后研究报告〉发现他们的存款是 90 后的 3 倍,可是……》,2018 年 6 月 19 日,https://www.sohu.com/a/236548583_99908524,2021 年 3 月 1 日。
⑤ Mob 研究院:《2019 中国颜值经济洞察报告》,2020 年 1 月 15 日,https://www.mob.com/mobdata/report/87,2021 年 2 月 14 日。

(TGI=307)App。① 品观网发布的2018年"00后"美妆相关专题报告显示,首次使用美妆产品的"00后"群体中,80%的比例在14—16岁,即初中阶段,② 部分"00后"倾向于购买大牌护肤品。"00后"群体还出现了请客送礼类社交活动消费,比例仅在服饰鞋包、外出就餐两项消费支出之下,带有成人社会消费倾向。

表3—20　　　　　　"00后"消费品类支出情况

消费品类	消费比例（%）
旅游度假	13.9
数码产品	23
美妆护肤品	12.3
服饰鞋包	30.7
外出就餐	38.7
个人日化洗护用品	26.9
请客送礼	27.2

注：数据来自腾讯广告《进取的00后——2019腾讯00后研究报告》,http://www.199it.com/archives/960156.html。

（四）娱乐消费泛化

"00后"兴趣点较多,娱乐消费方面呈现泛化的趋势。调查报告显示,"00后"根据自身兴趣点的差异形成了多元化的网络社交圈,其中游戏圈（26%）、小说圈（22%）、动漫圈（21%）位列前三,"00后"的其他兴趣点还包括体育、自拍、追星、手工、二次元、语C、扩列等多种圈层。"00后"关注的短视频主题从搞笑、旅游、游戏、明星,到才艺、手工、美妆、宠物、奇葩杂货、嘻哈等,共计十余类,不同类别主题的关注集中度差异较小,维持在15%以内。"00后"娱乐消费主要表现在

---

① 数英：《Mob研究院发布〈85后、95后、00后人群洞察白皮书〉》,2019年10月15日,http://www.199it.com/archives/943327.html,2021年2月11日。

② 品观：《专题丨00后某些美妆意识比90后还超前 她们在想啥》,2018年2月27日,http://www.pinguan.com/article/content/12389.html,2021年2月20日。

视频、漫画、小说等内容的付费观看上。报告显示，"00后"用户付费习惯明显，59%的受访"00后"会按需或使用次数进行内容付费，36%的受访"00后"会开通月付费会员，5%的受访"00后"有3个及以上平台的年付费会员。①

不同世代的消费与其成长环境、所处的人生阶段、经济收入状况、消费观念等因素相关，因此呈现不同的消费特征。

"85后"成长于中国经济开始腾飞的阶段，经历了从物质匮乏到物质丰裕的生活转变，其消费观念既承袭了上一代勤俭节约的朴素消费思想，也受到物质主义价值观的影响，这两种思想观念在其消费行为中均有所展现。在生活必需品消费上，"85后"会通过网购的方式来选择物美价廉的商品，对日常消费的价格敏感度较高，但在高档、高价商品的消费上呈现高频特点，以最佳体验作为消费标准。从人生阶段上看，"85后"进入了成年初期，社会化过程基本完成，工作与家庭状况已经处于平稳状态，生活重心由个人向家庭、工作偏移。家庭相关消费开支增加，子女养育成本上升，这两项消费挤占了"85后"青年个人消费支出比例，使其消费结构较为均衡，消费偏好的表现不明显。

"90后"的成长伴随着中国经济的高速发展，相较于"85后"群体，"90后"青年身处物质生活水平显著提高的年代，独生子女比例增长明显，家庭收入的增长与父母的补偿心理使"90后"在消费上更为大胆。经济的快速发展大大改善了中国人的消费状况，尤其是影响了"90后"群体的价值观念与消费观念。市场经济以消费为发展动力，强调资本、消费的作用与价值，物质主义价值观对"90后"群体的影响较大。

"90后"青年中较大比例群体已经完成了从校园向职场的过渡，在一定程度上实现了经济独立。相较于以前世代，"90后"对于婚姻与组建家庭的愿望不强，单身群体占比很高，这代青年的消费支出主要满足个人的需求和爱好，消费观念中存在享乐、金钱为上的成分。例如，在消费

---

① 36氪：《00后泛娱乐消费报告：不懂00后的创业者们要小心了》，2018年8月16日，https://baijiahao.baidu.com/s?id=1608921121426362878&wfr=spider&for=pc，2021年2月20日。

中追求张扬个性，追求高品质享受与新鲜感，表现出炫耀性消费、面子消费、过度消费等不良消费行为。

在享受经济发展红利的同时，"90后"青年也面临着多重困境。

一是激烈的社会竞争加剧了"90后"青年的焦虑感。市场经济体制的建立，打破了社会群体中原有的"安全阀"，优胜劣汰的自然法则在社会中开始发挥作用。在此背景下，"90后"青年不得不面对阶层固化、就业压力、学历内卷等问题。阶层固化降低了青年的未来发展预期，通过奋斗实现阶层向上流动的机会减少，更多青年选择通过提高受教育水平实现阶层流动的途径，由此造成了学历内卷，青年被抛入教育竞赛中，焦虑心态由此而生。上述情形导致的结果是，青年在就业市场中面对"学历通胀"，就业市场竞争加剧，青年开始在就业中"降维打击"，进一步增加了"90后"群体的焦虑感。

二是中国老龄化速度的加快，增加了青年的心理压力。独生子女政策对中国人口的快速增长起到了遏制作用的同时，也使中国过快进入了老龄化社会，老年抚养比增加，中国尚未建立起高度完备的社会保障体系，任何意外的出现都有可能造成巨大的经济负担，加大了青年的心理压力。"90后"青年群体中选择单身、晚婚的人数上升，形成单身经济、宠物经济。老龄化时代的到来也影响了"90后"青年的健康观与生育观，使其将心理焦虑转化为健康养生消费。

"95后"青年被打上网络原住民的标签，反映出网络对"95后"青年的影响程度。吃饭靠外卖、交友靠微信、学习靠网课、娱乐靠直播，网络已经与这代青年的日常生活紧密相连，线上社交更是挤占了"95后"的大量闲暇时间。中国青年报社社会调查中心2016年做的一项调查报告显示，"95后"青年线上高频活动为聊天交友（65.5%）和与亲友联系（61.5%），一半以上的"95后"受访者表示更喜欢网络社交的方式，因此其消费行为中也带有明显的网络社交属性，互动营销受到"95后"青年的偏爱。受独生子女政策的影响，"95后"所处的核心家庭中存在同辈群体的缺失，家庭情感获取的不足，使得这代青年对社会互动活动的渴望超过其他年龄群体。网络技术带来的大量信息使青年接触到更多新鲜事物，具有相同爱好的个体在网络中组成虚拟社区，逐渐形成了不同的文化圈层，由此引发"95后"群体的圈层消费。情感获取的不足使这代青年将消费作为情感获取的途径之一,重视消费中的体验感与"情怀"。

颜值消费在"95后"群体中盛行,其原因可以分为四个层面:一是从宏观经济层面看,经济增长引发了消费结构的升级。"95后"青年很关心对自身价值的认同和情感的满足,这一代青年正处于求学与就业交织的时期,高颜值所带来的优越感成为吸引这代青年消费的关键。在炫耀性消费效应与高颜值的正向社会评价的吸引下,"95后"青年为了获得社会认同、赢取更多更好的工作机会,纷纷加入颜值消费中。二是从社会层面看,同伴的示范效应与社交媒体的影响,放大了"95后"青年对颜值的渴望程度,促使颜值消费从欲望转化为行为。三是从家庭层面看,现代家长对青年整形消费大多持正面态度,且受到西方观念的影响,年长一代也具有强烈地对美的追求。四是从心理层面看,青年追求自我认同、社会认同的心理成为青年颜值消费的内生动力。"95后"青年希望通过颜值消费,塑造更符合自身理想的自我形象,以此来凸显个人优势,吸引其他群体的关注,确立自身的社会地位。

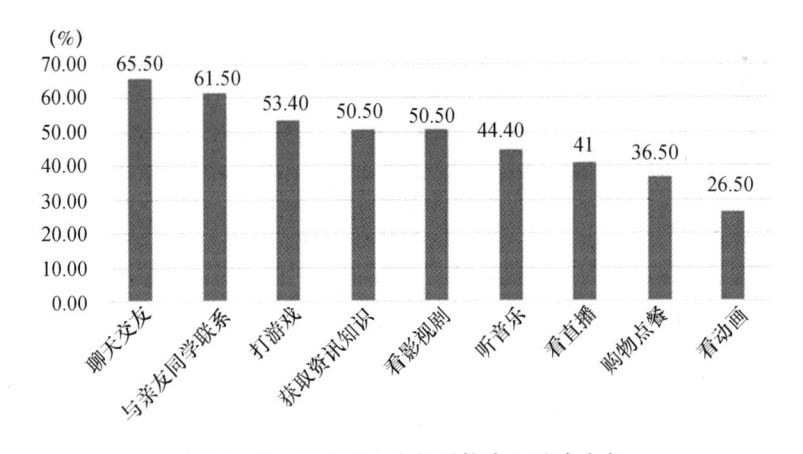

图3—35 "95后"青年群体线上活动分布

注:数据来自中国青年报社社会调查中心。

作为开启新纪元的一代,"00后"被贴上社会新人类的标签。相较于之前三个世代,"00后"是国家发展红利的最大受益者,他们自出生以来就享受着丰裕的物质生活,与互联网、信息技术、智能设备等新科技一同成长。科学化的养育环境与模式、大量网络信息的涌入也使得"00后"

的身心、思想、意识快速成熟，形成独特的思维逻辑与行为模式。

在现代化技术与教育影响下，"00后"形成了具有本世代特点的价值观念，主要表现在四个方面。

一是清楚地了解自我与自身需求。"00后"在行动中学会用"超我"来抑制"本我"，实现了客我与主我的对话。调查报告显示，66%的受访"00后"表示对自己的事务拥有决定权，包括管理自身财务、制订并执行各种计划等，通过以上行为使"00后"更加清晰地了解自我的状况与真实需求，在消费时不仅考虑自身的消费欲望，还会考虑更多客观的因素与规则。

二是在现实情境下进行思考。互联网实现了"00后"与现实世界的互联互通，促使这代青年在进行思考时将现实作为影响因素加以考虑，如在谈及家庭资源是否对个体发展具有重要作用的问题时，65%的受访"00后"表示知道家庭资源对个人未来发展的影响，并会通过积极向外部获取资源来补偿原生家庭资源的匮乏。

三是具有社会责任感。61%受访"00后"表示认同群体利益比个人利益更重要，会留意所在群体中的大事，并为此做出行动。

四是以平等、包容的态度对待人际交往。民主养育模式与民主教育方式造成了"00后"一代低权威感、高表达欲的特点，"00后"在人际交往活动中更多地表现出平等的态度。调查显示，53%的"00后"会在长辈面前提出个人见解，四成以上的受访"00后"会对国家大事发表意见。平等的前提在于尊重与允许不同观点的存在，这也促成了"00后"对人和事物包容的态度，近七成"00后"在看到与自身不同的观点时表示出理解。[①] 因此，"00后"的消费观念更为成熟与先进，他们在消费中表现出轻物欲的行为，能够合理安排储蓄与支出，以理性的消费观念指导自身消费行为。消费品类拟成人化是"00后"消费的一大特征，导致拟成人化消费出现的原因，不仅在于"00后"青年身心的快速成熟，还在于网络时代信息的无差别影响。在网络信息的传播与影响下，"00后"适应性与接纳性强的特点，使其极易被成人社会的消费潮流影响，表现

[①] 搜狐网:《消费行为｜腾讯00后研究报告》，2018年6月5日，https://www.sohu.com/a/234089301_165955，2021年3月3日。

出拟成人化行为。

从"90后""95后""00后"三个世代青年的消费特征可以看出，青年"想要与众不同"的愿望在消费中表现得越加明显，在消费对象选择中，个性化、特殊化成为重要的选择标准，这种变化的出现与青年自我认知能力的增强密切相关。青年对自我的清晰认知，使其在社会活动中表现出自主决策的能力与自我负责的态度，他们拒绝父母为其选购日用品，在与自身相关的消费中，青年从建议者转变为决策者，本着"买我所需""买我所喜"的态度做出消费决策，这种态度实际上是"95后"在消费中对自我负责的体现。

这种清晰的自我认知来自个体化进程的推进。中国的个体化进程始于20世纪80年代，呈现高度压缩与混杂的特点。青年已经进入"个体演进"阶段，个体化意味着，每个个体都需要为自身的未来发展进行自主决策并承担决策执行的后果，当前社会所存在的风险与个人生活息息相关，青年只有更快感知风险、处理危机，才能在现代社会中实现自我发展。伴随经济全球化进程的不断演进，世界各国联结成"命运共同体"，风险联动无形中扩大了风险波及的范围与破坏程度，在蝴蝶效应的作用下，每个人都可能成为风险中的受害者。此外，市场经济对社会生活的深度介入，单纯的行政手段对风险的应对效果不佳，政策的变化还会带来制度性风险。受此影响，青年在决策过程中更多依赖于信息的收集而非社会规范的要求，与互联网紧密连接在一起，促使其思维与心理的早熟。

第六节 不同性别青年消费

消费者行为学认为，性别角色与消费行为之间具有某种联系。社会赋予男女不同的性别角色，个体在消费行为中会强调或重塑自身的性别角色，使其在个体与社会之间取得平衡。荣格的心理类型理论认为，人的心理功能可以分为感知、直觉、思维、感受四项，而每项心理功能又分别有内倾与外倾两种心态。在心理功能与心态两个维度下，共有八种人格类型。男性的心理功能偏向内倾化，因此行为表现更加理智，情绪不易被外部环境或刺激影响，而女性的心理功能则更偏向于外倾化，情绪在外部刺激下波动较大，常常会凭借直觉行事。

一 男性青年消费

（一）形象消费的分化

女性在形象消费上具有趋同性，例如，都会购买美妆/护肤产品，都会尝试不同的形象造型等。在男性青年群体的消费中，男性在形象消费上具有分化的特点，形象消费呈现分化状态。生活粗糙，喜爱格子衬衫是宅男程序员的代表形象；服饰夸张，发型大胆新潮的嘻哈风；喜欢穿着西装衬衫领带是职业男性特征。神测数据报告将男性形象分为两类：精致男性与传统男性。调查显示，一、二线城市精致男性占比达到47%，这部分群体大多认为男性也应当注重服饰搭配（96%）与生活品质（90%），56%的精致男性认为护肤保养是生活必要，表明精致男性具有很高的装扮意识、品质意识、保养意识。传统男性与精致男性形成鲜明反差，传统男性仅在品质意识上关注度较高（63%），保养意识关注度最低（34%），对于精致男性这一形象的态度表现大多为无感（47%），仅有16%比例的传统男性对精致男性形象持欣赏态度。[1] 从这一状况看，中国男性对于男性传统形象的思维固化，不易改变，形象分化的现象将在男性群体中存续，但女性对心仪男性形象的转变，可能对男性形象观念产生影响，出现更为多元化的男性形象。

（二）开始塑造理想自我形象

消费行为可以反映出个体对自我的关注状况，男性通过消费行为塑造理想自我形象。2018年数据显示，男性潮牌成交额涨幅185%，在服饰上追求时尚潮流是男性改变传统形象、塑造新的理想自我形象的第一步。男士彩妆年成交额增长幅度达1.4倍，男性彩妆热销单品从粉底、遮瑕等修饰类商品到眼线笔等装饰类商品的转变表明，男性的理想自我形象正在从传统的男性特质，如天然的阳刚之气，向现代的精致男士形象转变，男性开始注意除性别特质之外的形象因素。但这并不意味着这一群体放弃了对男性特质的关注，2018年，男性在大型健身器材上的消费额同比

---

[1] 互联网数据资讯网：《他经济下，"精装修男性"生存图鉴研究报告》，2019年8月7日，http://www.199it.com/archives/918976.html，2021年3月3日。

增速在40%以上，① 蛋白粉等增肌产品在男性群体中销量也呈现上升趋势，健壮的身材依然是男性群体的理想形象。同时，男性对于自身负面形象的改善也在其消费行为中表现出来，"90 后"青年群体在防脱类产品的购买上增长幅度达到192%，保健品类销量增长在1倍以上。②

（三）看重商品品质

与女性消费中更看重商品的附加价值不同，男性消费的重点在商品本身，即商品本身的功能、品质、性能等因素。波士顿调查报告中表明，男性对性价比和产品功能更感兴趣，在搜集产品信息时会更谨慎产品内容是否真实。对于男性消费者来说，45%比例的群体认为性价比最能激发自身兴趣，而40%认为最能激发自身兴趣的内容是产品功能，对比女性群体高1.3个百分比，男性更喜欢商品提供特效展示或测试体验。③ 京东数据报告显示，65.8%男性乐于观看商品短视频，但仅有28.77%的男性会发布晒单视频④。这种消费思维使得男性青年群体更热衷于购买汽车用品、高科技、数码产品，而这些产品往往呈现"价高"特点，在消费过程中不断积累对品牌的信任感，品牌的忠诚度相对较高。

（四）线上消费生活化

线上消费给男性带来的更多是生活的便利，因此生活化成为男性青年群体线上消费的主要特征。Talking Data 数据显示，男性消费者在线上购买二手闲置（TGI = 142）、娱乐票务（TGI = 139）、生鲜电商（TGI = 128）、手机数码（TGI = 103）等方面表现出较高偏好，进一步细分至具体品类，个护产品、话费充值、方便食品、熟食腊味是男性经常在线上选购的商品。这种生活化也将男性日常消费习惯带入线上，单次购买金额高，电商促销敏感性不强，结合男性在移动互联网中仅对汽车服务、地产服务类信息保持高关注度的状况来看，"有车有房"仍然是男性青年

---

① CBN Data：《2019 天猫大型健身器械消费趋势白皮书》，2019 年 2 月 12 日，http：//cbn-data.com/report/1333/detail？isReading = report&page = 1，2021 年 2 月 14 日。

② 互联网数据资讯网：《淘宝：2018 年中国男性消费报告　95 后男生成爱美担当》，2018 年 12 月 5 日，http：//www.199it.com/archives/804650.html，2021 年 3 月 3 日。

③ 互联网数据资讯网：《腾讯营销洞察 &BCG：2020 中国"社交零售"白皮书》，2020 年 2 月 11 日，http：//www.199it.com/archives/1003650.html，2021 年 3 月 3 日。

④ 互联网数据资讯网：《2019 京东商品短视频报告》，2020 年 3 月 8 日，http：//www.199it.com/archives/1017100.html，2021 年 3 月 3 日。

群体的成功标志。

二 女性青年消费

(一) 消费能力强

女性人格的外倾化使其更容易被外界刺激影响,在消费社会中,外部信息往往会刺激女性产生更多的虚假需求,而这种需求带来的紧张情绪需要通过消费来缓解,这成为女性热爱"剁手"的主要消费动力,女性一直是消费市场的主要目标群体。绝对收入理论认为,消费与收入直接相关,女性消费者在数量与消费潜力上虽然超过男性,但在消费重要性与消费能力方面表现不佳。随着女性经济地位的提升,女性消费者的消费潜力开始转化为消费能力,尤其是女性青年群体的消费重要性显著提升。2019年数据显示,中国女性消费市场规模将达到10万亿。[1]

(二) 最关注性价比与品质

一直以来,由于女性经济收入的劣势,使得女性在消费中受到约束,未能充分释放消费潜力。价格往往是影响女性消费的重要因素,打折促销、限时抢购等营销策略更容易引起女性关注。随着女性受教育水平的提升与社会对性别平等的关注,女性的经济地位得到改善,一味地关注价格不再是女性消费的重要特征。360数据显示,在女性购物关注因素排行中,更关注性价比的女性消费者比例在46.6%,46.3%女性消费者认为商品品质更重要,而认为价格最重要的女性消费者占比仅为30.5%,排在性价比、品质、需求程度、适合程度、品牌等因素之后。[2]

(三) 体验感对消费决策影响大

在制定消费决策过程中,女性群体更关注体验感反馈,容易被他人影响"种草"。京东报告显示,商品体验相关评价词增量大,"味道纯正""口感好""值得购买""质量不错"等成为热门评价关键词,其中对商

---

[1] 互联网数据资讯网:《360:女性消费特征分析报告》,2020年3月12日,http://www.199it.com/archives/1018322.html,2021年3月3日。

[2] 互联网数据资讯网:《360:女性消费特征分析报告》,2020年3月12日,http://www.199it.com/archives/1018322.html,2021年3月3日。

品体验的评价词在所有类别中占比最高（55%），其次为以质量为内容的评价词占比为25%。女性更偏爱通过他人的评价和判断来帮助完成消费决策，波士顿调查数据显示，女性在制定消费决策时参考产品评价（49%）与使用效果（48%）等内容的可能性更大。56%的女性容易被社交媒介激发兴趣，尤其是能够进行体验感分享的媒介。女性群体在内容类电商使用占比为28%，微博使用占比为24%，短视频（晒单类）占比为22%，比男性平均高约1.5个百分点。25%的女性会被KOL/KOC驱动消费决策。在女性为消费主力军的母婴商品市场中，体验类机制在女性消费中发挥更大作用，其中一、二线城市的女性消费者中34%的群体更容易被熟人传递的信息吸引，而这一比例在低线城市为32%。[①]

（四）社会因素影响消费

女性的消费行为更容易受到社会因素的影响，对危机事件的敏感性较强。2020年新冠肺炎疫情对国际社会产生了严重的影响，防护类、消毒类商品交易额快速增长，其中女性相较于男性更关注健康防护和疫情发展状况，在这方面的消费增长幅度也更大。京东数据显示，疫情期间电商平台全站口罩成交额增幅约12倍，而女性消费者成交额同比增幅为

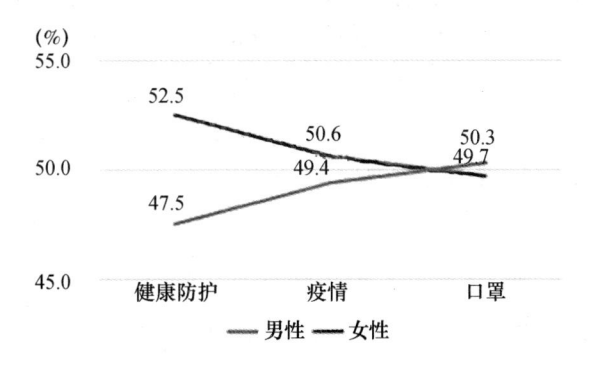

	健康防护	疫情	口罩
男性	52.5	50.6	50.3
女性	47.5	49.4	49.7

图3—36 360用户对疫情关注性别比例

注：数据来自京东大数据研究院《2020女性消费趋势报告》，https://new.qq.com/rain/a/20201222A0IFFT00。

[①] 互联网数据资讯网：《腾讯营销洞察&BCG：2020中国"社交零售"白皮书》，2020年2月11日，http://www.199it.com/archives/1003650.html，2021年3月3日。

57倍,这一现象还表现在一次性手套、消毒湿巾、消毒液等商品的成交额上。在推动成交额猛增的女性消费群体中,16—35岁年龄段高学历、中高收入的青年女性贡献颇多。①

(五) 关注自我与自身价值提升

女性经济地位的提升带动了社会地位的提升,开启了女性从悦人到悦己的新阶段。悦己是女性寻求自由赋权的表现,被自由赋权的女性可以自主决定自己的身体与生活,这一转变需要通过介质来表达,而消费作为承载社会与文化功能的活动,成为女性自由赋权的表现途径。女性在消费上更关注"对自己好一点"。调查数据显示,2020年,女性在瑜伽垫、身体护理、女性护理类商品上的成交额占比增幅显著,瑜伽垫成交额增幅达142%,身体护理类商品增幅达117%。缓解疲劳、抗衰老、健体等养生保健类商品,在16—25岁女性消费者中受到欢迎,其中抗氧化产品女性成交额占比增幅在6倍以上,② 为自己的身心健康消费成为女性青年群体在当前时代消费观念的新转变。自身升值是享受生活的基础,女性青年群体不再为消费而消费,她们更倾向于通过消费投资自身,提升自我价值。360报告显示,女性通过内在提升与外在提升两种方式全方位的完成自我增值。从内在提升看,相较于2017年数据,2020年360女性用户对再教育类信息的关注度增长了76%。从外在提升看,2020年女性青年群体对医美的关注度同比增长近1.7倍,在健身减肥、运动品类上的关注度与消费金额也呈现上升趋势。③ 女性青年群体追求自由赋权的过程就是女性价值观现代化的过程。

(六) 颜值消费不断升级

颜值经济的崛起源自女性爱美的天性,在现代社会的背景下,女性的颜值消费复合了悦己与增值两种功能。颜值消费的升级表现为:传统消费塑形品类占比持续增长,从局部到整体现代技术都有介入。Mob研

---

① 腾讯网:《2020女性消费趋势报告》,2020年12月22日,https://new.qq.com/rain/a/20201222A0IFFT00,2021年3月3日。

② 腾讯网:《2020女性消费趋势报告》,2020年12月22日,https://new.qq.com/rain/a/20201222A0IFFT00,2021年3月3日。

③ 互联网数据资讯网:《360:女性消费特征分析报告》,2020年3月12日,http://www.199it.com/archives/1018322.html,2021年3月3日。

究院数据显示，2019 年"双 11"期间，美妆个护商品同比增长近 1 倍，占据消费金额榜第三名，2019 年美妆个护市场规模达到 4 千亿元，年增长率约为 7%。① 京东报告显示，美妆/护肤类商品中女性消费占比仍在上涨，其中脸部护理（38.5%）、眼部护理（26.2%）成交额占比增幅最大。美妆/护肤类商品的功效也更加细化，可以根据自身需求进行选择。高颜值的定义不仅在面部，更延伸至全身。从调查数据看，运动健身类商品女性成交额占比递增，但不再局限于减肥器材。杠铃、普拉提器械、瑜伽拉力带等商品的女性成交额同比增幅都在 80% 以上，塑形相较于减肥更能实现女性的颜值标准。② 为了追求高颜值，女性消费中开始出现现代技术的介入。360 数据显示，2020 年女性用户医美关注度相较于 2019 年同比增长 173%。Mob 研究院数据显示，2015—2018 年，中国医美市场规模由 870 亿元增长到 2170 亿元，年平均增长率在 20% 以上，其安全度更高的非手术类医美产品占比较大（62%）。③ 颜值消费的升级，不能单纯看作是女性自由赋权或社会形塑性别角色的结果，而应该综合考虑多种因素。从目前的消费状况看，女性仍未摆脱社会的"软束缚"，会为迎合男性目光、追求更好的物质条件而进行颜值投资。

从整形医美服务消费到彩妆产品的使用，从服装款式的中性化到中性化形象的塑造，中性化成为男性青年群体消费的新变化。彩妆、中性化服饰的消费是当代青年对固有的男性社会形象发起的挑战，传统的刻板男性气质在青年群体中不再被认同，这种现象的出现，打破了社会构建的两性性别气质的二元对立。中国传统的主流男性气质对应了阳刚、热血、坚强、勇猛等品质，而这些气质建立在一定的时代背景下，农耕时代的生产力与社会发展状况决定了男性作为主要劳动力与战斗力的角色，使其需要具备一些特殊的性别气质。当今时代经济与社会环境均发生了变化，机械化代替人力，使得男性与女性在职业与家庭角色上出现

---

① Mob 研究院：《2019 中国颜值经济洞察报告》，2020 年 1 月 15 日，https://www.mob.com/mobdata/report/87，2021 年 2 月 14 日。
② 腾讯网：《2020 女性消费趋势报告》，2020 年 12 月 22 日，https://new.qq.com/rain/a/20201222A0IFFT00，2021 年 3 月 3 日。
③ 互联网数据资讯网：《新氧：2019 医美行业白皮书》，2019 年 8 月 8 日，http://www.199it.com/archives/919374.html，2021 年 3 月 3 日。

了转变，男女性别地位上趋于平等，传统的主流男性气质不再作为现代男性的社会性别气质。在这一背景下，青年群体的性别审美观念也发生了相应的变化。男性本身开始排斥将邋遢、不修边幅等同于阳刚的男性审美标准，开始关注自身的外在形象，使用多种类的清洁美容产品。受日韩风影响，女性青年对男性美的标准更为中性甚至女性化，女性青年群体对男性的审美标准的变化，倒逼男性在形象上做出改变。男性青年中性化消费仅是打破传统刻板性别印象的第一步，无性别穿搭成为新时尚潮流，当代青年对社会性别的认知更为开放与包容，消费中两性的消费差异也呈现逐渐缩小的趋势。

女性青年群体的消费重心从"家庭为主"向"家我两顾"转移，悦己成为女性消费观念升级的表现。传统社会性别角色期待中，母职在家庭中的期望值相较于父职更高，"母职惩罚"通过养育子女过程中女性的无偿再生产，对女性的发展造成阻碍。在传统社会中，已婚女性青年的消费以家庭为重心，消费品类以家庭日常必需品、育儿商品为主。现代女性青年拥有更高的受教育程度，与男性在事业发展状况与经济收入方面的差距也正在逐步缩小，女性对于男女平权的需求也越来越迫切。在此前提下，女性对于家庭、母职、自我价值的思考均发生了转变。在家庭的认知上，社会保障功能的强化逐步替代了家庭的保障功能，情感交流与情感支撑成为女性对家庭功能的主要期待。在母职认知上，养育子女不应仅成为女性的家庭职能，女性不愿意参与无偿再生产，或有前提地参与到家庭再生产之中。在自我价值的认知上，认同自我先于家庭而存在的观念，在日常行为中表现出独立、自主等特性。随着女性自我意识的觉醒，青年女性开始寻求在家庭与事业之间的平衡点，以降低"母职惩罚"对自身事业发展的影响。女性在消费过程中不仅关注家庭成员的需求，还会考虑到自我需求，通过教育培训、美容护肤来进行自我投资，以争取更好的事业发展前景，女性青年群体还会通过悦己的消费行为来调整自身状态。

第七节　青年线下消费与线上消费

随着互联网覆盖率与青年智能手机拥有率的提高，青年群体线上消费的比例大大增加。对青年线上与线下消费活动的研究，有助于对青年消费需求的转变进行探究，揭示青年消费的影响力与创造力。

一 青年线下消费

（一）线下消费模式发生转型

当前，网购已经成为中国青年消费的重要方式，但青年线下消费仍然活跃，具有不可替代性。当下的线下消费与传统实体零售模式下的消费差异较大，线下门店可以通过小程序、门店导购、社群、社交软件、电商平台以及线下门店自身来完成商品销售，这种线下与线上相结合的销售模式被称为数字化。"线下体验+线上消费""线上研究+线下消费""线上购买+门店自提"成为中国青年消费的新模式。传统实体零售行业中，品牌与消费者之间需要通过中介来传播产品信息，即需要依靠单一的营销渠道。随着实体零售的数字化创新应用，营销渠道与购买渠道之间的单一对应关系被打破，全渠道服务[1]、门店数字化[2]以及新投放模式[3]是现今实体零售数字化的成功应用。

Talking Data 调查报告显示，2018 年国内便利店在一定程度上已实现数字化，智能配送系统应用比例达 77%，无人店/无人货架应用比例达 38%，国内便利店网络零售引入占比及线上占比达到 55%。这种新实体零售模式在 25—34 岁青年消费者群体中更受欢迎，便利店、超市、数码卖场是青年消费者群体高频光顾的零售卖场。在线下门店中，青年消费者更倾向于接受美容美甲、洗浴足疗、上网、喝咖啡等服务。

（二）线下仍是获取体验的重要渠道

目前，中国消费市场中电商渗透率已经稳定在 80%，但线下实体零售行业的转变也为自身赢得了生存机会，青年仍然会选择进行线下消费，是因为线下消费能够最直接获取消费体验。例如 Modiface 与欧莱雅合作开发了"My hair"程序，帮助用户在享受理发服务之前进行虚拟形象设

---

[1] 主要指线上购买，门店自提；通过店内二维码查看线上信息；在线查询线下库存；线上付订金，线下付全款；差异化物流服务。

[2] 主要指移动收银台；店内自助结账；人脸识别；电子价签；虚拟现实（VR）、增强现实（AR）、数字化互动屏；机器人服务。

[3] 主要指智能贩售机；产品定制；无人商店；众筹。

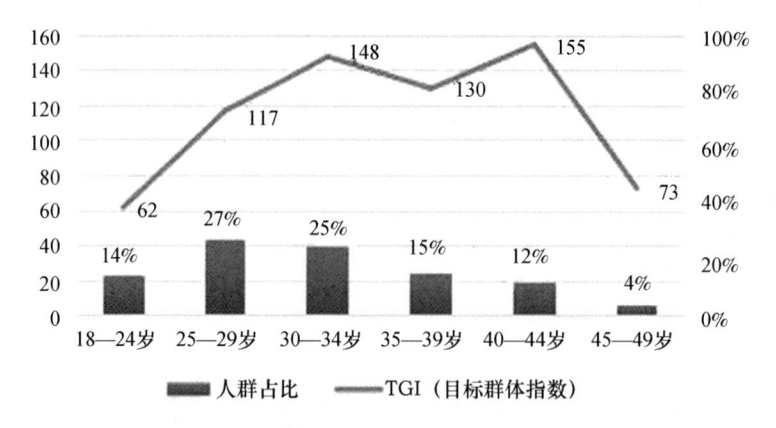

图 3—37　新零售人群分布状况

注：数据来自 Talking Data《2019 年新零售人群洞察报告》，http：//www. 199it. com/archives/1000276. html。

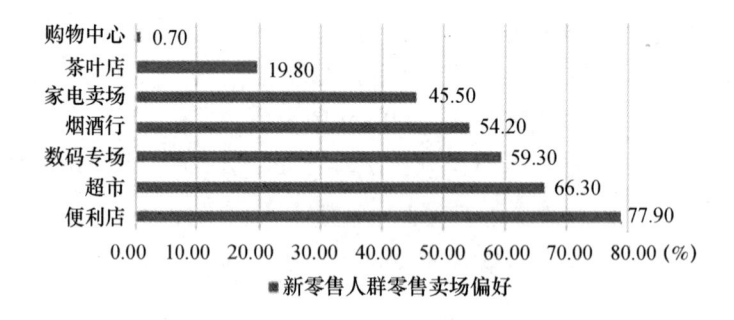

图 3—38　消费人群新零售卖场偏好状况

注：数据来自 Talking Data《2019 年新零售人群洞察报告》，http：//www. 199it. com/archives/1000276. html。

计。智慧足迹公司与一众学院、研究中心联合发布的《中国线下消费者活力指数》，在对北京、上海、深圳、武汉、重庆、沈阳、太原七大城市人口的线下消费者活力指数进行调查后发现，重庆（0.1508）线下消费者活力指数最高，太原（0.0689）指数值最低，上海、深圳这些一线城市线下消费者活力指数排名靠后。从年龄上看，大部分城市线下消费者活力指数在 31—40 岁达到峰值，少年、青年群体的线下消费者活力指数位列第二、第三位，电商平台的高渗透率与网购消费习惯的存在，并未影响青年消费者群体线下消费行为。麦肯锡报告显示，消费者在制定消费决策时，完全选择线上途径的比例仅为8%。由此可见，更多的消费者会选择到线下进行体验后再进行购买，或直接在线下完成消费行为。

表3—21　　　　　不同地区青年线下消费活力指数

地区	少年（小于19岁）	青年（20—30岁）	中青年（31—40岁）
北京	0.1333	0.1558	0.1625
上海	0.0951	0.0970	0.1032
深圳	0.0879	0.0864	0.0927
武汉	0.0857	0.1169	0.1126
重庆	0.1713	0.1788	0.1704
沈阳	0.0792	0.0701	0.0773
太原	0.0666	0.0624	0.0749

注：数据来自《中国线下消费者活力指数》，https://www.doc88.com/p-8018492110461.html?r=1。

除商品消费之外，中国新生代还乐于将娱乐消费放在线下。据艾瑞数据报告，48.6%的"90后"受访者会选择每周至少参与一次线下娱乐，"00后"受访者这一比例为47.3%，高于"80后"的36.9%。在参与项目中，线下游戏类最受"90后""00后"欢迎，游戏电玩城、真人CS、密室逃脱中"90后"与"00后"的参与比例最高。[1] 这表明，在青年消费者中，真实体验是驱动其消费的影响因素。

二　青年线上消费

截至2019年6月，中国网民规模已超8亿人次，网络普及率为61.2%，[2] 4G网络覆盖率高达99%。麦肯锡报告显示，中国消费者非常

---

[1] 艾瑞网：《中国新生代线下娱乐消费升级研究报告》，2018年7月30日，http://www.199it.com/archives/755377.html，2021年3月4日。

[2] CNNIC：《第44次中国互联网络发展状况统计报告》，2019年8月30日，http://www.cac.gov.cn/pdf/20190829/44.pdf，2021年3月4日。

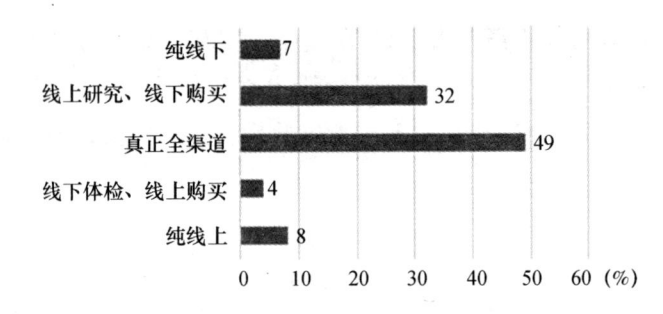

```
纯线下           ■ 7
线上研究、线下购买  ■■■■ 32
真正全渠道       ■■■■■■ 49
线下体检、线上购买  ■ 4
纯线上          ■ 8
             0  10  20  30  40  50  60 (%)
```

图3—39　消费者渠道选择状况

注：数据来自麦肯锡《2019年中国数字消费者趋势》，https://www.mckinsey.com.cn/2019年中国数字消费者趋势/。

热衷使用社交媒体，每人日均上网时长达358分钟。网络的普及、电商平台的兴起，以及物流体系的完善，使得网购成为中国青年消费渠道中的重要形式。麦肯锡报告显示，2019年中国网上零售交易额复合增长率为24%，占零售总交易额比例约为25%，各项数据在国际中均居首位。Talking Data数据显示，截至2019年第三季度，中国移动电商行业用户规模达10.8亿人次，覆盖中国人口的77%。随着新生代人群消费潜力的挖掘，这一交易总额数据将被进一步刷新。10.8亿电商行业用户年龄大致分为四个区间：19—25岁、26—35岁、36—45岁以及46—55岁，其中26—35岁人群电商类应用活跃率约为18.5%，居四个年龄区间中最高。从电商消费活跃度看，19—25岁人群非常活跃，且大额网购消费占比更高。

表3—22　　　　　　　　不同年龄段网购消费特征

综合指标（元）	19—25岁（%）	26—35岁（%）	36—45岁（%）	46—55岁（%）
0—500	82.12	89.06	88.36	88.76
500—2000	13.02	8.77	9.23	8.83
2000—5000	3.65	1.84	2.01	2.02
5000—10000	1.02	0.32	0.38	0.40

注：数据来自《Talking Data电商人群洞察报告》，http://mi.talkingdata.com/report-detail.html?id=957。

（一）线上消费的品类发生变化

从网购的商品种类看，青年群体的网购范围更广。唯品会数据报告了青年在网购消费中的特征：一是更热衷购买小家电。2017—2018年，青年群体在购买厨具、小家电等品类商品年增长率达到30.52%，其中面包机消费在一线城市销量增长率最高，而榨汁机则更受六线城市消费者的欢迎。在小家电品牌的选择上，青年群体也更偏好于选择国产品牌，美的、苏泊尔、小熊三大国产电器品牌位居前三。二是家居用品消费增长显著。在网购中青年群体较多购入家居用品，在杯碟上的消费年增长率甚至达到102.84%。三是养生抗衰老产品受热捧。49.74%的青年群体受访者表示购买过或有意愿购买抗衰老产品，10%以上的受访者倾向于购入保健品。2017年唯品会平台美容仪销量增长幅度为333.57%，2018年为136.58%，其中六线城市销量增长速度最快，一线城市增速位列第二。在保健按摩仪销量增长幅度中，2017年增速仅为24.31%，2018年增速达到354.25%，一线城市保健按摩仪销量增速达401.80%。维生素类保健品销量2018年位居第一。四是宠物相关产品销量惊人。除抗衰老、保健等产品的消费暴增外，电商平台中青年群体的宠物相关产品的消费者数量也实现了倍数增长，2017年增长率为249.53%，2018年为136.64%，人均宠物相关产品消费额达到203.39元。五是个护产品、鞋服网购常态化。腾讯数据显示，女性青年群体半数以上会通过线上进行鞋服选购与美妆个护商品的选购，这一比例在三线以下城市更高，鞋服、个护产品已经与生活必需品消费种类呈现融合趋势，成为线上消费常态化的表现。六是小众文化相关产品消费。综合电商平台的不断完善与发展，使得青年消费者将个人小众文化爱好的消费转移至线上，"万能的某宝"成为青年对现阶段综合电商平台的评价。小众文化相关消费中最显著的为二次元产品的消费，从网络小说、漫画的充值付费到二次元周边产品的销售都成为青年线上消费的热点，2019年仅漫画市场规模就达到22.5亿元，青年群体二次元爱好者在动漫相关产品的年均消费额为1510元，"95后"为1328元。[①] 2018年青年群体中汉服销量增长率为1028.68%，销

---

① 艾瑞网：《2019年动漫二次元人群营销价值白皮书》，2019年12月，http://report.iresearch.cn/report_pdf.aspx?id=3496，2021年3月5日。

售额增长率为 1373.44%，消费数据惊人。

（二）青年对电商平台的偏好不同

Talking Data 调查报告中将电商主要分为 6 种类型，包括综合电商、团购、垂直电商、二手闲置、海外购物、生鲜电商。不同电商在价格、质量、服务、售后上均有所不同。综合电商是线上电子商务形式的一种，如淘宝、天猫、拼多多等。平台销售商品种类广泛，覆盖消费者衣、食、娱乐等方面，提供不同商家同一商品比价服务，帮助消费者完成商品选择。团购平台提供优惠券购买服务，消费者通过线上购买优惠券接受线下价格优惠，是青年消费者线下消费信息的重要来源。垂直电商强调平台产品的专业化，如聚美优品、蘑菇街等，仅为消费者提供某类商品的线上销售。二手闲置平台则为强调高性价比的消费者提供网购服务，咸鱼作为其中的佼佼者活跃用户已达 2000 万人，通过为个人卖家与个人买家提供沟通渠道，帮助消费者处理闲置物品或购入高性价比商品，深受青年消费者欢迎。海外购物平台为消费者对国外商品的购买需求提供渠道，以国外产地直发为服务核心，迎合消费者强调国际大牌、时尚潮流、高品质生活的需要。生鲜电商平台主要销售水果、蔬菜、生鲜等强调新鲜程度的产品，如河马生鲜等，强调商品运输速度，在快节奏的城市生活中受到工作族青年消费者的喜爱。Mob 研究院调查报告显示，"85 后"偏好使用专业度高的垂直电商（TGI = 148），"95 后"则在海外购物平台上消费倾向更大（TGI = 161）。[1] Talking Data 调查验证了这一数据结论，同时报告了 26—35 岁人群访问团购平台的概率更大，二手闲置品的买卖频率也高于 19—25 岁年龄段。可见，青年消费者在电商类型的选择中具有多元化的趋势，26—35 岁青年消费者更注重商品的品质与性价比，希望购入能够提升个人品位，体现个人社会身份，价格又在可承受范围之内的商品，而在日常生活中则奉行能省则省原则，消费较为理性。19—25 岁人群由于自身经济收入的限制，往往将价格因素放在首位，但仍然会在海外购物平台中进行"海淘"，遇到心情好时会毫无顾忌地"剁手"拿下，伴随着非理性消费。

---

[1] 数英：《Mob 研究院发布〈85 后、95 后、00 后人群洞察白皮书〉》，2019 年 10 月 15 日，http：//www.199it.com/archives/943327.html，2021 年 2 月 11 日。

相较于其他国家，中国青年的线上消费比例更高，原因是下沉市场线上消费的快速增长与现代物流系统的出现。小镇青年成为网购的重要力量，电商销售平台提供的比价功能迎合了小镇青年价格敏感的消费特性，而现代物流系统的出现，解决了物流配送时限的问题，有利于线上消费便利高效优势的发挥。同时，青年在消费中的谨慎性成为线下消费渠道转型的关键。美妆护肤、食品、药品等商品的销售更多依靠线下实体店来实现。时尚品牌也通过线下体验、试穿的方式来实现信息对年轻消费者的触达。实体店数字化的推进，在一定程度上正在打通线上与线下消费渠道，为青年提供更为广泛与灵活的消费场景。

青年的消费理性使其在线上与线下两个渠道摇摆。2018年5月，中国青年报社社会调查中心联合问卷网对1969名18—35岁青年进行的一项调查显示，性价比（53.7%）和实用性（50.0%）是受访青年消费时考虑的主要因素。62.3%的受访青年消费前会做计划。63.5%的受访青年建议年轻人消费时要适度，遵循量入为出的消费原则。调查显示，性价比（53.7%）和实用性（50.0%）是受访青年消费时考虑的主要因素，其他因素还包括：外观设计、品牌、新颖奇特以及示范效应等。[①] 青年不仅会在线上购物平台中进行商品价格对比，还会将这种比价行为带至线下，实现自身所追求的高性价比消费目标。

[①] 孙山：《63.5%受访青年建议年轻人消费量入为出》，《中国青年报》2018年第7版。

第四章

中国当代青年消费现象案例研究

近年来，青年群体展现出越来越强大的消费能力，并逐渐在某些领域形成消费热点，凸显出青年消费与大众消费的差异性与特殊性。

案例一 青少年追星引发的粉丝经济

青少年群体中一直有偶像情结，1949年学生游行队伍在天安门广场喊出"毛主席万岁"口号，20世纪50年代董存瑞、黄继光、刘胡兰、邱少云成为青少年崇拜的形象，60年代青少年开始向雷锋、王进喜、保尔·柯察金学习，70年代至80年代，青少年接触到了邓丽君的流行音乐、港台明星涌进青少年的视野，女排姑娘成为青少年崇拜的偶像，无数青少年通过向偶像学习选择了自己的职业，创造了人生的辉煌，偶像作为青少年学习的榜样起到了积极作用。但2007年一则粉丝追星的新闻在中国引发热议，名叫杨丽娟的女孩为圆自己的追星梦，在1997年到2003年，频频要求本不富裕的父母为其出资参加偶像刘德华的演唱会，为此花光了家中的积蓄，甚至将住房也卖掉，父亲为维持生活开销不得不卖掉一个肾，最后因对女儿失望跳海自杀。这条新闻仅是向社会掀起青少年追星行为的冰山一角，就在2021年5月，为获得支持偶像的"奶票"①，粉丝疯狂购买牛奶为自己的idol打投，引发了大量倒奶、撕超市包装、开封后不买、奶票黄牛等乱象，被官方媒体点名批评。2021

---

① "奶票"是指《青春有你3》选秀中节目策划为偶像助力的打投方式，粉丝需要购买赞助商指定品牌的牛奶，通过扫描瓶盖内部的二维码为偶像助力，一个瓶盖一票。

年9月1日,韩国男团——防弹少年团成员朴智旻中国粉丝后援会,为idol生日应援定制专属飞机,机身喷绘偶像应援照,机票、飞机内设等也以偶像为主进行设计。这次应援活动集资从2021年4月开始,百度朴智旻吧仅三分钟就集资到百万元人民币,一小时集资额超过了230万元人民币。

过去青少年的偶像崇拜或是购买书籍、画报,或是买盒磁带,甚至是一只发卡,一件衬衫就可以获得模仿偶像的快乐,如今作为粉丝的青年要买专辑、买代言商品、买杂志海报、买同款鞋服……青少年疯狂追星造就了粉丝经济的繁荣,这种现象实际是资本操控和新媒体裹挟的结果,反映出青少年价值观扭曲的过程。

一 粉丝经济中的重要概念

对粉丝经济进行解读,首先需要了解粉丝经济中的重要概念(见表4—1),这些如同密码般的专用词汇,将青少年划分为粉丝与非粉丝两个群体。

表4—1　　　　　　　　粉丝经济中重要概念汇编

重要概念	含义解读	使用方法
粉丝	Fans的音译,又被简称为粉,指对某一对象表达出极大热情与爱好的人。粉丝群体中也存在多种类型,如女友粉、妈妈粉、死忠粉、脑残粉等	名词:我是×××的粉 动词:我最近粉上了×××
爱豆	idol的音译,在粉丝中特指明星、网红、社会名人等,是粉丝对偶像的爱称。爱豆根据人气程度被划分为不同等级,如一线、二线等,人气较差的爱豆被称为十八线明星	名词:我的爱豆是×××
饭圈	网络流行语,近义词有"饭团",指由粉丝自发组成的圈层群体,在追星过程中为打投、应援方便,逐渐形成管理规则、组织机构、职责分工等机制,围绕饭圈出现了饭圈文化、饭圈女孩	名词:最近我在混饭圈

续表

重要概念	含义解读	使用方法
圈粉	网络流行语,最早出现在营销行业中,指用来增加客户流的营销手段,现指爱豆通过各种方式扩大自己在社交网络上的粉丝数量,吸引粉丝的关注与喜爱	动词:我被×××实力圈粉了 形容词:×××长得好,性格爽朗,很圈粉
本命	原指真命天子,最受瞩目的客体(人、事、物),最符合心意的选择,在粉丝中特指最被看好或最中意的人,跟爱豆有同样含义	名词:×××是我本命
初心	字面含义为最初的心动,在粉丝中特指开始追星喜欢的第一个爱豆,因为这个爱豆而开始加入粉丝行列,是一个比较神圣的概念	名词:×××是我的初心,从开始到未来只为他
白嫖	网络流行语,在饭圈中指粉丝追星却不为爱豆花钱,不买专辑、周边、代言商品等,通过免费享受其他粉丝分享的资源来追星,后引申出来,泛指免费索取他人资源的行为	动词:我最讨厌那种白嫖的粉丝了
控评	操控评论的缩写,也称"空瓶",是指粉丝把社交平台上对爱豆有利的评论点赞回复使其能上热评,对爱豆不利的评论举报、删评使其他人不容易看到,用来描述粉丝控制明星相关新闻下的评论走向	动词:一提到×××就有粉丝来控评
热搜	网络用语,指网站从搜索引擎带来最多流量的几个或者是几十个关键词,通常反映一段时间内的各界大事与流行话题。在粉丝经济中代表了明星的热度与社会关注度	名词:让我们送×××上热搜
实锤	指能够出具确凿的证据(照片、录像、录音、当事人证词等)证明整件事情的结论。由此引申出求锤得锤等新词	名词:×××的事情是有实锤的
脱粉	粉丝圈用语,指当喜欢的爱豆因不妥当的行为、语言而出现负面新闻时,追星个体脱离粉丝组织不再承认自己是此人粉丝的身份	动词:我已经对×××脱粉了

注:概念界定根据网络资料整理。

二 粉丝经济发展现状

（一）整体状况

中指研究院数据显示，红人①新经济直接相关市场规模从2017年的786亿元上升至2020年的13572亿元，四年内市场规模增长超过16倍。②enbase娱乐决策智库通过自有数据库估算，2020年中国偶像产业总规模已经超过1300亿元，其中仅核心层规模就达到460亿元，外衍层增长点不断出现，偶像产业将成为待开发的"蓝海"经济，③以上数据反映出偶像产业正处于蓬勃向上的发展阶段。

偶像产业规模的不断扩大，背后靠粉丝的消费力、购买力来支撑。艾瑞咨询公司发布报告称，2019年中国粉丝经济关联产业市场规模达到35868.1亿元，较上年增长了28.2%，预计未来粉丝经济关联产业市场规模将进一步扩大至6.4万亿元，成为文娱与网络媒体行业中的重要经济业态。④ Owhat发布的《2019偶像产业及粉丝经济白皮书》显示，2018年粉丝经济市场总规模在450亿元，同比增长达六成。其中付费粉丝占粉丝总数的四成。粉丝买起单来绝不手软，只要是跟爱豆相关的产品常常会在短时间内被一抢而空，粉丝经济已经成为消费市场中的热门现象。

（二）粉丝群体构成

enbase娱乐决策智库公布数据显示，粉丝群体中"95后"群体占据总样本的82%，一、二线城市的未婚女学生成为粉丝群的重要构成部分，每月追星消费在2500元以内的学生群体占比高达73%。⑤ Owhat在

---

① 中指研究院给出解释，红人是通过互联网进行优质内容生产和输出，并拥有一定规模粉丝群体的偶像化社会型人格。据中指研究院红人包含了话题人物、KOL、明星、企业家、二次元偶像等。
② 互联网数据资讯网：《中指研究院&IMS：2021中国红人新经济发展报告》，2021年7月30日，http://www.199it.com/archives/1288027.html，2021年8月30日。
③ 搜狐网：《2020年中国偶像产业发展报告》，2021年7月30日，https://www.sohu.com/a/450883654_99900352，2021年8月30日。
④ 艾瑞网：《中国红人经济商业模式及趋势研究报告》，2020年7月，http://report.iresearch.cn/report_pdf.aspx?id=3623，2021年8月30日。
⑤ 搜狐网：《2020年中国偶像产业发展报告》，2021年7月30日，https://www.sohu.com/a/450883654_99900352，2021年8月30日。

《2019偶像产业及粉丝经济白皮书》中也给出了几乎相同的消费粉丝①群体画像，消费粉丝出生年份主要集中在1995—2001年，即"95后"群体，江、浙、沪消费粉丝数量占据前三位，消费粉丝中女性占据绝对优势。此外，报告称被调查粉丝中36%比例的群体愿意每月在追星上花费100—500元。36氪研究院曾在2018年对1500名追星平台用户进行调查后发现，其中71%的受访者为"90后"与"00后"，约九成受访者存在过追星消费行为。②

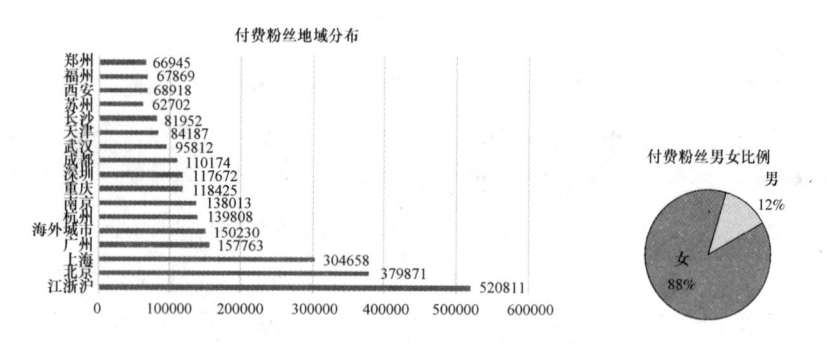

图4—1　付费粉丝性别、地域分布状况

注：数据来自Owhat发布的《2019偶像产业及粉丝经济白皮书》，https://baijiahao.baidu.com/s?id=1655327524581287634&wfr=spider&for=pc。

表4—2　　　　　　　　　　粉丝消费者画像

项目	数据
年龄占比	"90后"占总粉丝数80%以上，其中"95后"占50%以上
消费能力	中国明星的粉丝平均客单价为80多元人民币 韩国明星的粉丝平均客单价为100多元人民币
消费偏好	视觉向（以图片为主）杂志消费超过70%
活跃时段	11:00am—14:00pm 18:00pm—23:00pm

① 消费粉丝是指为追星购买过相关产品或服务的粉丝群体。
② 原创力文档：《粉丝经济下的用户观察报告》，2019年2月11日，https://max.book118.com/html/2019/0211/6122203001002010.shtm，2021年8月30日。

续表

项目	数据
城市覆盖	一线城市：54.75% 二线城市：19.03% 其他城市：26.22% 海外追星群占比16%

注：数据来自 Owhat 发布的《2019 偶像产业及粉丝经济白皮书》，https：//baijiahao.baidu.com/s? id＝1655327524581287634&wfr＝spider&for＝pc。

从以上各项报告可以看出，青年粉丝正呈现女性为主、低龄化、高消费的趋势，2015 年数据显示，娱乐明星粉丝年龄分布主要集中在 21—25 岁年龄段，而 2019 年粉丝分布的年龄段已下降至 19—23 岁，且 15—18 岁年龄段粉丝数量占比明显提高，共青团中央发布的《2020 年全国未成年互联网使用情况研究报告》指出，中国未成年网民中参与粉丝应援活动的群体占比达到 8%。从消费状况看，低龄粉丝群体反而表现出更强的消费力，智研资讯发布调查数据显示，超 1/4 "00 后"经常为偶像花钱，约 15% 的 "00 后"每月为偶像消费 5000 元以上，[1] 类似"高三学生疯狂'氪金'欠债 92 万元"的新闻不在少数。

三　粉丝经济中价值链的产生

张蔷在其著作《粉丝力量大》中对粉丝经济做了如下定义："粉丝经济以消费者为主角，由消费者主导营销手段，从消费者的情感出发，企业借力使力，达到为品牌与偶像增值情绪资本的目的。"虽然这一定义并非粉丝经济的唯一解释，但从中能够窥见当代青年群体中粉丝经济的独特之处，即情绪资本。当偶像具有能够调动粉丝情绪的力量时，他就具有了相应的价值。由此可见，情绪资本是粉丝经济价值链的源头。

（一）疯狂的粉丝与迎合的偶像

情绪资本从何而来？这个问题引入了粉丝经济中的主要参与方。首先

---

[1] 搜狐网：《揭秘饭圈乱象："没钱别提爱，白嫖不算粉""00 后"每月为追星花费 5000 元以上》，2021 年 8 月 12 日，https：//www.sohu.com/a/483029707_120808812，2021 年 9 月 1 日。

是粉丝群体，拥有粉丝身份的青少年，其消费决策的影响因素中，情感因素占据绝对主导的位置，这种行为显然是违背理性的，但却真实地发生在青少年消费者群体中，这就需要回到整个消费行为的起点——消费需求来分析。Admaster联合微博发布的《粉丝经济4.0时代白皮书》，对不同世代的粉丝心理诉求进行了归纳，发现"90后"青年追星是出于对偶像的认同，"95后""00后"青少年追星则是出于亲手培养偶像。因此，对于不同世代的粉丝来说，对偶像产生的情绪也不同。这些复杂的情绪将粉丝群体进一步细分（见表4—3），使粉丝具有不同的身份与职能。

表4—3　　　　　　　　　　粉丝类别划分

划分标准	粉丝名称	含义
按心态划分	姨妈粉、妈妈粉、女儿粉、妹妹粉、女友粉、老婆粉、路人粉	粉丝根据看到爱豆后的心态代入某种特殊的角色，以表达对爱豆的不同情感
按喜欢的成员划分	团粉、唯粉、团偏唯、唯偏团等	粉丝对偶像团体整体和个体表现出不同的喜欢程度
按喜欢的地方划分	颜粉、才华粉、音粉、舞蹈粉	表示粉丝对偶像的某种专长或技能认同
按理智程度划分	脑残粉、理智粉	根据粉丝是否能够清楚认识追星与现实生活的界限进行划分
按花钱程度划分	氪金粉、白嫖粉	根据粉丝为偶像打投的消费力进行划分
按身份划分	散粉、后援会、伸手党、前线、站姐、战斗粉、黑装粉、黑装路、粉装路、粉装黑、CP粉	粉丝会同时拥有多种身份，在粉丝群体中承担不同职责，在某一时段会出现身份的转换
按粉丝状态划分	事业粉、数据粉、作品粉	根据粉丝对偶像的支持方式进行划分。这类粉丝往往更关注偶像的发展状况
按忠诚度划分	骨灰粉、死忠粉、真爱粉、铁粉、路人粉、黑粉	粉丝对偶像的忠诚度是一个综合性指标，包括粉丝身份获取的时长、为偶像消费的总量、对偶像的信任度，等等

注：表格内容根据网络资料整理。

"90后"粉丝对偶像的情绪更多建立在认同与信任之上,因此"90后"粉丝对于偶像的诉求是在某方面具有突出优势,在专长领域能够展示自身才华,拥有良好的口碑或品质,与粉丝双向互动。"90后"粉丝与偶像之间的关系可以总结为:地位对等,平等对话。

"95后""00后"粉丝则更喜欢养成系的偶像,即偶像扮演粉丝心中的理想形象,通过贩卖梦想带给粉丝积极的情感体验,粉丝通过打投、应援等方式来回馈偶像的努力。因此,"95后""00后"粉丝对于偶像的诉求更为多样,或才华横溢,或颜值出众,或性格开朗,或平易近人,"95后""00后"粉丝与偶像的关系可以总结为:粉丝主导,参与决策。

"90后"粉丝与"95后""00后"粉丝既相同又不同。两者相同之处在于对偶像的期待,偶像实际是青少年粉丝对理想自我的实体化,其身上的特质往往是青少年自身不具有,但又渴望拥有的,借追星这一行为弥补自身不同,最终实现自我认同。因此偶像的一举一动,常常能够引发青少年粉丝情绪的变化,进而影响到情绪资本的增值与减值。不同之处在于偶像与粉丝权利义务的规定,"90后"粉丝更多地享受偶像的努力成果,如专业知识、音乐作品等,偶像作品的质量会影响"90后"粉丝的认同感与信任度,当其对偶像的认同与信任处于一个较高水平时,粉丝群体会出现追随式消费,即购买与偶像及其作品相关的产品或服务。购买产品或服务的消费体验还会反过来影响粉丝对偶像的认同感与信任度。"95后""00后"粉丝则更多地享受制造偶像的过程,注重在偶像养成中的参与感与成就感。粉丝群体在偶像养成过程呈现职业化特征,具备组织、传播、造势能力,在组织、传播、造势的过程中推动粉丝购买力不断攀升,如购买偶像代言产品,为偶像获得更高排名消费等。

其次是偶像群体。为了迎合粉丝,获得更多支持,偶像就需要响应粉丝群体的诉求,化身为青少年的理想自我,这时就出现了人设这一概念。人设实际上可以理解为标签,代表着青少年理想自我的交集,如颜值、才华、个性、人品等,选择一个讨喜的人设能更容易调动青年情绪,使其完成从非粉丝向粉丝身份的转变。当获取的粉丝群体数量增加时,偶像就成为这一群体中的关键意见领袖,在大众传播中拥有更强的影响力。而"95后""00后"粉丝则在偶像养成中具有更强的主动性,在偶像塑造、成长的过程中要求具有参与、决策的权利,例如偶像应当具有怎样的人设,选择怎样的发展路线,甚至是参与活动的类型、偶像的私生活都被粉丝监控与安排,偶像拥有的自主选择权十分有限,但通过让渡参与、决策的权利,偶像才能换取"95后""00后"中拥有更多的粉丝支持,从而对这一群体产生影响力。

(二)资本、媒体的参与

影响力并不等于直接购买力,将情绪转化为情绪资本需要一个赋值的过程。这里将引入粉丝经济中其他两个主体,包括资本方与媒体方。资本方需要从粉丝群体中获得最大利益,而资本方的获利点在于偶像调动粉丝情绪的能力,或者被称为偶像在粉丝群体中的人气,"为爱发电"的参与式消费是粉丝经济的基础,在这种参与式体验中,粉丝更容易受文化氛围、群体压力、营销策略、互动体验等因素的引导进行高消费。

1. 操纵的手:资本方

为了增强偶像对粉丝的影响,资本方会采取两种手段来创造情绪资本。

第一种是造星。资本方根据消费市场调研,选拔具有潜力的青少年,对其进行培养,为其塑造具有特色的人设,使其能够迎合青年群体情感需求。以TFBOYS男子偶像团体为代表,这种造星模式类似于韩国的出道系偶像,需要经历层层选拔才能够成为被资本方重点培养的对象。资本方抓住青年群体缺乏情感体验,需要情感刺激的特点,推出全面包装的偶像来吸引青年关注,随着关注度的增加,青年对偶像的情感变化依照"感兴趣—有好感—喜欢—狂热"的顺序发展,情绪资产增值实现。当青年希望转变为粉丝身份时,如购买偶像作品、周边及代言产品等,偶像的人气就变现为经济价值。

第二种是选秀,也可以称为偶像养成模式。通过开办各种选秀节目,资本方将选择权交给粉丝,赋予粉丝创造者的身份,把粉丝支持率作为偶像选拔的标准,使粉丝自偶像诞生起就发挥重要作用,2018年火遍全网的杨超越可以称得上养成系偶像的代表。偶像养成模式源自20世纪70年代的日本,家用电子产品在日本家庭的普及充实了日本家庭的娱乐方式,为了提高节目收视率,日本电视台开始制作各种选秀节目,从众多未经训练的年轻女性中选拔偶像,当这些未经专业训练的女生在观众面前努力完成歌舞表演时,一下拉近了观众与表演者的距离,给观众带来了一种亲切感。从《超级女声》《明日之子》到《创造101》《青春有你》《偶像练习生》，近年中国的选秀类综艺层出不穷，大量青少年通过选秀进入娱乐市场，扩大了偶像群体的规模，在粉丝群体中频频引发追捧热潮。养成系偶像的情感资本源于粉丝在偶像养成中的体验，这些参加选秀的选手，实际上是无数希望展示自我的青少年的缩影，选择自己喜欢的选手，帮他脱颖而出成为粉丝成就表演梦想的途径。资本方通过选票的形式为粉丝开辟参与通道，粉丝需要购买产品等方式来获得选票，进而实现支持偶像的目标。

2. 推动的手：媒体方

新媒体的出现为粉丝经济添了一把火，使其越演越热。新媒体运营的目标在于营利，作为青少年的聚集地与情感交流的主要媒介，社交媒体平台在粉丝经济中充当着推动者的角色。随着被赋予更多功能，社交媒体平台在营销者眼中具有更高的价值。要从粉丝经济中分到一杯羹，媒体方就需要在情绪资本增值方面下功夫，通过设计情境、营造氛围、充分曝光、增强互动的方式来增强粉丝对偶像的情绪反应。

首先，为塑造偶像人设而设计情境。资本方在造星方面能起到重要的作用，新媒体的作用则是将资本方提供的信息传递给粉丝市场。资本方为偶像树立了讨喜的人设后，新媒体所要做的就是通过具体的事件将这一人设形象化、丰富化，来增强消费群体对人设的信任度。现实中的一档综艺节目《我和我的经纪人》中的谈话印证了这一点，经纪公司工作人员谈到偶像的人设与定位，为偶像选择综艺时要对应其定位，设计偶像的表达和内容。此处偶像参与的活动成为为其人设形象化的情境，通过在固定的剧本中的表演，增进了粉丝对偶像人设的信任。当粉丝信任偶像具有相应的能力或品质时，偶像的人设才能转化为经济价值，促使粉丝进行相应消费。

其次，为增进粉丝情感反应而营造氛围。当偶像因为某一作品或事件爆红时，为了保持偶像热度，使其粉丝群体不断扩大，新媒体往往更多聚焦于这一偶像，营造出一种"现象热"。例如凭借《古剑奇谭》一跃成名的李易峰、凭借《陈情令》登上顶流的肖战，在作品快速走红后成为媒体关注的焦点，热搜、广告代言、综艺节目、影视音乐作品不断，通过密集的新闻报道来影响粉丝情绪。当粉丝的情绪反应不断增强时，就会在同龄群体中形成"传染",带动更多青少年关注和支持偶像。粉丝还会将情绪转化为情绪资本,通过购买偶像作品、周边,参加见面会、应援活动等来表达对偶像的喜爱与支持。

再次,推倒表演区域使偶像充分曝光。传统的偶像更像是一个舞台上的表演者,负责将剧本设计的情节通过表演技术向观众呈现,而很少有人关注偶像的个人生活。但在"95后""00后"粉丝群体中,除了关注偶像的台前表演,对其个人生活更具有好奇心,想要充分了解偶像信息。出于对粉丝群体这一心理的回应,新媒体试图推倒偶像的表演区域,对其工作、生活进行充分曝光,使粉丝能够看到偶像的不同状态。以偶像个人生活、婚恋为主题的综艺节目由此爆火,如《一个人的生活》《我家那小子》《女儿们的恋爱》等,将偶像的居家、恋爱的真实状态呈现在粉丝面前,满足粉丝窥探偶像个人生活的好奇心,既可以拉近偶像与粉丝距离,又可以通过自然行为的呈现塑造新的人设形象。

最后,将偶像置于粉丝群体中增强双方互动。在当今的时代中,粉丝与偶像的关系发生了变化,粉丝作为偶像经济价值的来源,正在获得更多的主导权。可以这样说,偶像如果高高在上就会失去粉丝支持,"接地气"成为偶像笼络粉丝的一大手段。因此除网络剧、网络综艺、网络电影外,为了能让粉丝近距离亲近偶像,新媒体还通过各种方式来增加双方互动的频率,如网络直播、微博互评、网游对战等,使粉丝产生偶像可能隐藏在自己身边的想象,增强粉丝支持偶像的责任心,以无形的规则促使粉丝进行消费。

总之,围绕着粉丝的情绪资本,偶像、资本方、媒体方形成了一个互联互动的关系,通过引导、激发等方式,促使粉丝为偶像积极消费,形成规模庞大的粉丝经济。

四 饭圈文化与饭圈生态

粉丝的多重身份转变成为粉丝经济中的变量,因此对于粉丝经济的讨论应当深入粉丝群体中,关注饭圈文化与饭圈生态。

(一)饭圈文化

饭圈文化又称为应援文化,粉丝应援文化为粉丝的高消费营造了文化氛围。应援是指一切向偶像表达支持的行为活动,狭义概念的应援是粉丝自发统一支持偶像的颜色或物品，创造应援歌曲、视频，等等。而广义概念的应援还包括赠送礼品、探班、以偶像的名义做各类活动，以及通过各种途径向他人推荐所喜爱的偶像等。

粉丝应援文化对于粉丝有以下意义。一是从群体中获得自我身份认同。粉丝群体是一个亚文化小众群体，这类群体的成员将应援视为内部仪式，通过是否参与仪式，以及在仪式中的表现来辨认成员是否归属于群体，个体也会在仪式中通过得到其他成员的认可来获得身份认同。二是在与其他粉丝群体的竞争中获得成就感。粉丝群体通过投票、购买偶像相关产品打榜来进行应援竞争，为了维持在粉丝群体中获得的身份认同，粉丝个体表现出较高的忠诚度，通过消费更多的产品来使偶像维持在高位排名，由此获得竞争的成就感。三是借此增加与偶像互动。除到场支持、社交媒体关注与推广外，应援是粉丝能够与偶像互动的另一重要渠道。在表现出强力应援行为后，偶像会对粉丝的行为做出回应，如粉丝见面会、现场感谢、社交媒体上互动、签名合影等，作为粉丝应援的回馈。四是通过应援展现经济价值与社会影响。在粉丝经济中，偶像的经济价值与社会影响力需要通过粉丝来变现，而粉丝通过购买更多明星代言的产品，组织多种应援活动来帮助偶像提升经济价值与社会影响力，实现偶像养成的目标。

（二）饭圈生态

饭圈生态是围绕着粉丝追星职业化而来的，是粉丝自发组织，以应援文化为背景，遵循饭圈潜规则指导下的群体生态系统。饭圈生态涉及因素过多，在此仅就饭圈的职业化这一核心要素来对饭圈生态进行讨论。

虽然粉丝群体呈现流动性大、质量参差不齐、容易被舆论引导的问题，但在饭圈的管理下实现了统一式管理，协调不同地区粉丝活动，实现重大活动联合应援，并形成了粉丝群体中共同遵守的"章程"。饭圈正在呈现职业化的趋势，这种职业化表现在粉丝身份功能化、应援网站内部运作成熟、粉丝日常任务明确等方面。

首先，粉丝身份功能化。粉丝由其身份衍生出不同功能，粉丝群体中的上层群体包括偶像形象宣传者、偶像作品创作者、应援组织策划者等不同身份，这类粉丝一般都是偶像的"死忠粉"或"铁粉"，能最快最全面地掌握偶像信息，了解偶像的活动行程，频繁参加偶像的各种活动，成系列或长期坚持购买偶像的作品、杂志、代言产品。这类粉丝在饭圈中拥有较高的话语权,具有较大影响力,粉丝应援活动组织、应援筹资管理等都由组织者来执行。下层群体主要为普通应援者、参与者等身份,这类粉丝一般是普通粉丝,不会为应援花费太多的精力与费用,但会关注偶像的最新信息和作品,在消费决策时考虑到是否为偶像代言,购买偶像相关周边,他们是饭圈的服从者或边缘群体。

粉丝群体中具有等级划分,就具有相应的上升路径。如从路人粉到真爱粉到死忠粉。完成这样的身份提升同样能够为个体创造价值,死忠粉在粉丝群体中也会拥有相应的影响力,其社交媒体账号会被粉丝群体关注,此时死忠粉就可以转化为职业粉头,能够在粉丝群体中引导舆论走向,煽动粉丝情绪。由于职业粉头的影响力,往往能够从多个渠道获得经济收入,如经纪公司的工资、销售偶像非公开图片视频、设计销售偶像周边产品等,这时职业粉头成为粉丝经济中的获益者之一,必然会引导粉丝进行相应消费。

其次,应援网站的内部运作十分成熟,包括职业分工、资金管理、规则制定与执行、周边定制与销售四部分工作内容。职业分工主要是指进行偶像宣传与推广的分工,如站长、摄影、后期、文本撰写、原画创作等,围绕偶像的活动进行报道,进行偶像最新信息分享,作为偶像与粉丝展开互动的中介环节。应援网站的资金来自粉丝加入粉丝应援会的会费收入、购买网站偶像周边产品收入以及粉丝应援费用等,主要用于偶像活动现场应援物品的购买。由于组织应援活动的需要,应援网站还会出台一些规则,例如会费缴纳、应援产品设计、应援活动细则等,以维持组织内部以及应援活动的秩序。当偶像经纪团队无法提供满足粉丝需求的周边产品时,应援网站会通过社交媒体上粉丝的反馈,制作并销售部分偶像周边产品。

最后,粉丝日常任务明确。为了维持偶像热度,饭圈还会对粉丝下达日常任务,主要以签到、投票、打榜、舆论控场形式为主。鉴于粉丝流动性大、质量不一的问题,饭圈会要求粉丝每日在规定的平台上签到,以统计粉丝数量,而多次不签到的粉丝个体则会被饭圈"开除"。投票、打榜往往出现在偶像之间竞争时,为保证偶像维持在榜单高位,粉丝通过分享、播放、投票、评论等方式提高偶像的热度。舆论控场主要是对社交媒体中偶像评论的控制,当发现有诋毁偶像的评论时,会通过各种途径甚至是过激的方式,要求发言方消除不良评论的影响。

综上所述,饭圈已然成为一个有组织结构、有规章制度、有职能分工、有资金流动的自发性生态体系,而这个生态体系与资本方、媒体方相互交杂,维持着粉丝情绪资本的增值。

五 粉丝经济中的乱象与治理

(一)畸形发展的饭圈生态

为了促使粉丝为偶像"买单",在资本方、媒体方等粉丝经济获益者的影响下,饭圈生态正在朝着畸形的方向发展,应援文化也从"为爱发电"变为强迫式消费。为偶像花钱成为粉丝的责任,在"没钱别提爱""真爱粉就人均买上100张""砸钱送哥哥登顶"的口号下,为偶像打投、冲榜成为粉丝证明自己忠诚的表现,对偶像的爱被物质化为购买专辑、产品、周边等的消费,且消费金额与消费次数成为饭圈内鉴定真爱粉、死忠粉的主要标准。不为偶像花钱在粉丝群体中成为一种耻辱,一旦被发现"白嫖",个体就会受到来自其他真爱粉的抨击,甚至被开除粉籍[①]。禀赋效应认为当个体拥有某样物品后,对其价值的评价要远大于拥有之前,粉籍对于粉丝来说同样如此,丧失粉籍的恐慌促使青少年不得不一次次加入打投、应援之中,来加深幻想中偶像对自身的认同。正因为主动或被动的打投,才有了著名的"倒奶事件"。

不同粉丝群体间的引战、倾轧也使得饭圈之中充满戾气。这种问题的出现更多归因于粉丝群体的低龄化,由于低龄粉丝在追星时缺乏理性,往往会做出过激行为,如在其他偶像微博下出言侮辱,抵制其他偶像相关产品等,必然引起对方粉丝的还击。2020年著名的227事件[②],肖战成

---

① 粉籍是网络流行语,指类似得到其他粉丝认证的粉丝身份。

② 227事件:2020年2月24日,因某写手在AO3网站发布的一篇同人文章《下坠》中,将肖战的性别定义为女性,由此引发肖战唯粉的强烈抵制。2月26日下午事件发酵,有人开始在社交平台发布捍卫肖战形象的言论,使唯粉群体群情激愤,进行有组织的投诉举报,最终导致《下坠》作者弃号,作品下架,另一国内最大的同人社区loft也成为肖战粉丝举报攻击的对象。2月27日路人粉加入其中,谴责肖战粉丝行为太不理智,言辞过激,严重影响网络和谐,各大同人圈粉丝也加入对战中捍卫自己的创作自由,这天被同人圈称为227大团结。而肖战粉丝为维护偶像强烈反击,事件扩大。2月29日AO3被封,双方对抗没有回旋余地,事件由此炸裂性发酵,同人文创作者及读者开始转为抵制肖战代言的所有品牌,肖战本人成为网络公敌。

为全网公敌,参演的影视作品被打低分,代言商品遭抵制,让人们见识到了粉丝的破坏力与偶像为粉丝行为买单的后果。除低龄粉丝的非理智行为外,职业粉头也成为粉丝群体间引战的导火索。职业粉头凭借自身在粉丝间的影响力获得经济利益,为了引起经纪公司关注,职业粉头也会通过故意引战的方式来展示"实力",制造不同粉丝群体间的冲突。为了让自家偶像获得更好的资源,粉丝还会通过"卧底""黑扮粉""粉扮黑"等策略发动饭圈斗争,让饭圈生态更为混乱,向难以控制的地步发展。

(二)规范饭圈生态

天下苦饭圈久矣,饭圈生态的混乱已经开始对普通人的生活造成影响。在"倒奶事件"后,2021年6月15日,中央网信办宣布在全国范围内开展"清朗·'饭圈'乱象整治"专项行动,简称"清朗"行动,开始对网上历史虚无主义、网络环境、算法滥用、网络水军、流量造假、黑公关等八个方面进行重点整治。此次专项行动主要是针对网上"饭圈"突出问题,重点围绕明星榜单、热门话题、粉丝社群、互动评论等重点环节,全面清理"饭圈"粉丝互撕谩骂、拉踩引战、挑动对立、侮辱诽谤、造谣攻击、恶意营销等各类有害信息,重点打击以下5类"饭圈"乱象行为:诱导未成年人应援集资、高额消费、投票打榜等行为;"饭圈"粉丝互撕谩骂、拉踩引战、造谣攻击、人肉搜索、侵犯隐私等行为;鼓动"饭圈"粉丝攀比炫富、奢靡享乐等行为;以号召粉丝、雇用网络水军、"养号"形式刷量控评等行为;通过"蹭热点"、制造话题等形式干扰舆论及影像传播秩序行为。

饭圈生态的畸形也离不开偶像的失声与失德。在227事件中,由于偶像未能对粉丝进行积极引导,导致冲突事件不断升级,最终造成两败俱伤的结果,偶像的失声看似仅是未对粉丝非理智行为加以控制,但实际上是对资本的妥协,是偶像作为公众人物社会责任感的缺位。央视曾经频频点名批评失德艺人,指出偶像群体在利益驱使下,担得起利润,却担不起社会责任的问题。作为公众人物的偶像并未为青少年粉丝群体树立正面的社会形象,甚至被爆出吸毒、代孕、强奸等违法丑闻,对粉丝群体造成了极为不良的影响。

除"清朗"行动外,国家还针对青少年精神需求旺盛的特点,致力于打造高质量的综艺节目，如经典咏流传、国家宝藏、中国诗词大会等，引导青少年在良好的文化环境中成长。

案例二 "娘化"与青年男性消费"中性化"

"吃个桃桃，好凉凉"的梗曾经在网络上爆火，这句话最开始出自抖音男网红风小逸的一则视频作品，画面中风小逸妆容精致粉嫩，穿着可爱的服装吃着黄桃罐头，语气娇憨，不断嘟嘴卖萌，让人分不清性别。这种现象从偶像形象的变迁就可以看出，20世纪五六十年代，青年的偶像多是劳动模范、军人这类具有自我牺牲精神的形象，女性青年中甚至流行起"不爱红装爱武装"。改革开放初期，国际、港澳影视作品的引入让青年开始接触到娱乐偶像，高仓健、周润发塑造的硬汉形象深入人心。到90年代，成龙、李小龙、张国荣、谢霆锋等华语巨星抢占荧屏，偶像形象开始多元化，青年对男性偶像的期待不再单一化，但主流审美仍是传统男性形象主导。直至韩流在中国大肆兴起，妆容精致的小鲜肉偶像受到女性粉丝的追捧，女性群体的主流审美观念发生了变化。作为粉丝群体的主要组成部分，为迎合女性审美观念的变化，鲜肉型偶像在中国娱乐圈兴起，这些偶像凭借阴柔精致的长相而受到女性粉丝的追捧，不需才华只要卖个萌就能吸引大批女性粉丝为其疯狂。《创造营2021》中的男团组合糖果超甜就曾引发社会议论，被冠上"娘炮"的称号。

这股"阴柔之风"不仅刮在偶像、网红等特殊职业领域，还刮进了男性青少年群体中，不化妆不出门，护肤品摆满一桌子，做事扭扭捏捏，说话嗲里嗲气，追求"柔弱美"的男性形象，让人不由惊呼男生怎么变娘了。官方媒体就青少年"娘化"现象发声，评论称少年娘，则国娘！表达出对青少年群体中"娘化"现象的担心。

在探究男生"娘化"现象出现的原因时，人们发现青年男性消费正在呈现"中性化"的趋势，男士专用洗护产品销量增长，男性时尚流行元素向女性时尚靠拢，中性鞋包的消费群体中男性占比上升，表明男性不再囿于传统形象，而是在消费中突破性别限制，追求形象塑造的自由。为何当代青年男性的理想形象发生变化？理想形象的变化是否如社会所担心的成为男人"娘化"的征兆？对这些问题的探究，需要厘清男星

"娘化"的根源，以及中国青年男性消费的现状。

一 "娘化"的开端与发展

中国文化中自古就有男性扮演女性的传统，这是由于封建社会女子无权登台演出，因此在戏曲中有了男旦一称，即男性演员饰演戏剧中的旦角（女性角色），为了能够更贴近人物，男旦往往会在表演中刻意表现出女性化的动作、神态，穿跷鞋模仿小脚女性姿势，在唱腔中也要模拟女性发音特点。但男性对女性的模仿仅在舞台上呈现，一旦脱离剧本离开舞台，男旦仍然会展现出自身的男性气质，京剧"四大名旦"均是男性，这种表演式的男扮女装并不能称为"娘化"。对青年男性群体中出现的"娘化"现象进行溯源，发现男星的"娘化"是开启"娘化"现象的重要一环。

（一）男星的"娘化"

真正推动男星向女性化迈出第一步的，是日本娱乐公司杰尼斯事务所的创始人——喜多川。1962年喜多川创办杰尼斯办事处，致力于打造男性组合、歌手、艺人，为日本娱乐圈输送了多位超人气国民偶像，如木村拓哉、泷泽秀明、山田凉介等。杰尼斯事务所每年都会面向社会招收10—15岁、相貌出众的男性青少年，这些青少年需通过层层筛选才能成为练习生，作为新生偶像力量接受事务所一系列培训，当练习生具备突出的艺能和鲜明的个人风格后，就可以被安排正式出道。杰尼斯事务所培养的男偶像以低龄、纤瘦、长相柔美、性格温顺为特色，与当时日本娱乐圈男星昭和男儿的硬汉形象形成鲜明对比，陪伴花美男成长似乎更能吸引粉丝的关注，维持粉丝对偶像的热情和忠诚。而鲜肉型偶像的爆火有益于削弱日本社会的雄性气质，使其丧失攻击性，这正是美国所乐见其成的，因此美国对喜多川给出了颇多支持。

1996年，杰尼斯事务所的当红男星木村拓哉拍摄的一支口红广告，向传统的男性形象发起挑战。佳丽宝公司选用男偶像代言女性彩妆用品，使木村拓哉成为第一个代言口红的男星。广告中木村拓哉对着镜头在嘴唇涂抹上色彩鲜艳的口红，眼神柔媚性感，引发日本女性群体的疯狂购买，两个月时间木村拓哉代言的口红就卖出约三百万支，甚至连印有木村拓哉形象的海报都被接连偷走。

喜多川所开创的男偶像养成模式，改变了日本粉丝对男偶像的审美标准。这种审美观的转向并非偶然，而是受传统文化——女形艺术的影响。日本有歌舞伎中男性扮演"女形"的传统，在"女形"表演中，侧重于展示女性或柔弱或娇艳的特点，因此阴柔的花美男很快被社会所接受，男星开始出现女性化倾向。

随着偶像养成模式的成熟，日本开始向韩国输出花美男偶像，韩国的娱乐公司也开始照搬日本艺人的养成方式，推出本土化的韩国男性偶像，尤其是在男性偶像的形象定位上，韩国娱乐公司显然在向日本靠近，"幼瘦美"成为韩国男星包装的方向。以韩国知名娱乐公司 SM 为例，1995 年韩国 SM 娱乐有限公司创建，1996 年就推出人气男子偶像组合 H. O. T，1998 年 H. O. T 组合进入中日娱乐市场，在两地掀起了第一波"韩流"热潮。此后 SM 公司又成功包装出东方神起、深化、super junior、EXO 等男子天团，在亚洲创造了"韩流"时代。而这些人气男子偶像团体总是以艳丽的浓妆示人，阴柔之气尽显。"韩流"花美男的成功推动了日韩两国娱乐圈男星的女性化，以市场为导向，日韩娱乐公司不断向粉丝推出新的男性偶像团体，男性偶像的形象经历了从相貌中性化，到妆容女性化，到服饰女性化，再到整体造型女性化的蜕变，男星出现较为普遍的"娘化"。

20 世纪九十年代，中国加大对国际开放力度，韩流以流行音乐、电视剧等形式进入中国市场，随之而来的也包括日韩男星，以及日韩娱乐圈对男性的审美观念。部分青少年开始狂热迷恋这些长相柔美、妆容精致、唱跳俱佳的男偶像，开始对其着装风格进行模仿。日韩偶像在中国的风靡向外界释放信号，模仿日韩风格就能够抢占娱乐市场。因此国内的娱乐经纪公司开始采用两种手段造星，一种是引进日韩艺人培养模式，例如，2009 年北京某文化艺术发展有限公司复制日本杰尼斯事务所策略，率先开始选拔"练习生"，启动 TF 家族项目。2013 年男子组合 TFBOYS 诞生，并在短时间内迅速风靡全国，组合成员年龄在 13—14 岁，身材修长高挑，长相清秀可爱，符合"幼瘦美"的特征。EXO 组合中国成员归国后也将韩国对男星的审美带入国内，以鹿晗为代表，长相秀美的鲜肉型男星在粉丝群中受到追捧。另一种是送艺人到日韩接受训练，通过日韩娱乐圈的造星流水线，使其在短时间内被包装成受市场欢迎的人气偶像，这些偶像的形象必然要迎合日韩娱乐圈偏好。虽然当前日流、韩流在国内青少年群体中逐渐冷却，但日韩对男星的审美风格却保留了下来，中国娱乐圈中"娘化"的男星数量不断增加，在影视剧中，男星甚至会通过"男扮女装"的方式来获取关注，赢得粉丝支持。

（二）青年男性的"娘化"

青年男性的"娘化"是伴随男星"娘化"而来的。鲜肉型男星获得女性粉丝的追捧，表明女性对男性的审美标准发生了变化，无攻击性的美男子更受到女性欢迎，这向婚恋市场传递了信号，即精致的男性容易获得更多的婚恋机会。为了迎合女性的喜好，青年男性开始注重个人形象，关注自身与人气男星之间的差距，努力向女性的审美标准靠近。将男星作为参照标准的同时，无形中增加了男星对青年男性的影响力，青年男性会通过购买男星推荐的产品，模仿男星穿搭风格来缩小两者差距，在这一过程中，"娘化"现象产生。

"娘化"个体与传统男性形象具有鲜明反差，柔美的长相、中性化的穿着、良好的生活习惯，使这类青年男性拥有部分女性特质，如无攻击性、性格温柔、平易近人等，凭借这些特质能够更快融入两性群体中。同时，"娘化"往往与"萌"相关联，面对较自己弱小的个体时，人的保护欲容易被激发，从而对这类群体产生天然的好感。这些优势实际上进一步加剧了青年男性的"娘化"现象。此外，年青一代拥有更为包容的价值观，"娘化"被视为个人的选择而得到青年群体尊重，同辈群体的包容使"娘化"具有了合法地位。

二 青年男性消费呈现"中性化"特征

在消费市场中，男性的消费地位被排在女性、儿童、宠物之后，被视为低消费群体，这种偏见囿于传统男性的形象。在传统认知中，男性对应着劳动与战斗，男性展现自身优势的方式主要为劳动成果与战利品，而并非在外表装饰上。当代青年男性开始冲击两性性别气质的二元对立，希望摘掉男性粗糙、不修边幅的标签，调整消费结构，增加原本独属女性的消费项目。

早在2018年，唯品会就联合京东发布了《去性别化消费·中国两性消费趋势报告》，报告指出，男性去性别化消费主要表现在六大趋势：包括男性服饰、美妆消费力增强，市场规模不断扩大；"90后"成为男装、美妆消费的主力；低线级城市男性美妆服饰消费能力增强；一、二线城市男性参与家庭消费的行为更多；男性开始注重养生保健；男人越来越懂仪式感，其中男性服饰、美妆产品消费成为关注热点。

男性在形象消费中开始出现分化现象，部分男性开始注重服饰搭配与生活品质，具有护肤意识与习惯，与传统男性形象相分离。男性在彩妆产品上的消费量增长迅猛，从仅购买粉底、遮瑕进行简单修饰，到眼线、眉笔齐备，化妆对于男性来说已经不再是纯女性化的词汇，而成为中性的代表。

（一）护肤品、彩妆消费增长

2021年，蜂鸟问卷在对收集的2500份有效问卷样本进行分析后发现，34%的受访者认为男性化妆已经成为一种普遍现象，63.5%的受访者接受男性化妆的行为，认为男性出于爱美之心可以理解，仅有16%的受访者表示不认同男性化妆，认为这种行为是缺乏阳刚之气的表现。在问到男性是否有必要化妆这个问题上，61.5%的受访者认为在必要时间点或重要场合男性需要适当化妆，20.5%的受访者认为男性化妆具有必要性。

这项调查验证了社会及男性自身对男性形象态度的转变，一定程度上说明了男性在护肤品、彩妆上消费量的增长。美业颜究院公布数据显示，2021年第一季度线上男士美妆个护产品销售规模较去年同比增长近40%。与女性美妆个护产品消费状况对比，男性护肤品销售额已实现反超（见图4—2、图4—3）。从男士消费者对洗护产品的需求看，多功能清洁成为热词，要求产品在清洁的同时达到祛痘、补水、修护等效果，二合一、三合一等成为男士选择洗护产品的主要对象，男性对护肤产品的功效要求也在不断增加，从基础的水乳到面膜、面霜、防晒，再到眼部护理、面部去角质、身体乳，等等，表明男性开始形成肌肤护理概念。在美妆消费上，男性不再是为了女友或女性亲属买单，而是真正成为美妆产品的使用者，开始尝试使用BB霜、素颜霜、香水来打造简单干净的个人形象，"95后""00后"青年男性则接受使用眉笔、眼线笔、修容、口红等彩妆产品，为自己创造个性化妆容。此外快手、抖音、B站中涌现出许多针对男性的美妆博主，数量占比达到21%。男性在洗护彩妆消费上正在向女性靠近，彩妆产品不再是女性专用，而成为一种中性产品。①

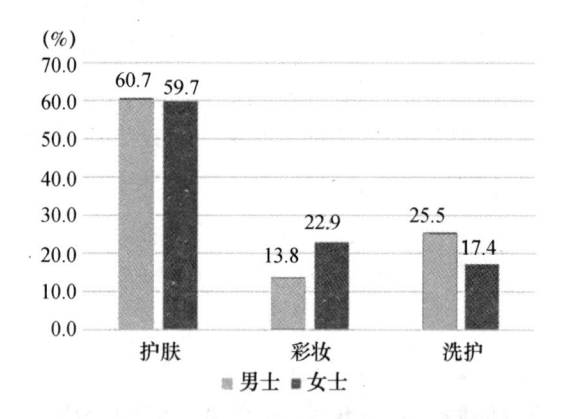

图4—2 MAT 2021 美妆个护一级类目销售额占比分布

注：数据来自《2021男士美妆市场消费趋势洞察》，http://www.199it.com/archives/1237507.html。

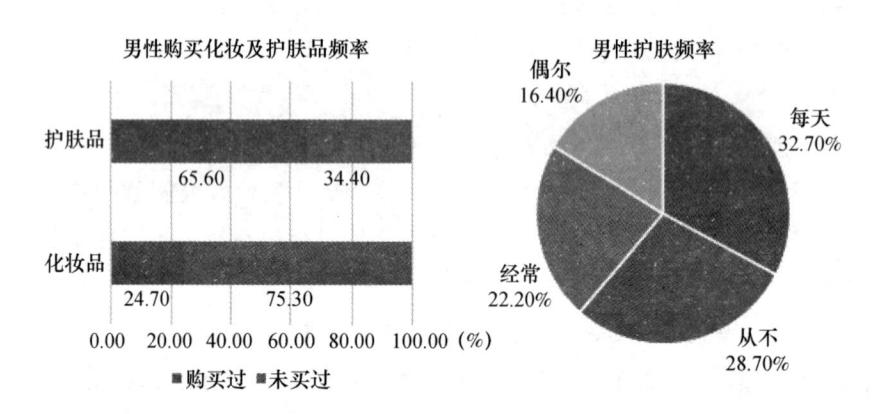

图4—3 男性购买化妆及护肤品频率及男性护肤频率

注：数据来自《国货护肤品牌社媒营销解决方案》，https://view.inews.qq.com/a/20210906A0BBPJ00。

消费美妆产品的男性主要为一线城市的"00后"青年男性，虽然男

---

① 互联网数据资讯网：《天猫&CBN Data：2021男士美妆市场消费趋势洞察报告》，2021年5月13日，https://www.sohu.com/a/470471661_120709039，2021年9月1日。

性化妆的目的大多是美化形象，在美妆产品选择上也多为底妆产品，但人气男星的示范作用使男性对彩妆产品的消费兴趣增强。市场调查报告验证了这一观点，报告显示彩妆品牌采用男代言人更能促进消费者购买，"男色"成为娱乐圈男明星经济价值的一部分。鹿晗、蔡徐坤等当红偶像发布"美妆"内容的博文具有更大影响力。男性成为美妆消费潜力人群，会购买明星代言或同款美妆产品。①

表4—4　　　　2021男女明星新增美妆合作Top5　　　　单位：个

男明星		女明星	
范丞丞	8	赵露思	6
龚俊	6	程潇	5
蔡徐坤	5	王霏霏	5
邓伦	5	孟美岐	4
华晨宇	4	刘雨昕	4

注：数据来自CBN Data & 星数发布的《2021美妆市场明星营销观察报告》，http://www.199it.com/archives/1273575.html。

（二）服饰消费去性别化

青年男性更倾向于购买潮流服饰，用色大胆、剪裁新颖、增加女性服饰流行元素成为男装潮流服饰的设计理念。一是在颜色使用上，2021年春季新品发布中，男性服饰配色也选用了艳丽的亮丽黄，此外红色、粉色、浅蓝等带有女性属性的颜色也被运用至男装潮服设计中。二是在流行元素的选用上，蕾丝、绣花、荷叶边、缎面等都曾出现在男士时装中。三是在服饰设计上，男装潮服中也会借用女性服饰设计的特点，例如去除了男装款式中的直线造型，增加收腰设计，凸显男性的纤细感。放弃T型、H型的正装设计，选用Y型、X型设计使服装更加贴身。此外，无性别服饰也成为青年男性服饰消费的对象之一。20世纪六七十年代西方掀起性解放运动，传统男装中开始出现女性化元素，无性别服饰

---

① 互联网数据资讯网：《CBN Data& 星数：2021美妆市场明星营销观察报告》，2021年7月6日，http://www.199it.com/archives/1273575.html，2021年9月1日。

的设计理念萌生。2018年时装品牌bosie在服装板型与裁剪上不划分性别，仅一年时间就做到营业收入破亿，成为无性别服饰的代表，除bosie外，许多时装品牌都在打造无性别系列，吸引青年男性消费。

除服饰中性化外，当代青年男性也热衷于购买珠宝饰品。数据显示，2018年全球男士高级珠宝销售额高达58亿美元，较2013年增长了23%，男士饰品不仅包括手表，还包括戒指、手镯、耳环、胸针、袖扣、钱夹等，[①] 宝诗龙畅销单品Quatre戒指、卡地亚的真爱手镯不仅拥有众多女性消费者，还征服了众多男性消费群体。宝格丽珠宝品牌就邀请人气男星做代言人，致力于打造中性珠宝代表品牌。法国珠宝品牌BOUCHERON在其2020年顶级珠宝系列发布会上，也首次请男性模特进行展示，BOUCHERON的旗下品牌Quatre、Jack系列珠宝采用了不分性别的独特设计，将中性风作为其品牌的核心概念之一。

（三）医美整形消费兴起

在对美的追求上，青年男性正在大跨步追赶女性，爱美不再是女性的独属标志。局部来看，青年男性开始关注自身颜值，除使用护肤品、化妆品外，还会通过无创伤性的医美来保持年轻容貌，愿意为改善自身容貌缺陷，获得愉悦心情而付出更高的消费资金。数据显示，2016—2020年，中国男性美容行业市场规模扩大迅速，年均增长率达到9%以上，医美类App用户中男性用户占比不断攀升，且男性医美平均客单价达到女性的2.75倍。从男性用户医美项目偏好看，去皱、祛眼袋成为热词。[②] 虽然从目前看，医美整形中女性消费者仍是主要群体，但"95后""00后"青年男性追求美的意识已经觉醒，成为医美男性消费者中的重要构成部分。

三 "娘化"与青年男性消费"中性化"的成因

"娘化"与青年男性消费"中性化"表明，以往"男人看，女人被

[①] 宝物志：《震旦科技两周年庆：男性市场正在成为珠宝品类下一个增量市场》，2020年8月19日，https://baijiahao.baidu.com/s?id=1675422743454458013&wfr=spider&for=pc，2021年9月1日。

[②] 互联网数据资讯网：《Mob研究院：2021年"男颜经济"研究报告》，2021年6月23日，http://www.199it.com/archives/1265459.html，2021年9月2日。

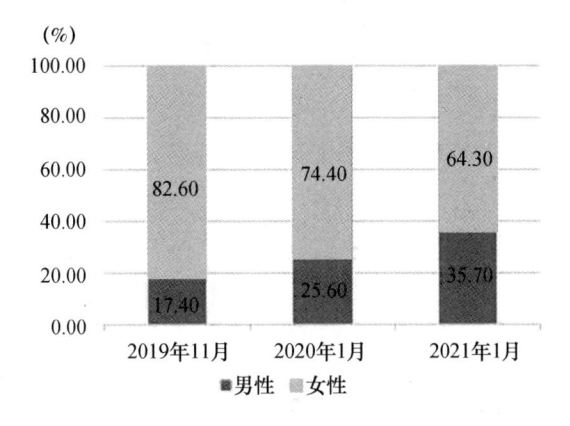

图 4—4　医美类 App 用户性别分布

注：数据来自 Mob 研究院《2021 年"男颜经济"研究报告》，http：//www.199it.com/archives/1265459.html。

看"的社会身体形象发生了动摇，在女性的引导下，男性自身审美意识觉醒，不再拘于遵循固有社会身体形象，开始关注塑造具有个性的新形象，两性性别气质对立的局面被打破。这种现象出现的原因，可以归结为以下几点。

（一）明星效应的作用

明星作为社会公众人物，其在青年群体，尤其是低龄青少年群体中的影响力极大。在社交媒体环境下，明星的一举一动都会被有意识地引导，进而吸引青少年效仿。当资本操控社会媒体时，青少年的审美观念就会被重塑，使之确信当与人气男星拥有同样的形象风格时，就可能与男星一样获得众多人的喜爱，在群体中拥有影响力，收获经济利益，从而获得心理与物质的双重满足。

（二）高颜值的正向社会评价

"娘化"与"中性化"消费实际上是在迎合他人审美观的变化，即让自己看起来具有高颜值。荷马仕在其著名的《颜值与劳动力市场》论文中提到，颜值和终生劳动力总收入呈较强的正相关性。社会上既存在丑陋罚金现象，也存在颜值奖金现象。[1] 无论是升学、就业还是人际交往、

---

[1] Hamernesh. Daniel S., and Jeff E. Biddle. Beauty and the Lab or Market. No. w4518. *National Bureau of Economic Research*, 1993.

婚恋，颜值高的青少年相较于低颜值青少年更具优势，也更容易获得优质发展机会，这就是高颜值的正向社会评价。近年来，"网红经济"的兴起与快速发展，也证明了高颜值具有正向社会评价，男生面容柔美、妆容精致成为男性网红的标准，通过容貌、身材的展示，花美男型男生更容易获得女性群体的认可，将高颜值所获得的正向社会评价转化为体验型商品并从中获益，其所激发的跨阶级现象局部破坏了社会阶级封闭机制，带动高颜值者社会经济阶层的提升，这种方式刺激了社会底层青年男性的追随。

（三）寻求社会认同

社会认同是人类寻求自身安全感的需要，通过对社会认同的寻求，个体获得社会定位并形成与之相关的话语与行为系统。青少年所处的年龄阶段，其心理发展也处于矛盾状态，这种矛盾来自社会认同与自我认同的冲突。作为社会成员，人只有在与社会发生互动并获得社会人认同时，才能去寻求与社会他人的差异，从而形成具有个人特征的自我认同。在消费经济机制影响、明星的影响与社交媒体介入中，青年男性错误地将社会认同等同于自我认同，或将社会认同置于自我认同之上，追随男星"娘化"的形象风格，按照社会审美的要求进行"中性化"消费，以获取他人的认可。

（四）同伴的示范效应

同伴是青少年消费参照群体的一个类别，同伴不仅指同学，还包括朋友、同龄人群等。这些参照群体对青少年"娘化"会产生中性化消费的影响，来自同步消费产生的示范效应，群体会通过排斥"异类"，接受"同类"来控制青少年行为，使其做出参照群体所期待的回应。例如，当同伴群体中部分青年男性开始使用护肤品时，他们会将不使用的个体排斥在群体之外，给他打上邋遢、不修边幅、粗糙的标签，而接受同伴群体建议，开始使用护肤品的个体，则会获得赞赏，被他人认为变得更干净清爽了，或变得更帅了。在这种对比下，青年男性往往会选择更简单的方式，即与同伴群体保持相同的审美观、价值观及消费偏好，以使自己被容纳在群体之内，而不是被视为异类。

案例三　青年社交消费

2020年9月，"秋天的第一杯奶茶"毫无征兆地在网络上爆火，朋友圈被晒奶茶、晒微信红包截图的刷屏，送奶茶成为关心、重视的表达方式，奶茶也从饮品变成了一种社交工具。不仅是奶茶，青年还会购买夸夸群、虚拟男友、"代吃"服务赠送好友，从中可以看出青年的消费已经不仅是满足物质需求，而是发展出社交功能。在翻阅众多关于Z世代的消费报告时，我们都能发现社交对于Z世代的重要意义，从引发消费需求的动机，到购买商品的渠道，都与Z世代的社交圈密不可分。对于Z世代青年来说，消费行为实际上是种"社交货币"，只有进行某种消费才能与同辈拥有共同语言，进而被相应的社交群体所接纳。因此，对于青年群体消费的分析，一定意义上也是对青年群体社交行为的分析。

一　社交游戏的兴起

对于精力充沛、好奇心强的青年群体来说，游戏永远是最受欢迎的休闲活动。从最传统的扑克牌，到后来的电子游戏厅、游戏机，再到单机游戏、网络游戏都少不了青年参与者，在参与中青年不仅获得了游戏本身的乐趣，还能够通过多人合作或对战，与他人产生情感反应。社交游戏就是青年基于社交目的而参与的游戏种类，源于德国的桌上游戏，是通过借助纸质卡牌及模型辅助，以战争、贸易、文化、艺术、历史等为主题，用于家庭休闲、朋友聚会、商务闲暇、团队破冰等特殊场景的游戏方式，这种游戏因为线上体验感较差，因此一直被视为面对面增进情感的最佳途径。社交游戏还会随着玩家的需求而不断升级，如被人熟知的"天黑请闭眼"游戏，就被改良为狼人杀，改良后游戏为参与者增加了多种身份，对应不同身份设置了不同技能，增加了社交游戏的可玩性。

对于Z世代青年来说，当下最流行的社交游戏要数剧本杀与密室逃脱。这两种社交游戏以推理为核心，以特殊的剧情为背景，要求参与者融入情境之中，扮演剧情中的人物来还原、演绎事件的真实情况，在演绎的过程中，青年之间需要进行必要的交流，为青年提供了一种全新的娱乐体验和社交氛围。由于剧本杀与密室逃脱所提供的沉浸式体验，青年在此类社交游戏上的消费迅速增长，成为青年消费中的热点。

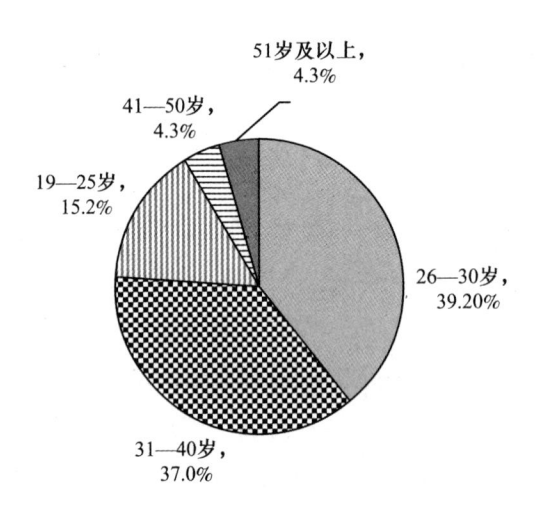

图4—5　2021年中国剧本杀玩家年龄分布

注：数据来自艾媒网《2021年中国剧本杀市场调研及发展痛点分析》，https://www.iimedia.cn/c1020/77962.html。

（一）剧本杀消费

一档综艺节目《明星大侦探》带火了剧本杀这种社交娱乐方式，在参与剧本杀时，青年消费者可以同时体验推理、圆桌讨论、演绎等多重经历，在游戏过程中充分向他人展示自我，或了解他人思维方式、情绪反应等，与他人充分互动，实现社交的效果。沉浸式剧本杀还会最大限度地还原剧本情境，参与的个体需要穿着相应的服饰来更贴近剧本中的角色，使青年获得更强的体验感。这种体验实际上是将青年的多种梦想现实化：一是侦探梦的现实化。《名侦探柯南》《福尔摩斯探案集》等经典推理作品突破次元壁，照进现实生活，青年消费者的角色发生转变，从观众一跃成为剧中人，这种变化带给青年更为新鲜与刺激的体验，实现了青年幼时的侦探梦。二是演员梦的现实化。剧本杀是基于剧本的社交游戏，青年在扮演剧本人物时越还原，从剧本杀中获取的体验感越佳。三是上帝梦的现实化。剧本杀的趣味性在于谁都有可能是凶手，当青年拿到所扮演的角色时，很难通过简单的角色介绍来推理出凶手是谁，这就意味着谁都可以主导游戏的走向,"带节奏"往往是凶手或帮凶获胜的秘诀,这种主导全局的体验,让青年感受到了什么是上帝视角①。

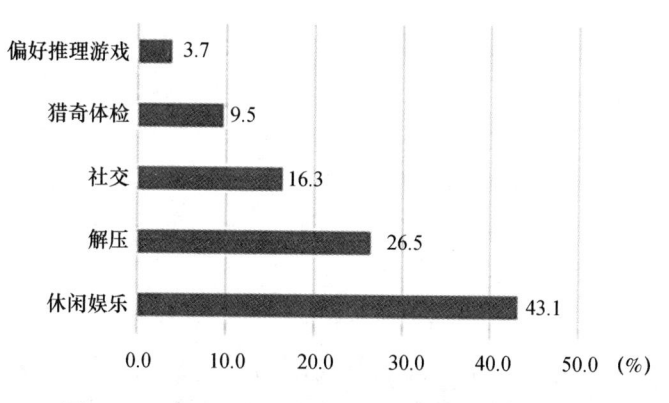

图4—6　2021年中国玩家玩剧本杀的原因调查分析

注：数据来自艾媒网《2021年中国剧本杀市场调研及发展痛点分析》，https://www.iimedia.cn/c1020/77962.html。

这种社交游戏所带来的良好体验,使剧本杀在极短时间内迅速抢占了青年消费市场。据艾媒网公布的数据,2018—2020年,中国剧本杀行业市场规模从65.3亿元扩张至117.4亿元,增长幅度达到1.8倍。艾媒商情舆情监测系统数据显示,2021年2—3月,剧本杀行业平均热度指数在204.09。剧本杀已然成为青年娱乐项目的新宠。无论是线上还是线下,青年都乐意为一场精彩的剧本杀体验付费。2020年受疫情影响,线上剧本杀App《我是谜》用户也曾在短时间内骤增百万。② 青年群体通过线上购买剧本的方式参与剧本杀消费,由于不需专业设备,剧本价格实惠、上新速度快,一段时间线上剧本杀App人满为患。2019年1月至12月,全国线下剧本杀实体店由2400家飙升到12000家。随着中国疫情的好转,剧本杀实体店迎来了另一波增长,武汉、北京2021年剧本杀实体店数量增长达到50%以上,跻身城市剧本杀实体店数量排行榜前三。由于剧本

---

①　上帝视角是指叙述视角中的第三人称视角,第三人称叙述者如同无所不知的上帝一般,能够以非现实的方式不受限制地描述任何事物。

②　艾媒网：《2021年中国剧本杀市场调研及发展痛点分析》,2021年4月13日,https://www.iimedia.cn/c1020/77962.html,2021年9月2日。

杀实体店需投入更多成本用于场景布置，消费单价基本在60—100元的高位，但也挡不住青年消费的热情。数据显示，2021年1—3月实体剧本杀线上订单量排行中，上海订单最多，平均消费客单价约为77元；西安次之，平均消费客单价约为84元；成都排行第三，平均消费客单价约为82元。为了迎合青年喜好，剧本杀实体商户还会通过混合经营的方式来增加消费者黏性。调查数据显示，单一经营的桌面剧本杀实体店数量仅占总体的18%，而混合经营的剧本杀实体店占比达到82%，混合经营模式包括：桌面剧本杀+桌游（43%）、桌面剧本杀+实体剧本杀+桌游（14%）、桌面剧本杀+实景剧本杀（6%）、桌面剧本杀+剧场演绎类密室+桌游（5%）、桌面剧本杀+实景剧本杀+实景演绎类密室+桌游（5%）、其他混合经营情况（9%）。[1] 显然，混合经营模式能够为青年消费者带来更多消费选择，满足消费者娱乐休闲、猎奇、社交等多种需求。

（二）密室逃脱消费

密室逃脱的火热也是由综艺节目带动的。2019年作为实景解密体验类节目，《密室大逃脱》在众多综艺节目中脱颖而出，节目中嘉宾被送入带有主题的密室中，需要相互协作完成逃脱。烧脑的机关，随时出现的意外状况带给观众紧迫感，让观众感受到推理、解密的快乐。这档综艺的特殊之处在于除明星、偶像参与的版本外，节目组还录制了《密室大逃脱大神版》，邀请"双一流"院校学霸来提前进行密室测试，给观众树立了"用密室证明智慧"的概念，使无数青年跃跃欲试。

相对于注重故事情节的剧本杀来说，密室逃脱则更注重用户在场景中的体验，消费者需要在密室寻找线索，在解密的过程中自然而然地增进了团队成员之间的了解，起到了解压、休闲、社交等作用。

密室逃脱这一线下真人实景游戏凭借综艺的预热，在青年群体中掀起一阵消费热。艾媒网公布数据显示，2019年中国密室逃脱行业市场规模达到99.7亿元，行业消费人次达到280万人，门店个数超过10000家，行业发展迅速。2020年随着疫情管控需要，密室逃脱市场规模有所回落，

---

[1] 互联网数据资讯网：《美团：2021实体剧本杀消费洞察报告》，2021年6月26日，http://www.199it.com/archives/1268550.html，2021年9月2日。

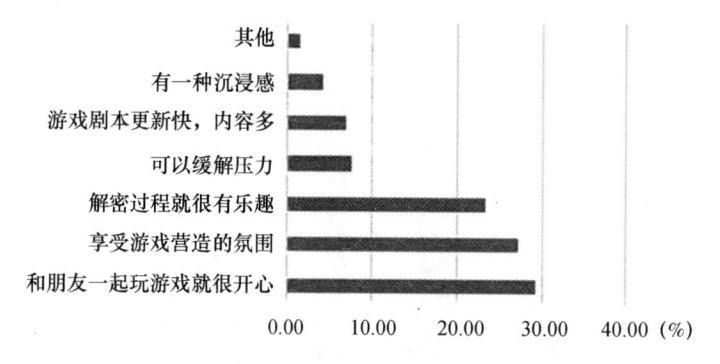

图 4—7 2020 年中国消费者密室逃脱游戏体验

注：数据来自艾媒网《2020 年中国密室逃脱用户人群画像及消费行为分析》，https：//www.iimedia.cn/c460/75825.html。

但仍保持在近 80 亿元。[①] 从消费单价看，密室为了提高青年体验感，往往需要投入更多资金完善设施，高昂的费用使经济实力稍弱的学生党望而却步。密室逃脱的消费用户主要集中在一、二线城市"80 后""90 后"的年轻上班族之中。

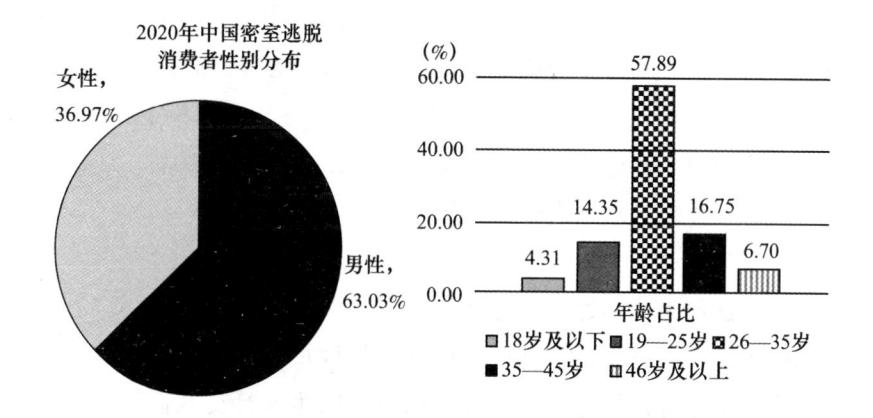

图 4—8 2020 年中国密室逃脱消费者性别、年龄分布

注：数据来自艾媒网《2020 年中国密室逃脱用户人群画像及消费行为分析》，https：//www.iimedia.cn/c460/75825.html。

---

① 艾媒网. 密室逃脱行业数据分析：2020 年密室逃脱行业市场规模为 78.3 亿元。https：//www.iimedia.cn/c1061/78713.html。

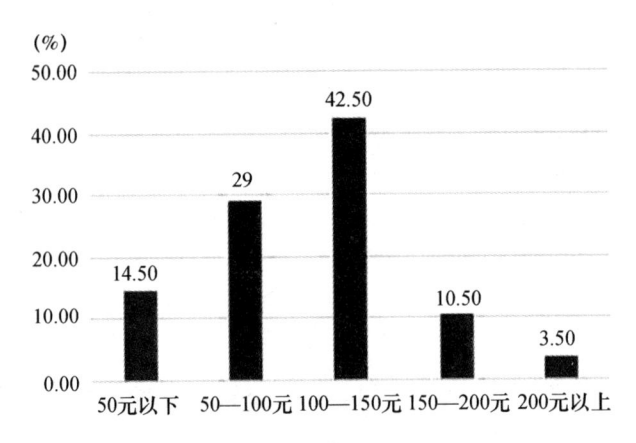

```
(%)
50.00
40.00         42.50
30.00    29
20.00
     14.50          10.50
10.00                    3.50
 0.00
    50元以下 50—100元 100—150元 150—200元 200元以上
```

图4—9　2020年中国消费者密室逃脱人均消费

注：数据来自艾媒网《2020年中国密室逃脱用户人群画像及消费行为分析》，https://www.iimedia.cn/c460/75825.html。

相较于剧本杀游戏的普适性，密室逃脱游戏则更具针对性。为满足青年不同的社交需求，密室逃脱设计了不同的密室主题，如为迎合男玩家的兴趣点，增加密室逃脱的紧张感而设计的侦探、悬疑型模式；适合情侣共同体验的现实、浪漫型主题密室；供好友休闲消遣的恐怖、惊悚型密室；适合陌生人社交的谍战、对抗型密室；等等。通过两个小时的密室体验，青年不仅从密室解密中获得了成就感，还增长了新的经历，释放了生活压力，还进行了社交活动，完成了与他人的互动，这种综合性的体验感是传统娱乐方式所无法实现的。

二　以圈层为核心的社交消费

从剧本杀与密室逃脱社交游戏的火热程度可以看出，青年群体的消费正在向社交迈进，但这种社交并非简单的陌生人社交，青年在选择社交对象时，会下意识地以自身所喜爱的领域或所处圈层为标准。圈层以圈层文化为基础，围绕着青年不同的心理需求、兴趣爱好与自我表现方式形成，成为Z世代青年进行群体划分的重要标准，可以说青年群体正在逐渐圈层化，简言之就是"物以类聚，人以群分"。

圈层源于地理学，是指环形分层的结构，后被引入经济学、社会学、营销学等多个领域，用以解释拥有类似结构的社会现象。社会学中用以概括特定的社会群体,费孝通形象地将圈层描述为"在水面上所发生的一圈圈推出去的波纹……被圈子的波纹所推及的就是发生联系"。[①] 圈层的划分标准很宽泛,包括经济实力、社会声望、生活方式、兴趣爱好、活动区域、工作性质、亲缘等多类,同一圈层中的个体由于某些社会属性的相同而自发聚集,在相互交流与融合中形成鲜明共性,圈层文化则是圈层的核心要素。

传统的群体划分标准逐渐失效,青年所倡导的新的圈层文化正在发挥作用。受时代变革与价值观变迁等因素的影响,这种新旧思想的交替在Z世代青年群体特征中凸显。社会学家费孝通用"差序格局"来指称传统中国社会的人际关系圈层,受宗族观念与人口流动速度的影响,传统的圈层划分标准以亲缘、地缘为主,个体的社交联系强度以亲缘、地缘为半径向外逐渐减弱。在这之后,经济制度转型、人口自由流动、城镇化加速等一系列社会变革,加快了传统社会结构与价值观念的解构,亲缘、地缘已经不能作为社会联系的核心要素,关注自我、强调自我表达、观念开放多元的青年群体作为未来社会发展的主力军,开始依据兴趣爱好、价值取向、消费方式等标准划分群体边界,借助新媒体技术,[②] 围绕群体共性形成不同的圈层与圈层文化,其中兴趣爱好是Z世代青年圈层划分的主要标准。

由于青年兴趣的多元化,青年群体的交流场被圈层文化分割。从最初的二次元圈、三次元圈,发展到娃圈、美妆圈、原画圈、粉丝圈等圈层,Z世代青年群体正在被不同的圈层分割。青年的基本生存需求得以满足后,青年心理方面的需求展现出来,以自我为中心的青年群体渴望获得认同感与归属感。因此,在青年的圈层划分中,兴趣爱好既可以展示个性,又可以吸引志同道合的个体,成为划分圈层的重要标准。而围绕圈层文化形成的特殊话语体系、价值观念、行为准则等,会推动不同圈层青年相分割。

青年消费往往围绕青年所在圈层展开,此时青年的消费更像是进入

[①] 费孝通:《乡土中国》,三联书店1985年版,第27页。
[②] 刘牧时:《"青年圈层文化"现象对大学生思想政治教育的影响探析》,北京教育:德育,2018年第10期。

圈层群体的"投名状",即为了获得进入圈层的资格,个体需要购买入门级产品,以证明自己愿意归属于某一圈层群体。只有进行了相关消费,青年才能够被圈层成员所接纳。青年进行圈层相关的消费越多,消费金额越大,越容易在圈层中产生较大影响力,拥有一定的话语权。社交游戏消费同样如此,当青年进行相应消费时,实际上是在对社交对象发射信号,表明自身拥有同等的爱好,处于同样的圈层之中,并且具有社交需要。相较于正式的社交场合,通过社交游戏的方式显然可以进行更多的信息交流,社交双方的交往也更加自然、包容,不会出现窘迫状态,"求同存异"成为当代青年社交的重要标志。

三 青年消费社交化的成因

青年热衷于在社交游戏上消费,实际上是在发射一种信号,即自身的消费是为社交做准备的,并且消费哪类主题的剧本或密室往往也标志着自身所处的圈层。青年出现消费社交化的倾向,与Z世代的群体特征相关。Z世代的群体特征具体表现在以下几个方面。

(一)单身青年数量增长迅速

国家统计局数据显示,至2020年中国结婚率已经连续8年下降。而单身人口数量却在不断增长,在20—24岁年龄段中单身青年占比达到57%,[①]"空巢青年"成为部分Z世代人群的真实写照。单身青年群体数量的增长,意味着Z世代青年需要面对更长的独处时间,但部分单身青年的婚恋愿望并不强烈,这类单身青年通过养宠、进入小众圈层、独身旅游等方式来缓解独处的消极情绪。

孤独感是促使Z世代青年寻求陌生人作为社交对象的缘由。报告数据显示,Z世代青年使用陌生人社交产品的主要目的与诉求,主要是排解孤独与扩大交际圈,个体会通过共同话题、价值观念等因素来对陌生社交对象进行筛选,并且大多数Z世代青年不排斥与网友见面,甚至在发现对方很聊得来的前提下愿意主动见面,思想观念的契合是Z世代交友的关键条件。

[①] 搜狐网:《极光大数据:2019年单身人群专题研究报告》,2019年5月24日,https://www.sohu.com/a/316297283_483389,2021年9月4日。

（二）社交网络的高频使用

调查报告显示，至 2020 年 12 月，中国网民数量达到 9.89 亿人次，互联网普及率超 70%，其中即时通信用户占比高达 99%，[1] 线上社交已经成为网民的主要网络活动。在 Z 世代群体中尤其如此，从使用网络的主要目的看，Z 世代青年首先更乐于在网络上聊天社交，其次才是玩游戏、观看影音等。Z 世代青年的成长伴随着互联网的普及与信息技术的升级，网络成为个体消磨独处时间的主要途径，过度依赖网络成为 Z 世代青年的群体特征。社交网络的出现迎合了个体的娱乐、社交需求，个体在网络中被按照兴趣、喜好、经济状况、价值观念、学识经历等进行划分，呈现"物以类聚，人以群分"的特征，社交网络上与"知音"互动成为 Z 世代青年群体解决独处寂寞的主要方式。

（三）渴望自我表达

"80 后""90 后"青年会通过外表、行为等来彰显自身个性，而 Z 世代青年则更爱通过自我表达的形式来展示自我，这也是后物质主义价值观的特征之一。

从现代主义社会到后现代主义社会的转变，从思想领域看，是生存价值观转向自我表现的价值观。人身安全得不到保障为权威的出现提供了条件，面对经济崩溃、内乱等不安定事件时，个体会热切地渴望能够为其提供保护的强势权威角色的出现。当安全得到极大保障后，民主成为发展的必然趋势。权威的消失使个体能够进行自我表达，对自我的优先关注成为个体自我表达的动机。

无论是日常生活还是在学校、工作岗位中，Z 世代青年群体表现出强烈的自我表达欲望，社交媒体、新闻报道、影视弹幕、网络热词中随处可见 Z 世代青年的言论，体现了 Z 世代群体价值观念中后物质主义倾向。

案例四　新冠肺炎疫情冲击下的青年消费

2020 年新冠肺炎疫情席卷全球，疫情传染速度快、感染率高、致病

---

[1] CNNIC：《第 44 次中国互联网络发展状况统计报告》，2019 年 8 月 30 日，http://www.cac.gov.cn/pdf/20190829/44.pdf，2021 年 3 月 4 日。

致死率高，影响范围之广、持续时间之长、危害程度之大远超 2003 年的非典疫情。在新冠肺炎疫情的冲击下，消费市场受创严重，世界经济发展速度放缓，各国经济运行承压较大。艾瑞报告显示，受疫情影响，中国用户消费信心指数在外出就餐、外卖、出差、旅游、网约车出行上均呈现下降态势，旅游行业受到的冲击最大。中小企业收入明显下滑，仅有4%的中小企业营业收入下降不足10%，近30%的中小企业营业收入下降一半以上。[1]

新冠肺炎疫情作为外生突发事件，势必影响青年群体在疫情中的消费行为，青年群体在消费方式、消费习惯、消费结构、消费心理都出现了新变化。

一 疫情中青年消费的变化

（一）消费方式

1. 消费渠道由线下转至线上

新冠肺炎疫情以呼吸道飞沫和接触为主要传播途径，集聚性活动会导致疫情传染链的延长，对疫情的防控也是以减少群聚性活动为主，致使以服务体验为特征的线下消费受到影响。据国家统计局数据，2020 年 3 月，中国社会消费品零售额同比增长为 -15.8%，自 1995 年有统计数据以来首次出现负增长状况。居民人均消费支出累计增长 -12.5%，在食品烟酒、衣着、居住、生活用品及服务、交通通信、教育文化娱乐等各领域的消费支出累计值缩减为前一季度的 20% 左右。与线下消费遇冷形成鲜明对比的是线上消费的活跃。数据显示，2020 年 3 月网上零售额累计增长 -0.8%，其中食品类实物商品网上零售额累计增长率保持稳定，仅穿着类商品网上零售额累计负增长，总体受疫情影响较小。[2]

疫情发生前，青年消费方式主要以线下消费、线下体验 + 线上消费、线上消费三种为主，线上消费与线下消费的商品在品类结构上具有差异，

---

[1] 艾瑞网:《疫情影响下的用户消费指数趋势报告》，2021 年 1 月，http://report.iresearch.cn/report_pdf.aspx?id=3527，2021 年 8 月 2 日。

[2] 数据来自国家统计局官网，http://data.stats.gov.cn/easyquery.htm?cn=A01&zb=A0706&sj=202003。

在一定程度上具有不可替代性。线下消费主要以解决急需、娱乐社交、冲动性消费、综合体验为目的。而线上消费品类中实物品类占比较大，教育娱乐类服务商品消费占比较小。疫情发生后，线下消费渠道受阻，物流交通运力不足，导致两方面的变化：一是总体消费规模减小，青年群体缩减了在非紧急/必需商品和服务上的消费支出。二是线下消费线上化，不仅生活必需品类垂直电商平台使用频率增加，特殊消费如购车、购房也能够通过线上消费实现。娱乐、教育的线上化也将促进线下消费向线上消费的转移。原本线下消费的体验感优势被不断更新的网络技术所替代，网课、视频 App、网络游戏成为疫情中青年群体教育、休闲的主要方式。线下娱乐、教育活动受到时空限制，且机会成本与试错成本较高，而线上娱乐、教育以碎片化、随时随地为特征，降低了机会成本与试错成本。

2. 消费模式发生变化

疫情期间青年群体线上消费需求的增长使其消费模式发生转变，线下消费线上化带动消费领域技术革新。消费模式在三个方面发生了转变：消费场景线上化、非接触式消费以及智能零售的出现。

场景一词来自戏剧领域，是指与剧情相吻合的时空背景，之后引申到社会交往活动中。消费场景就是为了迎合消费这一社会活动而构建的行为场合或形态，营销者通过营造新奇、舒适的消费场景来影响目标用户，达到特定目的。常见的消费场景包括打折促销、限时抢购、消费返利等方式，由于信息分享的不便，这种消费场景往往发生在线下。网络时代的到来使消费者与商品之间的触点增加，除线下的实体体验外，网络社交软件、电商平台都能够成为消费的入口。疫情的发生大大削减了线下消费场景的效果，消费场景线上化成为疫情期间消费模式的创新点。艾瑞报告显示，疫情期间中国居民外出频次大大降低，网易定位数据也报告居民在家休息的时间大大增加。"宅"成为疫情期间青年群体生活的代名词，而与"宅"相对应的"云"生活方式上线，基本上实现了教育、娱乐、医疗活动线上化，大大丰富了线上消费场景种类。

疫情推动非接触式消费发展，智慧系统作用发挥显著。非接触式消费是相较于人际接触式消费而言的，在消费的过程中以人机互动为主，创造一种智能化、无人化自主服务模式。现有的非接触式消费方式主要在便利店、配送与餐饮行业。以自助选购、自助结款为特征，自助式零售店自 2017 年出现便备受关注。受传统零售模式的影响以及支持系统的不完善，自助式消费虽然应用了高新技术，却未能成为青年群体消费的主流方式。疫情的发生与支持技术的升级推动了这种消费方式的普及，自助式消费全程无服务人员，提高了选购商品的效率。扫码、刷脸支付加快结算支付速度，通过消费者迅速流动、电子化结算降低了新冠肺炎集聚性、接触式感染的风险。非接触式配送主要应用于外卖行业和快递行业，消费者通过手机远程点餐或收取快递收件码，在指定地点领取外卖或快递，减少在领取过程中人与人之间的直接接触。在餐饮行业中，海底捞率先开启了餐饮智慧化，实现了无人化、智慧化就餐。非接触式餐饮消费通过自助点餐、服务呼叫、后厨互动、前台收银、信息管理等系统，消费者在就餐过程中与服务人员的接触大大降低。非接触式消费模式虽然是在疫情暴发的背景下流行起来，看似的无奈之举却是契合了现代青年群体人际交往的特征。现代青年群体的人际交往关系依靠兴趣、性格、爱好等因素，强调明确的人际交往距离，强调自我空间的重要性，更倾向于减少与服务人员在非必需时段内的接触。

  智能零售是一种打破界限、通过线下零售实体店的数字化转型，实现线上线下消费一体化的新消费模式，以日常生活品类为主要销售对象。疫情发生之前，青年群体在消费中就已经开始出现线上点单，线下实体店取货的消费方式。疫情发生后，这种消费方式送达快、销售种类广泛等便利性开始显现。疫情期间，青年群体更多地通过超市线上应用、社区微信点单、生鲜商品电商处购入生活必需品，生活服务平台使用频率与渗透率增加。Mob 研究院报告显示，疫情期间，盒马、每日优鲜等线上生鲜购物 App 每日新增用户数量不断攀升，截至 2020 年 2 月 6 日，京东到家 App 每日活跃用户数量超百万大关，盒马应用用户活跃量也突破 40 万人次/日，日常消费线上化习惯开始养成。[1] 线上、线下零售界限的突破，使得青年群体的消费模式更加多元化，效用最大化成为消费方式选择的重要原则。

---

[1] 互联网数据资讯网：《Mob 研究院：2020 疫情下的移动互联网数据洞察》，2020 年 3 月 13 日，http://www.199it.com/archives/1007903.html，2021 年 6 月 2 日。

（二）消费习惯

网易定位数据显示，疫情期间一、二线城市居民主要在外出或通勤、睡觉休息两项日常生活行为变化比例最大，外出通勤时间大大减少，而休息时间大大增加。相较于一、二线城市居民，四线以下城市居民仅在休息项目上变化较大，在外出、工作、休闲娱乐、购物消费等方面受影响较小。城镇社会消费品零售总额下降比例高于乡村。从湖北省与其他省居民日常生活行为变化状况来看，湖北省居民在休息、工作与购物消费等项目受疫情影响大于其他省居民。[1] 疫情的发生在短时间内改变了青年群体的日常生活行为，居家时间增加与消费方式的变化，对青年群体在消费品类选择、消费频率、消费行为模式等消费习惯上产生了一定影响。

1. 消费品类选择的变化

从消费品类选择看，居家休闲时间的增加，使得青年群体将更多注意力转移至家庭或个人生活中。在饮食上，选择外卖、外出就餐的群体数量减少，更多青年开始练习烹饪技术，在生鲜、食品方面的消费支出比例增大，盒马、京东到家类垂直电商 App 应用频率增加；医疗服务被移至线上，医药消费增长迅速。艾媒咨询报告显示，受疫情影响，2020年2月，医药电商日活跃人数暴增，峰值超过148万人次/天，帮助消费者足不出户购入所需医药用品。据预测，2020年中国在线医疗用户规模将达到5.9亿，用户渗透率由2019年的6.6%增至7.9%，医药电商销售总额增长16.8%，达到1176亿元；[2] 医疗保险、理财产品成消费热门。新冠肺炎疫情的高感染率与传播速度，使青年群体意识到保险与理财的重要性。网易定位报告显示，疫情过后消费者在医疗/人身保险（31.4%）、理财产品（20.5%）等方面的消费支出增长明显。安全需求的关注重点从食品、药品、用品安全转向身体与财产安全的保障，青年群体消费观念上的超前性使其更具风险意识。

---

[1] 互联网数据资讯网：《网易定位 & CTR：2020 新冠疫情消费者行为态度影响与趋势报告》，2020 年 3 月 10 日，http://www.199it.com/archives/1017335.html，2021 年 6 月 2 日。

[2] 艾媒网：《百度新成立百度健康，2020 年中国医疗电商行业现状及趋势分析》，2020 年 3 月 16 日，https://www.iimedia.cn/c1020/69908.html，2021 年 6 月 2 日。

2. 消费频率的变化

从消费频率看,疫情导致经济遇冷传导至青年群体中,造成暂时性的收入和就业机会减少,青年群体消费频率降低。艾瑞咨询数据显示,疫情期间线上线下消费均出现下滑,与2019年同期数据相比,网购消费指数下滑0.22,线下消费指数下滑0.40。被调查者中,30岁以下人群在疫情期间网购消费指数为-0.19,其中女性群体消费信心受影响最大,消费指数为-0.23。[①] 在疫情期间,青年群体会因为收入不足与消费不便而降低消费频率,青年群体的网购商品结构中,非必需消费品占比较大。

3. 消费行为的变化

从消费行为看,青年在抗疫相关项目的消费增加,直播消费规模增长快速。CCSight报告抖音直播数据显示,为解决疫情期间农产品销售问题所上线的"战役助农"公益项目,截至2020年4月11日,项目累计助力农产品销售3.2亿元,"地方官员+直播+助农"成为促进消费和销售的新模式。直播带货成为疫情期间刺激青年群体消费的重要模式。CCSight报告将疫情期间抖音小店浏览量以周为单位统计发现,食品饮料、居家日用类商品浏览量上升迅速,在快手直播量看,食品饮料、美妆个护商品热销,日用百货类商品直播在疫情发生第4周反超数码类商品位列第四,[②] 日用生活品成为疫情居家期间的首要消费支出品类。通过消费为战疫贡献一份力量,成为青年群体疫情期间消费的新偏好,体现了青年群体消费中的社会责任感。

(三) 消费结构

疫情的发生不仅造成了消费渠道的转移与消费习惯的重塑,而且在一定程度上改变了青年群体的消费结构。在疫情期间,视频直播、网络游戏、在线教育、在线医疗、网购、生鲜电商等线上交易获得青年消费群体的青睐,改变了非疫情环境下青年群体在不同商品和服务上的消费支出占比,表现出线上娱乐、医疗消费占比上升,日常必需品占比重要,

---

① 艾瑞网:《疫情黑天鹅,多歧路安在?疫情影响下的用户消费指数趋势报告》,2021年1月,https://pdf.dfcfw.com/pdf/H3_AP202002251375443095_1.pdf?1582625747000.pdf,2021年6月2日。

② 搜狐网:《2020年疫情期间抖音、快手带货趋势分析》,2021年4月12日,https://www.sohu.com/a/382045714_415205,2021年6月2日。

社交类消费占比下降的趋势。

1. 线上娱乐、医疗消费占比上升

居民在疫情期间日常生活行为上，最大的改变就是休闲居家时间大大增加，娱乐休闲活动被搬到线上。网易定位数据显示，疫情期间青年群体线上视频类娱乐活动中，看网剧/综艺在线视频变化比例最大；从在线娱乐时间投入看，除网络购物外，视频、互联网电视、网络游戏投入时间增加比例均在70%以上。原本线下完成的娱乐休闲消费转移至线上，愿意为线上视频、互联网电视、网络游戏付费的青年消费者数量增加。疫情中资源最为紧张的医疗服务发展出新模式，线上医疗成为解决医疗服务资源不足的重要途径。东方证券报告显示，疫情期间除发热门诊外，口腔、妇幼保健、病情咨询线上门诊陆续开通，包含了"挂号—缴费—候诊—初诊—检查缴费—检查检验—取报告—诊断—药品/治疗缴费—医患互动"等多项环节。自疫情发生至2020年1月29日，阿里健康义诊平台累计接诊人数达到80万人次，微医抗冠免费义诊专区访问量超7198万人次，累计提供医疗咨询服务64.5万人次。[①] 艾瑞咨询公司估算，2019年中国在线医疗市场规模约为270亿元，同比增速达到40%以上，2020年疫情期间，中国医疗健康类App日活在2000万人次以上，较2019年同时期日活增长了10%以上。[②] 实现了从单向医疗咨询查询到双向网络互动的跨越。疫情防控需求推动了线上医疗服务的完善，全方位、多层次互动的医疗咨询、服务体系得以构建。线上医疗服务的接受度也在提高，尤其是具有超前意识与互联网思维的青年群体，线上医疗消费的习惯正在逐渐养成，成为青年群体医疗消费的新趋势。

2. 日常必需品占比重要

日常必需品成为疫情期间青年群体消费的重要支出。疫情改变了青年群体日常生活行为，居家成为疫情期间的关键词，围绕居家产生的消费在青年群体消费结构中占比增加，其他非必需品消费支出减少，日常

[①] 互联网数据资讯网：《医疗IT行业：互联网医院迎来拐点，信息化需求进一步提升》，2020年2月17日，http://www.199it.com/archives/1007368.html，2021年6月2日。

[②] 互联网数据资讯网：《艾瑞咨询：2020年中国互联网+医疗行业研究报告》，2020年10月28日，http://www.199it.com/archives/1143713.html，2021年6月2日。

必需品消费频率上升。疫情导致消费频率降低，其中，消费频率降低最大的是非必需品，如礼品等。非必需品消费支出的降低凸显日常必需品消费比例的增加。居家时间的增加也使日常必需品消费频率上升，日常必需品以生鲜食材、粮油杂货为主，生鲜电商之间的竞争，使其提供的生鲜品从便于存储运送拓展至讲求食材新鲜度，渠道的便利与商品的优质提高了日常必需品的消费频率。

3. 社交类消费占比下降

社交类非必需品消费占比的下降，成为青年群体疫情期间消费结构变化的重要特征。社交类非必需品主要包括节庆用品与个人形象用品，如高档礼品、美妆产品等。这类商品的消费以维系社会关系、保持或提升个人社会形象为目的，疫情中接触式社交时间的减少带来相应产品消费量的下降。但这种社交类非必需品消费的降低只是暂时现象，抖音数据显示，美妆商品的直播推广量在疫情期间一直保持在较高水平，表明虽然疫情的发生在一段时间内降低了此类商品的消费，但青年群体在美妆产品上的消费需求依然旺盛。随着疫情的结束，社交类非必需品消费占比将会恢复甚至超过原有水平。

（四）消费心理

疫情作为外生突发性事件，不仅影响青年群体的消费方式、消费习惯，而且对青年群体的消费评估、消费决策等消费心理也会产生影响，这种影响可以归结为消费决策理性化。消费决策理性化是指青年群体在消费中更关注真实需要，虚假需要在消费中的影响降低。数据显示，疫情期间居民情绪成分中无聊（38.6%）、无变化（31.8%）等情绪占主导，焦虑（32.5%）、紧张（29.7%）、烦闷（20.2%）、无力感（19.2%）、恐慌（15.3%）等负面情绪也影响消费者的心理。疫情过后，消费者在医疗/人身保险（31.4%）、理财产品（20.5%）等商品上的消费支出增加，而在美发美甲产品（-26.6%）、宠物用品（-27.3%）、大家电（-28%）等商品上的消费支出呈负增长。[①] 疫情引发的负面情绪使得青年群体在消费决策过程中更加理性，消费的针对性更强，如为了

---

① 互联网数据资讯网：《网易定位 & CTR：2020 新冠疫情消费者行为态度影响与趋势报告》，2020 年 3 月 10 日，http://www.199it.com/archives/1017335.html，2021 年 6 月 2 日。

防疫购买消毒医疗商品、为应对未来的不确定性而购买理财产品等。

疫情期间的封闭式管理，使青年个体拥有更多的独处时间来实现主我与客我的沟通，出现了青年群体消费"去过度化"与"极简化"现象。消费"去过度化"主要指非必需品类，疫情使青年经济收入受到影响，超前消费习惯会加重青年的财务压力，促使其正视理性消费行为。"极简化"则由青年的消费活动延伸至其生活之中，由于疫情期间的封闭管理，在购物频率被迫降低时，只能选择最紧要的商品进行消费。在生活上用"是否需要"的标准来对所拥有物品进行筛选，通过退订商品、二手商品转售等形式来减持个人物品。这种现象的出现，表明当代青年群体在面对消费活动时具有理性思考的能力，消费主义对青年群体的影响不会持续存在，在外部条件成熟后，理性消费阶段终将到来。

二 疫情期间应对青年消费意愿下降的措施

面对疫情造成的经济停摆，中国通过增加赤字率、增发特别国债、对中小企业减免税费负担、阶段性减免五险一金中企业需缴纳部分、降低存款基准利率、降低存款准备金率、放宽中小企业贷款期限等手段来维持经济平稳发展，同时，还采取了以下措施来应对疫情造成的青年消费意愿下降问题。

（一）加快新型基础设施建设，鼓励消费新业态、新模式

新型基础设施建设（简称新基建）是智慧经济时代贯彻新发展理念，吸收新科技革命成果，实现国家生态化、数字化、智能化、高速化、新旧动能转换与经济结构优化，建立现代化经济体系的国家基本建设与基础设施建设，主要包括5G基站建设、特高压、城际高速铁路和城市轨道交通、新能源汽车充电桩、大数据中心、人工智能、工业互联网七大领域，涉及诸多产业链，是以新发展理念为指引，以技术创新为驱动，以信息网络为基础，面向高质量发展需要，提供数字转型、智能升级、融合创新等服务的基础设施体系。[①]

新基建以"智能"为优势，通过七大领域建设发力，助力线上、线

---

① 新华网：《新基建，是什么？》，2020年4月26日，http://www.xinhuanet.com/2020-04/26/c_1125908061.htm，2021年6月2日。

下消费渠道的融合，通过服务消费的网络化，降低疫情对服务行业的影响。疫情期间，以京东为代表的电商通过提供线上下单、线下配送，购物全程无接触的服务获得青年消费者的青睐。

新基建催生了新的消费业态。以智慧社区为例，社区通过新基建提供的各种设施，整合自身现有服务资源，使社区服务实现政务、商务、娱乐、教育、医护、生活帮助一体化，社区成员能够足不出户享受智能生活。新基建不仅给青年群体带来了智能、便利的生活，还为青年群体的就业创业提供了新机遇。

（二）发放消费券，激活青年消费需求

相较于财政补贴，消费券具有更好的刺激消费的效果。财政补贴是通过现金发放的方式来增加居民可支配收入，但在经济低迷时期，由于未来的不确定性，居民的消费信心处于较低水平，居民的边际储蓄倾向较高，居民获得的财政补贴收入容易转化为储蓄而沉淀下来，难以形成现实的购买力。而消费券则是通过抵减的方式，只有在消费中才能实现其价值，并且规定了有效使用期限，能够在短期内形成现实购买力。

2020年，新冠肺炎疫情使中国众多行业遭受打击，中国社会消费品零售总额为391980.6亿元，较2019年减少16036.6亿元，餐饮业、住宿业收入下降在40%以上。[①] 面对这种状况，2020年3月以来中国多地陆续发放消费券，武汉市陆续发放了5亿元消费券，主要用于餐饮、商超、文体旅游行业；福州市分期投放了1.5亿元消费券，其中3000万元用于汽车消费补贴。数据显示，包括杭州、郑州、佛山等城市在内，全国有超过50个城市向当地居民发放消费券，总额超300亿元，累计拉动近百亿消费规模。通过各地消费券核销使用状况看，青年群体的消费确实受消费券带动，20岁以下青年群体关联消费倍数为3.1，21—30岁年龄段青年群体关联消费倍数为3.2，[②] 这说明消费券的发放具有明显的拉动消费效应。

---

① 数据来自国家统计局官网。
② 新浪财经：《消费券图景：中青年是用券主力 如何触达无消费力群体？》，2020年5月16日，http://finance.sina.com.cn/roll/2020-05-16/doc-iircuyvi3386247.shtml，2021年6月2日。

第五章

中国青年消费的特征与趋势

本章主要对中国青年消费热点与差异中存在的特征进行分析，并总结出青年消费的变化趋势。

第一节 中国青年消费的特征

相较于其他年龄群体，青年群体在消费活动中表现出与其他年龄群体不同的特征。

一 超前性

青年是一个面向未来的群体，他们的未来时间量远大于过去与现在时间量的总和，因此，相较于已经发生与正在发生的经历来说，青年更关注未来将会获得的体验。同时，未来时间量越大意味着个体将要面对的不确定性越多，受到不确定性规避心理的影响，提前迎接并适应未来成为青年降低不确定性的策略，因此，相较于其他年龄群体，青年群体更倾向于追逐最新潮流，超前性成为青年群体消费最显著的特征。

从消费方式看，青年群体充当了网购的"先锋军"。网络购物活动出现于20世纪90年代，2010年后掀起热潮，在全体网民中青年群体成为网购消费的主要参与者，青年网购者占到总网购人数的二分之一以上。从消费结构看，青年更倾向于消费无形商品——服务，服务类消费品占据青年群体消费支出的大部分。与实物类消费相比，服务类消费提供的更多是消费体验，而非物的使用价值。消费结构升级率先在青年群体中发生，这一消费结构的转变显示青年群体消费需求的升级，即关注消费活动对个人物质层面的满足上升为对精神层面的满足。从消费观念看，青年消费的幸福感与消费水平的相关性减弱。经济学认为消费的目的是提升幸福感，而这种提升来自消费效用的最大化。对于不同群体来说，衡量消费效用的原则不同，成年和老年群体以消费水平作为衡量效用高低的标准，认为花的钱越多，在消费中越能实现效用的最大化。而在青年群体的消费观念中，消费水平的变化对消费幸福感的影响已经出现边际效应，如购买一束鲜花获得的幸福感与购买名牌商品的幸福感相等，这种后物质主义倾向的消费观正是青年群体思想超前性的表现。

青年群体在消费中的超前性，不仅解释了现阶段消费潮流率先出现在青年群体中的原因，还证明了消费市场未来趋势具有被预测的可能性，使青年消费研究具有更为深远的意义。

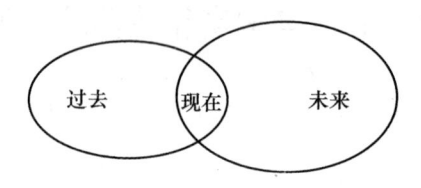

图 5—1　青年是面向未来的群体

二　引领性

青年群体对国家经济发展的贡献不只在于自身具有较强的消费能力，还体现为对经济领域中其他主体的引领，这种引领主要体现在消费需求与消费观念方面。

首先，青年在不断创造新的消费需求。青年群体的消费行为在生产领域与消费领域释放鲶鱼效应，通过提出新的消费需求活跃了整个消费市场，带动了消费规模的扩大。在消费型社会中，消费需求不仅是消费行为的重要驱动力，还为生产者提供了生产的指向。青年在消费需求上的超前性往往会引发生产者的产品创新，甚至是产业结构的调整，体现了青年群体消费在生产领域的引领性。为满足青年消费需求而问世的新产品又会诱发其他消费群体的消费需求，形成一个"消费需求—消费—诱发新的消费需求"的闭环，加大了消费行为出现的可能性，凸显青年群体消费在消费领域的引领地位。

其次，青年具有超前的消费观念，并向社会群体辐射。微观经济学中将个体的收入划分为两部分：储蓄与消费，在收入一定的情况下，个人的储蓄与消费成反向关系。当多数个体选择将钱用于储蓄时，收入中用于消费的部分减少，造成经济衰退，进而影响国民收入，这种矛盾的现象被称为"节俭的悖论"。以日本社会为例，即使政府已经出台了若干刺激消费的政策，日本人依然倾向于选择将钱存起来，降低在日常生活消费中的欲望，致使日本经济的低迷状态一直无法扭转。由此可见，打破"节俭的悖论"是促进经济发展的关键，而青年群体更适合承担这一角色。生命周期理论为青年群体更乐于超前消费提供了理论解释，同时，受后物质主义的价值观影响，青年群体更认同资产的增加并非提升幸福感的唯一途径的观点，两者相互叠加下，勤俭节约很难主导现代青年群体的消费观念，为提升生活满意度而进行消费的观念会通过青年承担的社会角色来对他人造成影响。同时，杜森贝里相对收入消费假说认为，消费者的消费行为会形成示范效应，对他人的消费意愿造成影响。青年群体的消费观念也可以通过示范效应调节消费氛围，降低"节俭的悖论"带来经济衰退危害的可能性。

三 时尚性

消费市场将青年视为消费先驱是因为这类消费者具有时尚性。新品上市往往通过诱导青年群体的消费来实现营销推广的目标，其原因在于青年群体更喜欢追逐时尚浪潮，乐于接触与尝试新鲜事物，时尚成为青年消费行为的关键词之一。青年消费的时尚性主要体现在潮流鞋服、食品、用具等的消费上，网红商品成为青年消费时尚的代表。天猫食品通过调查数据，得出青年群体成为网红食品消费主力的结论，网红景点、网红餐厅、网红鞋服的营销策略直指青年消费群体。除此之外，在消费品牌上，青年群体也偏好于从潮牌、快时尚类中进行选择，快、新、潮成为青年消费决策的重要元素。

青年的时尚性源于其观念的超前性与补偿机制。

超前性与时尚性联系紧密。前文谈到，青年在消费方式、消费结构、消费观念上具有超前性，这种超前性使得青年群体与其他群体之间的消费行为相区别，正如哲学家齐美尔所解读的那样，时尚是为了创造分化而诞生，可见超前性与时尚性之间存在着联系。事实上，超前性所强调的新概念、新设计、新科技等要素，已然构成评判时尚与否标准的组成部分，青年消费在追求超前性的同时，自然而然地被赋予时尚性的特征。时尚性与超前性之间相互叠加，使青年群体与其他年龄群体之间的消费差异不断扩大。

青年消费的时尚性与社会补偿机制有关。"时尚是真正的运动场……甚至可以提升不重要的个体。"[1] 即是说通过塑造差异性，时尚能够补偿个体不受重视的心理状态。从个体来看，青年处于一个过渡阶段，正在完成从依附型生活向独立型生活蜕变的过程，当青年与家庭的资本补偿相脱离，这一个体因为不能快速凭借自身获取社会地位，就会沦落为"不重要的个体"。这些个体组成的群体也就会因无法与话语权的主导者平等竞争，而在社会中处于弱势地位。在个体与群体中皆"弱"的状态驱使青年寻求补偿，获取某一领域的主导权，而对时尚的追求从一定程度上提升了青年群体的社会关注度，青年通过引导、创造、追逐时尚获得了一定的话语权，青年群体消费的时尚性特征使这一群体在消费上的引领效果更为显著。

四 高端性

虽然成年和老年群体的消费水平较高，但青年群体的消费更具高端性。麦肯锡调查公司关于中国奢侈品消费市场的调查发现，"80后""90后"群体对中国奢侈品总消费的贡献率为79%，年平均奢侈品消费额约为3万元人民币。贝恩公司发布的全球奢侈品市场状况调查表明，千禧一代对奢侈品消费额增长的贡献不容忽视，青年消费的高端性已经成为其消费的显著特征。

青年的高端性消费已经融入日常消费之中，可从衣、食、用三个方面来说明。服饰鞋包消费是展示高端性的最主要渠道，经济来源稳定且收入水平较高的青年群体更倾向于购入高端品牌的服饰、鞋包，借此来提升自我形象、彰显其消费品位。在饮食方面，青年群体更注重食品的质量、营养与口感，在此需求驱使下，青年群体更乐于选购高价食品或

---

[1] ［德］齐奥尔格·西美尔：《时尚的哲学》，费勇译，文化艺术出版社2001年版，第78页。

进口食品。对饮食需求的多样性催生了定制菜单、特供餐饮的消费，青年的高端消费已经融入一日三餐之中。除衣食之外，青年群体在日常用品，特别是使用频率较高的日常消耗品方面的消费也呈现高端性趋势，尤其是在运动产品、保健品消费上支出惊人。此外，女性青年更乐于购入高端个护、美妆产品，男性青年偏好购入高端电子科技产品。

在青年群体中，高端性消费并不完全等同于奢侈消费或炫耀性消费。青年的高端性消费不仅体现在消费价格上，还表现在消费结构上，高品质、定制化、个性化商品在青年的消费对象中占有较高比例。青年消费的高端性与社会环境稳定、经济收入持续增长以及追求生活满意度的提升相关。生命周期消费理论认为，青年消费的经济来源不仅来自青年本身，还有家庭储蓄资金的支持。中国传统消费观受节俭思想影响，重储蓄、轻消费，导致中国居民储蓄率一直处于世界前列。家庭储蓄资金的充裕为青年的高端消费提供了可能，使得青年在消费中不再追求"能省则省"，而是追求如何通过消费来提高幸福感。经济学中将幸福视为由效用与欲望组成的函数，效用最大化或欲望最小化均能提高个体的幸福感。随着社会由生产主导向消费主导转型，刺激消费需求成为社会运行的关键，因此，欲望最小化与消费社会的文化环境不相融，效用最大化成为现代青年追求消费幸福感的重要途径。受后现代价值观影响，青年群体对效用的评价与消费金额的联系减弱，而与是否能使自身的生活更为舒适、是否符合道德原则相联系。

五 多极性

青年消费呈现多极化、千人千面的特征。青年的消费除了满足正常限度的物质需求，还是一种自我投射。换言之，通过购买商品，青年个体给自己贴上了不同的标签，彰显自己对于生活、对于自我、对于世界的态度。新周刊采用定性研究的方式来分析现代青年，将其划分为游牧世代、E社交世代、前置消费世代、无性世代、弹性工作世代等类别，用来描述这一代新青年的面貌。[①] 由于世代并列容易出现指向不明的问题，

[①] 原创力文档：《新周刊——2019年新青年生活方式报告》，2019年5月12日，https://max.book118.com/html/2019/0511/5010203031002034.shtm，2021年9月5日。

此处将世代替换为更便于解释的族。

游牧一族指代青年群体敢于跳出舒适圈，勇于尝试新鲜事物，向往自由与自我价值，身处何地都能随遇而安。这类青年往往活得明白，知道自己追求什么样的生活，不求拥有只求体验、随心所欲成为这一类青年群体的突出特征。投射于消费之上，游牧一族更倾向于在体验、时尚、趣味类商品或服务上消费，如共享消费、定制旅游消费、网红时尚单品消费、租赁消费、户外运动消费等。弹性工作一族往往从事创意性工作，包容、自由、开放是这类青年所追求的理想工作环境，他们认为整齐划一的工作环境，严格规定的工作安排都不利于创作。这类青年在消费上追求创新、奇思妙想，在旅游、出行预订、旅游攻略、航空服务上支付的费用多于公务员、事业单位员工、工人等，远程办公为弹性工作一族"说走就走的旅行"提供了便利条件。

E社交一族将社交活动置于网络之中，不仅包括跟陌生人之间的交往，跟朋友、亲属、同学之间的熟人社交也完全网络化，这类青年在线上线下的社交活动中呈现不同的状态，线上发言活跃，妙语连珠，对线下社交恐惧，看重他人对自己的评价。由于面对面情境下的人际交往互动会使这类青年精神紧张，因此这类青年往往拥有着"宅"的属性，网络购物成为E社交一族的首选，如二次元消费、粉丝消费、懒人经济、宅消费等。

前置消费一族，或者称为"超前消费一族"，享受当下，追求高品质生活是这类青年在消费中的突出表现。超前消费一族的出现是消费观念发展与消费信用工具逐渐完善的结果。在中国的传统观念中，勤俭持家在民众消费中起到了重要影响，为了避免社会动荡、自然灾害对物质生活的威胁，攒够再卖、能省则省成为当时的主流消费观念。当下青年所处的社会生活环境安稳，经济发展状况与个人收入水平也在持续增长，给了青年消费者足够的消费底气，消费信心指数一直处于高位。信用卡以及花呗、借呗等网络信用软件的出现，为居民消费带来更多的便利与资金来源。目前中国已是世界第二消费大国，整体上正在经历消费升级，民众在消费上也更加注重追求品质。超前消费一族更是如此，超前消费已经成为这类青年的消费习惯，小到蔬菜调料，大到房产汽车都会通过花呗等信用工具，这类青年在奢侈品、高科技智能商品、定制类商品上的消费支出相较于其他青年群体要高，许多网络流行语就是形容这类青年，如"月光族""隐性贫困人口""临时中产"等。

无性一族的特征为无性、独居、不婚、不育，可统称为低欲望一族。日本管理学家大前研一曾就日本青年的低欲望现象进行研究，这种低欲望表现为低性欲和低生育欲方面。中国部分青年消费欲望低，近些年青年结婚率逐年下降、空巢青年增加、自然生育率逐年递减，这些现象反映出中国部分青年低欲望的状态。这类青年的观念投射于消费上，表现为情感陪伴、娱乐休闲、智能服务、外卖服务需求增长。为了填补情感的空虚，这类青年选择饲养宠物如猫狗等以打发闲暇时间，或者选择一年中几次外出度假。从生活上看，处于单身或已婚无子状态的青年，往往在饮食与家务上以便捷、品质为本，在智能服务与外卖服务等领域消费相对较多。

以上所谈到的五种类别，显然不足以覆盖中国的所有青年，还有热爱阅读的文艺青年、痴迷漫画小说的二次元青年、看似一切随缘的佛系青年，等等，可以说是千人千面。青年追求个性化，消费对象偏好不同，消费决策所遵循的标准不同，消费的驱动力不同，呈现消费的多极化特征。

六 矛盾性

口红要买大牌的，但日常用品却要在拼多多上四处比价；舍得花12元买奶茶，却不肯每月花10元买个视频会员。这些看似矛盾的消费现象在中国青年群体中并不少见。这种矛盾的出现是由于青年对商品价值的理解发生了变化。

变化一：价格 VS 功能

青年群体刚刚进入社会，经济收入相较于社会平均收入略低，以往价格是影响青年消费的最关键因素。但对于当代青年，尤其是"90后"青年，价格并不是影响消费决策的决定性因素，功能在青年购物选择中的影响力开始显现。例如，大牌口红的价格远远高于日常用品价格，但青年在大牌口红的选择上不在意价格的昂贵，却在价格相对低廉的日常用品上寻求最低价？原因是大牌口红除美化外貌之外，还具有附加意义。首先，奢侈品口红的价格不会超出青年群体的消费能力。一支香奈儿的口红不过300元，但拥有这么一支口红能够向外界传达自己具有品位，能够消费得起奢侈品等信息，这些附加意义弥补了大牌口红在价格竞争上的劣势。对于日常用品来说，极少有人会关注别人用的纸巾是品牌的还是杂牌的，使用品牌纸巾也不会给人带来成就感、自信心，因此价格又成为关键的影响因素。其次，奢侈品口红的广告往往将商品与特殊场景相联系，如迪奥多选取国际名模作为广告主角，将商品的优雅、高端尽显其中。而日常用品往往与日常生活情境相联系，不同品牌商品的基本功能相同。对于"90后"青年来说，为具有附加意义的商品多花费一些很值得，除此之外则要锱铢必较。

变化二：悦人VS悦己

青年在消费中的主要目的不同，也会导致矛盾行为的出现。以贫困大学生购买与使用苹果手机为例，苹果手机相较国产手机价格偏高，与贫困大学生的消费能力和水平并不匹配，可能需要这名大学生省吃俭用很久才能够拥有，因此这种消费的主要目的就不是便利自身，更多是能够通过使用苹果手机来获取他人的尊重、友善的态度或是融入交际圈子。摄影爱好者为拍出效果更好的照片，会花高价购买单反相机和摄像头，这更多是出于悦己的目的。从中国各种商业消费报告可以看出，现代青年群体消费中的悦己特征凸显，在化妆品、智能电子产品、奢侈品等商品的消费上，从为迎合他人选购名牌开始转向为取悦自己量力而行的消费转变，如奖励自己辛苦工作、改善不良情绪、提高生活品质等。这不仅表明现代青年的经济条件有了很大的改善，还表明青年群体价值观念从物质主义向后物质主义的变迁。物质主义的价值观以物质作为衡量价值的标准，即是以物为中心，消费的过程不过是信息传递的过程。后物质主义的价值观则是以人的主观感受作为衡量价值的标准，即是以人为中心，消费的目的更多是从自身需求出发，通过消费使自己获得幸福感。

变化三：工作VS生活

在青年群体中，对于工作与生活的态度也会对其消费行为造成影响。"考证一族"认为生活的幸福感来自一份有前途的工作，因此在教育服务类消费中支出占比较大，宁愿省吃俭用也要挤出教育经费。而佛系青年则更看重真实的生活环境，不愿意为了工作影响到自身的生活质量，因此在休闲类、娱乐类服务中消费支出占比较大，其他的消费随缘就好。小资青年不仅看重工作的性质是否高端，更看重生活的品质是否优越，因此其消费的总支出相较于平均水平更高。这表明，青年群体会就工作与生活孰重孰轻"站队"。究其原因，这种现象的出现是因为青年人生规划重点和价值取向的不同。青年是一个面向未来的年龄阶段，在未来的时间中青年的发展拥有无限可能，因此青年阶段的个体更多地体现出拼搏、奋斗精神。现代青年在人生规划中，由于选择的多样性，能够更清晰地思考工作与生活的关系。领英数据显示，"70后"一代第一份工作平均在职时间为4年3个月，"80后"一代为3年7个月，"90后"一代为1年7个月，而"95后"一代则不满一年（约7个月）。由于青年需求的多样性，更多的自由职业种类被创造出来，成为越来越多青年群体的职业选择。自由职业作为一个新兴的职业，既不同于个体、私营劳动者，也不同于医生、艺术家等依靠专业技能为生者。人民论坛问卷调查中心的调查数据显示，在被调查的3063个样本中，自由职业者数量为10.2%，其中年龄在18—35岁的自由职业者占比为84.33%，其中多为高学历人群，经济收入也相对较高。这类青年群体之所以选择成为自由职业者，关键的一点在于可以自由支配时间（56.2%）。[①] 可见，传统的工作与生活完全分离的状态，已经不再适合现代青年的需求，为生活而工作占据青年态度的主流，追求生活的幸福感、仪式感已然成为青年群体消费的热点。

变化四：有形 VS 无形

在生活中存在宁愿花12元买奶茶也不愿花10元充视频会员的青年，也有宁愿在游戏中充值300元买一件装备也不愿花100元买一件衣服的青年。这两种消费行为不仅自身存在矛盾，对比来看也同样存在矛盾，观察其矛盾的背后，是青年认知态度的转变。从现有的青年消费品类看，无形（虚拟）商品消费成为一项新的消费类别，为影音、电子读物、网课、网络游戏、会员服务等付费的青年群体比例逐渐增大。极光数据显示，25—50岁年龄段人群作为虚拟产品消费主力，2019年，休闲娱乐类虚拟产品付费率为65.4%，知识类虚拟产品付费率为49.3%，其他虚拟产品（如社交付费会员、网盘工具等）付费率为47.1%。分类看，在休闲娱乐类虚拟产品中，"90后"青年更爱为手机游戏、动漫等虚拟产品付费；知识类虚拟产品中，"90后"青年男性偏好付费圈子/社群，"90后"青年女性更爱购

[①] 尹泽轩：《自由高收入/不稳定不规律/孤独焦虑？——2019自由职业者生存发展报告》，《国家治理》2019年第8期。

买课程。① 青年群体愿意为虚拟产品付费主要源于刚需，版权意识的觉醒使得青年能够接受在影音、电子读物等虚拟产品领域付费消费。

为什么青年群体愿意为无形产品付费？首先，使用习惯使青年群体不愿意转换至免费平台。如腾讯、爱奇艺等提供视频服务的软件从免费转至收费后，仍有部分用户选择继续使用，是因为使用习惯无形中提高了平台转换成本。其次，无形商品的价值被肯定。在以往的消费认知中，无形商品的价值往往是被忽视的，如餐饮消费中所提供的服务，软件中提供的多种模板等。随着无形商品的使用频率越来越高，能够满足消费者的不同需求，具有创造能力的青年群体参与到无形商品创造后，无形商品的价值得到了充分的认可。虽然在当下，仍有部分保守型青年消费者将价值与有形商品相联系，但网络技术的发展必然带来无形商品数量与种类的拓展，无形商品消费将成为青年消费的新惯性。无形商品消费不会代替有形商品消费，极光发布的报告显示，虚拟商品付费的主要对象是娱乐、知识以及网络服务，而这些内容对应的往往是青年群体的精神消费需求。精神消费需求旺盛是现阶段青年群体消费的主要表现，在经济收入一定的条件下，精神消费占比上升意味着物质消费占比下降，青年群体在有形商品消费中，将会考量商品的价值。如选择购买游戏装备还是购买衣物，对于这位青年消费者来说，衣服的功能仅在于蔽体，而游戏装备意味着在虚拟世界中自己的荣耀、地位、身份，两相比较之下，选择贵的游戏装备也不难理解。

七　社交性

研究表明，青年消费社交呈现很明显的社交功能。在对日本青年消费状况进行分析发现，日本青年在人际交往方面的消费超过社会平均水平，这部分消费主要用于聚会、礼金等。中国青年消费行为不仅限于满足日常生活、娱乐需求，还具有人际交往、沟通功能。中国青年社交消费也具有独特之处，社交引力驱动中国青年进行消费。跟闺密闲谈时来杯奶茶，游戏中为兄弟买把利器，送给女朋友一个大牌口红，消费已经

---

① 互联网数据资讯网：《极光：2019 年消费主力人群虚拟产品付费研究报告》，2019 年 12 月 24 日，http：//www.199it.com/archives/984496.html，2021 年 9 月 5 日。

深入到青年群体人际关系的建立与维系之中。

首先，从消费渠道看，中国青年的社交消费具有线上线下相结合的特点。线上社交消费是指通过社交软件或媒体影响青年消费决策。腾讯与波士顿咨询公司联合发布的《2019中国社交零售白皮书》报告，社交媒体在中国的渗透率超过97%，69%的消费者在社交媒体上分享过网购链接，商品与消费者之间的社交触点占到触点总数的53%。"甩个链接""拼一下"成为青年之间表现亲密或友好关系的代名词。除与青年能够产生联系的人群外，电商或其他线上媒介还会通过KOL和社群的方式影响青年消费者，"带货""种草"[1] 这类新名词成为这一影响的最好总结。麦肯锡报告称，"据调查显示，社交媒体交互，包括与关键意见领袖（KOL）互动、发布用户生成内容（UGD）、查看熟人推荐的产品等，促成了40%受访者的冲动购物"[2]。白皮书数据显示，25岁以下群体更易被KOL/KOC种草，种草类别主要集中在奢侈品（45%）、美妆（38%）、时尚鞋服（35%）三类，且KOL更为多元化，如明星、流量大V、播主、网红等。KOL在青年群体消费中产生的影响力不可忽视，2019年天猫双十一播主李佳琦销售额突破10亿，网友称"自己其实也不需要，但还是付了这个钱"。易被社群种草群体更注重产品是否安全健康，消费模式往往是线上研究+线下消费，即在社群中接触到产品品牌或基本信息，与其他消费者进行交流、讨论，最终进行线下消费。

表5—1　　　　　　　　青年消费者获取商品品牌渠道

渠道	比例（%）
朋友口头推荐	24.9
网络广告	23.7
商场门店	10.1

注：数据来自《2019年Z世代消费力白皮书》，http://www.199it.com/archives/927807.html。

---

[1] 分享推荐某一商品的优秀品质，以激发他人购买欲望。
[2] McKinsey & Company. 2019年中国数字消费者趋势［EB/OL］. https://www.mckinsey.com.cn/2019年中国数字消费者趋势/。

其次，从消费种类看，中国青年社交消费的种类十分广泛，从食品、鞋服到美妆、奢侈品，都能够在消费中实现社交功能。极易被新奇内容种草的消费群体中，奢侈品（73%）、包装食品饮料（65%）更易激发消费者购买需求。而极易被社交拼购种草的消费群体更乐于进行时尚鞋服（40%）的消费。25—40岁年龄段群体更易被社群种草，消费类别主要集中在对材料安全性、健康性要求更高的母婴产品（56%）和美妆产品（40%）。青年消费者通过在社交软件中与熟人或陌生人之间的讨论，来刺激消费需求、获取商品信息、比较商品价格、制定消费决策。在这一过程中，青年消费者会因为喜好、消费观的相同或相反，来加强或减弱人际交往并形成新的人际关系网络。

表5—2　　　　　　　　青年消费吸引力状况

	极易被新奇内容种草	极易被品牌公众号/小程序种草	极易被KOL/KOC种草	极易被社群种草	极易被社交拼购种草
占比（%）	61	28	31	37	36
描述	新奇内容"信息爆炸"时代，品牌需要更多新奇内容脱颖而出，吸引消费者"眼球"	品牌公众号/小程序 品牌通过公众号和小程序与消费者建立更紧密的联系，并打破时间、功能、服务、场景上的限制	KOL/KOC 随着社交时代蓬勃发展，急速拉近品牌与消费者的关系	社群 伴随微信生态孕育出的新型关系，拥有强互动、强线下属性	社交拼购 近年兴起的新型社交电商，满足消费者对比性价比和凑热闹的心理诉求

注：数据来自《2020年中国"社交零售"白皮书》，https://max.book118.com/html/2020/0302/6023120122002144.shtm。

通过以上数据，我们可以为现代青年群体画像：强社交、重人设、更实惠、爱时尚、易敏感。自1980年独生子女政策实施以来，中国的核心家庭人口数量就开始呈现递减趋势，尤其是"90后"一代，"4—2—

1"的家庭模式成为主流，家庭中同辈数量的减少，使这一代青年不得不寻求外部同辈群体社交，而当青年群体成为消费市场的重要力量时，这种社交属性便显现出来。人设伴随着社交活动而出现，欧文·戈夫曼的拟剧理论，为青年群体在消费过程中树立人设提供了理论解释。拟剧理论认为人与社会中他人的互动活动可以用戏剧来解释，每个人在交往过程中均在扮演自己或他人期望的角色，即"人设"。现代社会人口流动速度加快，人与人之间的社交互动频率增加，青年出于各种目的会利用社会活动来树立人设，消费作为青年在社会生活中的重要组成部分，成为其树立人设的"前线"。由于价值观念的变化，青年在消费中越来越注重所购买的商品是否能够悦己，无论是奢侈品还是日用品，出于悦己而消费的商品往往使用频率更高，相较于用来悦人而进行的消费更实惠。此外，青年群体在性格上的共性也因消费活动频率的大幅提高而呈现出来。消费报告显示，青年群体倾向于消费时尚商品，无论是奢侈品牌、运动品牌还是国货品牌、小众品牌，只要拥有时尚元素，都会受到青年群体的青睐。在网红商品、限量商品、跨界商品上也同样如此，新奇、创意、古怪的商品对于"90后"青年的吸引力较强，从众效应、攀比效应也会发挥作用。

第二节　中国青年消费的趋势

一　消费需求的变化

从整体看，青年群体的消费需求主要经历了"理性消费"到"感觉消费"再到"感性消费"三个阶段。理性消费阶段，商品本身的质量是消费者关注的重点，经久耐用成为青年群体主流的消费需求。感觉消费阶段，喜欢与否成为青年群体制定消费决策的标准，此时商品的价格不仅由质量、工艺、材质、款式这些客观因素构成，还包括品牌、体验感等更为主观的因素。感性消费阶段，消费者更关注所消费的对象能否带来心灵的满足感，品牌、价格、种类都不再是消费者关注的重点。从不同历史阶段的青年群体消费行为看，其消费需求都带有浓重的时代特征，反映着青年消费观的变化。需要注意的是，以上所谈到的消费需求变化的三个阶段并非依次发生，而是一个整体上逐渐过渡的过程。正如马斯洛的需求层次递增一样，青年群体的消费需求也存在着递增的现象，但递增的并非某一种需求，而是高阶需求占比的增加。例如，"95后"青年会购买非品牌的基本款T恤，但手机一定要最新款的品牌机，出国旅游比买车来的满足感更强。如果假设"70后"青年理性消费需求占比为90%的话，"95后"青年消费需求占比情况可能是：理性消费占比20%，感觉消费占比50%，感性消费占比30%。①

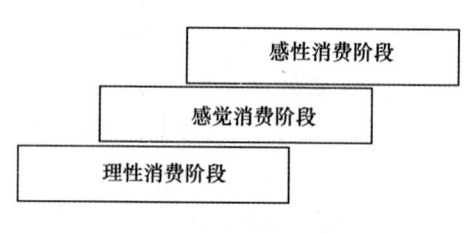

图5—2 青年消费阶段

（一）理性消费阶段：艰苦朴素、勤俭节约

消费需求的变化受到客观与主观两种因素的影响，客观因素包括经济发展水平、生产技术、经济制度、文化环境、社会秩序等，而主观因素包括时代的审美观、道德观、价值观等。

无论是人的再生产或是劳动的再生产，都需要为满足生理需求而消费，这种满足最低生存需要的消费被视为理性消费。在生产技术落后，生产力水平低下的经济条件下，消费市场所能够提供的商品在种类与供应量上均受到限制，自给自足成为当时个体经济生活的主要模式。国家大力宣传倡导"艰苦朴素""勤俭节约"的消费理念，鼓励低消费高积累以支撑国家工农业发展，理性消费观念由此诞生。在自我与他者之间几乎无差异的社会环境下，理性消费无疑成为当代青年消费观念中的主导。如20世纪50年代家庭必备的缝纫机，就是在成品服饰供应不足的情况下，人们所做出的消费选择。

随着市场经济制度的建立与批量化生产的实现，经济发展水平迅速提升。在经济条件改善与日需品供应量增加的情况下，被抑制的消费需

---

① 此处数值仅为表达笔者观点，不代表真实数据。

求迅速转化为消费动力，第一波消费高潮来临，以理性消费为主导的消费观念开始瓦解。尽管由于观念转变的滞后性，消费结构中必需品消费仍然占最大比例，但青年群体在消费中求新意识苏醒，不再满足于服饰用品的千篇一律，喇叭裤、的确良衬衫成为当时青年消费中时尚性的标志。青年在消费中不再一味地追求商品是否耐用，而是开始看重款式、材质是否新潮，感觉消费开始萌芽。

（二）感觉消费阶段：愿意买、花更多

当消费市场已经能够充分满足青年群体的理性消费需求后，感觉消费占比上升，理性消费占比下降，以个人情感引导消费需求的阶段到来。

在感觉消费阶段，青年的价值观中自我与他者之间的平等关系被打破，自我与他者之间的差异拉大后，青年开始通过自我形象定位来保持在社会交往中与他者之间的关系。感觉消费阶段依然以商品本身为对象，除了消费物本身的使用价值，还在消费物的附加值，而青年群体在购物中更加看重消费主体带来的附加价值。

以当代青年手机消费为例，2019年，天猫平台购机用户中55%为青年群体，新款手机对行业整体消费的贡献度占到整个手机市场的44%，"愿意买"与"花更多"成为乐于购买新款手机消费者的重要特征，功能多、质量好这类评价则排在手机用户需求的末端。[①] 手机的品牌、型号、款式成为展示青年个体社会形象的标签。"科技发烧友"更看重手机的新功能与科技感；"游戏达人"大多选择清晰度高，运行流畅度好的游戏手机；"时尚达人"的手机则一直是最新款式，愿意购入新机为青年群体设立一个潮流先锋的形象。以上情形表明，感觉消费阶段发生了青年消费需求的升级，从满足基本功能升级到主观感觉影响消费决策，以消费为途径塑造独特的个人形象。可以说，在感觉主导消费的阶段中，青年群体更多的是通过消费来悦人。

（三）感性消费阶段：买我所需、获得体验

感性消费发生在经济水平较高，科技高度发达的阶段，自我与他者之间关系发生了新的变化。在这一阶段，感觉消费占比下降，理性消费

[①] 搜狐网：《阿里妈妈联合天猫发布〈2020年5G手机白皮书〉，三大运营策略解锁行业玩法》，2020年4月10日，https://www.sohu.com/a/386910044_296480，2021年6月12日。

与感性消费占比上升。感性消费阶段消费的主体不再是商品,而是在消费商品之后精神上的满足感。感觉消费阶段人们在消费行为上仍然存在一定的被动性,但这种被动相较于理性消费阶段被隐藏了。在理性消费阶段,人们消费上的被动来自供给侧商品供应种类与数量的不足,到了感觉消费阶段,大规模的机器生产打破了商品供给上的限制,生产者逐渐失去主导地位,但人们在消费上的被动性并未消失。消费主导型社会的到来成为消费者被迫消费的社会背景,当现有的消费需求被充分满足后,只有两条途径来实现经济的增长:扩大现有消费需求的量或创造新的消费需求。第一条途径导致青年群体在消费中的"囤货"现象。购物节囤生活用品确实在青年群体的消费活动中发生了,有人甚至会一次性购入一年量的生活必需品,只因为价格相较于日常稍低。而第二条途径则是利用青年群体的消费心理,通过示范效应或心理暗示来创造一些新的消费需求,这一点在美妆个护商品的消费上尤为显著。年轻女士的护肤品从一瓶面霜拓展至护肤水、乳液、精华、面霜等一系列产品,并且不同年龄的女士需要使用不同功效的护肤品,而年轻男士洗护用品也从一块香皂发展到洗护系列产品,这些商品的消费需求并非完全源自内生,而是受到外部环境或因素的影响,然而,青年消费群体并没有意识到自身的消费被"胁迫"了。

感性消费阶段受更高层次的消费需求主导,青年群体在消费上的自主性凸显。感觉消费阶段的消费目的在于悦人,而感性消费阶段则更重视消费中的悦己,自我与他者之间的关系再次发生转变。感觉消费阶段所强调的自我是与他者存在差异的自我,即自我应当是"与众不同"的。而感性消费阶段的自我则不再与他者之间存在竞争关系,自我只是一个与他者不同的概念,在本质上没有差异,这种关系的变化,使得青年群体拥有更为包容的价值观与世界观,在消费上更加注重自我精神上的愉悦感与满足感。在这种价值观的引导下,自我决定行为出现的概率大大增加,"买我所需"与"获得体验"成为这一消费阶段最重要的两个特征。"买我所需"即在消费中执行适度原则,消费为了满足生存与生产需要,在决策标准上与理性消费观念有重叠部分。"获得体验"成为此阶段青年群体消费决策的标准,在这一标准下,商品的价格、材质等客观因素不再成为参与消费决策的最重要因素,而是被舒适、在消费过程中感觉到快乐、对社会有益等更为主观的因素所替代。这两个特征的存在，使得原本被强加于青年群体的消费需求被重新识别，消费的自主取向增强。

二 消费意识的变化

自亚当·斯密以来，主流经济学对经济行为的研究建立在"经济人"这一假设之上，"经济人"即指人的一切行为的目的是追求自身利益最大化，因此，经济学在初始就给定了人是利己的这一假设。由此推定，人的消费活动在经济学角度看也必然是利己的。诚然，人消费的目的是获取自身需求的满足，人在消费中存在利己主义属性。在现代社会，一些消费现象的出现似乎与经济学教科书观点相矛盾，如消费者愿意花更高的价格来购买环保材料的用品。对不同世代的青年消费特点进行分析时发现，世代越靠后的青年，消费观念中可持续、绿色、社会责任、道德的成分占比越多，这与经济学中将消费视为一场利己主义者博弈的观点相违背，这是青年群体消费活动中显著的变化趋势。实际上，利己主义与利他主义是可以同时存在的，只是在不同的时代背景下，利己主义与利他主义在消费中起到的作用不同。以下将消费过程简要地分解为消费动机、行为和结果三部分。①

表5—3　　　　　　　　人际关系中的零和博弈

甲胜，乙败（1，-1）	
	甲败，乙胜（-1，1）

（一）消费竞争与利己主义

在对消费意识的变化进行分析时，首先应当考虑时代这一大背景。利己主义主导的青年消费发生在市场经济尚未成熟的阶段，可以将当时的社会状况形容为温饱尚未解决，由此创造了一个竞争环境。物质条件的匮乏促使人与人之间在消费活动中处于一种竞争关系，竞争关乎能否

---

① 窦莉梅：《消费利他主义分析》，《云南社会科学》2006年第5期。

生存的问题，作为人之本性的利己必然成为主导的消费意识。当人口被固定在一定区域内，会加剧竞争关系的激烈程度。在未进入现代化社会以前，人口的大规模流动主要由战乱、逃荒、移民支边等引起。在和平时期，由于交通不便导致出行艰难，以血缘、地缘、业缘等作为维系人际关系与社会关系的纽带，人口流动缓慢且流动范围有限，个体对于社会、集体的认识仅停留在所生活的区域内，消费的竞争被空间压缩，融进人们的意识观念之中。在这种情形下，青年群体在消费中也会产生竞争，如计划经济时期从南方"倒"来的喇叭裤、蛤蟆镜在当时引起青年的哄抢。在竞争中战胜其他人成为当时青年消费活动的动机，消费在此时变成了一群人的零和博弈，因此青年会采取各种手段来提高自身在竞争中的胜率，结果是极少数人获得了胜利，而这种"人无我有"的状态标榜了个体在社会竞争中的优势。

利己主义的确在一定的经济社会条件下主导着青年的消费意识，甚至在现代社会中，仍有销售者创造这种环境来刺激青年消费。例如小米手机所使用的"饥饿营销"策略，或是"炒鞋""炒房"等引发的某类产品的消费热潮，其机制是创造出一个消费需求不能充分满足的竞争环境。在现代社会，如同喇叭裤、蛤蟆镜这类商品在青年群体中大热的场面再难出现，"饥饿营销"创造出的爆款商品也仅是短时间、小范围的在青年群体中产生影响。打破竞争环境的关键是基本需求的充分满足与人口的自由流动。由于竞争环境的破坏，人与人之间零和博弈关系被打破，利己已经不再是消费中的最优解，因此当年哄抢的"壮举"再难重演。

（二）互利关系与利他主义

在现代社会，科技充当了第一生产力，对社会生产的推动作用十分显著，工业化生产使得商品供应从种类到数量上都有了质的变化。消费市场上生产者与生产者、销售者与销售者之间的竞争加剧，市场上供不应求的局面仅在局部存在，消费者之间不需要再通过竞争获取所需商品，或者说消费竞争的胜利变成了大概率事件，在消费竞争中获胜不再具有附加意义。消费个体对效用的理解发生了变化，效用最大化从我放宽至他人，利他主义开始在消费中发挥作用。如果说物质需求的充分满足直接打破了竞争局面，那么人口的自由流动就进一步瓦解了个体间的竞争意识。市场经济的运行要求资源要素能够自由流动，而劳动力作为资源要素也参与到资源的流动之中。城镇建设、户籍解绑、产业调整，促使人口流动不断加速，交通工具的完善与海陆空交织的交通网，将人口流动的范围扩大到全球，地球村初见雏形。经济全球化进程拓宽了个体的视野，视野的变化使个体对社会的认识也发生了变化。

物质需求的充分满足与人口的自由流动只是打破了竞争环境，利他主义的意识不会凭空出现，而是从互利中诞生。互利关系是指通过合理的利益分配保持参与者之间关系的和谐，这种关系既满足了己方的需求，也助力了他者需求的满足，可以说因为消费中互利关系的存在，利他主义才会被意识到。互利来自交换与共享，而这种意识受到了网络时代信息交换的启发。交换与共享是多对多的关系，利他成为交换与共享的前提，生存于网络时代的青年群体被交换与共享意识包围，自然而然地接受了作为前提的利他主义影响，并反映在消费活动中。在现代社会，物质需求的过度满足造成了许多不良后果，如资源的过度开发导致生态环境恶化，促使青年在消费中环保意识的觉醒。消费中的环保意识不仅体现了利他主义，也产生了利己的结果。青年群体的消费以获得最大的幸福感为动机，这里的幸福感不仅是个人，还包括社会中的其他个体。在消费过程中有意识地将环保、绿色作为决策的影响因素加以考虑，甚至开始有少部分青年群体选择简朴的生活方式。消费活动被赋予了更多的含义，例如，疫情期间"抗疫助农"产品通过网络直播形式销售，销售量惊人，其优势并不在价格上，而在于青年群体对抗疫活动的支持。因此，消费过程重于消费结果，换句话说，消费的意义在于购买的过程，在获取购买到的物品时，消费就失去了意义。

三 消费意义的变化

消费经济学大词典对消费做了如下解释："生产的对称，社会再生产的基本环节之一。它指人们通过对各种劳动产品（包括劳务和精神产品）的使用和消耗，满足各方面的需要，以实现人本身的生产和再生产的过程和行为。"其他经济学类词典的解释大致相同，均是将消费认定为生产与生活的消耗。对于生活在不同时代背景下的青年群体，消费的社会意义在不断变化，可以归结为：满足生存的消费、用于竞赛的消费、作为投资的消费，这三种变化并非按次序发生，甚至会出现某一时代、某一个体观念中多种消费意义并存的现象。

(一) 满足生存的消费

根据经济学的解释，消费是为了再生产服务的，因此满足生存的消费成为消费最基本的意义，可以将这类消费视为生存成本。劳动分工成为消费出现的前提条件之一，劳动分工的出现打破了个体或单个家庭自给自足的生产模式，专业化的劳动不仅提高了劳动生产率，还催生了货币与交易关系。例如农夫需购置镰刀、犁杖，铁匠需购入粮食等，劳动分工越细致，手工制品的工艺越复杂，人与人之间的联系越密切，以生存为目的的消费活动发生得越频繁。内外部各种因素的作用，使得劳动力与生产资料相分离，两者的分离不仅扩充了工种，而且创造了大量的消费群体。以资本主义社会为例，圈地运动是资本主义原始积累的方式之一，在圈地运动中劳动力被强制与土地剥离，失去生产资料的劳动力为了生存被迫进入工厂工作，由工厂将其划分为不同工种，在工作岗位上被训练为熟练的技术工人。以工人为职业的劳动力的劳动成果从粮食、手工制品变为工资，工人需要用工资来购买食品、生活必需品等保障劳动力再生产的商品。由此开始，满足生存的消费大范围出现。

青年处在开始选择职业并步入工作岗位的时期，青年是劳动力的后备群体。青年阶段的个体正在完成从依附家庭到独立生存的蜕变过程，劳动分工的精细化，使得青年群体需要接受更长时间的教育，才能拥有参与社会劳动的能力，满足生存的消费成为青年群体在蜕变阶段中消费的重要意义。受教育程度的上升意味着受教育年限的增长，依附于家庭的时间也同样不断延长，这种情形下，满足生存的消费是青年必须面对的现实问题。

(二) 用于竞赛的消费

凡勃仑在论述有闲阶级的出现时谈到，"只要建立了私有财产制，哪怕是在极低级的发展形态下，在经济体系中就有了人与人之间对商品占有进行竞争的特性"[①]。财富与地位的竞赛将有闲阶级从劳动阶级中划分出来，为了巩固自身地位，有闲阶级通过消费来不断提高生活品质。可

---

① [美] 凡勃仑:《有闲阶级论——关于制度的经济研究》，蔡受百译，商务印书馆1964年版，第21页。

见,消费自诞生以来就被作为竞赛的方式。在现代社会,消费竞赛仍然存在,甚至正在逐渐取代消费对生存的满足意义。如同有闲阶级的消费竞赛一般,当今的青年群体也进行着与同世代群体、其他世代群体的消费竞赛。郑也夫在其著作中提到今天中国社会中发生的一个悖论:"因为温饱的解决,发生了空虚和无聊的问题;我们却在解决温饱上面加大砝码,来应对空虚和无聊的问题。"[1]

消费社会的运行机制就是将消费的动机和习惯内化到人们的心中,[2]使人们的一切活动"消费化"。例如,20世纪60年代的青年可以通过采摘野果、下河捉鱼、上树掏鸟蛋获得快乐,但现在采摘、垂钓等休闲体验的快乐需要通过消费才能获得。人与人之间的社会比较也开始"消费化",人们自然而然地将消费能力视为社会阶层、身份地位的代表,买得起豪车、住得起豪宅成为衡量一个人成功的标志,而对"豪"的定义成为消费竞争的"发令枪"。消费与生俱来的竞争功能在消费社会中被无限放大,构建出一条消费的鄙视链,处于链条低端的群体被打上失败的标签,在社会人际活动中被边缘化,改变这种处境只有依靠在消费竞赛中取胜。这使青年群体身处一个不得不参与消费竞争的环境,于是他们开始关注自身的外表形象,选购能够凸显消费品位的商品,如鞋服、美妆个护产品、配饰、数码产品等,将消费场所视为竞争的赛道。

(三)作为投资的消费

消费社会中不仅孕育着消费文化,还孕育着与其相悖的意识观念,部分青年开始有意识地反抗消费对人的控制,开始思考物质消费与幸福之间的关系。这种意识的诞生与物质需求的满足相关,当物质需求获得满足后,迫切的精神需求就凸显出来,即郑也夫所谈到的空虚和无聊的问题。悖论的发生是由于人们用更多的物质消费来解决精神需求得不到满足的问题,这显然不能从根本上解决这一问题,但却符合消费社会的逻辑与运行机制。在这种状况下,青年开始探求通过物质消费来获取幸福的途径。

幸福的落脚点在生活中,包括物质生活与精神生活。物质生活的幸

---

[1] 郑也夫:《后物欲时代的来临》,上海人民出版社2006年版,序言第2页。
[2] 郑也夫:《后物欲时代的来临》,上海人民出版社2006年版,序言第2页。

福来源于物质条件的满足,而精神生活的幸福同样与精神需求的满足相关,以上问题就转化为物质消费如何获取精神需求的满足。物质消费的结果是物品的获取,而精神需求却是无形的主观感受,显然物质消费的结果无法使精神需求得到满足,这就解释了为什么现代人在消费后越来越难以获得幸福感。精神需求的满足需要从物质消费的过程中获取,或者说消费体验才能够提供精神需求的满足。尽管消费的意义仍然是消耗,但消耗的部分发生了变化,消费不再被视为生存成本,而是作为生活的投资出现的,成为幸福感获得的重要途径。满足生存的消费与作为投资的消费,两者的区别在于生存成本与经济收入相对立,而投资则是为获取更多的生活意义。学者山崎正和的观点与此相印证,他预言消费最终的、成熟的形态,是一个将消耗转化为自我充实的过程,人的消费活动恐怕就是和效率主义相对立的一种行为,人们对其过程的关心程度要远大于实现目的本身。[1] 在现实生活中,这种消费意义已经开始影响青年的消费活动,如私人定制旅行、极限运动、手作、改造物品等方面的消费,通过消费过程或直接购买消费体验,来增加自身在生活中的幸福感。可以预见,在消费的下一阶段,作为投资的消费将更多地展现在青年消费活动中。

四 消费角色的变化

在经济社会发展过程中,青年群体在消费活动中的角色并非一成不变。从消费的青年到被消费的青年,再到创造消费的青年,三次角色转变,凸显了消费在经济发展中作用的展现与青年主体意识的觉醒。

(一)作为消费者一员而出现的青年

西方国家率先完成工业革命,开始了机械化大生产。但西方国家经济发展的起点并非工业生产,而是依靠殖民扩张与掠夺,通过将生产者与生产资料分离,在较短的时间内完成了资本的原始积累。在这种扩张与掠夺中,资本家与工人成为消费活动的重要主体,其消费需求也发生了变化。"青年"是现代化的产物,伴随着机械化大生产而到来。在工业时代中出现的青年群体具有其特殊性,青年是生产关系中的"准劳动

---

[1] [日]三浦展:《第四消费时代》,马奈译,东方出版社2014年版,第141页。

力"，需要为参与劳动进行必要的技能或知识培训。与技能娴熟的成年工人相比，青年消费者是消费力量中最薄弱的部分，他们技能熟练度较低、工作经验不足、体力未达到巅峰状态，因此拥有较低的经济收入与较少的休闲时间。青年与家庭之间仍然处于半依附的关系，还不能完全脱离家庭独立生存。在这种状况下，青年在经济社会中地位低下，主体意识淡薄，家庭成为青年群体消费的重要影响因素。父母对经济来源、消费主导权的掌握、青年休闲时间的不足，都成为束缚青年群体消费活动的制约因素。青年在消费活动中仅能作为其中一员出现，消费与青年之间的联系较为薄弱。

(二) 消费并被消费控制的青年

从世界范围看，消费社会正在到来，生产与消费的关系进行了重新定位，生产主导型社会让位于消费主导型社会，消费成为推动经济发展的重要动力，在消费社会中需求成为关键词，无限的需求带来了无限的消费可能性，而需求的满足附着不同的符号价值。可以说，需求在重新定义价值，而价值的重新定义为青年消费角色的转变创造了条件。在工业时代，劳动力的经济收入与劳动技能的熟练程度、劳动时长相关，经济收入的高低主要取决于劳动者的经验与身体状况，成年工人往往比青年工人更具有优势。在消费社会中，需求的多元化决定了劳动力的价值，不只具有一种形式，信息、知识、网络思维都能够使个体产生价值。当代青年群体具有思维灵活、对新事物感知敏锐的优势，使其不再需要依靠长时间的培训就能够创造价值。青年本身成为价值的代名词，家庭对于青年完成知识积累的经济支持变成了一种投资。

对自身价值的发掘使青年主体意识觉醒，开始有意识地摆脱家庭对自身发展的掌控，家庭不再是青年消费的重要影响因素。青年开始进行自主的消费，经济收入的提升与旺盛的消费需求，使青年爆发出较强的消费能力，成为消费市场的主力军。需求导向的生产模式将青年群体定位为生产与销售的主要对象，专属产品不断挤入青年的生活，私人手机、专用房间、独有服饰，等等，对这些物的占有欲激发了青年群体主体意识的快速觉醒。

青年群体看似拥有了消费的选择权与主动权，但却在无意识中被消费所裹挟。销售方、同龄群体、朋辈、网络红人、明星都在利用各种信息渠道告诉青年应当消费什么、应当如何消费，这一群体甚至被贴上"剁手党""精致男孩""贫民窟女孩""贵妇"等标签加以区分，俨然成为被销售的目标。青年不仅是消费活动中的一个角色，更是被消费所控制。

（三）创造消费的青年

青年消费需求升级的速度有时会超过产品创新的速度，此时，盲目消费现象逐渐减少，消费者心理与行为呈现成熟化趋势。消费型社会的到来昭示着消费对经济发展的巨大贡献，但在很多情况下，消费规模的快速增长是被压抑的消费需求的爆发，当消费需求获得了充分的满足时，被动的盲目消费现象就会呈现递减趋势。例如，汽车的消费在最初阶段是作为身份象征而出现的，随着人口流动的范围不断扩大，汽车消费成为必需品，当消费市场上提供的汽车商品种类能够覆盖消费者的多种需求时，汽车消费的增长速度将会放缓，即刚性需求得到满足后，弹性需求对于消费的推动力就减弱了。商品种类的多元化，使得消费者在购物过程中需要进行多次选择，选择次数的增加延长了购买前的思考时间，无形中使消费者容易理性消费，遵从适用原则来进行消费决策。

青年群体的冲动消费现象也会随着商品种类的不断增加而逐渐减少，使其无意识地开始摆脱消费的控制，青年群体的主体意识开始觉醒。在主体意识觉醒的初级阶段，保持主体性的方法是制造与他者各方面的差异，这导致青年群体表现出旺盛的消费需求。青年群体开始摸索如何塑造自我主体形象，而销售方、同龄群体、朋辈以及意见领袖就成为信息来源或形象示范。对他人的模仿与追随的结果是强制大众化的出现，原本追求的差异在这个过程中被消灭了。这一事实使青年群体意识到，仅仅通过现有的物品或信息无法使其获得自我独特性，个性的塑造需要从外在与内在两方面改变自我。外在改变是指改变身体形态、精神状态等外部形象，而内在改变是指学习新的技能、形成独特的生活态度等主观方面的变化。原本为所有年龄段提供的同质服务，不再符合青年群体的需求，自己动手与定制个性化方案成为形成自我独特性的途径，创造成为展示自我独特性的重要手段。在创造消费的过程中，青年群体对物品进行了重新定义，使其成为个体生活态度、价值观的外显形式，例如DIY材料包的热销，烧杯改作花瓶，衣扣改作饰品等。创造消费的青年群体，关注的并不是与他人外表相差异的自我主体,而是具有不同思想观念、精神境界的自我。

五 消费模式的变化

消费品从共享到独享再到共享,是经济发展与价值观变迁同时发生变化的结果。独享型消费要求商品具有两重价值:可使用与可炫耀。可使用是指商品在个体的生产生活中使用的频率高,可替代性低,个体对这类商品具有较高依赖性,如住宅、汽车。可炫耀是指个体对商品的拥有是为了商品所附加的符号价值,通过占有这类商品获得社会地位的肯定,如奢侈品。独享型消费发生于经济水平迅速发展阶段,产业结构的调整、价值链的延伸,使得消费品类供给从单一走向多元化,个体之间收入水平差距迅速拉大,阶层分化现象明显。

共享型消费的对象是商品的使用价值,这类商品使用频率低、可替代性强,作为理性经济人的个体,遵从效用原则选择购买这类商品的使用价值而不是商品本身,共享单车就是典型的例子。共享型消费分为两个阶段。第一阶段,公共领域的共享消费。经济发展中第一、第二产业贡献较大,生产模式粗放,生产效率低,商品处于价值链前端,对经济发展的推动力不足。商品供应品种少,供应量相较于需求量远远不足,共享型消费成为必然。个体之间收入水平差距较小,社会阶层流动小、较为稳定。在第一阶段的共享型消费中,往往以公共服务为主,如澡堂、影院、书店等,共享型消费范围小,共享程度低。第二阶段,私人领域的共享消费。此时的共享型消费处于经济水平较高,市场由供给主导过渡到需求主导的背景下。商品供给量大于需求量,具有相同使用价值的商品之间替换性高,各社会阶层都能够在市场上找到符合需求心理价位的商品。第三产业的崛起与网络化、信息化时代的到来使大范围共享成为可能。在第二阶段的共享型消费中,共享商品以便利生活、降低使用成本为优势,如共享公寓。

在共享—独享—共享的消费模式变化中,社会主流价值观也在发生着变迁。在第一阶段的共享消费中,第一、第二产业在国民经济中份额较大,这类产业依靠大量的劳动人口,劳动力在地域上发生集聚,地缘、血缘、业缘成为人际社会关系的维系要素。个体在收入水平、社会阶层上的差距小，阶层结构扁平化。个体之间在经济、社会阶层上较少存在竞争关系，集体主义成为社会的主流价值观。

当市场调节成为经济运行的重要手段时，独享型消费伴随着私人占有的生活方式而生。市场调节下，批量化、精细化生产增加了商品与服务在量和类上的供应，使商品的占有成为可能。新兴产业的崛起打破了原有的产业结构，劳动力人口也随之在产业之间流动，血缘、地缘在维系人际社会关系中的作用下降。随着个体之间收入水平差距的加大，经济条件成为社会阶层划分的主要标准，阶层等级化症状明显。个体之间的竞争使人际交往中的自我空间扩大。在这一阶段，价值观凸显物质、自我原则，独享型消费的双重价值需求出现，商品的消费不仅要满足使用价值的需求，还承担了社会阶层竞争、区隔的功能，独享型消费所带来的消费规模的增长又反过来成为经济增长的原动力。

共享型消费的第二阶段，供给导向的市场经济使商品供给极大地满足了群体的消费需求，消费升级成为一种趋势，在许多领域都实现了独享型消费。独享的商品变得普遍而不再稀缺，使得拥有这类商品的可炫耀性消失，独享商品的附加值下降。经济全球化是市场经济成熟的标志，推动了世界一体化进程的加速，也带来了全球视野下西方消费主义价值观的影响。全球视野加深了个体对自我与社会、一国与多国、人与自然之间的思考，价值观趋同使绿色发展、可持续发展思想成为主流。独享型消费的维持依靠大量不必要的资源消耗，与关注生态、人与自然和谐共处的价值观相违背，使得共享型消费时代到来。

共享意识来源于信息分享所带来的幸福感，[①] 共享型消费的第一阶段，信息的分享来自人际关系网络，以地缘、血缘、业缘为依托的人际交往关系挤压了个体在交往中的自我空间，密切的人际关系使信息共享速度增加，而共享消费场所为信息的分享提供了便利。第二阶段的共享型消费以网络的出现为前提，互联网使得信息共享在量上呈现爆炸式增长，共享消费不仅能够发生在高成本、使用频率低的服务场所中，也能够发生在低成本、使用频率高的日常商品中。第二阶段的共享型消费相较于第一阶段，呈现由被动转为主动，由共享场所拓展至更广阔领域的

---

① ［日］三浦展：《第四消费时代》，马奈译，东方出版社2014年版，第101页。

特征。

六　未来的青年消费

（一）进入无界消费时代

2018年麦肯锡发布的中国数字消费报告显示，线上+线下的全渠道消费已经成为中国消费模式的主流，这种全渠道消费模式大大拓宽了消费的空间界限，无界消费这一新概念搭建了未来消费世界的概念模型。新冠肺炎疫情对消费提出两项挑战，一是线下消费如何实现。线下消费场景必然会发生人流的聚集，而疫情防控要求限制群聚性活动。二是如何打破线上消费的局限。疫情的发生使消费活动从线下转移至线上，这种转移是对现阶段线上消费渠道的考验。线下消费能够提供更佳的消费体验，从商品或服务的试用到消费商品的直接获取，都优于线上消费渠道，寻找打破线上消费在体验、互动与商品取得效率上局限的解决方案，或将成为未来消费的新增长点。新冠肺炎疫情无疑成为无界消费从概念走向现实的催化剂，更为灵活多变的无界消费时代雏形初显。

2017年，京东开始布局无界零售战略，开启了在零售领域的战略转型，同时将无界的概念带入消费领域。在2018年弘章资本消费年会上，翁怡诺以"无界消费的未来进化"为主题的演讲，首次对无界消费进行了阐释。无界消费概括了未来消费的新趋势，打破了时间与空间对消费活动的限制，使消费能够随时随地发生，无界消费是基于中国消费市场的现状提出的。国家统计局数据显示，城市居民消费能力高于村镇居民，但定位于下沉市场的拼多多购物App却能够在短短几年上市，这表明，城乡消费能力的差异不能仅用经济收入、消费观念等因素解释，还表现在消费渠道、消费技术方面的不足。维持并提升一、二线城市居民消费能力，实现三线以下城市居民消费潜力的有效转化，将成为未来中国消费市场的目标，成为无界消费诞生的外部环境。

从内部看，无界消费的出现基于一定的思想基础——互联网思维与共享观念。互联网思维是一种新的思考方式，它包含了互动、连接、网络、全生态等思维要素，围绕"人"这个核心，将流量、用户体验、大数据、平台、跨界融合等新观念引入现代社会中，颠覆了整个商业生态。互联网思维促使人的个性与共性相融合，使人性更为全面。而共享观念则是由互联网思维的互动而生。共享意识源于信息的分享，而大规模的信息分享则是依靠互联网的互联互通功能。如果说互联网思维打破了信息、行业、思维的界限，那么共享观念则是打破了人与人之间的界限。城市化、工业化、市场经济改变了传统人际关系的维系因素，社会呈现原子化态势，个体的自我空间增大，在人与人之间立起界限。共享观念的出现在一定程度上改变了上述状况，共享意味着权力共有、责任共担，个体不能单纯仅从利己的角度出发来思考问题，利他主义在人际关系中开始显现。在这种环境下，1+1>2 的聚合效应被激发。由此，互联网思维与共享观念为无界消费的到来做好了思想准备。

1. 无界消费如何实现

在翁怡诺的演讲中，他将无界消费时代称为新零售、新品牌、新产品、新流量、新科技的大融合。对这些要素进行整合，可以将其概括为人、商品、场景三点。相较于传统消费模式，无界消费重新定义了这三点的概念与作用。互联网思维与共享观念都围绕着"人"这个核心点开展，翁怡诺提出的无界消费时代的五大要素均是针对消费者而言，这些要素所要达到的最终目的是触及消费者。无界消费与传统消费活动不同，消费者不再是消费活动的终端，而是参与到从生产到消费的整条价值链中，或者说，消费者在定义价值的概念，并促使这种价值实现。从定制旅行服务的消费中，能够更为清晰地看到消费者角色在变化，定制意味着设计，而自发组团、体验分享则是分销功能的体现，企业会主动为不良的体验评价者提供售后服务，并在下次旅行服务时进行完善。这一系列过程，实现了人的角色与功能的无界，因此，人不能单纯被定义为消费者。通过大数据、云计算、AI 等智能技术的应用，人与商品以及商品之间的交互成为可能，这突破了商品形态上的界限。例如智能家电的消费，消费者所消费的商品包括了家电、智能家电控制系统，以及智能家电所连接的网络资源，智能电子产品之间的互联互通也成为智能家电价值的来源。现代商品背后存在一条消费链，这条消费链拓展了消费者对商品的需求。例如，智能手机发挥作用需要依靠网络，因此网络设备或网络流量的消费成为必然。智能家电可以通过智能手机来操控，智能手机操控智能家电需要借助控制系统软件，软件的消费被附加于智能家电的消费之中。依托智能技术与互联网，数码产品的消费需求可以无限拓展。商品在形态与需求上实现了无界。新冠肺炎疫情促使人们加深了对场景无界的思考，新冠肺炎疫情的暴发对服务行业造成的冲击很大，餐饮、商场、娱乐场所等线下消费生活场景在一段时间内处于停顿状态。国家统计局数据显示，2019年中国第三产业增加值占GDP的一半以上，对GDP的贡献率接近60%，可见服务行业的停顿对经济增长影响程度之大。从民生层面看，商场、餐饮等均是与民众生活密切的场所，这类场所的关闭影响到民众生活的便利性。场景的无界能够打破时间与空间对消费的限制，"随时能消费""随地可消费"成为场景无界的形象写照。支付技术、AR/VR技术、网络直播技术在突破场景界限中发挥了重要作用，扫码支付可以直接完成线上下单，网络直播是应现代消费者休闲碎片化现状而生，只要拥有智能手机就可以随时观看随时购物，只要拥有AR/VR设备，消费者就可以不受时间地点的限制体验商品。从疫情期间青年消费的状况看，线上消费占比较大，垂直电商平台、网络直播成为消费的主要渠道，表明消费者在一定程度上摆脱了消费场景在时间与空间上的限制。

2. 无界消费时代真的会来临吗

京东等企业提出的无界零售、无界消费在目前初具雏形。当今世界已经进入了互联互通的网络时代，中国正在迎接数字时代，激活数据要素潜能，加快建设数字经济，以数字化转型驱动生产方式、生活方式和治理方式变革，中国的数字化转型正在路上。中国人民银行正在进行数字货币系统开发和试点工作，货币支付功能与支付安全性将大大提高，相信不久的将来数字货币会取代纸币，在货币流通支付中发挥重要作用。中国将"新基建"写入政府工作报告，2020年13省市公布"新基建"投资规模合计达25.6万亿元，后续投资规模将进一步扩大。"新基建"是指新型基础设施建设，包括数字化平台、创新工程、融合工程等建设项目，涉及大数据、人工智能、区块链、5G应用等网络技术，为互联网经济、数字经济的到来做好配套准备。"新基建"承担投资与消费升级两项重要任务，为无界消费提供了重要支撑。

（二）遵循道德原则的消费

英格尔哈特在社会价值观变迁的调查中提出，世界人民价值观正在由物质主义向后物质主义转变。英格尔哈特提取了两个维度来解释世界

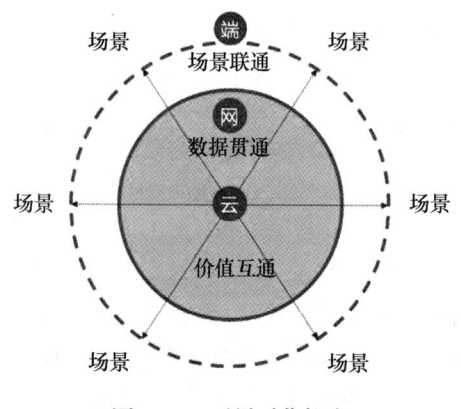

图 5—3 无界零售概念

注：此图源自《浅析京东的无界零售战略布局》，https://baijiahao.baidu.com/s?id=1593375584283594064&wfr=spider&for=pc。

各国的文化差异：一个维度是传统权威与世俗——理性权威；另一个维度是生存价值观与幸福价值观。① 在当今的政治生活中，权威的影响力下降。而生存价值观向幸福价值观转变，则是后物质主义价值观的体现，后物质主义价值观关注人与人、人与自然之间的和谐。后物质主义价值观崛起的背后是一场更广泛的文化转型，这场文化转型是对自我观念的重塑，集体的秩序不再被认知为基本社会规范，人们更多从追求自我幸福出发来参与社会活动。文化环境与价值观的转变，必然在未来青年消费活动中产生相应影响，追求和谐与关注自我的价值取向，促使青年群体在消费中遵循适度消费、整体利益、生态关怀等道德原则。

1. 遵循适度消费原则

消费需求是消费行为产生的根源与动力，旧的需求得到满足，新的需求就会显现出来，成为消费规模不断增长的内部原因。全渠道消费模式的出现增加了消费者与商品之间的触点，使消费行为发生的概率达到一个较高水平。消费需求不断产生与消费活动高度便利化，是否意味着未来消费将会无止境地增长？物质条件的满足带来了无聊与空虚，而人们打发无聊与空虚的方法是扩大物质消费，这种悖论的产生有其特定的

---

① 英格尔哈特：《现代化与后现代化——43个国家的文化、经济与政治变迁》，社会科学文献出版社 2013 年版，第 17 页。

背景，经济增长、收入增加、物质商品的充裕，使人们能够通过消费来休闲消遣，这构成了悖论出现的外部条件，而内部原因是社会经济发展程度与价值观变化之间的不同步。

英格尔哈特的研究结果为我们呈现了最简单的价值观变化趋势：从物质主义走向后物质主义。这种转变并非与社会经济发展程度完全一致，或者说价值观的变化相较于社会经济发展程度的滞后。一旦两者变化不同步，就会出现如郑也夫所谈到的消费的悖论，社会经济发展程度已经能够满足个体对物质与安全保障的需求，但由于价值观仍然停留在物质主义主导阶段，个体对需求的解读依然与物质条件挂钩，导致消费悖论的出现。从英格尔哈特主持的6波世界价值观调查数据发现，欧美等发达国家的后物质主义倾向较发展中国家更为明显，表明从更长的时间阶段看，这种不同步会逐渐被纠正。当价值观被纠正后，个体对需求的解读也将发生转变，物质开始让位于幸福感。在消费活动中，这种价值观表现为消费的主要目标不再是争夺物质资源，获得安全保障，而是通过消费获得幸福感的体验。消费主要目标的变化必然影响到消费决策，消费者在消费中不再是买得越多越好、花费越高越好，而是逐渐回归到消费的本质上来，为劳动力的再生产而消费。这种回归不是指回到消费活动的原点，而是消费能够使得身心均得到满足，满足的状态则是适度消费的标准。青年群体作为社会发展的风向标，价值观更倾向于后物质主义，因此，适度消费原则将会对青年消费活动产生重要影响。

在实际生活中，部分青年在某些品类的消费中开始遵循适度消费原则，如在二手商品交易平台上销售闲置商品或购入必需品，自己动手改造旧物代替购买新商品等。虽然从整体看，青年群体仍然是各种购物节的主力军，在"买买买"中获得快乐，但满足精神需求不止消费一条途径，以物质消费来获取精神愉悦感的行为终将在某一阶段结束，取而代之的是符合自身消费水平，有益于个体身心健康发展的消费活动。

2. 遵循整体利益原则

遵循整体利益消费原则的消费者，在消费活动中对个人与整体的利益进行重新排序，个人利益不再永远位居整体利益之前。从微观层面看，消费是一项个人行为，与经济全球化的大背景相关。对美国、日本、印度三国的青年消费状况进行对比分析发现，随着世代的推移，各国青年的消费特征趋于接近。这些国家拥有不同的文化和社会经济背景，甚至在某些领域差异较大，为什么会出现青年消费行为的趋同？对这一现象的解释，应将其置于更大的经济全球化时代背景之中加以考量。市场经济制度的影响、科技革命的到来、国际金融的发展、跨国公司的出现，推动了世界经济一体化进程，从经济领域开始，国与国之间的界限逐渐模糊，全球、世界成为新的整体单位。在这一背景下，《中国的和平发展》白皮书提出了一个全新的"命运共同体"视角，将构建人类命运共同体的理念融入个体的自身发展中。

整体利益参与到个人对消费的决策中，依靠共享与利他意识发挥作用。新时代的消费已经进入共享型消费的第二阶段，共享的概念与日常生活联系紧密，共享交通工具、共享知识、共享热点、共享权力等已经为人所熟知与认可，现代青年群体已经具备了基本的共享意识。共享将群体的利益捆绑在一起，逐渐形成一些潜在的秩序，如不独占共享单车、不擅自修改共享知识内容等，每一次共享都将参与到共享行为之中的个体联结为一个临时整体，通过潜在的秩序保障共享整体的利益。共享意识中诞生的整体利益观念是不受束缚的，这就解释了为什么会出现共享单车的使用者独占、损坏共享单车的现象。利他意识成为保障整体利益的重要工具，利他主义与利己主义是一个相对的概念，使我们清晰地认识到人对利益的划分维度：自我——他者。除自我之外均是他者，他者成为一个整体的概念。工业化成为自我与他者之间的黏合剂，维护他人的利益，维护整体的利益就是维护个人的利益，由此产生了利他主义观念，个体自愿地参与到保障整体利益的行为之中。当共享与利他相结合时，整体利益原则拥有了客观与主观两方面的存在条件。

根据不同的情境与不同划分标准，整体所指的对象也会发生变化。除世界这个整体外，地缘、业缘、兴趣爱好相同者，同一特殊情境下的个体在消费中都会自发遵循整体利益原则。例如，萨德事件发生后中国青年消费者自发抵制韩货；汉服发烧友在汉服消费中抵制山寨商品；新冠肺炎疫情发生后，青年在消费中更倾向于抗疫助农商品的消费，等等。在这些消费行为中，个体愿意付出更多的经济代价来保障整体的利益，个人利益让位于整体利益。

互联网科技的发展，价值观在世界范围的趋同，使得整体的组成概率更高，形式更为灵活。身处共享经济红利中的青年群体拥有更强的整体利益观，利他与利己观念在青年消费中融为一体，整体利益原则将在未来青年消费中产生影响。

3. 遵循生态关怀原则

鲍德里亚认为，当代资本主义的基本问题不再是利润最大化与生产理性化之间的矛盾，而是生产力的无限扩展与销售产品的必要性之间的矛盾，[1] 消费反过来成为生产的主导，这是对消费社会本质最直白的描述。消费社会的动力来自对消费品的需求，而人的需求永远无法满足，这就无形中增强了消费对个体的控制力量。炫耀性需求使人们在消费上追求更多、更贵、更稀有的商品，追求效率的需求催生了快速消费与快时尚。对稀有、昂贵物品的需求造成了对地球珍惜资源的掠夺，而以快速、大量消费为特征的快时尚则浪费了大量的自然资源。现代社会发展对资源的过度消耗，不仅是西方国家所面临的问题，也成为全球性的挑战。世界自然基金会（WWF）发布的《地球生命力报告2018》显示，自1950年以来，全球社会经济发展进入了大加速时代，爆炸式的人口增长和经济发展拉动了对能源、土地与水资源的需求，这种大加速已经对地球生命支持系统产生了明显的影响，而作为驱动经济增长"三驾马车"之一的消费，也需对土地退化、过度开发、气候变化、环境污染及生态失衡负责。从国内看，中国的发展同样离不开对资源的消耗，在中国经济发展的初期，同样经历了以资源消耗换取发展的粗放型生产方式的阶段。

生态关怀原则是整体利益在可持续消费领域上的具体体现。随着价值观的转变，生态问题在消费活动中被纳入了评价标准。后物质主义价值观强调幸福感，而幸福感的来源甚为广泛，可以将其简单归结为关系的和谐，即人与自身、人与社会、人与自然、社会与自然等关系的和谐，能够为人带来幸福感，在消费中实现人与自然、社会与自然之间关系的和谐即是生态关怀原则的体现。生态关怀原则成为未来青年消费所遵循的道德原则之一，是建立在多重条件之上的。

---

[1] ［法］鲍德里亚：《消费社会》，刘成富、全志钢译，南京大学出版社2000年版，第60页。

一是生态问题已然显现。联合国环境规划署发布数据显示，人类的资源消耗量及其制造的废物，在2003年就已经超过了地球生态能力的约1/4（WWF2006）。2005年联合国千年生态系统评估估计，包括提供淡水、补给土壤、调节气候等在内的24项生态支持系统中，15项已经超出负荷量，遭到破坏或呈现退化状态。[①] 虽然在能源有效利用上人类已经做出了极大的努力，但人口的增长与经济社会的加速发展，依然使得能源消耗总量持续增长，能源大量消耗所带来的气候变化已经使人类尝到恶果，生态问题对人类社会的威胁已经显而易见。

二是政策环境的构建。面对经济社会发展对自然资源、生态环境的过度消耗，各国纷纷出台政策，改善现有的生产与消费方式，以减少资源消耗、环境污染等问题。从生产看，早在1991年联合国工业发展组织就提出了"生态可持续工业发展"理念，为生产方式转型提供了思路。生态工业技术政策推动了绿色、可持续资源对传统资源的替代，在提高资源使用效率的同时，降低了对自然资源的消耗与环境的污染。对传统资源消耗类商品增收环境附加税、推行国际环保生产标准、实行环境贸易制裁[②]等措施，也推动了可持续工业发展模式的建立与应用。从消费看，可持续消费已进入政治议程之中。2002年约翰内斯堡可持续发展峰会提出对现有消费与生产方式的转变，并呼吁制定一项10年计划框架，通过国际合作推动与支持全球范围的可持续生产与消费，即"马拉喀什进程"。"马拉喀什进程"中所提到的计划框架涵盖了区域、地方、国家三个层次的战略制定与执行机制，明确了在消费意识、优先领域、需求方面的目标。[③] 中国在以上方面做出了很多努力，转变依靠资源消耗实现经济增长的发展方式，调整优化了产业结构和产业布局，鼓励发展循环经济。在消费观念引导方面，党的十九大报告明确提出"倡导简约适度、绿色低碳的生活方式，反对奢侈浪费和不合理消费"，鼓励民众采取健康环保的消费方式。

---

① 数据来自全球环境展望指标2007，https：//www. un. org/chinese/esa/environment/outlook2007/docs/4. pdf。
② 顾卫平：《世界环境政策与各国经济政策的结合》，《国际市场》1998年第7期。
③ 周任斯：《马拉喀什进程在中国》，《有色金属再生与利用》2006年第7期。

三是环保意识的渗透。从国际大环境看，由于公民环保意识的形成，环保成为普遍的社会规则与国际契约，大量环保组织及其开展的环保活动，对环保意识的渗透起到了十分重要的作用。早在1951年，美国民间就已经组建了环保组织，至20世纪70年代，联合国组建了环境规划署与国际环境情报网，为环境恶化问题提供国际解决方案。随后，西欧发达国家纷纷建立以环保为目标的政党、组织及基金会，成为地区环保战略的重要参与者，推动了各国环保事业的发展。环保组织所开展的各种活动，引发了社会对环境问题与人类生存之间关系的思考，环保逐渐走进公民教育体系之中，完成了环保意识从顶层向底层的渗透。

从现阶段青年群体的消费行为看，生态关怀原则已经发挥作用。Bottle Dream咨询公司发布报告称，可持续已经成为一股新的潮流，在世界范围内，从政府、企业、非营利组织、学界到媒体都在付诸行动，共同推动可持续发展。年轻人作为自下而上的推动力，在可持续发展中发挥着越来越重要的作用，当代青年在消费能力与消费影响力上不容小觑，当其消费观念与选择发生变化时，将会驱动生产方更主动地选择可持续的生产方式。青年群体自身也在践行可持续的生活方式，在消费上表现为选择绿色、适度、低碳、节能的消费方式或消费对象，通过示范效应带动同年龄群体，甚至其他年龄群体转变消费观念。报告将所调查到的青年群体的可持续观分解为"长效""系统""共益""日常"四个关键词，将其置于消费领域中可以解释为：拒绝一次性消费，关注消费对象的使用寿命与效果；可持续消费来自群体的努力与相关系统的改善；可持续的消费方式的维持不依靠道德压力，而是出于对人类命运共同体理念的认知；将可持续消费融入日常生活选择。可见，无论从国际视角还是国内视角、宏观层面还是微观层面、青年群体还是青年个体，生态关怀原则在消费领域的影响已经显现，在这种大背景下，生态关怀原则必然成为未来青年消费所遵循的道德原则之一。

（三）为充实自我而消费

鲍德里亚、鲍曼等人将消费视为资本主义生产体系操纵与强制人的工具，个体生活于这个时代中，始终无法摆脱消费对自我发展的影响，消费等同于消耗殆尽。根据这种观点，个体被视为理性人，按照效率原则行事。山崎正和将未来消费视为一种美学艺术，认为在消费的终极形态是一个由强调物质消耗到时间消耗的过程,人们更加关心消费的过程而非目的。上述两种不同观点的分歧,体现在对消费与欲望的解读。鲍德里亚一派认为,消费社会的出现离不开无穷的欲望,因为人的欲望永远无法满足,消费才能成为操纵与强制个体的工具。消费成为符号体系中的一部分,担负起超越其本身的社会功能,如沟通、分类,并且这种带有符号意义的消费早已融入社会结构和生活方式之中。

在对未来社会的预测中,作为消费者的个体将无法摆脱被消费操控的"怪圈"。山崎正和对消费与欲望的理解体现人性的含义,满足欲望所获得的幸福感如同昙花一现,仅存在于满足的片刻,人对幸福感的追求会使得其转变对消费的关注点。例如,胃的容纳量是一定的,因此人们在享用美食时,所追求的不是快速将更多的美食吃进腹中,而是尽量延长享用美食的时间。可见,更多、更快的效率原则并不会在任何情况下都为人们带来幸福感,对消费活动同样如此。在山崎正和眼中,消费处于一个十分微妙的状态:被用尽并获得完成,而判断完成与否的标准则由主体认知来决定。

两种不同观点的背后是价值观的差异。鲍德里亚对消费的认识更接近物质主义的价值观,而山崎正和更偏向后物质主义。物质主义的价值观关注的重点在物,物代表了生存、安全、获得尊重、自我价值实现,甚至人的价值也可以用物来衡量。而后物质主义价值观所关注的更多是人,是人对于自我表现的需求,物质主义价值观随着经济、社会、文化的变化向后物质主义过渡。这看似给定了一个答案,然而,英格尔哈特在研究中提到,价值观的变迁并非一条直线。

到底哪种对消费终极形态的预测将会实现,现下我们不得而知。但在现阶段的青年消费活动中,以充实自我为目的的消费行为对我们有些启发。从青年消费的新趋势中可以看出,定制、个性化成为其中的关键词。欧美青年在消费中呈现去品牌化的倾向,即不愿为品牌花费更多,而是关注商品是否符合自身要求,是否具有独特性。3D打印技术的问世迎合了青年消费的这一特点,Mon Purse 品牌定制手袋的热销,就是因为其产品个性化与定制服务供应,快闪店在青年消费市场中的大热也是如此。定制、个性化消费趋势的出现,并非完全出自生产或销售方的"操控",还包含了青年消费中自我表达需求的出现。定制、个性化的消费需求不仅涉及商品的购买环境，更向上延伸至商品的设计环节，青年消费者需要设计符合自身要求的消费对象。消费的发生不仅在终端环节，消费者与商品价值链的深度接触，无形中增加了消费体验的时长。假设以往消费者选购一件满意的商品所需花费的时间为 X，当消费者选择定制化、个性化消费品类时，消费者花在此商品上的时间就变为了 NX（N = 消费者所参与的价值链环节）。当青年群体选择购买定制化、个性化的商品时，所需要花费的时间更长，为何这类商品却在消费市场中爆红呢？定制化、个性化商品的消费规模的确是呈现递增趋势，并且这类消费也是作为标识自身独特性的符号而存在。消费者正在逐渐深入地参与到商品价值的创造环节，愿意为此花费更长的时间，这似乎与山崎正和的观点相吻合，消费体验的延长带给人更多的幸福感。

上述情况不仅发生在欧美国家，在中国，青年的消费也在向着为体验买单、为情怀消费、追求生活仪式感的方向发展。在中国青年消费结构中，最直观的体验型消费方式为影院的观影服务，虽然线上付费观影已经成为青年观影的新渠道，但去影院看电影仍然是青年娱乐的重要方式。在极端情况下，消费体验的重要性更为凸显。新冠肺炎疫情期间，线下消费场景的停摆，使民众产生了不良的负面情绪，线上线下消费均出现负增长现象。较为成熟的线上消费模式并未完全代替线下消费，消费全面线上化在正常情况下并不容易实现，线下消费是获取消费体验的最佳方式。

除为体验买单外，为情怀消费、追求生活仪式感，是青年充实自我的表现。京东时尚联合 WWD 共同发布的报告显示，李宁、百雀羚、飞跃、回力等老品牌国货重新在青年消费市场走红，一时掀起国潮风。国货的重新走红，与品牌文化底蕴的创新式发掘密切相关。李宁、回力等鞋服品牌，通过在经典款式中增加现代风格元素而走出复古风格，在被调查消费者中四成以上表示，愿意选择购买国产品牌是出于对品牌文化的情怀。

此外，童年零食、玩具商品在淘宝平台走红，甚至有专门售卖此类商品的网红实体店，满足青年群体还原童年记忆的需求。对生活仪式感的追求更能体现需求的变化，表明青年群体的消费需求已经从物质需要上升为精神需要。如品质鲜花品牌——花点时间，以"每周一花的小幸福"为宣传语，每周推出一款主题鲜花，满足消费者对生活仪式感的追求。综上，我们可以看出，青年群体的消费中心围绕自我展开，以获取体验、情感等为直接消费目标，以达到自我充实的目的。

总结上述分析，鲍德里亚的理论能够解释当代消费社会若干现象的存在，而山崎正和的观点似乎更具有预见性，青年开始在充实自我的消费中摆脱消费控制，将其转化为自我发展动力。

第六章

中国青少年消费问题剖析

青年群体的身心发展尚未成熟，缺乏自我管理与控制的能力，容易在消费活动中受到内外部因素的影响，因一时冲动而进行非理性消费。本章通过梳理青年消费中存在的问题，分析青年消费问题的表征及其危害。

第一节 青年超前消费

超前消费是指当下的收入水平不足以购买现在所需要的产品或服务，以分期付款或预支形式进行的消费行为，是一种超越个人、家庭支付能力或社会供给能力的高消费。超前消费是消费观念随时代变迁的产物，已经成为青年的消费习惯。青年在通过超前消费满足即时消费欲望的过程中，也出现了非法校园贷、裸贷等一些需要引起高度重视的问题。

一 青年超前消费现象分析

（一）超前消费在青年群体中具有普遍性

多份调查报告显示，青年群体普遍存在超前消费行为。清华大学中国经济思想与实践研究院（ACCEPT）发布的《2019 中国消费信贷市场研究》报告显示，中国消费金融市场中 18—29 岁用户数量占总用户数的 1/2 左右。蚂蚁金服和富达国际联合发布的《2018 年中国养老前景调查报告》显示，35 岁以下年龄段青年群体中，56% 的人尚未为自己进行养老储蓄，44% 的人每人每月平均储蓄额不足 1400 元。2019 年汇丰银行、海尔消费金融、融 360 等几大金融机构发布了"90 后"消费的相关数据，数据显示"90 后""00 后"负债率高达 1850%，融 360 在《2019 年信贷大调查》中报告了在消费贷款群体中,"90后"占比最高为37.41%,"95后"群体占比为11.9%,"00后"群体占比为3.74%。2019年尼尔森数据分析公司对中国青年负债状况进行调查后发现,青年群体中有86.6%的人正在使用信贷产品,青年平均债务收入比达41.75%。调查显示,青年实质负债人群约占整体青年数量的44.5%,表明青年群体中有44.5%比例的人群无法在当月清偿超前消费债务,[①] "零储蓄、高负债"成为部分青年财政状况的真实写照。

在低储蓄的前提下,青年群体对超前消费的热情不减。2019年南都大数据研究院发布的《新青年·新消费:95后消费分期用户成长性报告》显示,2018年"双11"期间网络分期产品用户人均消费金额达到2700元,其中有六成用户为"95后"。报告还显示,18—34岁职场年轻人使用过分期消费的比例高达49.82%,其中22—25岁年龄段受访者中,有55.94%会选择使用分期消费,超前消费意向高于其他年龄段群体。[②]

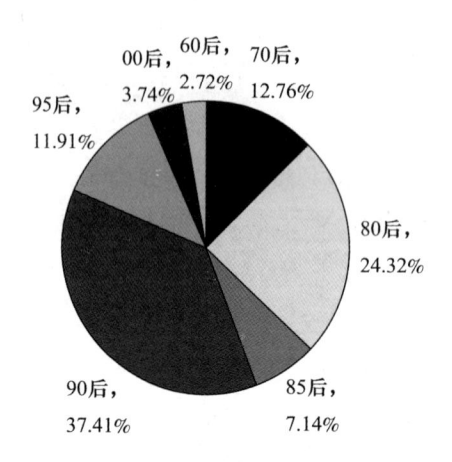

图6—1 消费贷款用户年龄分布

注:数据来自融360《2019年信贷大调查》,https://www.rong360.com/gl/2018/08/22/166144.html。

[①] 互联网数据资讯网:《Nielsen:2019年中国消费年轻人负债状况调查报告》,2019年11月18日,http://www.199it.com/archives/968142.html,2020年9月26日。

[②] 搜狐网:《95后年轻人撑起分期消费一片天,学历越高越爱分期》,2019年4月18日,https://www.sohu.com/a/308 837656_161795,2020年9月26日。

这种超前消费不仅发生在已参加工作的青年群体中，以家庭为主要经济来源的学生群体也热衷于超前消费。调查显示，大学生日常生活费在1500元以下（含1500元）的受访者占总体比例的79.99%，56.84%的大学生使用过分期产品，其中65.84%的受访者使用过花呗，18.64%的受访者使用过京东白条。① 央行发布的《2019年消费者金融素养调查简要报告》显示，全日制学生延迟消费的意愿最低，高中至大学阶段学生延迟消费意愿较往年有所下降。大部分大学生都存在超前消费的问题，一线城市大学生的生活费已超过2000元/月，大学生群体年消费规模超过了3800亿元。相较于"80后""90后"的大学生，"95后""00后"使用网络支付比例达到96.8%。2016年中国青年报社社会调查中心通过问卷网，对2000名大学生进行调查，有77.8%的受访者认为，身边同学有超前消费行为，29.3%的受访大学生会透支信用卡。

青年群体在消费活动中已经养成超前消费习惯。在分期消费的使用频率方面，有64.16%的受访者每年的分期消费频率不超过6次，有17.06%的分期消费受访者每年超过12次。② 2019年艾媒网对"90后"消费金融用户未来的超前消费意愿调查结果显示，75.6%的"90后"群体明确表示会在未来使用超前消费，20.9%的"90后"群体表示不确定，3.5%的"90后"群体明确表示不会使用。③

（二）日常消费是青年超前消费的主要对象

青年的超前消费并非购买大额商品或生活急需，而是更多地用于日常生活消费。58金融数据显示，2020年上半年，"90后"在"分期消费占日常总消费的比例"问题的调查中，选择"全部/绝大部分使用了分期支付/还款"人数占比为12%，"95后"为13%，占比数值高于此选项样本总数的9%。"00后"选择"一半使用了分期支付/还款"人数占比为33%，高于"90后""95后"及总体在此选项上的人数占比，日常消费

---

① 互联网数据资讯网：《华东政法大学：2018中国大学生网络生态和消费行为报告》，2018年12月11日，http：//www.199it.com/archives/806479.html，2020年9月26日。

② 搜狐网：《95后年轻人撑起分期消费一片天，学历越高越爱分期》，2019年4月18日，https：//www.sohu.com/a/308 837656_161795，2020年9月26日。

③ 艾媒网：《艾媒报告｜2019中国"90后"消费金融发展现状监测报告》，2019年2月27日，https：//www.iimedia.cn/c400/63712.html，2020年9月26日。

在青年超前消费中占据了不容忽视的份额。① 融360在"90后"贷款用途调查中也报告了同样的现象,"90后"使用消费贷款用于日常生活消费的人群占比为49.6%。②

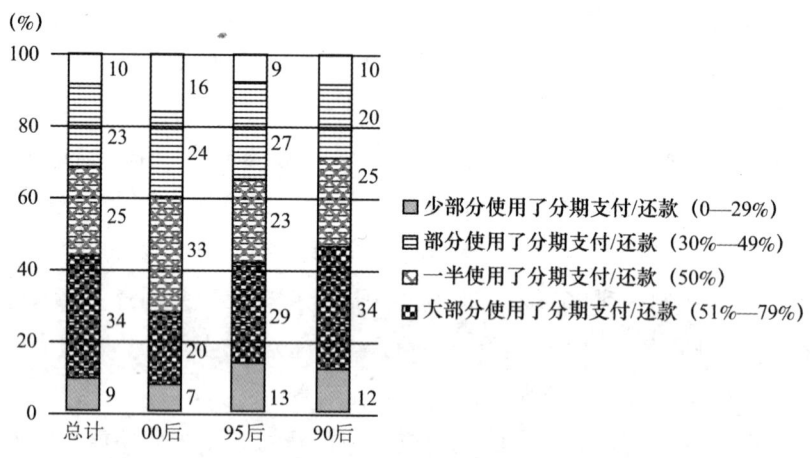

图6—2 2020年近半年青年分期消费占日常总消费的比例

注：数据来自58金融《2020上半年消费金融接纳度报告》,http://www.199it.com/archives/1078040.html。

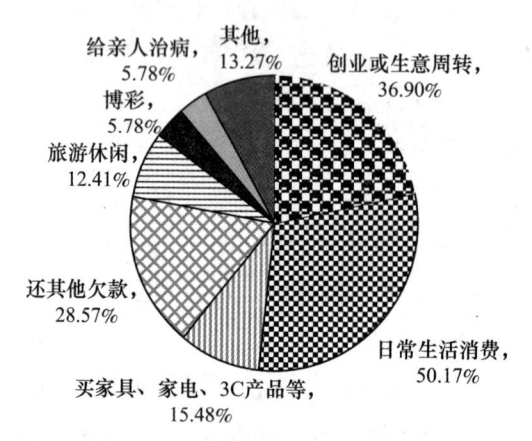

图6—3 用户使用消费贷款的目的

注：数据来自融360《信贷消费大调查：90后占据半壁江山 近三成人群以贷养贷》,https://www.rong360.com/gl/2018/08/22/166144.html。

---

① 互联网数据资讯网：《58金融：2020上半年消费金融接纳度报告》,2020年7月5日,http://www.199it.com/archives/1078040.html,2020年9月26日。

② 融360：《信贷消费大调查：90后占据半壁江山 近三成人群以贷养贷》,2019年6月10日,https://www.rong360.com/gl/2018/08/22/166144.html,2020年9月26日。

（三）青年群体超前消费源于享受型消费需求

青年超前消费主要缘于享受，除基本生活用度外，青年超前消费大概率用于提升生活品质与休闲娱乐。2020年58金融报告了上半年青年分期消费品类数据，受访者中"90后"群体偏爱在购买手机平板等电子3C产品时进行分期消费，"95后"群体偏爱在餐饮美食消费中进行分期，"00后"群体偏爱在娱乐类、医美、电子3C产品。[1] 调查数据显示，接受过整形手术人群年龄段分布与现行整形消费市场情况有所差异，17岁以下年龄段接受整形手术人次占该年龄段调查人群总数的比例明显高于其他三个年龄段。在整形费用来源项目调查中，40%的17岁以下青年群体选择接受网络贷款。[2] 分期乐商城数据显示，"90后""95后"青年在耐克户外商品、苹果手机、天梭腕表、BEATS智能数码、蔻驰箱包、SK-Ⅱ美妆护肤品上更多使用分期付费方式。[3] 携程数据显示，2020年春节期间选择分期旅游付费的群体中，"90后"占比为40%，首次超过"80后"群体占比（38%）。[4]

2019年中国青年网校园通讯社围绕大学生超前消费话题，对全国1069名大学生进行问卷调查。结果显示：89.77%的学生使用过分期付款进行超前消费，在超前消费的类型中，处于购物目的的超前消费有85.98%，其次是饮食（65.16%）和娱乐（30.30%）。[5] 麦可思发布的《2019年大学生消费理财数据分析报告》显示，大学生月均花销支出比重较大的主要领域（限选三项）包括形象消费（62%）、社交和娱乐（51%）、学习（50%）、其他食品（28%）、数码电子产品（26%），在

---

[1] 互联网数据资讯网：《58金融：2020上半年消费金融接纳度报告》，2020年7月5日，http://www.199it.com/archives/1078040.html，2020年9月26日。

[2] 林江、李梦晗：《"身体控制的迷茫"：当代青年整形消费低龄化现象透视》，《中国青年研究》2019年第4期。

[3] 搜狐网：《乐信分期消费研究院：〈为爱分期——Z世代分期消费行为特征报告〉》，2018年11月13日，https://www.sohu.com/a/275022642_704265，2020年9月26日。

[4] 互联网数据资讯网：《携程：2020年春节分期旅行消费调查》，2020年1月12日，http://www.199it.com/archives/997330.html，2020年9月26日。

[5] 中国青年网：《大学生超前消费调查：近九成用过分期付款，主要用于饮食和购物》，2019年11月8日，https://baijiahao.baidu.com/s?id=1649596382999519751&wfr=spider&for=pc，2020年9月26日。

生活日用品消费上占比仅为17%。

表6—1　　　　　　　　　青年超前消费用途

互联网分期消费		信用卡		互联网小额借贷	
基本生活用度	62%	提升生活品质	64%	提升生活品质	57%
提升生活品质	61%	基本生活用度	55%	基本生活用度	53%
休闲娱乐	55%	休闲娱乐	48%	休闲娱乐	48%
恋爱/社交	29%	运动健身保健	30%	技能培训	35%
运动健身保健	27%	工作学习	28%	运动健身保健	33%
工作学习	26%	技能培训	28%	恋爱/社交	30%
技能培训	24%	恋爱/社交	24%	工作学习	27%

注：数据来自尼尔森数据分析公司《2019年中国消费年轻人负债状况调查报告》，http://www.199it.com/archives/968142.html。

表6—2　　　　2020年上半年分期支付/还款的消费品类　　　　单位：%

消费品类	总体	"00后"	"95后"	"90后"
电商消费	62.4	37.8	55.1	65.9
手机、平板等电子3C产品	49.9	51.1	44.9	58.5
线下购物	41.2	31.1	47.5	36
餐饮美食	35.3	35.6	39.8	31.7
教育培训/学习	26.7	31.1	18.6	22.0
娱乐类	26.6	46.7	33.9	25.0
家装	25.8	20.0	12.7	26.2
购车	24.1	8.9	16.9	26.8
旅游	19.7	6.7	12.7	22.6
办理运动健身卡	12.4	11.1	8.5	9.8
医美	11.1	15.6	6.8	14.0
婚庆	3.5	0.0	0.0	5.5

注：数据来自58金融《2020上半年消费金融接纳度报告》，http://www.199it.com/archives/1078040.html。

当生活费无法满足需求时，37%的被调查大学生选择信用消费或分期付款。以上海高校大学生为样本进行的问卷调查数据显示，大学生主要将蚂蚁花呗用于"日常饮食""服饰鞋帽"和"日用品"这些基础生活的消费。男女生使用蚂蚁花呗在进行"服饰鞋帽""电子产品""化妆护肤品"和"医疗保健"消费时的差异较大。女生在"服饰鞋帽"和"化妆护肤品"的超前消费上高于男生，主要原因是女生相比男生更注重对外在美的追求，且服饰鞋帽和化妆护肤品的价格相对较高。在参与调研的大学生中，有82.03%的女生选择使用蚂蚁花呗购买服饰鞋帽，62.5%女生选择使用蚂蚁花呗购买化妆护肤品，仅有24%的男生会选择使用蚂蚁花呗进行消费。男生在"电子产品"和"医疗保健"的超前消费上高于女生，并且男生对以健身为主的医疗保健的需求普遍高于女生，有51%的男生选择使用蚂蚁花呗购买电子产品，是女生的1.7倍，19%男生选择使用蚂蚁花呗购买医疗保健，是女生的2.4倍。[1]

（四）高学历、高收入青年群体易进行超前消费，已就业青年群体超前消费易出现过度负债现象

高学历、高收入青年成为超前消费的主体。南都大数据研究院2019年数据显示，大专学历受访者使用过分期消费比例为46.59%，本科学历受访者使用过分期消费的比例为52.61%，硕士及以上学历受访者使用过分期消费群体占比为55.56%。尼尔森数据分析公司数据表明，一线城市、偏高收入、本科以上、有海外经历的青年会更多地产生实质性负债。

就业状况对青年在超前消费的金额与使用频率上产生影响。尼尔森数据分析公司的《2019年中国消费年轻人负债状况调查报告》显示，"90后"已就业青年实质债务收入比为14.1%，高于被调查样本整体实质债务收入比12.52%，"95后"已就业青年实质债务收入比为12.2%，高于在校学生实质债务收入比7.5%，被调查青年群体的实质负债人群占负债人群比例的44.5%。2019年唯品会联合南都大数据研究院发布《中国社会新人消费报告》，报告显示年龄在20—29岁、毕业进入社会5年以内的"90后"群体存款情况，其中"月光族，一分不剩"人群在总体中占比为19.35%，存款在5万元以内的群体占比为49.38%。

---

[1] 魏澜、范静怡、李霞：《高校大学生提前消费行为研究——以"蚂蚁花呗"为例》，《现代商业》2020年第21期。

表6—3　　　不同地区、收入水平、学历水平、海外经历的实质
负债人群占比

不同地区的实质负债人群占比		
一线城市	二线城市	三、四、五线城市
55%	41%	44%
不同收入水平的实质负债人群占比		
偏高收入	中等收入	偏低收入
64%	41%	34%
不同学历水平的实质负债人群占比		
硕士及以上	大学本科	大专及以下
64%	56%	39%
是否有海外经历的实质负债人群占比		
有海外经历	无海外经历	
72%	42%	

注：1. 数据来自尼尔森数据分析公司《2019年中国消费年轻人负债状况调查报告》，http://www.199it.com/archives/968142.html。

2. 整体样本中实质负债人群占比为44.5%。

（五）超前消费具有高消费特征

超前消费常常是由高消费衍生出来的消费行为，也就是说"高消费"常常会导致"超前消费"。Mob研究院《2018中国智能手机市场报告》显示，18—34岁青年群体是苹果手机的主要消费者，其中34.4%的苹果手机购买者月收入小于3000元。2018年BCG与腾讯联合发布的调查报告显示，中国奢侈品消费者的年龄相对年轻，主要集中在18—24岁年龄段（36%）与25—30岁年龄段（32%），不仅北、上、广、深等一线城市的消费者会进行奢侈品消费，二、三线，甚至三线以下城市也拥有为数不少的奢侈品消费群体（58%）。① 再看高收入、高消费的一线城市青

---

① 互联网数据资讯网：《BCG&腾讯：中国奢侈品市场消费者数字行为洞察报告》，2018年9月29日，http://www.199it.com/archives/778604.html，2020年9月26日。

年，这部分青年群体拥有名牌高校学历，月收入在 2 万—3 万元，生活在一线城市，敢于冒险，追求前卫、潮流生活，在护肤、穿衣、饮食方面舍得下"血本"，甚至经常炫耀式消费。但由于缺乏风险意识，一旦遭遇职场变故或投资失败，财富效应消失，"降维"生活将使该群体产生强烈受挫感。

（六）超前消费与青年恋爱关系的维持相关

青年往往会赠送高价礼品，以表示对恋爱关系的重视，维持伴侣对自身的好感度。2018 年世纪佳缘网就职场青年每月恋爱花费进行调查发现，男性花费在恋爱中的平均费用在 3400 元，而女性为 3100 元，① 大学生恋爱者年均恋爱支出 4878.20 元，② 在经济条件有限的情况下，分期购物、超前消费成为青年维持恋情的重要选择。分期乐商城调研数据显示，67% 的男性和 39% 的女性都有过为异性分期送礼物经历，"95 后"青年群体中为异性分期送礼人数占比超过 80%。③

（七）社交媒体成为青年超前消费的新渠道

社交媒体的频繁使用增加了青年超前消费行为发生的可能性。2017 年埃森哲发布的《全球 95 后消费者调研·中国洞察》报告显示，社交媒体成为中国"95 后"消费者的主要消费渠道，70% 的受访"95 后"群体表示愿意使用社交媒体购物。④ 腾讯与波士顿咨询公司联合发布的《2019 中国社交零售白皮书》显示，社交媒体在中国的渗透率超过 97%，25 岁以下群体更易被 KOL/KOC 种草，种草类别主要集中在奢侈品（45%）、美妆（38%）、时尚鞋服（35%）三类，且 KOL 更为多元化，如明星、流量大 V、播主、网红等。

---

① 搜狐网：《世纪佳缘联合氪空间发布〈2018 中国职场青年恋爱观调查报告〉：四成职场青年表示"没时间谈恋爱"》，2018 年 8 月 17 日，https：//baijiahao.baidu.com/s? id = 1609033261277548339&wfr = spider&for = pc，2020 年 9 月 26 日。

② 互联网数据资讯网：《华东政法大学：2018 中国大学生网络生态和消费行为报告》，2018 年 12 月 11 日，http：//www.199it.com/archives/806479.html，2020 年 9 月 26 日。

③ 搜狐网：《乐信分期消费研究院：〈为爱分期——Z 世代分期消费行为特征报告〉》，2018 年 11 月 13 日，https：//www.sohu.com/a/275022642_704265，2020 年 9 月 26 日。

④ 互联网数据资讯网：《埃森哲：全球 95 后消费者调研·中国洞察》，2017 年 12 月 15 日，http：//www.199it.com/archives/663309.html，2020 年 9 月 26 日。

表 6—4　　　　　　　青年使用社交媒体消费偏好　　　　　　单位：%

世代	有使用社交媒体购物的意愿	使用社交媒体进行网购频次增加
"95 后"	70	58
"90 后"	58	51
"80 后"	60	49

注：数据来自埃森哲《全球 95 后消费者调研·中国洞察》，http://www.199it.com/archives/663309.html。

二　青年超前消费的危害

（一）不利于青年形成正确的价值观

超前消费的成因多与虚荣、攀比等心理因素相关。在超前消费过程中，青年容易错误地将消费能力作为自身价值的参照，不断为了追求更好的物质生活享受而进行超前消费，沉迷于虚幻的享乐之中，认为只有追求富足与无休止的消费才能带来幸福感，反映出拜物主义、享乐主义、消费主义对青年群体的影响，容易导致青年价值观的扭曲。

（二）因过度负债造成心理焦虑

超前消费往往是由高消费引起的，且常常伴随着分期付款，其实质是"花明天的钱圆今天的梦"，但超前消费所带来的短暂快乐很快会被负债的恐慌和焦虑所取代，拆东墙补西墙成为部分超前消费青年的常态，由此引发心理焦虑。

（三）消费的"棘轮效应"导致陷入财务困境

消费习惯在短期内具有不可逆的特性，即消费水平向上调整较为容易，而向下调整较难。青年群体的超前消费也同样如此，源于享受为目的的超前消费一旦被挂上"棘轮"，当消费资金受限时，由于棘轮效应的影响，为保持原有的消费习惯与水平，很难在短时间内降低自身消费水平从而不断借贷，最终陷入消费陷阱和财务困境之中。

（四）易于陷入非法校园贷甚至"裸贷"风险

大学生的消费资金受到家庭经济状况限制，为了满足不断增长的消费需求，通过校园贷、裸贷借款的群体数量不在少数。据新华社报道，2018 年武汉一名大学生经受不住消费诱惑，向网贷平台借款 4000 元，两个月内该平台多次套路、怂恿恐吓该学生，致使该学生的负债从开始的

4000元滚至5万元。新浪科技报道，女大学生王芳通过借贷宝借款，不仅周利率高达30%，最后还被迫拍摄裸照作为抵押进行借款，网贷平台以公布裸照为威胁胁迫该女生偿还高额本息。

三 青年超前消费的成因分析

（一）社会因素

1. 消费观念的变化促使超前消费发生

从宏观层面看，经济发展水平的提高与对外开放力度的加大，使得中国青年所生活的社会环境发生了巨大的变化。从微观层面看，家庭中子女数量的减少使父母对青年的消费更加宽容，也愿意为青年的生活、学习提供更多的资金，淡化了勤俭节约的消费观念。当代青年生活在物质日益丰富的社会中，受西方国家的消费主义思潮影响，物质成为衡量个体价值的标杆，"消费即快乐"（享乐主义）思想引诱青年通过购物来获得精神的充实，而对自己经济状况会做出"选择性失明"，最终陷入"消费—负债—压力—消费"的恶性循环之中。

2. 移动支付技术使超前消费便利化

互联网金融工具在大学生消费中的使用频率越来越日常化。大部分学生以蚂蚁花呗作为日常生活用品方面的支付方式，部分学生也会分期购买昂贵的数码产品。据蚂蚁花呗公布的数据，中国近1.7亿"90后"中，开通花呗的人数超过4500万人次，在将花呗作为支付宝首选支付方式的人群中，"90后"的比例最高，为37.4%。"85前"比例为27.82%，"85后"为24.93%。55%的"90后"京东用户已开通白条分期，平均分期数达到4.27期。[1]

当代青年被称为互联网原住民，网络技术在日常消费活动中的渗透率明显高于其他年龄群体。淘宝、京东、支付宝等App将线下消费转移到线上，为青年群体提供了更为便捷的消费方式，迎合了当代青年的消费需求。移动支付技术的出现与发展，如蚂蚁花呗、京东白条、分期付款等互联网金融工具，通过信用杠杆增加了青年消费的资金总额，使青

---

[1] 互联网数据资讯网：《蚂蚁花呗：2017年中国年轻人消费生活报告》，2017年5月4日，http://www.199it.com/archives/590060.html，2020年9月26日。

年冲动、非理性消费的可能性大大提升。

（二）经济因素

1. 经济发展水平的提高

中国已稳居世界第二大经济体，经济的不断增长和收入的不断提高，使中国居民的消费潜力得以释放，"90后""00后"青年群体在成长过程中，充分享受到国家经济发展的红利，优越的家庭物质条件为其超前消费提供了支撑。

2. 青年消费预期约束宽松

消费者的消费支出由现期消费支出与未来预期消费支出组成，预期收入、个人在一生中赚取收入的时间会影响现阶段青年的消费预期约束。青年赚取收入的时间明显优于成年人群体，且中国经济社会环境稳定，个人收入水平也在持续增长，消费信心指数一直处于高位，使得青年对未来自身经济收入的预期乐观，给了这部分消费者超前消费的勇气。

（三）心理因素

1. 消费惯性的影响

当前中国正处于消费升级时代，青年群体即使自身收入不高，或来自家庭的消费资金不充足，受到消费惯性即"棘轮效应"的影响，也会为了满足物欲选择超前消费。

2. 攀比、从众心理的影响

青年的消费行为还受到其他参照群体的影响。为了赢得群体的认可，获取群体归属感，维持"和谐的"人际关系，青年会模仿群体的消费行为或炫耀性消费来实现自身的融入，即超前消费中的"从众"现象。攀比心理更容易在经济状况较差的青年群体中出现，经济水平的差异使得处于不同阶层的青年，尤其是处于较低层次的青年热衷于超前消费，这类青年希望通过这种消费方式，来满足自己的物质需求和精神渴望，以此吸引他人关注，获得群体认同。

3. 虚荣心理的影响

超前消费是高消费的副产品，高消费的成因与青年的虚荣心理相关。青年在消费中购买奢侈品、限量商品、网红商品、时尚产品，是为了通过消费来展示自身的消费能力与品位，从而吸引同辈群体的目光，获得心理上的满足与平衡。

（四）媒体因素

媒体宣传对青年超前消费也产生重要影响。首先，媒体通过广告的无差别投放为青年描绘了一幅"丰盛"的消费社会景象，使青年产生"消费=幸福感"的错觉，媒体还会利用制造紧张感来刺激青年产生虚假需求。其次，媒体以分期付款、提前享受为亮点，在有意和无意之间进行大范围的超前消费理念宣传活动。最后，随着社交媒体成为青年群体的消费新渠道，网红、明星、意见领袖对青年消费的影响急剧增长，对网红、明星等社交媒体中的重要个人的模仿，使得青年更容易提高消费频率与消费总额。

第二节　青年面子消费

"面子"是在个体借由行为或社会性资源展现自我价值的过程中，通过获得他人认可而满足虚荣心的体验，与个体进行自我呈现相关。面子文化包含了中国传统的价值观，在面子问题上，鲁迅先生在《且介亭杂文·说"面子"》一文中称，中国人常常秉持着"宁为玉碎不为瓦全"的态度，鲁迅先生也提到"面子是中国人的精神纲领"。在青年群体的消费行为中，这种为了追求面子而进行的消费，就是面子消费的表现。"面子消费"的特征表现在消费中的攀比与炫耀并存、获取群体认同与目的功利性。深陷于"面子消费"的青年群体，往往背负着沉重的债务与心理负担，长期处于焦虑状态之中，影响身心健康发展。

一　青年面子消费现象分析

（一）将消费高价商品视为"有面子"

凡勃仑所提出的炫耀性消费以浪费为特征，中国社会的面子消费也存在这种显著特点。在改革开放初期，炫耀性消费表现为衣食方面的高消费与浪费，消费者大量购买肉类、副食品、进口食品、高档保健品、时装、皮鞋，"吃不完倒掉""穿坏了扔掉"成为当时炫耀性消费的真实写照，与大部分民众省吃俭用、节衣缩食的生活状况形成鲜明对比。进入21世纪后，中国居民的经济收入有了大幅度提高，大部分家庭实现了衣食无忧，炫耀性消费不仅表现为衣食的高消费与浪费，消费对象还转向豪车、豪宅、珠宝等高价商品，出现了"房屋千顷不住""豪车成队不开"的挥霍型消费现象。

京东调查报告显示，2019年，三线到六线城市青年消费者在奢侈品消费上释放出强大的消费潜力，下单用户数量同比增长104%，其中下单新用户中72%来自二线以下城市。黄山、荆门、南平等地区青年奢侈品消费增幅远超一线城市，六线城市奢侈品销量同比增速超过100%。在小镇青年奢侈品消费场景中，满足社交场合（90.91%）需要成为奢侈品消费的主要目的，而处于时尚（38.18%）、自我奖励（25.5%）以及家庭成员馈赠（25%）的占比相对较低。① 在汽车消费上，青年所处社会阶层与其汽车品牌的选择相关，基层青年更乐于为追求高档汽车的品牌付费。以上分析表明，在消费高价商品时，青年更容易受到面子影响进行消费。"有面子"成为低收入青年消费的追求之一。

（二）在消费上攀比与炫耀

随着市场经济对民众消费观念的影响日益加深，消费者更加信奉"便宜没好货"，在部分消费者观念中根深蒂固地认为价格高的一定好。在面子消费中，消费者追求"只买贵的，不买对的"，高价、大品牌的商品成为主要的炫耀性商品，凡勃仑效应在消费中作用显著。基于消费者的这些认知，以中国为目标市场的奢侈品牌在设计上迎合中国民众喜好，将品牌logo尺寸增大，或是增加logo在商品中的出现频率，以满足消费者炫耀的目的。国外企业在奢侈品的设计上也融入了"昂贵就是美丽"的价值观，以商品制作中采用了多少稀有原材料作为美的标准，为面子消费披上"华丽"的外衣。受消费主义影响，部分青年将消费能力与经济实力、社会地位、权力、社会资源等因素对等起来，认为消费能力高的个体拥有更高的社会地位，消费能力低则是无能的表现，消费过程成为金钱竞赛的过程。中国传统价值观中的面子意识往往是歧视性比较的规则，以赢得面子的多少作为是否被歧视的砝码。为了取得金钱竞赛的胜利，使自己在他人面前挣得面子，消费者会有意识地在消费活动中购买一些昂贵商品，作为自身社会地位、经济实力的证明，展示实力成为

---

① 互联网数据资讯网：《要客研究院 & 京东·2019中国小镇青年奢侈品消费报告》，2019年12月13日，http://www.199it.com/archives/971433.html，2020年9月27日。

面子消费的主要动机。

艾瑞咨询 2016 年数据显示，在二次购买汽车的品牌选择上，三线、四线、五线城市消费者更倾向于品牌升级，即由低端品牌升级为中高端品牌汽车。婚礼纪调查报告显示，青年群体结婚消费涨势迅猛，2019 年平均每对新人结婚消费均值为 22.3 万元，较 2015 年数值增长 3.5 倍，超过全国居民人均可支配收入的 4 倍，其中婚纱礼服和婚礼策划消费涨幅最大，达到 5—6 倍，[①] 婚嫁成为钻石珠宝消费的主要消费情景。在村镇中，在婚嫁方面存在着高彩礼问题，三金、楼房、汽车成为村镇青年结婚的"标配"。除了在人生大事上的高额消费，珠宝等炫耀性商品在自购、送礼等日常情景中的消费增长迅速，婚嫁情景中钻石消费占比约为三成，而非婚嫁情景二次购买钻石商品的场景超过七成。日常用品关注产地品牌、奢侈品消费日常化，在经济可承担范围之外一味追求高档消费，是青年群体中"面子消费"的生动写照。

（三）彰显自我个性成为新形式

在传统中国社会中，面子消费的发生常与重要的社交情境相关，如婚丧嫁娶、节庆等，个体会通过在这种情境中展示自身的名望、财富、学识、身份等方式来证明自己的社会地位。当代青年的面子消费不再局限于传统，紧跟时尚潮流成为青年面子消费的新形式。凭借明星加持、限量发售等话题，商品通过联名跨界的形式推动潮流文化对青年群体的影响。如潮流品牌 supreme 与奢侈品牌 Louis Vuitton 的联名款一经宣布，几小时内在社交媒体中就获得了上万条转发与互动，数千人连夜排队购买。2019 年，由潮流艺术家 Kaws 设计、快消品牌优衣库出品的联名系列在发售当日全部售罄，#全员 KAWS#微博话题阅读量高达十亿次，参与讨论人数近十万。此外，Balenciage 的老爹鞋、Kanye West 的潮流单品 Yeezy 鞋在青年群体中热度极高，由此掀起一股炒鞋热潮，一双 Nike 运动鞋成交价格达到 32275 美元。在青年对潮流时尚的追捧与电商交易平台的助推下，球鞋的符号价值被激发，拥有一双限量款或最新款的球鞋成为不少年轻人优越感的来源，成为一种新的"面子消费"。

---

① 互联网数据资讯网：《婚礼纪：2020 年中国结婚消费趋势洞察报告》，2020 年 1 月 15 日，http://www.199it.com/archives/998228.html，2020 年 9 月 27 日。

表6—5　　　　青年群体中潮流运动鞋二手商品消费状况

运动鞋型号	交易量（双）	最高价格（美元）
Nike MAG Back to the Future（2016）	11	32275
Nike Air Force 1 Mid Tisci White	146	31650
Jordan 4 Retro Eminem Carhartt	34	30100
Adidas Human Race NMD Pharrell×Chanel	63	25000
Nike Dunk SB Low Paris	10	25000
Nike Air Yeezy 2 Red October	312	21060
Jordan 11 Retro Premium DerekJeter	1	18257
Nike Yeezy Boost 350 Pirate Black（2015）	3775	15720
Nike Dunk SB Low Staple NYC Pigeon	16	15325

注：数据来自StockX平台。

二　青年面子消费的危害

青年群体在消费中表现出"两栖消费"的特征，即在某些品类消费上铺张浪费，而在另外一些品类的消费上却追求高性价比。这种现象表明，作为中国传统观念之一的面子意识，在当代青年的消费中依然具有影响力。适当的面子消费对青年的人际交往关系起到调节作用，而过度的面子消费则会使青年陷入消费主义的陷阱，在不断攀比与炫耀的过程中引发与超前消费相同的不良后果。

三　青年面子消费的成因分析

（一）经济层面

1. 一定经济基础的支撑

经济的高速发展在提高国民收入水平的同时，还增强了青年的消费信心，激发了青年的消费潜力。科技的发展和生产效率的提高，使生活必需品的价格不断降低，满足生存需求的消费在青年收入中占比逐渐下降，从而为青年追求面子消费提供了经济基础。

2. 为达成功利性目的

青年群体进行"面子消费"的目的具有功利性。从经济学角度看，青年消费的目的是获取幸福感。根据萨缪尔森的幸福公式：幸福＝效用/

欲望。"面子消费"的功利性价值取向提高了消费的幸福感，如尊重、认同感的获得，合作关系的达成，情感的维系等。胡润研究院报告显示，中国人乐于为拓展、维护、增强"关系"而进行消费。高净值人群人均年赠礼总数为34.4次，礼品花费达26.1万元，77%的受访者曾经向他人赠送奢侈品。多数受访者表示在礼品赠送中，关系的亲密程度与礼品的价格成正比。[①]

3. 市场经济机制的作用

市场经济体制下，生产者与消费者之间是彼此依存又相互竞争的关系。彼此依存是指只有生产者所生产的商品被消费才能完成资本的循环，而消费者则需要商品来维持生存，实现劳动力的再生产。相互竞争是指消费市场中总是处于供求不平衡的状态，当供过于求时，消费者处于主导地位，生产者之间需要通过竞争来获得生存机会；当供不应求时，生产者处于主导地位，消费者的消费行为受到生产者的控制。随着生产力水平的不断提高，消费市场上供过于求将成为常态。为了实现资本循环，生产者需要刺激甚至制造需求来促使消费者不断消费商品，而面子意识成为生产者刺激消费需求的工具之一。生产者通过广告或包装使商品与社会地位及身份产生联系，借助消费者展示实力的欲望来实现营销目的，更多带有"面子"属性的商品出现，面子消费成为一股潮流。

（二）社会层面

1. 盲目社会比较的后果

"面子消费"多是攀比与炫耀的结果，符号消费理论将消费视为标记社会身份、地位的符号，消费"惯习""品位"的差异使不同社会阶层之间形成区隔。消费成为展现阶层优势有以下原因：一是相较于通过经济收入、受教育水平来提升社会阶层，进行阶层消费行为的模仿最为简单直接。二是消费社会为个体提供了各种渠道与模式来获取各种档次商品。为了凸显自身"优势"，青年之间展开消费竞赛，炫耀消费的"战利品"，甚至形成了一条"鄙视链"，例如购买 Hermes 的青年"鄙视"用 Gucci 的青年，奢侈品牌护肤品使用者鄙视用国产品牌护肤品的人群。为了不处于鄙视链的

[①] 互联网数据资讯网：《胡润百富：2017 中国高净值人群情谊往来白皮书》，2017 年 7 月 18 日，http://www.199it.com/archives/613587.html，2020 年 10 月 6 日。

最底层，或者意图在鄙视链中占据一个优势地位，青年在消费中不顾及消费能力不足，而不断升级消费需求，最后导致为"面子"买单。

2. 为了获取群体认同

基于人的社会属性，人际交往是人类的重要社会活动，获取群体认同在人际交往中十分关键。消费的社会功能能够帮助个体完成群体定位与归类，与群体消费观相一致的个体更容易获得群体认同，并被群体接纳。知乎网友将适当的"面子消费"视为正常的社交行为，"在社会里，面子消费不可避免"①。学者张新安认为，中国的奢侈品消费并非为了自用，而是用在社交场合，通过赠送昂贵的礼品，赠送者塑造了一个慷慨、经济实力雄厚、尊敬重视他人的形象，无论是赠送者还是接受者，通过奢侈品都获得了"面子"，②为人际关系的进一步拓展奠定了基础。

（三）价值观层面

自2007年以来，中国消费对GDP增长的贡献率已经超过50%，中国经济发展模式正在向消费主导型转变，消费主义也随之在国内兴起，青年的价值观在一定程度上受到消费主义的不利影响，主要表现为：

1. 将消费能力等同于自我价值

消费主义的逻辑就是将社会中的一切活动简化为消费，在这样的社会环境中，人被赋予最重要的身份就是消费者，它要求人购买商品，为所消耗的物质支付费用，在完成支付后占有个人专属的财产，这意味着人只有进行消费，才能证明自身在社会中的价值。

消费主义营造了一种看似自由、公平的氛围，消费者可以任意选购心仪的商品。但消费自由不过是一种幻象，不会因为日常必需品的相对一致而调和地位的不平等。相反，消费自由是通过比较而来的，有些人消费自由的同时就有消费不自由的群体存在，有些商品消费自由的同时也有不能自由消费的商品，这就是消费的意识形态。物品被用高级、中端、平价等概念来标识区分，当消费者根据自身的消费能力购买商品时，

---

① 文本引自知乎——如何看待大学生的面子消费？https://www.zhihu.com/question/323187409/answer/735827535。

② 张新安：《中国人的面子观与炫耀性奢侈品消费行为》，《营销科学学报》2012年第1期。

个体价值也被贴上了高、中、低的价签。中国青年的一些消费活动中也反映出这种观念，如在手机品牌的选择中，苹果手机受到青睐，国产低端手机则较少有人问津。

2. 将消费品位等同于社会地位

消费主义带有物质主义价值观取向，即以消费物的数量与质量来展现个体在群体中的特殊性与优越感。为了保持阶层的优越性，与其他阶层形成区隔，上层群体在消费中构建了"品位"的概念，"品位"成为高社会阶层群体消费习惯的标记。在这样的认知基础上，消费特定的商品或品牌成为展示个体社会地位、获取向上阶层群体认同的最佳途径。麦肯锡报告显示，中国奢侈品市场呈现年轻化趋势，"90 后"奢侈品消费者占被调查者总数的 28%，对中国奢侈品总消费的贡献值超过 20%。对品牌历史的认知是青年进行消费决策的重要影响因素。[1]

在消费主义的影响下，为了能够被打上高自我价值、优越社会地位的标签，青年不顾个人实际情况，开始追求消费中的体面与奢华，显现出对特定种类商品的消费偏好。

第三节　青年跟风消费

"跟风消费"是指消费者跟从群体意见对某类商品进行消费的行为，又被称为从众消费。湖南郴州的一名 17 岁高中生为了购买时下最新款的 iPhone 4 手机，通过网上黑中介卖掉了自己的一个肾，这一事件在网络上引起热议。这种事例并非偶然，为抢购风靡一时的"猫爪杯"大打出手，为一杯网红奶茶排队等待两个小时，跟风消费在青年群体的消费行为中屡见不鲜，甚至有青年将此视为一种生活的仪式感。

一　青年跟风消费现象分析

（一）打卡、种草网红事物成流行

麦肯锡新发布的调查报告中关注到二三线城市"年轻购物达人"，报

---

[1] McKinesy & Company：《中国奢侈品报告 2019》，2019 年 4 月 26 日，https：//www.mckinsey.com.cn/中国奢侈品报告 2019/，2020 年 10 月 6 日。

告将这一群体描述为"极为容易种草最新潮流事物,小红书和抖音都是他们的常驻地。……去他们关注的 vlogger 视频中的网红地点打卡,已经是这个群体的普遍生活方式"①。这种消费行为就是"跟风消费"的表现。"跟风消费"不是仅如报告那样出现在二三线城市,而是普遍出现在青年群体之中。抖音平台公布热门旅游打卡城市排行,国外城市位居前三的为曼谷、首尔、东京,② 这一数据与携程公布的 2019 年出境游十大热门目的地前三名大概率重合(第一日本、第二泰国)。③ 天猫食品发布的行业趋势分析中,报告了网红食品的销售状况,网红产品的消费者主要分布在新一线和二线城市,"90 后"与"95 后"青年群体是网红食品的主要消费者,占网红消费者总体数量的 56%。

(二)跨界商品更容易引发跟风消费

跨界商品成为青年跟风消费的主要对象之一。调查显示,一、二线城市"95 后"消费者更喜爱跨界商品,气味图书馆联合大白兔推出的大白兔香水首发销量破万,六神花露水风味鸡尾酒 5000 瓶 17 秒售罄。④ 除品牌的跨界外,品牌 XIP、品牌 X 艺术设计、行业跨界联合均在青年群体中获得良好的反馈。波士顿调查报告显示,61% 的受访者容易被新奇内容种草,其中 25 岁以下的青年群体更容易被内容新奇的品牌吸引。⑤

(三)意见领袖影响青年跟风消费

"跟风消费"还表现出盲目从众的特征。社会比较理论认为,团体间的比较是人自我定位的一个方面,这种团体间的比较结果是获得同一性。反之,群体的同一性也会影响到个体的行为,即"从众效应"。"跟风消

---

① McKinesy & Company:《2020 年中国消费者调查报告》,2021 年 1 月 1 日,https://www.mckinsey.com.cn/wp-content/uploads/2019/12/麦肯锡2020年中国消费者调查报告.pdf,2021 年 2 月 3 日。
② 互联网数据资讯网:《巨量算数:2020 年抖音用户画像报告》,2020 年 3 月 11 日,http://www.199it.com/archives/1017794.html,2021 年 2 月 3 日。
③ 互联网数据资讯网:《携程:2019 国民旅游消费报告》,2019 年 12 月 27 日,http://www.199it.com/archives/987410.html,2021 年 2 月 3 日。
④ 互联网数据资讯网:《CBN Data:2019 年天猫食品行业趋势分析报告》,2019 年 3 月 26 日,http://www.199it.com/archives/850284.html,2021 年 2 月 3 日。
⑤ 互联网数据资讯网:《腾讯营销洞察 &BCG:2020 中国"社交零售"白皮书》,2020 年 2 月 11 日,http://www.199it.com/archives/1003650.htmll,2021 年 2 月 3 日。

费"常常由猎奇心理引发,其能够在一段时间内维持消费的热度,是因为青年消费者感知到群体同一性需要一定的时间差,在这段时间中从众效应出现。AdMaster 发布的白皮书显示,粉丝对大 V 为品牌做推广宣传参与互动的动因中,"00 后"群体更倾向于"响应其他人号召"(TGI = 151),即因为其他人参与互动而参加到互动之中。[①] OC&C 在解读 Z 世代消费时,认为其消费行为受到各种影响,其中通过朋友获取品牌信息的偏好最高,受访者称其在消费活动中"关注了很多微博大 V"。[②] 关键意见领袖利用青年群体的猎奇心理,通过他们对社会群体的影响力来完成信息的传播,引导青年群体消费热潮。

（四）粉丝跟风消费成常态

粉丝"跟风消费"中盲目从众的情况更为明显,偶像明星和影视剧对青年线上服饰消费影响较大。阿里数据显示,2017 年 7—9 月,有超过 4 亿人次在淘宝上搜索"明星同款"。腾讯报告显示,在线上运动产品消费方面,明星同款中带货效果最明显的是运动鞋服品类和瑜伽品类,在销量增长的同时,明星同款带动了产品单价的增长,增长幅度在 40% 左右。除明星外,"90 后""95 后"青年对设计师及品牌等的追捧也使其出现跟风消费现象,优衣库与新晋设计师联名款 T 恤的快速售罄、Yeezy Boost 销量的快速增长,从侧面验证了粉丝的跟风消费。

二 青年跟风消费的危害

青年对时尚、新奇事物的追求是由其所处人生阶段决定的,跟风消费会对青年人的生活造成负面影响。首先,造成不必要的浪费。青年在跟风消费时往往处于非理性状态,并未对所消费对象的实用性与性价比等因素进行综合考虑。在享受了跟风的快感后,这些商品很快就束之高阁,造成了经济与资源上的浪费。其次,容易陷入消费旋涡之中。跟风消费的背后是消费主义的推动,生产商通过新奇、有趣等卖点来吸引青

[①] 互联网数据资讯网:《AdMaste & 微博:粉丝经济 4.0 时代白皮书》,2020 年 1 月 6 日,http：//www.199it.com/archives/982550.html,2021 年 2 月 3 日。

[②] 互联网数据资讯网:《无国界的一代:拥抱 Z 世代消费者》,2020 年 1 月 20 日,http：//www.199it.com/archives/999651.html,2021 年 2 月 3 日。

年关注与消费，在不断跟风的过程中，青年的消费观念很容易被诱导，从而陷入买买买的消费狂欢之中，无法自拔。

三　青年跟风消费的成因分析

（一）经济层面

1. 市场机制激发虚假需要

马尔库塞在对资本主义社会的研究中提出了"虚假需要"的概念，并将其拓展为理论。生产力与科技的结合，使得人的基本物质需求得到了充分的满足，但人仍然生活在匮乏的焦虑中。究其原因，是由于在个体的"真实需要"之外，还存在一种强压在身上的需要，马尔库塞在其《单向度的人》一书中将其形容为"为了特定的社会利益而从外部强加在个人身上的那些需要"。引发"跟风消费"的也是一种虚假需要，是市场机制发挥作用的结果。市场机制的核心是自由竞争，成功的标准是获取收益，而作为消费市场中坚力量的青年群体成为市场竞争的对象，激发青年群体的需要，也就成为追求消费规模增长、获取收益的重点。这就不难解释各种网红商品、关键意见领袖的出现，其目的是迎合青年群体特征，创造虚假需要刺激青年群体的消费。

2. 饥饿营销放大了商品效用

饥饿营销是指销售者通过有意识地控制商品的出售量，来人为制造供不应求的销售状况，借此对消费者施加刺激，从而达到商品高销售预期的营销手段。这种营销手段以效用理论为基础，通过调整销售数量，来调节消费者对商品的边际效用值，使其维持在一个较高水平。一旦消费者对这类商品产生特殊需求，并在特定环境下得到满足，消费者就会产生物超所值的错觉，进而发生口碑传播，使其成为其他消费者竞争的目标。网红商品、跨界商品、明星同款作为典型的跟风消费对象，就是运用了饥饿营销的手段，通过限量发售、提前预订抢购等方式，营造紧张氛围，控制青年思考时间，刺激青年跟风消费。

（二）社会层面

1. 明星效应的影响

在"跟风消费"中，关键意见领袖扮演了重要角色，如明星、潮牌设计师、网红博主等，他们在社交平台上根据青年群体的期望或偏好来塑造不同人设，吸引青年群体的关注，相较于影响青年消费的其他参照群体，关键意见领袖能够掌握到更加全面与真实的信息，凭借这种优势在青年群体中掌控话语权和获取信任，将关注转化为影响力。一旦关键意见领袖能够对一定数量的青年群体造成影响，通过与商品或品牌的合作，这种影响力就会转化为经济价值。在这种模式下，商品信息的传达路径发生了变化，传统的"销售者—消费者"的"推销型模式"被"销售者—关键意见领袖—消费者"的"推荐型模式"所替代。青年群体出于对关键意见领袖的信任与支持，对其进行模仿并开始跟风消费，结果是在其所营造的情境中被激发出更多的虚假需要。

2. 群体压力促成青年跟风

相对收入消费理论认为，消费者的行为不仅受自身收入的影响，还受到周围其他群体消费行为的影响，为了保持与他人消费水平的一致，消费者会在有意识或无意识地在进行消费决策时遵从群体的选择，以避免个体心理上的矛盾与冲突。青年群体的跟风消费也是如此，随着参照群体中拥有某种商品的人数增加，个体会产生一种被排斥或孤立的消极感受，这种消极感受就是群体压力对个体施加的影响。为了缓解这种不良情绪，个体通常会选择购买同样的商品以与他人保持一致，跟风消费由此产生。

3. 家庭与学校教育的不足

学校与家庭的教育对青年健康消费观念的塑造十分关键，而这类教育也是容易被忽视的部分。学校教育往往是以传授知识、培养学生的专业技能为主，但在学生的消费习惯、消费观念的教育上并未给予足够的重视。家庭以家风、家训教育为主，依靠家长的言传身教，但家庭教育效果受到家长文化程度、从事的职业、家长个人素质等因素影响。从当前状况看，青年对非理性消费行为的控制主要来自自我约束，家庭与学校教育的不足使青年很难自发形成理性的消费观念，一定程度上导致不良消费行为的出现。

（三）心理层面

1. 青年的好奇心旺盛

青年时期是一个向未来开放的人生阶段，这一阶段的群体普遍具有活跃的思想与旺盛的好奇心，不同寻常的事物常会成为青年群体的关注重点，这一特征同样显现在青年群体的消费行为中。现代社会中电商平台的出现为消费的脱域提供了条件,青年对线上社交的依赖,使得带有世代偏好性的信息在群体间的交换更加及时与频繁。通过网络社交媒体的交流,青年群体对于事物的好奇很快会成为集体共性,当有个体进行相关消费后,很容易引发他人的尝试行为,从众效应发挥作用,跟风式消费出现。

2. 自我意识受到氛围影响

自我意识是支配个体行为的重要心理因素,需要经历较长的形成和发展时间,在青年中后期才能发展出相对稳定与成熟的自我意识,在此之前,外界因素会对青年的自我意识造成影响。跟风消费的发生与参照群体所营造的氛围相关,这种氛围包括消费前的焦虑感,消费过程中的紧迫感与消费后的满足感。这种氛围通过网络社交媒体,以文字或图片的方式直接传递至青年个体,当网络社交媒体中大量充斥焦虑、迫切与满足的氛围时,个体自我调控的约束功能就会失效,使其不能对信息进行完整的加工,而是仅凭借消费欲望来控制消费行为,做出跟风消费的行为。

第四节　青年伪精致消费

中国特色社会主义进入新阶段,中国社会的主要矛盾已经转化为人民日益增长的美好生活需要和不平衡不充分的发展之间的矛盾,消费已经成为驱动中国经济增长的重要引擎,消费升级成为必然趋势。在追求美好生活的过程中,一些不良消费现象随之而来。《人民日报》2020年4月发布的一篇报道,揭示了青年群体为买名牌、吃大餐、晒精致人设,深陷消费陷阱之中的问题。这种现象并非偶然,调查数据显示,中国奢侈品消费市场确实正在呈现低龄化、年轻化特征,"90后"群体中奢侈品消费者数量增长惊人。[①] 这些光鲜美好生活的背后,是高负债与零储蓄的窘境。"90后"群体人均负债超过12万元,其中大部分欠款是生活消费。[②] 八成以

[①] 互联网数据资讯网:《腾讯 TMI&BCG:2020 中国奢侈品消费者数字行为洞察报告》,2020 年 9 月 25 日,http://www.199it.com/archives/1125256.html,2021 年 1 月 30 日。

[②] 上海热线:《最新报告:90 后人均负债 12 万 +?! 这届年轻人真敢穷!》,2019 年 4 月 2 日,https://rich.online.sh.cn/content/2019 - 04/02/content_9244998.htm,2021 年 1 月 30 日。

上的青年人正在超前消费，四成以上的青年无法在当月清偿超前消费债务。① 相较于高额的负债，毕业进入社会 5 年以内的"90 后"群体中，"月光族"占比 19.35%，存款在 5 万元以内的群体占总体的近二分之一。②

"月薪刚过五千，上百元一张的'前男友'面膜用起来毫不心疼；明明不爱运动，为了拍几张'精致'的照片花费上万元办健身卡"，追求"精致"成为青年沉溺于超前消费的关键。青年被"精致"形象附带的虚幻的幸福感引诱，开始通过呈现"精致"人设来获取"精致"形象的标签。在此过程中，伴随着价值观扭曲、心理焦虑、财务困境等问题，青年的超前消费完成了从动机向行为的转化。将青年塑造、维持"精致"人设的动机与行为作为切入点，有助于从另一个视角对青年超前消费问题进行分析。

一　青年伪精致消费的现象分析

（一）通过多种角度演绎"精致"形象

演绎"精致"人设首先需要引导他人形成"精致"印象，为了使人设真实可信，个体会通过由浅入深的四个层次——个人形象、场景、品位与理念来使"精致"人设的呈现更加饱满。

1. 呈现"精致"的个人形象

个人形象是自我呈现最为直接的方式，个体能够通过服饰、用品等符号性物品传递众所周知的信息，消费符合"精致"定义的商品成为呈现人设形象的前提。通过搜索小红书 App 内粉丝量超过百万的"精致"用户，笔者发现，其所发布的图文内容会对鞋服、配饰、使用的电子设备等物品的品牌进行清晰标注，如运动必备 BOSE 耳机、Spelledit 的 T 恤、KVK 项链，方便他人通过品牌与型号了解商品信息。在新浪微博中搜索关键字#精致男生/女生#，热度较高的博文内容以护肤、化妆、服饰

---

① 新浪网：《2019 年中国年轻人负债状况报告》，2019 年 11 月 18 日，http://vr.sina.com.cn/news/hot/2019-11-18/doc-iihnzhfy9948302.shtml，2021 年 2 月 16 日。
② 搜狐网：《中国社会新人消费报告：精明的 90 后》，2019 年 7 月 13 日，https://www.sohu.com/a/326682700_661649，2021 年 1 月 30 日。

搭配、香水、精致饮食、咖啡为主。

　　从数据看，两者的关系更为明显。麦可思 2019 年公布数据显示，除基本生活支出外，大学生群体的形象消费比例为 62%，成为大学生每月生活费用支出中比例最高的一项。消费品类可以反映出在个人形象方面"精致"人设的消费状况，2020 年，58 金融报告了上半年青少年分期消费品类数据，受访者中"90 后"群体在旅游中分期消费的接纳度远超其他年龄段群体，"95 后"群体在餐饮美食消费中分期消费的概率更高，"00 后"群体在医美等消费品类中接纳度更高。①

　　2. 呈现"精致"的场景

　　场景是一个相对含蓄的印象呈现途径，对人设的塑造起到辅助作用。当个体将自我呈现的表演置于一个广阔的场景之中时，观众的注意力就会从寻找角色与演员本身的差异上转移，促成个体理想化的表演结果。同时，借助场景设置也能够使人设的表演行为合理化或社会化。

　　"精致"场景的呈现往往以生活、休闲场景为主，北欧风的装修风格、卖相精美的甜品、别具情调的餐厅、梦幻的度假胜地，等等，都能够加深观众对个体"精致"的印象。营造"精致"场景的需求带动了装饰品消费的增长，2018 年"90 后"群体在杯碟上的消费较上一年增长了 102.84%，其次为花瓶（58.74%）与桌布（37.44%）。② 此外，选择分期付款的度假人群中，29 岁以下年龄段人数占比为 37.3%，且出游平均消费较高。在度假地的选择上，青年度假偏爱网红景点。③

　　3. 呈现"精致"的品位

　　在印象管理开始之前，个体之间需要完成信息的初步收集，包括社会经济地位、态度、能力、可信任度等，以帮助他在接下来的情境中顺利展开行动。品位带有社会阶层划分标记，它的呈现能够在无形中输出

---

　　① 互联网数据资讯网：《58 金融：2020 上半年消费金融接纳度报告》，2020 年 7 月 5 日，http://www.199it.com/archives/1078040.html，2020 年 9 月 26 日。
　　② 搜狐网：《中国社会新人消费报告：精明的 90 后》，2019 年 7 月 13 日，https://www.sohu.com/a/326682700_661649，2021 年 1 月 30 日。
　　③ 华西都市报：《同程艺龙与同程旅游联合发布〈一人旅行报告 2019〉：一个人出游更重品质》，2019 年 11 月 8 日，https://e.thecover.cn/shtml/hxdsb/20191108/119370.shtml，2021 年 1 月 30 日。

更多的信息。"精致"人设的受益源于制造阶层差异获取的优越感,相比其他手段,通过消费来展示"精致"的品位更符合效用原则。

"精致"人设的品位表演围绕着社会资本的三种形式展开。经济能力展示,是以高价商品消费为特征;文化内涵展示,是以文学著作、健身休闲、艺术品消费为特征;社会地位展示,是以限量、高级定制、专供商品消费为特征。艺术品新消费市场中"85后""90后"人群占比最高,六成消费者消费艺术品只为增添艺术感,将装饰性作为选购商品的重要标准,同时艺术品单次消费价格不断提升,千元以上艺术品销量呈现上升趋势。[①]

4. 呈现超前的理念

在社会互动中,他人往往不会被动地接受个体所造成的印象,而是会通过个体不经意间流露的态度、信念等来检验印象的真实性。"精致"人设作为被制造出来的印象,同样会受到他人的检验。用仪式感、悦己等超前的理念作为消费观念,能够进一步凸显"精致"人设的优越性。

仪式的出现是为了建立一定的秩序,如地位体系、等级、角色等,其表现方式带有极强的抽象性。随着现代社会对"自我"以及相关概念的强调,仪式感更符合个人的主观情感需要。这种变化与物质需求得到满足而触发需求层次上升,在大部分消费者还以商品的使用价值为重要决策因素时,考虑商品的附加价值是较为超前的消费观念。新浪微博配图为精致生活环境、食品及餐具的博文中,多数以仪式感为关键字,如微博配文为"愉悦自己,享受手艺、器具和美食的复合作用,以及它们带来的精致仪式感"。在分享自己主观感受的同时,以食材、餐盘、家居小物、咖啡机等用具的展示作为生活仪式感的强调,同时这些商品也成为青年超前消费的对象。

悦己也是一种超前的理念。后物质主义价值观强调"自我",对生活意义的解读也由生存导向转变为幸福导向,悦己观念的出现迎合了价值观的转变。受后物质主义价值观影响,追求充满幸福感的生活成为新潮流,这种潮流也体现在青年的消费活动中,但这种悦己须让位于商品的

---

① 原创力文档:《让生活碰撞艺术——天猫艺术品线上消费趋势报告》,2019年3月31日,https://max.book118.com/html/2019/0330/6042003233002020.shtm,2021年1月30日。

品质、价格等要素。"精致"人设在日常生活的展示中强调悦己,实质是在向外界传递一种信息:我具有优于他人的消费能力、幸福体验及价值观念,从而凸显个人的"精致"。"90后""95后"群体在消费中的悦己倾向显著,享受型消费占比增长,耐克户外商品、苹果手机、天梭腕表、BEATS智能数码、蔻驰箱包、SK-Ⅱ美妆护肤品成为青年超前消费的首选。

(二)利用技术手段突出"精致"特征

由于理想自我与真实自我反差的存在,为了使信息能够被接收者正确解读,除通过不同层次来呈现"精致"印象外,个体还会主动借助技术手段来重点强调人设的"精致"特征,增强他人"所见即真实"的观念。网络社交平台的应用与采取第一视角叙事,是青年群体在呈现"精致"人设时惯用的技术手段。

1. 网络社交平台的应用

出于印象管理的考虑,个体会有意识地强化在有利于自身形象方面的表现,而有损于他所要造成的印象的那些行为会被竭力抑制,以此来引导他人对个体美好印象的形成。网络社交平台的信息呈现由于缺少具体的语境而具有选择性,能够辅助实现印象管理目标,因此成为青年呈现"精致"人设的重要技术手段。

网络社交平台实际上起到了隔绝表演者与观众的作用,方便"精致"人设的表演者实现观众选择与观众印象引导两项任务。在与目标观众互动的过程中,个体能够根据反馈信息来检验自身印象管理效果,修正表演策略。而印象引导则是通过在网络社交平台强化自己想要给予他人的信息、弱化不利于自身"精致"人设呈现的信息来实现。这两项任务的执行,增加了青年群体网络社交平台的使用频率,社交媒体已经成为中国"95后"青年的主要消费渠道,在网络社交平台的使用过程中,青年被各种营销信息"种草"的概率大大提升,提高了超前消费行为出现的可能性。

2. 采取第一视角叙事

"精致"人设的呈现过程也是印象管理参与者的博弈过程,个体通过自己给予的表达来形塑他人眼中的自我印象,他人则会借助那些不易被个体控制的行为、语言、表情来检验、质疑个体所传递信息的真实性。

或者说，出于嫉妒或娱乐心理的旁观者更乐于见证"精致"人设的"崩塌"。

为了回应他人的质疑，个体通常会采取自我暴露的策略来避免人设"崩塌"后果的出现，其中 Vlog（video blog）、直播等是"精致"人设最常用的展示手段。这种传播机制以第一视角为主进行日常叙事，通过主动向观众曝光更多的个人信息来获取观众信任，以制造"精致"人设自我呈现一致的印象。但出现在 Vlog、直播里的场景也并非完全真实，"90后""95后"作为主要租房人群，在家居饰品消费、摆件、现代装饰画、相框等装饰性商品的消费上远超其他年龄段群体。对生活场景进行精心装饰已经纳入青年"精致"人设呈现的策略之中。

（三）通过配套消费维护"精致"形象

"精致"人设的维持需要在每一场互动中保持自我呈现的一致性，在购入第一件高价商品后，个体的不满足心理反而会被激发。为了保持呈现的一致性，恢复心理平衡，个体会通过两种办法来达到目的：一是购入与"精致"形象相配套的商品，来逐渐替换不"精致"的物品；二是提升消费水平与品位，购入更贴合"精致"概念的商品。青年很容易因此导致收支失衡，发生超前消费行为。

网友在对自身的消费经历进行分享时提到："平时主要是购买彩妆护肤品，仅大牌口红就有将近四十支，搭配口红的眼影不能选便宜的，护肤品更要上档次，现在 20 岁的我已经为此欠款 4000 元。"

当"精致"的印象遭到破坏，个体会丧失他人的信任，甚至在社会互动中陷入一种混乱且窘迫的停滞。因此，个体也会采取措施来防止"精致"印象崩塌，不破坏"精致"人设呈现的一致性。首先，遵循谨慎原则，个体需要在每次互动之前做好充分的准备，包括应对意外发生的措施。如餐具不够精美、服装缺少饰品搭配、限量版球鞋的穿着痕迹，最彻底的方法是通过消费解决。其次，激发观众对表演的保护作用。网络社交时代使印象管理过程中观众的隔离变得更为轻松，也会因此造成观众对个体信任度的差异。在他人对"精致"人设提出质疑时，信任度较高的观众会通过提供消费水平、消费习惯、消费能力等信息来证明"精致"人设的真实性，从而起到控制其他观众舆论的效果，这些信息需要通过个体的消费活动来展示。

二 青年伪精致消费的危害

追求"精致"人设是青年扭曲消费观、价值观的折射，是一种伪精致的消费观念与价值观念。在为活得"精致"而不断超前消费的过程中，他们错误地将消费能力等同于个人价值，在无休止的消费中追求幸福感。但这种快乐很快会被负债的恐慌取代，反而加重了心理上的焦虑。最终在陷入财务困境后，导致更为严重的后果。

三 青年伪精致消费的成因分析

（一）经济层面

1. 被高收益低投入的错觉驱动

社交零售时代的到来使KOL（一般意见领袖）成为青年消费的重要影响因素，KOL在社交媒体往往具有特色的人设定位，带有炫耀性质的"精致"人设较容易受到关注。青年受工具理性影响，以此为示例，预期在成功塑造"精致"人设后，不仅可以通过"精致"印象获得他人的尊重、社会的认同、群体的归属感等隐性效益，还能够获取一些物质结果，如经济收益、社会竞争力等。对于持有这种观点的青年来说，塑造"精致"人设的消费被视为对个人发展的自我投资，而非单纯的物质享受型消费。

超前消费是青年对未来资金配置的方式之一，可以通过调节预算约束充当自我投资的资金来源，因此青年在超前消费上表现出更为积极的倾向。分期付款工具的出现，通过信用杠杆增加了青年消费的资金总额，减轻了青年一次性还款的负担，进一步放宽了青年消费的预算约束。宽松的预算约束使青年对塑造"精致"形象的行为产生了"花得值，还得起"的错觉。

自我投资观念与宽松预算约束参与"计算"后，青年不自觉地高估了获得"精致"形象的收益，低估了塑造"精致"形象的成本，从而得出扮演"精致"人设能够实现"低投入，高产出"的结论。

（二）社会层面

1. 迎合期待以获取社交资本

随着物质条件的极大丰富，社交体验感成为驱动现代青年行为的需求之一，能够满足青年社交体验感的方式、手段或途径成为一种资本。获得社交资本能够使个体在社交网络中获得归属感、成就感等积极情感，甚至变现为可用于实现个人发展的资本类型。互联网社交时代中社交互动频率快速增长，社交资本成为青年能够通过自身优势获取的最快捷、最有效的自致性社会资本。

社交资本占有量的多少由在社交网络中取得的关注度决定，而人设形象的可控性使其成为社交资本的构成要素。当人设形象迎合社交网络中群体的期待时，个体受到的关注度上升，社交资本增加。

拥有"精致"形象能够通过两种方式增加个体的社交资本。一是帮助融入群体。即当社交的目标群体均以"精致"作为形象标签时，拥有"精致"形象成为个体融入群体的准入条件。二是吸引他人关注。即拥有"精致"形象的个体迎合了群体对美好生活的期待，因此能够获得更高的关注度。社交资本的获得，补偿了青年发展中其他社会资本不足的问题，能够助力个体突破发展瓶颈，青年也需为维持"精致"形象不断消费，来保持在社交活动中的高关注度。

2. 争夺参照群体中的优势地位

青年在探求自我时，往往需要通过与社会群体的不断比较来寻找自身定位，对"精致"形象的渴望从向上的社会比较中产生，而参照群体在其中发挥了重要作用。在经过经济实力、文化品位、社会身份等方面的比较后，被认定具有"精致"形象的个体从群体中脱颖而出，能够享受比较优势带来的优越感，吸引青年个体参与到形象消费中来。

对竞赛失败的恐惧与焦虑，成为推动消费竞赛进行的心理动机，个体需要不断与更高阶层的他人开展竞赛，来争夺或保持群体中的优势地位，这刺激了青年对相关商品的消费需求与频率。Z世代青年的时尚消费调查数据显示，青年在时尚品牌的消费中确实呈现高频率特征，验证了以上说法。在不断追求群体优势地位的过程中，个体容易对自身的消费能力产生过度期望，超前消费的需求出现并逐渐强化，为最终行为的发生做好准备。

表 6—6　　　　　　　　青年时尚品牌消费频率　　　　　　　　单位：%

频率	国际奢侈品	轻奢品牌	潮牌	快时尚
2—3 次/月	6.6	13	21.7	20.5
1 次/月	9.7	15.9	16.3	17.7
2—3 次/季度	8.3	14.2	16.6	17.3
1 次/季度	8.4	10.6	10.2	10
1 次/半年	11	12	11.3	9.9
1 次/年	16.6	16.9	9.9	9.9
没买过	39.3	17.5	14%	14.7
平均值	7.7	9.8	12.6	12.5

注：数据来自华扬数字《时尚2020，潮Z看！Z世代时尚消费洞察报告》，https://www.doc88.com/p-94859504143299.html。

3. 成为底层青年提升自我价值的助力

社会资本的占有状况与个体的发展前景密切相关，受马太效应影响，先赋性社会资本占有失衡的问题日益严重。求学、就业中学历内卷问题的出现进一步挤占了底层青年的发展空间，使其在发展过程中获取成功经历的可能性降低，造成这一群体的低自我价值感问题，由此加剧了底层青年的边缘化。面对发展窘境，低自我价值感的底层青年容易出现归因偏差，将自身的失败归结为机遇、家庭背景、运气等不可控因素，在寻求个人发展的途径中，更加关注弥补外部因素不足的途径。

打卡网红餐厅、景点，购买限量版的商品，"精致"人设的炫耀性行为获取了强烈的社会存在感，并因存在感的增加发生曝光效应，使个体的优势或能力有机会被了解，与底层青年的需求相吻合。当底层群体中某一个体通过塑造"精致"人设获得成功时，拥有"精致"形象与拥有高社会价值，在这类青年的认知中搭建起联系，成为底层青年打破发展窘境、提升自我价值的助力。底层青年产生追求"精致"形象的观念时，就预示着超前消费的需求出现了。

（三）心理层面

人们追求显耀身份的目的并不仅仅是获得财富、名利、影响力，还包含补偿积极情感的缺失。人人生而平等的观念虽然已经成为共识，但在现实生活中仍然存在着"大人物"与"小人物"的标签，个体因身份被区别对待已是常事。地位低下者的痛苦不仅在于物质层面的匮乏，更是因为失去认同后带来的剥夺感与羞辱感。

成人主导的社会体系秉持权力与地位相关原则，而青年群体由于初入社会，无法在现有的社会规范内与成人争夺话语权，因而往往扮演着地位低下者的角色，这一现实造成了青年的群体性身份焦虑。为消除负面情感带来的心理失衡，青年群体选择开发新身份来应对社会规范的控制，将"精致"作为身份的特征迎合了青年的需求。青年认为通过塑造"精致"形象来占有新的身份，能够改变在原有社会规范中低下的身份地位，并因此从他人那里获得尊重、认同等积极情感的补偿。"精致"形象的获得往往与高端商品的消费相关，成为超前消费行为出现的诱因。

第五节　青少年成瘾性消费

青少年作为消费的主体，看似在消费决策中起着主导作用，实际上青少年正在无意识地被迫消费，甚至养成消费癖，在不需要某类商品或服务时依然表现出强烈的消费欲望，或是持续性地过度消费，这种病态的消费行为具有隐蔽性强、持续时间长、危害性大的特点。

一　青少年成瘾性消费的现象分析

（一）持续进行非理性消费

中国教育报报道，中国青少年网游用户规模已超2亿人次，在青少年网络用户中的占比达到66.5%，青少年网络游戏成瘾已经成为教育中的难题之一。伴随着青少年网瘾问题的是青少年持续性的网游消费，以每月固定进行游戏充值为代表，伴以不定时的大额充值，类似"网瘾青少年疯狂充钱，父母16万元积蓄全被挥霍，都花在腾讯游戏上"的新闻报道比比皆是。

随着网络直播的火热，打赏成瘾成为青少年成瘾性消费的又一种代表性现象。CNNIC发布报告显示，2016年12月至2020年3月，中国网络直播用户规模从3.4亿人次增长至近5.6亿人次，年平均增长率超20%，其中观看游戏直播类用户数量最多，为2.6亿人次，占网民整体数量的28.7%。① 在这些直播用户中，能够看到不少青少年的身影。2017年陌陌发布调查报告显示，直播用户中66.8%的群体都曾有过打赏主播的行为，② 青少年的打赏行为不难窥见，并演变成青少年群体的消费乱象。通过网络平台搜索，可以见到多起青少年巨额打赏主播事件，短期内打赏金额累计高达百万元以上，引发了社会的高度关注。

此外，以盲盒为代表的潮玩消费也正在成为青少年成瘾性消费的对象之一，"万物皆可盲盒"成为盲盒经济兴起的形象写照。盲盒是指在进行消费前无法获知所消费产品的具体情况的盒子，类似彩票或抽奖，因为具有极大的不确定性与惊喜性而受到青少年的欢迎。其构思与日本的福袋、扭蛋具有高度的相似性。以盲盒中的代表——泡泡玛特为例，2016年泡泡玛特推出首款盲盒产品，至2019年，其营业收入达到16.96亿元，同比增长率达到227.61%，净利润为4.51亿元。此后，盲盒玩具开始与国内大火IP联动，先后推出《非人哉》《第五人格》《阴阳师》等盲盒系列。除玩具外，为贴近青少年生活，盲盒的玩法还被运用至文具、生活用品等商品品类上，诱致了青少年的过度消费。从青少年网游充值、网络打赏到盲盒消费，可以看出，青少年群体中确实存在成瘾性消费问题，在非理性的情境下，青少年多次持续性地进行此类消费，其消费金额已经超出自身甚至是家庭所能承担的限度，造成了实际上的危害。

(二) 主要集中在低龄群体

中国消费者协会联合人民网舆情数据中心共同发布了"2020年十大消费维权舆情热点"，其中未成年人网游充值、打赏退款难位居第七，社会影响力评分达到89.4分。中消协发布调查数据显示，近80%的青少年在10岁前就已接触电子设备，90%以上的青少年使用电子设备是为了打游戏，三成以上青少年有网游充值经历。③ 艾瑞咨询数据显示，青少年直播用户在总用户占比中达到10%，重金打赏主播的未成年人中，52%为

---

① CNNIC:《第45次中国互联网络发展状况统计报告》，2020年4月28日，http://www.cac.gov.cn/2020-04/27/c_1589535470378587.htm，2021年2月10日。
② 中证网:《〈2017主播职业报告〉发布66.8%的直播用户有打赏主播行为》，2018年1月7日，http://www.cs.com.cn/sylm/jsbd/201801/t20180107_5657076.html，2021年2月10日。
③ 站长之家:《中消协：青少年"触网"低龄化 超三成有网游充值消费经历》，2019年5月15日，https://www.chinaz.com/2019/0515/1016554.shtml，2021年2月10日。

12 岁以下群体，45% 为 13—15 岁群体。[①]

央广网、人民资讯、新华社等多家中央网络新闻媒体发文讨论未成年人沉迷购买盲盒，中国消费者报 2021 年 5 月 12 日发布报道《警惕！中小学生成了盲盒消费主力……》，直指未成年人深陷盲盒消费的问题。

（三）易于养成沉疴积弊的消费习惯

通过对青少年网络充值、打赏、消费盲盒等成瘾性消费行为进行分析发现，这些消费行为并非一次性，而是在短期内多次发生。如央视新闻报道《13 岁孩子沉迷游戏 充值花掉 5 万"救命钱"》，主人公的网游充值账单超过五十条，在 28 天内多次进行充值，充值金额在千元以上。在网络打赏中，青少年的巨额打赏也是通过多次或向多人打赏积累而来。《杭州 12 岁男孩打赏游戏主播 两天花掉 5 万多元》的新闻报道中，主人公 5.1 万多元的打赏共分为 30 余笔，打赏了 25 名主播。青少年盲盒消费成瘾也是由于盲盒单价较低，在其消费能力之内，一旦消费盲盒的习惯养成，很容易在不知不觉中超出自身经济能力进行消费。

二 青少年成瘾性消费的危害

对于新鲜事物的好奇心，使青少年容易在网络上被新型消费所吸引，由于青少年自控能力较弱，很容易在第三方的引诱下对某类商品或服务消费成瘾，进而产生严重的后果。青少年成瘾性消费的危害主要表现为以下几点。

（一）造成巨额财产损失

在青少年网络游戏充值、网络打赏、盲盒消费的案例中可见，在最初的消费中，青少年仅是抱着尝试的态度进行较低额度的消费，一旦尝到"甜头"或好运气爆发时，青少年就会持续不断地进行充值、打赏、购买，来维持从中获取的愉悦感，最终在不知不觉的情况下花费巨大金额，给家庭造成巨额的经济损失。

[①] 人民网：《16 岁男孩划走母亲 40 万 沉迷网络直播"打赏"的青少年》，2017 年 11 月 8 日，http://media.people.com.cn/n1/2017/1108/c40606-29632921.html，2021 年 2 月 10 日。

（二）形成心理依赖

如同网瘾一样，青少年在初次进行网游充值、网络打赏，购买盲盒时，能够在短时间内从中获得极大的成就感、愉悦感。随着消费结束，这种感受也会随之消失，对比现实中需要面对的学习、考试等事件，青少年甚至会对现实生活产生厌恶甚至抵触情绪。为了使这种感受能够维持，青少年通过不断充值来"麻醉"自我，对消费得来的快乐产生心理依赖。

（三）引发违法犯罪行为

无论是进行网络游戏充值、网络打赏还是购买大量盲盒，这些消费都需要大量的资金来源，这对于还在学校学习的青少年来说，单单依靠平时的压岁钱与零花钱是远远不够的，因此许多未成年人铤而走险，通过盗刷家长银行卡、偷盗财物、借贷等方式维持自己的消费，引发违法犯罪行为，甚至付出生命的代价。

三　青少年成瘾性消费的成因分析

（一）经济层面

1. 消费市场将青少年视为重要客户

随着青少年自我意识的觉醒与家庭教育模式的转变，在消费中青少年开始使用自身的自主权，来选择购买自己喜欢的商品或想要消费的项目，需求旺盛的青少年在消费中表现出不凡的消费能力。销售方将青少年消费者视为重要客户，针对青少年的偏好与消费习惯开发出一系列相关商品或服务，以吸引青少年消费。

2. 家庭收入水平的提高为其提供了消费基础

中国经济的飞速发展使居民的收入实现了大幅增长，秉持"再苦不能苦孩子"的原则，家庭收入增加后，大部分家长在经济上给予青少年消费支持。无论是以零花钱的方式还是以压岁钱的方式，青少年手中拥有一定量的资金储蓄后，其消费能力增强，从而将自身的消费意愿转化为现实的消费行为。

（二）社会层面

1. 相关法律的缺失

由于青少年的消费偏好处于不断变化之中，法律制定相对滞后，因此，在青少年消费问题未大规模出现前，对于此类问题以学校、家庭教育为主。虽然2020年5月《最高人民法院关于依法妥善审理涉新冠肺炎疫情民事案件的指导意见（二）》中，规定未成年人参与网络游戏和网络打赏引发的纠纷，可要求网络公司退还支付费用，但这仅是作为指导意见的形式出现，尚未上升至法律法规的制度层面。

2. 相关企业职业道德与社会责任感的缺乏

据南都未成年人网络保护研究中心发布的报告，未成年人常用App中没有一款能达到高层级未成年人保护的程度，17款App在青少年保护模式下未关闭直播打赏功能，甚至存在诱导青少年打赏行为。企业在运营中未将成人用户与未成年用户进行准确区分，或者用针对成人用户的营销模式套用于未成年用户，未考虑未成年人保护的相关问题，属于缺乏职业道德和社会责任感的行为。

3. 家庭监管不到位

家庭对青少年的健康成长负有主要责任。从多起青少年大额充值、打赏案件中可以看出，家长对于青少年电子设备的使用状况不甚关心，甚至将自己的智能手机交给青少年使用而未做任何防护，使青少年能够轻易盗刷银行卡。在家庭教育中，家长并未很好地执行对青少年的监管职责，监管力度不强，监管措施不到位。

（三）心理层面

1. 虚荣心作祟

青少年之所以在网络游戏中进行大额充值、购买贵重的虚拟礼物送给网络主播，不仅是因为需要通过这种消费换取更强的战斗力或与主播亲密互动，还包含通过这类消费向其他"旁观者"展示自己拥有更强的经济能力、能够轻易获取他人得不到的地位、名誉、荣耀的意图，当这些"旁观者"对青少年进行赞赏，并要求进一步增加消费金额来换取更高的地位或荣誉时，青少年很容易在诱导之下进行多次消费，并不断提高单次消费的金额，以此维持自身在"旁观者"眼中的理想形象。

2. 寻找归属感

受生育政策影响，青少年群体中独生子女数量增多，这就意味着在其成长的过程中，缺乏同龄群体的陪伴与情感支持，容易产生较强的孤独感。为了排解孤独，青少年渴望吸引他人的关注，进而与他人建立人际交往，形成亲密关系。因此，青少年开始模仿同龄群体的消费行为，甚至以更为"显眼"的方式参与到此类消费中，希望能够被同龄群体接纳，从而获取群体归属感。

第七章

青年消费教育引导与政策支持

消费是劳动力再生产的重要途径，青年的消费活动与其发展密切相关，青年作为消费市场主力军的特殊地位，使其受到了各国政府的高度关注。为保证青年的健康发展，对青年的消费活动给予教育引导与政策支持是非常必要的。

第一节 青年消费的教育引导

青年的不良消费行为不仅会使个人的收支状况失衡，造成沉重的经济负担和严重的心理问题，还会在一定程度上影响社会风气，扰乱正常的消费与金融市场秩序。面对青年群体中存在的各种消费问题，应当基于国家、社会、个人三个不同层面出发，对青年的不良消费行为实施有效矫正，引导青年树立正确的消费观念，进行健康适度的消费，形成健康的消费文化和社会风气。

一 国家层面

（一）抵制不良消费文化，净化网络媒体环境

在社会学相关理论中，人被视为一个系统的存在，可以分为两种不同的存在形态：作为个体而存在的人以及作为社会关系而存在的人，这两种存在形态决定了生理、心理、家庭、民族等都是构成人这一系统的要素，在此处我们仅讨论作为社会集体中一员而存在的人。人必然地生活在一定的物质和社会环境中，人类的行为受到社会环境的影响，这种社会环境常表现为文化，在不同社会文化的影响下，会塑造出不同的性

格、行为方式。① 青年群体不良消费行为的出现也是受到不良的消费文化影响,其中包括:

1. 拜物主义

拜物主义将钱与物视为衡量一切的价值标准,在这种价值观的主导下,在消费中人们秉持"贵的就是好的""不求最好但求最贵"的观念,将消费能力作为自身价值的参照。拜物主义是贫富分化的后果,富者在消费上的炫耀造成贫者对炫耀性消费的羡慕。② 奢侈品消费的竞争在全社会展开,在这场炫耀、模仿、追逐、攀比的消费竞赛中,人的价值的光辉被磨灭。

2. 享乐主义

享乐主义也被称为快乐主义,是一种道德原则和人生观的表现。秉持享乐主义的群体认为,人的所有行为都是为了"趋利避害",将得到快乐与避免痛苦视为道德标准,人生的目的就是在不断追求物质生活享受。③ 古希腊哲学史将之视为剥削阶级道德观念。在享乐主义的影响下,社会群体不断为了追求更好的物质生活享受而进行超前消费,沉迷于虚幻的享乐之中,缺乏艰苦奋斗的精神。

3. 消费主义

秉持消费主义价值观的群体将消费视为生活的目的,毫无节制地消耗物质财富与自然资源。④ 鲍曼认为,"在西方发达国家从生产型社会向消费型社会过渡之后,消费主义占据了人们生活模式、价值选择、道德审美和文化认同的主导地位,……这种自由是一种带欺骗性的社会关系"⑤。消费主义以快乐为原则,认为只有追求富足与无休无止的消费才能带来幸福感,消费主义者只有从消费中才能感知到自身的存在与价值。

建立健康的消费环境能够帮助引导青年群体纠正不良消费行为,回

---

① 王瑞鸿:《人类行为与社会环境》,华东理工大学出版社2007年版,第1—7页。
② 周志强:《拜物主义风尚已成"中国病"催生"神经分裂"》,2013年2月4日,http://theory.people.com.cn/n/2013/0204/c112851-20428326.html,2020年9月1日。
③ 马克思主义词典。
④ 消费经济学大词典。
⑤ 齐格蒙特·鲍曼:《工作、消费、新穷人》,仇子明、李兰译,吉林出版集团有限责任公司2010年版,第1页。

归健康生活。从国家层面，在思想引领上应当做好网络媒体宣传的"把关人"，对以青年为主要使用群体的网络平台加强监督管理，净化社交媒体环境，降低拜物主义、享乐主义、消费主义等传播内容可能对青年造成的影响，积极培育健康理性的消费观念与消费文化，还青年群体一个健康的消费文化环境。国家应培植积极的青年形象，发挥榜样的示范效应，通过青年意见领袖的影响力，引导、教育青年群体，为青年在社会中的发展提供指引。

(二) 加强青年思想教育，强化正确的价值观引领

随着经济社会的快速发展，一些社会群体片面化地将"利益至上"作为社会的主流价值观，使得青年群体在消费的过程中怀有不正确的价值期待，伪精致消费、面子消费、跟风消费等不良消费行为都是青年群体价值观扭曲的表现，这种错误的价值观，表现在试图用消费能力证明自身的社会身份。

在社会学研究中，消费与阶层之间存在密切联系，通过消费活动可以展现一个人的阶层地位，这就使得许多青年人出于"不落人后"、炫耀身份、与众不同等目的，进行非理性或非必需的消费。这部分青年的问题在于简单地将高消费等同于高阶层地位，忽视了社会阶层的衡量需要复合变量指标，受教育程度、职业、居住环境、声望等都是反映个体社会阶层的重要因素，单纯依靠高额消费行为并非能真正体现一个人的社会层级。实际上，社会阶层仅是一个社会学中群体划分的概念，阶层与阶级之间存在根本的差别。阶层不是以生产资料的占有状况作为划分标准，阶层与阶层之间的关系也不存在为了抢夺生产资料的敌对关系。从流动性看，特权阶级掌握生产资料的占有权，其他阶级的生产为特权阶级服务，这种趋势导致阶级间的流动性极低。而阶层则可以通过提升受教育程度，从事拥有社会声望的职业而发生向上流动，阶层的流动性较强。

上述错误认知的出现与消费主义对青年的影响相关。马尔库塞在批判消费主义时提出，消费主义通过制造"虚假需求"来增强个体的消费欲望，甚至试图用人对物质的需求替代人对幸福的欲望，以实现个人与整个社会制度的"一体化"。在消费主义的影响下，消费成为区分阶层地位、强化阶层感的工具，物品对个体的诱惑被无限放大，激发并诱导了

青年群体的消费欲望。信用卡透支、网络信贷工具的兴起，解决了青年支付能力不足的问题，助力了青年对超出自身能力或非必需商品的消费追求。

面对以上问题，国家应当从宏观上对青年进行正确的价值观与消费观引导，将思想政治教育放在青年工作的首位，深入开展社会主义核心价值观宣传工作，引导青年善于明辨、勤于反思、乐于修德，从而帮助青年树立远大理想信念。青年政策是由国家公共部门制定的，以促进青年发展为目标的一系列行为准则，具有丰富的价值内涵和鲜明的价值取向，对于青年的积极健康发展具有重大意义。国家应当重视青年政策的作用及实施，以青年积极健康成长为目标，完善青年政策，对青年群体的社会预期进行有效引导，积极培育健康的价值观念与消费理念。对于不良消费行为引发的严重后果，政府应建立健全部际联席会议机制，实现跨部门综合性青年工作协调，解决青年发展过程中遇到的各类问题，推动有利于青年发展与青年消费政策的落实。

（三）健全青年发展政策，促进青年健康成长

从现阶段看，中国青年发展政策的不足之处在于：

1. 青年主动参与渠道不畅

在青年政策中，青年也是责任主体之一。青年作为社会最新思潮的易感者，其价值观的转变更为显著。青年人对归属、自我尊重、自我实现的需求，引发了青年对自身利益维护的积极参与，青年主动参与有利于青年政策由问题导向向需求导向转变。然而，一些青年政策在制定、执行、评估过程中，往往忽略青年的地位，青年能够用以反映自身需求的参与渠道数量少、质量低、畅通度不足，在青年政策体系中处于被动地位。公共政策应当反映社会利益需求，缺少青年参与的青年政策会导致青年的呼声无法得到回应，导致青年政策的效度达不到预期目标。

2. 缺乏协同性支持系统

从英、美、韩、俄四国的青年政策实施经验看，青年政策具有复杂性，政策体系综合性强，实施涉及范围广，需要多责任主体共同参与，组建青年政策与青年事务管理的专门性机构，构建多维度立体支持系统，以协调各方力量，降低青年发展中的危险性因素，增加保护性因素，提升青年抗逆力，实现积极健康发展，如英国的青年综合支持服务体系、

俄罗斯的联邦青年事务管理局。而中国青年事务管理中所呈现的多头管理、责任重叠、基层支持机构缺乏的状况表明，在青年政策与青年事务管理中缺乏协同性支持系统，责任主体之间职责不明确、沟通不足、协调性差。同时，作为青年发展支持系统的重要因素，家庭、社区并未参与其中，无法构建全面的青年发展支持系统。

青年政策作为保护青年健康发展的顶层设计，会通过影响青年思想观念、行为模式、发展预期等间接影响青年的消费行为，对其消费行为起到引导、调节、矫正的作用。中国现行青年政策主要包括法律法规、党和政府的规范性文件、领导人的讲话和批示、共青团组织制定的规范性文件四种形式。其中，较为系统的青年政策为中共中央、国务院于2017年4月13日印发的《中长期青年发展规划（2016—2025年)》（以下称为《规划》），《规划》以教育、服务青年为行为准则，以培养志存高远、德才并重、情理兼修、勇于开拓，堪当实现中华民族伟大复兴中国梦历史重任的有生力量为目标。规划涉及青年思想引导、青年学习成长、青年生活和健康、青年就业和职业发展、青年参与、青年司法保护、青年弱势群体扶持等十个与青年发展密切相关的领域，就不同领域工作提出不同的发展目标。《规划》的出台增强了青年政策的协调性，解决了青年政策散见于党委、政府、群团等各部门的现状，起到了促进与保障青年发展的作用。为了解决政策落地问题，《规划》提出建立跨部门综合性青年工作协调机制——青年工作联席会议，将其贯穿于《规划》的调研、落实、监督、评估的全过程之中。

未来属于青年，在当代青年发展的社会支持体系中，青年发展政策的作用日益关键[1]，《中长期青年发展规划（2016—2025年)》的出台，昭示了新时代中国为实现青年发展在青年综合性政策体系构建中的努力，为新时期中国青年政策与事务管理工作提供了指导。《规划》以"青年首先发展"战略思想为指导，提出构建青年工作联席会议机制，首先从党政领域协调青年政策与青年工作的开展。同时，《规划》紧跟国际青年发展与事务管理步伐，其内容涵盖了青年发展的十大领域，成为中国特色

---

[1] 《联合国青年股主任威廉·D. 安吉尔在中国联合国青年主题会议上的讲话》，《青年研究》2000年第2期。

青年发展的卓著成果。接下来，青年发展领域的任务是尽快将《规划》与青年政策、青年工作对接，完成规划向青年政策体系的转化，以使《规划》能够尽快在中国青年事务管理中发挥作用，解决青年因政策保障不足发展受阻问题，减少青年问题与青年不良行为发生的概率，使青年真正实现积极发展，更好地成长为社会主义事业接班人。

（四）完善青年消费相关立法，打击消费领域违法犯罪行为

法律法规中与青年相关的法律条文主要分为三类，一类是以根本大法的形式定位青年发展问题。《中华人民共和国宪法》第四十六条指出，国家对少年儿童、青年的全面发展负有责任。另一类是针对青年问题提出的专门法，包括《未成年人保护法》《预防未成年人犯罪法》等，就未成年人的成长与发展提供法律保护。第三类是与青年发展相关的法律法规，包括《民法通则》《刑法》《义务教育法》《劳动保护法》等，以保护青年的各种生存与发展权利为目的。这些立法主要针对青少年的基本权利与失范行为矫正，对于青年消费的法律法规数量较少，且多以规范、指导意见等形式出现，对青年消费者权利的保障力度不足。同时，法规中执行机构的界定不够明确，执法力度不强，造成违法平台久治无效、学生套路贷屡禁不止的后果。

针对以上问题，完善青年消费相关立法，明确执法部门、监管部门职权，通过法律形式为青年消费保驾护航势在必行。要加强对消费市场与金融市场的监管，建立健全消费者保护机制与金融市场监管体系，促使市场经济的参与主体在实现经济效益增长的同时审慎经营，认真对待青年消费者，规范消费市场与金融市场行为，打击恶意扰乱市场秩序，对侵害青年消费者权益的行为给予重罚，严厉打击青年消费领域中"裸贷""校园贷""套路贷"等违法犯罪活动。

二　社会层面

（一）学校应切实发挥教育与监管职责

1. 加强价值观与消费理念教育

学校作为青年接受教育阶段最重要的活动场所，对学生的价值观与消费理念的形成具有重要影响。学校应做好学生的价值观教育工作，加强对青年的思想引导，帮助学生认识到不能简单地将社会地位、友谊、

爱情与金钱和消费相联系，将培养学生勤俭节约意识与学生日常思政教育工作相融合，引导学生树立合理消费、理性消费、科学消费的正确观念。增强青年对自身思想行为的控制能力，引导其正确认知自身的真实需求，在消费中保持一份理性，选择适合自己的消费水平与消费方式。学校应加强日常管理、建立日常监测机制、密切关注学生异常消费行为，培养学生的消费自律能力。建立完善的日常监测机制，及时掌握学生在生活消费、人际消费、娱乐消费等方面的动向，一旦出现问题能够及时采取针对性措施予以纠正。

2. 培养理财意识

CBN Data 调查数据显示，从调查整体状况看，50%以上的受访者使用过定期储蓄、银行理财产品、基金、股票等理财方式，而在诸如期货、外汇、信托等需要专业知识的高风险领域，青年人对上述理财工具的使用率不高。在有理财意识的受访者中，77%的群体认为自己在投资理财方面的经验与水平不足。学者刘家岳进行的青年理财意识调查情况结果显示，只有10%左右的被调查者具有理财意识与理财实践能力。[1] 另一份报告显示，线上理财人群年龄分布中，"90后"青年群体占比达49%，但理财观念较为保守，对风险的接受能力较低，开始具有资产配比意识，长期产品投资比例不足20%。[2] 由此可见，青年的整体理财意识与理财水平仍然处于较低水平。

理财意识是个体对自身在不同阶段内经济状况的全面认识、评估与把握的能力，是作为现代公民应当具备的能力。商品货币经济发展到一定阶段后便出现了金融市场，健全的金融体系能够支撑并推动经济快速发展。作为现代公民的青年群体，不仅是社会组织的一分子，更是金融市场的主体之一，需要参与到金融活动之中。CBN Data 调查报告显示，相较于科技、职业技能、外语等社会技能，91%的受访者更希望提升在理财、投资方面的技能。整体人群在学习投资理财知识方面的意愿较为强烈，88%的受访人群"比较或非常有意愿学习投资理财"，经济收入水

---

[1] 刘家岳：《青年理财意识调查研究》，《环渤海经济瞭望》2018年第1期。
[2] 互联网数据资讯网：《CBN Data：2019线上理财人群报告》，2019年3月8日，http://www.199it.com/archives/842794.html，2021年4月3日。

平越高,学习意愿越强烈。① 青年群体对理财教育的需求,与现阶段国内理财教育的缺失形成鲜明对比。理财工具的出现放宽了青年群体的消费约束线,使得青年在消费中更少地考虑资金不足的问题。金融工具并非仅起到促进消费的作用,对理财产品的消费提高了收入中用于储蓄的资金量,此时过度消费就会得到抑制,而前提是金融工具使用者具有理财意识。理财意识是青年群体作为现代公民的必备技能,学校应当在日常教学中适当引入理财教育,引导学生理性应用金融工具进行消费,抑制不必要的消费行为发生。

3. 为学生提供心理教育与咨询

青年消费问题的出现与青年的心理变化息息相关。作为学生教育的主体之一,学校需要关注学生的全面健康发展,以培养学业有成、品德优良、身体健康、人格健全的人才为根本目标。关注青年成长过程中的心理变化与心理问题,设立心理健康课程或心理咨询工作室,由专业心理辅导人员为学生提供心理教育与咨询,保障青年在成长过程中养成健全人格。

4. 配合相关部门打击违法校园贷

针对由不良消费行为引发的"校园贷"问题,学校应建立联防联控机制,开展不良校园贷摸排工作,配合公安部门、金融监管部门实施精准打击,维护学生权益。要切实畅通正规校园信贷渠道,满足学生在助学、培训、消费、创业等方面的金融产品需求。

(二) 发挥家庭教育与监管作用

1. 强化家庭的教育职能

家庭是人的第一所学校,家长的观念与行为会对青年产生示范作用,进而影响青年的未来发展。从家庭方面看,首先,家长应做到言传身教,树立正确的价值观,以身作则改正自身消费中存在的不良行为与习惯,引导子女自觉抵制社会中的拜物主义、享乐主义与消费主义思想。其次,家长应对子女加强勤俭节约的家风教育,做好对子女消费的教育引导工作,帮助青少年从小养成正确的消费观念,有计划、有节制地进行消费

---

① 互联网数据资讯网:《CBN Data:2018 中国互联网理财教育行业洞察报告》,2018 年 9 月 29 日,http://www.199it.com/archives/778039.html,2021 年 4 月 3 日。

活动,引导青少年在经济收入和偿债能力允许的范围内进行合理消费,减少非理性因素对不必要消费的影响。

2. 强调家长对青年的监管责任

作为青年健康成长的责任主体之一,家长对青年,尤其是对未成年人负有监管职责。对于青年的日常行为,家长应当配合学校做好青年的行为管理,及时与教师、青年本人沟通,了解青年在成长中遇到的问题与思想观念的变化,预防青年不良消费行为的出现。

三 个人层面

(一) 养成健康消费习惯

消费习惯是在一定的经济、社会生活中长期养成的、以消费心理为基础的消费行为方式。今天的青年群体,在成长中几乎未经历过物质资源的匮乏,在消费中难免会出现奢侈浪费的不良消费行为,这些行为一旦被养成习惯就很难得到根本性改变。减少青少年的不良消费行为,重要的途径就是帮助青年群体养成健康的消费习惯。

消费习惯的影响因素包括主观因素和客观因素。主观因素从消费者角度出发,主要涉及消费者的心理和生理机制,包括知觉、态度等。客观因素是指除消费者本身之外的其他影响因素,如商品质量、广告宣传。以下主要分析影响消费习惯的主观因素。

1. 知觉对消费行为的影响

知觉因素通过认识过程来影响消费行为,认识的来源分别为已有经验形成与外部刺激形成,已有经验所形成的认识会让消费者下意识地选择常用品牌,而外部刺激形成的认识则会激发消费者对新产品的好奇。相较于已经形成固定观念的已有认识,营销者更倾向于让消费者接受外部刺激,表现为各种营销手段,以创造永无满足的消费需要。

2. 态度对消费行为的影响

态度是一种习得的倾向,表现为对某一对象的一惯性的喜欢或者不喜欢。[1] 对态度定义的解析,有助于我们更清楚态度如何对消费行为产生

---

[1] [美] 利昂·G. 希夫曼、莱斯利·拉扎尔·卡纽克、约瑟夫·维森布利特:《消费者行为学(第10版)》,江林等译,中国人民大学出版社2011年版,第205页。

影响。首先，态度来自习得，就是说态度是直接经验的产物，通过对商品信息、使用感受、他人评价的了解，消费者形成了喜欢或不喜欢的态度。其次，态度带有动机性质，它可能会驱使或抑制某种消费行为的发生。最后，态度对行为反应的一惯性是不受情境影响的，当处于一定的情境之中时，态度与行为之间的对应关系可能会出现变化。

3. 沟通对消费行为的影响

获取商品信息是消费行为发生的前提，而沟通过程就是在传播信息。在沟通中信息来源的权威性与信息传播渠道对于沟通效果影响较大，信息来源的权威性越高，则沟通效果越好。如果说信息来源的权威性决定了信息传播的深度，那么信息传播渠道的选择就决定了信息传播的广度。网络社交软件的开发有助于人际关系网络价值的挖掘，信息通过网络社交、品牌社区等渠道快速传播，对处于网络之中的青年群体的消费行为产生影响。

消费习惯受到以上主观因素影响，因此在消费中青年群体需要学会应用知觉阻隔，阻隔不必要的刺激进入意识，降低广告、促销活动、意见领袖推荐等刺激对自身消费的影响；营造追求高性价比、有计划有限制消费的情境，降低态度对不必要消费的影响；了解身处的网络社交环境对自身消费的影响，明确区分在消费中的真实需要与虚假需要，从而降低消费社会对自身的影响，做到有节制、有计划地健康消费。

（二）有意识地制订消费计划

青年群体不良消费行为的产生，常常是由于消费缺乏预期目标或具有盲目性，从经济学与心理学两方面对这些消费行为进行衡量，发现得出的结论是相同的。

1. 不良消费行为缘于泯灭自我的淹没感

信息压力与规范压力是造成从众的影响机制。缺乏预期目标或消费的盲目性，实际上为青年群体构建了一个充满不确定性的情境，在这种环境中，青年消费者跟随多数人的步伐进行消费选择，发生从众行为。同时，青年群体施加的审美观、价值观也在胁迫个体进行盲从性消费。在群体的裹挟之下，个体被群体消费的同一性所淹没，从而失去了自我，这种淹没感与青年追求个性的性格特质相违背，将部分青年群体置于矛盾之中。

2. 不良消费行为造成极低的幸福感

用幸福公式对这种情况进行分析发现，在缺乏预期目标或盲目的状态下，欲望值缺乏边界无限扩大，而消费对象的效用值则仅停留在消费对象的基础功能，甚至由于曾经进行过相似的消费而处于边际效用递减状态，消费的幸福感极低，而追求最大幸福感是消费的目的，因此青年群体在这些不良消费行为中不能感受到消费的幸福。

无论是从经济上还是心理状态上，这些不良消费行为都不能使青年群体享受消费的愉快体验，消除这种预期目标缺失与盲目从众的状态，才能将青年从矛盾中解放出来，而制订消费计划是最好的方式。首先，坚持量入为出原则。青年群体在制订消费计划时，量入为出是首要原则。网络金融工具的出现放宽了青年群体的消费约束线，但青年仍然要把握消费的最大限度，根据自身的经济状况提前安排消费支出金额，做好消费预算。其次，消费需要分级。为了减少青年群体因从众或被营销措施影响而进行非理性消费，提前划定消费需要的等级十分必要。以基本生活消费为基础，其他消费根据紧迫程度、必要性等综合考量，划分为不同等级，根据等级排序进行相应消费。制订消费计划能够保证青年群体的消费目标明确，缓急分明，保证了基本消费支出不受其他消费的影响，有利于建立起更加健康的生活秩序。

（三）学会辨别虚假与真实需求

青年在消费中还应当学会辨别自身的真实需求与虚假需求。首先，要正确理解消费与阶层之间的关系。符号消费理论认为，消费"品位"造成了社会阶层之间的区隔，但消费是社会阶层划分的必要非充分条件。也就是说，不同社会地位的群体在消费方面会产生差异，但在消费方面制造差异并不能导致社会阶层的变化。其次，青年面对消费差异时应保持一份理性，社会比较能够帮人提高自信心，但这种积极作用建立在正确的比较标准上。面对消费差异时，青年群体应当更加关注自身的需要或消费的效用，而不是急于与其他人拉开差距或追赶他人，保持一份理性，选择适合自己的消费水平与消费方式。最后，青年应当正确理解满足感的来源。物质消费带来的满足感虽然高效便捷，但这种满足感很难维持，真正的满足感应当由以下几个方面构成。

1. 通过奋斗赢取获得感

中国在社会转型期间虽然存在着若干问题,但社会发展的步伐不会停滞。青年群体应当做好心理准备,正确认识社会发展中存在的挫折,以积极的态度面对困难,通过拼搏奋斗来改变自身生活状况,相较于消费所带来的物欲的满足,奋斗而来的获得感更弥足珍贵。

2. 充实精神提升幸福感

幸福指数=效用/欲望,欲望越低幸福指数越高,个体的幸福感受越强烈。消费主义输送的"消费是幸福之源"的价值观,是对幸福感的误读。幸福源于物质生活与精神生活的平衡,在物质条件已经得到极大改善的今天,精神上的匮乏抑制了当前青年对幸福的感知,因此满足精神需要,充实精神生活才是获取幸福感的重要途径。

3. 做到自强获取安全感

社会资本的占有状况与个体发展之间的关系越加紧密,大部分青年群体的资本占有不足以推动自身实现快速发展,面对这种境况,青年往往会产生心理上的焦虑与不安,迫切希望通过扮演某种角色吸引他人注意。但安全感并非来自虚假的表演,而是从培养自立自强的本领做起,为追求美好的未来增添一份自信。

只有明晰了从何处获取精神需求的满足,青年才能够真正意识到虚假需求与真实需求之间的差异,从而在消费中更加理性,以适用为原则指导自身的消费行为,使消费对个人发展的促进作用真正得以发挥。

第二节　青年消费的政策支持

对中国的消费发展战略进行总结梳理,"十二五"规划首次提出扩大内需战略。党的十八大报告进一步阐述了消费对国民经济的重要性,扩大消费上升为国家战略。2020年尽管受到新冠肺炎疫情的冲击,但最终消费支出占GDP的比重仍然达到54.3%,高于资本形成总额11.2%,为近年来的最高水平,消费仍然是经济稳定运行的压舱石。

"十四五"作为中国发展的重要战略机遇期,迫切需要把满足国内需求作为发展的出发点和落脚点,推动形成以国内大循环为主体、国内国际双循环相互促进的新发展格局。以国内大循环为主体,意味着国内需求将成为中国经济发展的出发点与落脚点。青年群体消费需求旺盛,预期收入可观、消费信心充足。关注青年消费,激发青年群体的消费潜力,成为推动国内大循环战略的关键措施之一。

从需求方面看,总需求是经济社会对产品和劳务的需求总量,由消费需求、投资需求、政府需求和国外需求四部分构成,对应国民经济需求侧的消费、投资、出口。国民收入的增长取决于经济总量的增长,经济增长取决于生产要素的投入增加与生产技术的进步,需求最终会转化为推动经济增长的重要引擎,因此,消费、投资、出口也被并称为拉动经济增长的"三驾马车"。凯恩斯经济理论侧重对需求影响经济发展的研究,认为经济衰退的主要原因在于总需求的减少,主张进行需求管理,通过增加需求刺激经济发展,因此政府应当实施扩张性的财政政策来实现需求的增加。

相较于"三驾马车"对经济增长拉动的显著作用,西方供给学派则提出"供给自动创造需求"的理论观点。供给学派将研究重点从交换领域转向生产领域,强调供给对经济发展的作用。从供给侧看,总供给是经济社会投入的基本资源所生产的产量,用生产函数来描述总产出与劳动、生产性资本存量和技术之间的关系。[①] 对应供给侧的是劳动、土地、资本、创新四大生产要素。在长期生产函数中,技术的进步、人口的充分就业、资本存量的增加会影响潜在产量,推动总供给的增长。

在政策菜单选项上,为更好地引导青年消费,国家需要从供给侧与需求侧两方面入手,在经济和社会两个层面对青年消费提供政策支持与引导,通过调节青年的经济收入与消费支出,在引导青年合理消费的前提下,激发青年的消费潜能,发挥青年消费对经济增长的作用。

(一) 经济层面

1. 税收政策

宏观经济学中讨论财政政策与总需求之间的关系时,认为扩张性的财政政策会使总需求曲线右移,表明政策的干预会影响社会总供求状况。财政政策就是政府利用政府支出、税收、转移支付、公债等政策工具实

[①] 高鸿业:《西方经济学(宏观部分)》第四版,中国人民大学出版社2007年版,第586页。

施宏观调控措施,以实现经济社会发展目标。税收是政府财政收入的主要来源,税率的增减会同时对生产与消费产生影响。税收政策对青年消费的影响,主要通过调控商品价格与经济收入水平来实现,国务院在文件中将完善财税配套政策列入促进消费的办法,提出健全消费政策体系,推动消费税立法与个人所得税改革。①

青年群体对价格的敏感度高于其他年龄段群体,消费更容易被税收政策影响。从长远看,消费税是扩大内需的长效机制。从短期看,消费税将更好地引导消费结构的转变。个人所得税的征收是对社会财富的再分配,秉持公平原则,按收入水平分级征收,能够起到缩小收入差距的作用。青年群体的收入处于较低水平,生存成本占其消费支出的重要部分,2018年个人所得税改革增加了在抚养子女、赡养老人、继续教育、住房等方面的专项附加扣除项目,有利于降低青年在生存方面的消费支出,有利于将消费潜力转化为消费能力。国家对高新产业、可持续发展产业的税收减免政策,会通过降低生产成本来影响商品价格,刺激青年群体消费。青年将自身的创新能力融入创业就业之中,借助国家的税收减免政策,有利于释放消费潜力与实现消费升级。

2. 财政补贴政策

财政补贴政策主要是通过政府的财政支出来解决供求失衡问题,改善经济运行状况。这一政策对青年消费的引导与支持,主要通过生产部门补贴与消费部门补贴来实现。

从生产部门看,财政补贴政策能够降低企业生产成本,稳定人员就业,增强企业在市场中的竞争力。产品价格与需求量成反向变化关系,青年群体的超前消费意识在低价的作用下,更易于转变为实际消费需求。国务院在促进商业消费的20条意见中提出,发挥财政资金引导作用,统筹使用专项资金或政策,加强相关领域财政支持。②

从消费部门看,财政补贴直接作用于消费者,如消费者购置新能源

---

① 中共中央 国务院《关于完善促进消费体制机制 进一步激发居民消费潜力的若干意见》,http://www.gov.cn/zhengce/2018 - 09/20/content_5324109.htm。

② 国务院办公厅《关于加快发展流通促进商业消费的意见》,http://www.gov.cn/zhengce/content/2019 - 08/27/content_5424989.htm。

汽车将享受购置补贴,绿色智能产品以旧换新等政策。相较于对生产部门实施的财政补贴政策而言,对消费者直接进行补贴对消费的推动效果更快、更显著。新冠肺炎疫情期间为了提振地方经济,各地政府纷纷发放的消费券也是财政补贴政策的措施。消费券具有不能变现、不设找零的特点,各地政府发放的消费券产生了明显的乘数效应,尤其是消费券对青年群体的影响。消费券方案是皮考克基于消费者主权提出的,在自由竞争的市场经济条件下,消费者主导市场生产,企业需通过提供符合消费者需求的产品来争夺消费券,参与有效竞争获取财政资助。①

3. 信贷政策

信贷政策是政府调节供求关系中货币供应量的重要方法,通过控制贷款供应与贷款利率作用于供求双方。在生命周期函数中,将个体的消费预算约束放宽至整个生命周期内,此时的收入不仅包括现期收入,还包括预期收入,信贷则是一种将预期收入提前至现期消费中的形式。在青年阶段,消费支出会出现大于收入的状况,信贷是支撑青年消费的重要资金渠道之一。

从供给端看,信贷政策通过支持能源、交通、外贸、高科技、清洁能源等企业发展,增强其在消费市场中的竞争能力。从需求端看,消费信贷政策开启了中国居民信用消费的大门,激发了居民的消费潜力。1998年,中国首次推出消费信贷政策,将试点放在住房贷款上。1999年,消费信贷业务开始在各领域展开,主要集中于住房、汽车以及信用卡等业务。② 2019年,为促进商业消费,鼓励金融机构对节能、新能源、智能产品等新消费领域提供信贷支持,通过信贷政策对居民消费进行引导。

2017年银监会等部门下发三项通知,针对校园贷、网络小额贷款、现金贷等信贷乱象,提出疏堵结合、综合施策等一系列管理办法。这对青年群体防范消费信贷风险,保障青年信贷消费安全,促进青年合理健

---

① 傅才武、曹余阳:《中英政府有关促进文化消费政策的比较研究——以英国"青年苏格兰卡"与中国"武昌文化消费试点"为中心》,《江汉论坛》2017年第10期。

② 中国人民银行《关于开展个人消费贷款的指导意见》,http://www.mohurd.gov.cn/wjfb/200611/t20061101_165716.html。

康消费具有重要意义。

4. 消费信用政策

消费行为的发生需要依托市场、商品、货币等要素，信用是保障这些要素正常运行的关键。中国在消费者权益保护方面取得很大进展，针对消费领域的企业信用管理，形成信息公开、共享、共用、失信惩戒等机制，推进在金融消费、电商消费、消费者信息保护等方面的维权机制改革。[①] 对消费者权益保护力度不断增强，促进企业间开展有序竞争，营造良好的国内消费环境，扩大了国内消费市场规模。在消费者信用体系构建方面，消费信用政策的顶层设计仍处于摸索阶段。现有与消费者信用管理相关的政策性文件，其发布主体为中国人民银行，仅对银行系统内个人信用数据进行采集与管理。2013 年，最高人民法院公布的一项规定，界定了失信行为与执行办法，将经济领域的信用概念上升至法律层面。

虽然消费者信用体系还有待完善，但现有的网络金融机构正在通过 App 消费大数据，尝试建立属于自身的消费信用数据库。从国家层面，可考虑借鉴国际经验，构建中国的消费者信用体系，包括法律体系、规范的信用程序、消费者信用报告。[②]

5. 消费引导政策

从中国消费市场整体状况看，居民不断升级与多元化的消费需求与消费市场不能实现有效供给之间的矛盾，成为制约中国消费规模扩大与升级的突出问题。为突破体制机制障碍，释放社会消费潜力，国家提出"从供需两端发力，积极培育重点领域消费细分市场"[③] 的指导思想，以"坚持消费引领，倡导消费者优先"为首要原则，强调以满足消费者需求为目标，供给侧调整生产要素结构，提供有效高质供给，保障消费生产循环顺畅。

西方的青年消费研究以购买烟酒等不良消费行为为重点，表明青年

---

① 国务院办公厅《完善促进消费体制机制实施方案（2018—2020 年）》，http://www.gov.cn/zhengce/content/2018 - 10/11/content_5329516.htm。

② 伍军：《美国消费者信用体系对我国的启迪》，《上海改革》2003 年第 8 期。

③ 中共中央 国务院《关于完善促进消费体制机制 进一步激发居民消费潜力的若干意见》，http://www.gov.cn/zhengce/2018 - 09/20/content_5324109.htm。

群体的消费行为在缺乏有效引导的状态下会形成社会问题,因此,必须对青年消费观念进行有效引导。对于青年消费的政策引导,体现为针对青年消费特征、规律,提供符合青年群体需求的商品与服务。国务院等十部门联合发布的促消费实施方案中,提到引导供给侧向高质、环保、创新方向发展。[①] 以供给创新带动新品消费,如绿色产品、智能家电消费,与青年消费的时尚性、超前性等特征相吻合。在促进商业消费的19条意见中,在夜间商业和市场、假日消费[②]等领域提出政策引导。当前的消费政策倡导培育理性消费文化、绿色消费、合理消费、健康消费,关注消费领域的可持续性与扭转社会不良消费倾向。相较于其他年龄段群体,青年群体的后现代价值观倾向更为明显,关注生态环境,注重个人与社会之间的关系,消费中道德原则更为凸显,与政策内容适配度较高,更容易受到消费引导政策的影响。

(二)社会层面

完善的社会保障体系与福利政策,可以降低预防性储蓄,放宽消费的预算约束,激发青年消费潜力的释放,刺激青年个体的消费需求,进而带动社会总需求的增加。社会保障体系与福利政策由社会保险、救助、补贴等一系列制度构成,能够为社会成员提供最基础保障,被视为社会的"安全阀"与改革的"减震器"。从现阶段看,中国青年享有的社会保障与福利政策包括教育、劳动就业、住房、医疗卫生、社会保障等。

1. 教育政策

研究显示,高学历者往往拥有较高的消费水平,表明受教育程度与消费水平之间存在正向关系,这种关系的存在主要以收入为中介,受教育程度首先影响到个体的即期收入。对于就业市场而言,拥有某类特质的求职者数量越少,企业为其支付的薪资费用就越高,受教育程度作为求职者的特质之一,与其即期收入成同向变化关系。受教育程度还影响

[①] 进一步优化供给推动消费平稳增长 促进形成强大国内市场的实施方案(2019年),http://www.gov.cn/xinwen/2019-01/29/5361940/files/caf0b8192d8a482ebfb1fd5093a81dd6.pdf。

[②] 国务院办公厅《关于加快发展流通促进商业消费的意见》,http://www.gov.cn/zhengce/content/2019-08/27/content_5424989.htm。

个体的预期收入,个体的经济收入与其个人劳动生产率、所占有的生产资料状况相关,受教育程度越高,个体越能快速形成特定的劳动技能,凭借技能提高个人劳动生产率。智慧、知识在市场经济机制下作为一种特殊的生产要素,能够带来价值的增值。教育影响消费。受教育程度越高,消费者越能够在信息收集、分类、辨识、决策的过程中形成消费决策能力,快速掌握与消费相关的技能,对高科技产品产生消费需求,享受精神类商品带来的满足感。教育影响青年的消费观念和消费方式选择,调节青年合理安排消费在收入中的比重,避免出现收支失衡的状况,有助于摒弃消费主义造成的不良后果。

从基础层面看,教育政策旨在促进教育公平,通过义务教育的普及保障青年的受教育权,培养青年的科学素养,促进个体的全面发展,使青年拥有在现代社会生存与发展的基本技能。2019年7月,中共中央就提高义务教育质量提出意见,强调要以开发人力、培养人才、造福人民为目标,坚持"五育"并举,实现个体的全面发展。坚持义务教育面向全体的原则,全面提高学校的办学质量与教师的职业素养,保证义务教育水平的提升。① 数字经济时代的到来,对个体发展技能提出了更高要求,数字鸿沟成为部分地区经济发展难、脱贫难的关键。只有提升青年群体受教育的程度,使青年群体迈入中等收入行列,才能真正激发青年群体的消费潜力。

从发展层面看,教育政策鼓励职业教育的发展,推动了高等教育的普及。职业教育为中国经济社会发展提供了有力的人才和智力支撑,是中国职业技术型人才的主要来源。发展职业教育有利于提升中国青年职业技能水平,使其更好地进入职业技术岗位。2019年1月,国务院印发《国家职业教育改革实施方案》,在人才就业方面,提出要将职业教育与科技发展、劳动市场需求对接,以促进就业和适应产业发展需要为导向,按需培养具有专业特色的技术型人才。在人才技能培养方面,提出完善职业教育和培训体系,鼓励企业参与职业教育的共建公办,培养"双师

---

① 中共中央 国务院《关于深化教育教学改革全面提高义务教育质量的意见》,http://www.gov.cn/zhengce/2019-07/08/content_5407361.htm。

型"教师队伍。① 2019年5月，教育部、人力资源和社会保障部等六部门联合印发通知，落实高职大规模扩招100万人的有关要求，以区域经济建设急需、社会民生领域紧缺、就业率较高的专业为主，安排高职教育扩招。面对退役军人、下岗失业人员、农民工和新型职业农民给予特殊照顾，鼓励高校学生积极取得多类职业技能等级证书，拓展创业、就业技能。② 高等教育使青年能够掌握更高层次的知识与专业技能，青年群体中高等教育的普及有利于青年创新创业活动的开展，在催生新经济业态的同时，也激发了青年新的消费需求。

2. 就业创业政策

从宏观层面看，人口就业状况是生产函数的关键变量，也是连接供给与需求的重要节点。人口的充分就业与否影响社会生产的潜在产量和总需求水平。从微观层面看，就业与个体的经济收入直接相关，就业状态对青年群体的消费行为产生直接影响，非正规就业岗位与正规就业岗位在经济收入、职业保障、未来发展状况等方面存在明显的差异，这些因素会影响青年消费决策的制定。在校青年学生的消费受家庭经济状况的影响，在信贷产品的使用上更为谨慎。而已就业青年由于掌握直接经济来源，因此消费欲望更强，消费潜力更大。高质量的就业有助于提升青年对未来发展的预期，影响其消费信心与消费需求。

青年就业政策旨在鼓励青年参与社会生活，保障青年高质量就业。青年就业政策的顶层设计从促进初次就业与解决失业两条主线入手，以就业创业政策体系为支撑，发挥公共财政支持青年就业的作用，发挥新经济业态对青年创业就业的吸纳能力。做好青年就业服务，健全帮扶体系，完善相应功能，启动青年就业启航计划，③ 从政策与法律上为就业青年提供权益保障。对创造就业岗位贡献最大的第三产业、新兴产业提供扶持政策，鼓励劳动密集型企业与小微企业吸纳青年就业。

---

① 国务院《关于印发国家职业教育改革实施方案的通知》，http：//www. gov. cn/zhengce/content/2019 - 02/13/content_5365341. htm。

② 教育部等六部门关于印发《高职扩招专项工作实施方案》的通知，http：//www. gov. cn/fuwu/2019 - 05/16/content_5392061. htm。

③ 人社部、共青团中央：《关于实施青年就业启航计划的通知》，http：//www. mohrss. gov. cn/SYrlzyhshbzb/jiuye/zcwj/201904/t20190401_313594. html。

要积极发挥青年在就业中的主体性作用，创新自主就业形式，以创业带动就业。创业活动往往以市场需求为导向，通过进入消费市场来实现项目价值，因此，青年的创业活动不仅为其消费提供了资金支撑，还会创造新的消费对象，刺激或迎合青年的消费需求。政府在青年创业服务上坚持以青年为主体，通过总结近年来青年创业的成功经验，提供政策扶持，协调社会各方面资源，为青年创业提供支持。从政策服务方面，一是通过印发各类就业指导、创业政策说明进行政策宣传，帮助青年及时了解、用好国家关于创业扶持的最新政策。二是多部门联合开展青年创业帮扶工作，提供创业优惠与补贴，消除青年创业过程中的政策障碍。三是针对信息渠道不畅问题，建立高效的政策服务平台，为青年提供政策解读、信息对接、创业指导等服务。从资金支持方面，一是与金融机构开展合作，对青年创业提供小额贷款支持，有效扩大对青年低息贷款覆盖面。建立青年创业贷款绿色通道，简化、缩短创业贷款办理周期。二是安排青年创业专项资金，发挥资金对青年创业的帮扶作用，优化资金申请审批流程。三是整合社会资源，通过创业大赛、创业项目推介等活动，吸引风投、金融机构关注，争取社会资金支持。从创业培训方面，一是整合各类学校教育与教育培训机构资源，建立社会化青年创业培训体系，在获相关部门审批后享受培训补贴政策。二是加强创业导师队伍建设，组织创业导师开展创业课程培训，有针对性地为青年提供创业辅导。三是创业培训以青年需求为导向，旨在提高青年创业能力与成功率。从创业平台方面，一是搭建青年创业项目数据库，实现创业信息的共享。二是加快青年创业园区建设，为青年创业提供一系列跟踪服务，为青年解决创业中的经营场地、资金、信息等需求。

3. 住房政策

住房对青年消费有许多影响。首先，住房是青年的直接消费对象。在青年社会化的过程中，租房或购买自用住房是青年的必然选择，房租、房贷成为住房消费的主要形式。一、二线城市"青年住房难"问题，已经引起高度关注，成为影响青年发展的现实问题。其次，住房消费成为青年消费的刚需，尤其在婚恋市场中，是否拥有住房成为婚恋的重要物质条件，高房价使青年在"成家立业"的道路上负重前行。最后，住房消费对青年其他方面的消费具有很强的"挤出效应"。住房消费属于生存性消费项目，青年消费预算受经济收入限制，当住房消费占比较大时，会挤压青年其他消费空间，影响青年在消费中的获得感和幸福感。

目前，各地政府为引进青年人才纷纷出台相应住房优惠政策。如北京市提出建设国际人才社区，解决引进人才住房问题。上海市提出，完善住房保障体系，提供廉租住房、公共租赁住房、共有产权保障住房、征收安置住房，支持建设配套人才公寓，以解决青年人才过渡性住房需求。深圳市通过建设人才住房安置青年群体。广州市通过发放人才绿卡鼓励青年自购住房，对于高层次青年人才给予住房补贴。以上青年住房政策一定程度上解决了青年住房困难问题，具有与人才引进政策绑定、享受政策受到诸多限制的特点。

青年群体的住房问题主要受保障性住房政策、房价调控政策的影响。保障性住房政策主要针对城市中住房困难群体，提供经济适用住房；针对最低收入家庭，提供廉租住房；针对城镇中低收入住房困难家庭、新就业无房职工和稳定就业的外来务工人员，提供公共租赁住房；为中低收入住房困难家庭提供限价房；通过个人与单位缴纳住房公积金来帮助职工完成住房资金积累。房价调控政策围绕住房的社会功能展开，以新市民住房需求为导向，在市场调节的基础上，坚持"房住不炒"定位，加强政府调控力度，采取金融、财税、土地、市场监管等多种政策，保障居民的住房需求。地方政府配合国家房地产调控政策，出台了限价、限购、第二套房贷款利率提高、刚需群体购买首套住房享受优惠政策等，来抑制房价的过快上涨。

以上住房政策一定程度上缓解了青年群体住房难的问题，不足之处是覆盖面较小、享受政策限制较大、政府福利住房供应量不足、与青年住房需求不匹配等。青年住房消费问题得不到解决，势必会抑制青年的消费意愿和消费能力，目前看，仍有待针对青年群体的住房政策出台。

4. 社会保障政策

社会保障政策旨在帮助劳动者应对包括疾病、伤残、生育、失业、年老等在内的各种风险，具有普遍性、福利性、公平性、基本保障性、强制性等特点。作为社会保障政策的主要形式，社会保险遵循普遍性原则，通过社会成员之间共担风险来降低个人风险承担的成本，风险保障性更强。从经济学角度看，社会保障从一定程度上替代了预防性储蓄的功能，可以为青年的消费解决"后顾之忧"，使其能够重新调整储蓄与消费的比例，促进青年群体的消费升级。

截至2020年，中国建成了世界上规模最大的社会保障体系，基本医疗保险覆盖超过13亿人，基本养老保险覆盖近10亿人。现阶段中国社会保障政策的对象覆盖到绝大多数社会成员，包括大部分劳动者、贫困人口、残疾人群体等特殊人群，但部分灵活就业青年群体却未能充分享受到社会保障政策。互联网与各行各业的深度融合催生了如电竞选手、网络主播、游戏代练等多种新兴职业，这类职业获取经济收入的方式与传统职业存在差异，无法通过强制性缴纳社会保险的方式为其提供社会保障，这部分新兴职业青年的社会保险参保率维持在一个较低水平。这些灵活就业人员即使有意识缴纳社会保险，但受到种种限制，仅能办理养老与医疗保险两项，而其他社会保险项目仍需通过企业途径来缴纳。社会保障的缺失使这部分青年群体的风险承受成本大大提高，仅能依靠增加预防性储蓄来应对风险问题，当遇到如新冠肺炎疫情等事件时，新兴职业青年很容易失去经济来源，严重影响了这部分青年群体的消费信心和消费能力。

创新创业的热潮吸引了大量青年加入创业大军中，新兴职业的出现如同雨后春笋般呈现上升趋势，现行的社会保障政策已经滞后于青年就业多元化的社会现实，社会保障政策需要做出相应调整，社会期盼国家出台多种针对性措施，以解决灵活就业青年的社会保障问题，为青年消费潜力的释放提供制度性的保障条件。

参考文献

［德］马克思:《资本论》第 1 卷,人民出版社 2004 年版。
［德］马克思:《资本论》第 2 卷,人民出版社 2004 年版。
《马克思恩格斯文集》第 1 卷,人民出版社 2009 年版。
《马克思恩格斯文集》第 5 卷,人民出版社 2009 年版。
《马克思恩格斯文集》第 8 卷,人民出版社 2009 年版。
《马克思恩格斯全集》第 30 卷,人民出版社 1995 年版。
《马克思恩格斯全集》第 31 卷,人民出版社 1998 年版。
《马克思恩格斯全集》26 卷 1 册,人民出版社 1972 年版。
编写组:《现代经济词典》,江苏人民出版社 2005 年版。
编写组:《中国大百科全书·经济学》1—3 卷,中国大百科全书出版社 1988 年版。
罗建平:《马克思消费力理论的内涵及其当代价值》,《学术研究》2019 年第 6 期。
敖成兵:《"伪精致"青年的视觉包装、伪饰缘由及隐性焦虑》,《中国青年研究》2020 年第 6 期。
敖成兵:《Z 世代消费理念的多元特质、现实成因及亚文化意义》,《中国青年研究》2021 年第 6 期。
白莉:《从消费与认同的关系分析青年消费》,《甘肃省经济管理干部学院学报》2005 年第 2 期。
陈占彪:《中性化·审美化·消费化——从电视选秀节目透视中国男性新气概》,《湖南工业大学学报》(社会科学版)2010 年第 1 期。
Dannie Kjeldgaard, Søren Askegaard,黄厚鹏:《青年文化的全球本土化:

青年群体结构性共性与差异》,《青年学报》2014 年第 3 期。

丁红卫、姜茗予:《论日本青年消费行为与消费意识的变化》,《中国青年社会科学》2016 年第 6 期。

丁剑峰:《摸索青年消费规律 指导青年经济生活》,《上海金融研究》1983 年第 5 期。

董时、何磊:《节能并非时尚的冤家——〈中国青年报〉"关注气候变化与可持续消费"报道尝试》,《中国记者》2007 年第 8 期。

段连友:《当前农村青年精神文化消费情况的调查》,《消费经济》1991 年第 1 期。

高菲:《Z 世代的短视频消费特征分析》,《新闻爱好者》2020 年第 5 期。

黄志坚:《青年消费五大趋势》,《瞭望新闻周刊》2001 年第 35 期。

黄志坚:《五年预测:中国青年消费八大趋势》,《中国青年研究》2001 年第 4 期。

姜兰花:《"穷游"消费与青年身份构建的质性研究》,《北京青年研究》2018 年第 3 期。

克莱尔·华莱士、西卡·科瓦奇瓦、徐倩:《东西欧青年文化与消费》,《青年研究》1994 年第 10 期。

李冰、刘冬梅:《小城镇青年的消费行为》,《当代青年研究》2005 年第 3 期。

李祥祥、李万银、汤娜:《大学生不良校园贷现象的分析与思考》,《中国石油大学学报》(社会科学版) 2017 年第 4 期。

林江、李梦晗:《"身体控制的迷茫":当代青少年整形消费低龄化现象透视》,《中国青年研究》2019 年第 4 期。

林江、李梦晗:《"精致"人设的自我呈现:青年超前消费问题探析》,《中国青年研究》2021 年第 3 期。

刘云:《流行文化影响下"90 后"大学生消费行为研究》,《兰州教育学院学报》2013 年第 12 期。

单光鼐、陆建华、李春玲、沈杰:《偏离与吸纳——中国青年发展总报告(上)》,《青年研究》1994 年第 7 期。

苏熠慧、周杨盛:《"粉丝经济"中的青年偶像崇拜与"审美劳动"》,《青年学报》2015 年第 4 期。

田凤雪：《大学生超前消费问题探析》，《教书育人》2006 年第 32 期。

王丽君、岳红军：《青年消费价值观影响因素探究》，《中国青年研究》2013 年第 4 期。

王玉玲、范永立、洪建设：《小镇青年消费文化特点研究——以文化产业领域为切入点》，《中国青年研究》2019 年第 6 期。

张春燕：《潘多拉：更先进的生存方式——信贷消费是富有人道主义的进步》，《英才》2000 年第 10 期。

张璟：《当代大学生消费价值观分析》，《现代交际》2020 年第 7 期。

张凯欣、谭玲玲：《互联网时代"粉丝经济"存在的问题及对策》，《重庆文理学院学报》（社会科学版）2019 年第 3 期。

张琳、杨毅：《从"出圈"到"破圈"：Z 世代青年群体的圈层文化消费研究》，《理论月刊》2021 年第 5 期。

张胜康：《论青年消费行为的中、宏观相关因素》，《青年探索》2000 年第 1 期。

张杨波：《迈向消费领域的角色转换与身份认同——以三十二位青年女性的访谈文本为例》，《中国青年研究》2017 年第 5 期。

邢海燕：《"国潮"与"真我"：互联网时代青年群体的自我呈现》，《西南民族大学学报》（人文社会科学版）2021 年第 1 期。

徐湘荷：《当代城市青年的符号消费透视》，《青年探索》2004 年第 4 期。

严亚、董小玉：《规训与抵制：大学生视觉形象重构》，《当代青年研究》2014 年第 2 期。

周凤梅：《青年文化在消费主义时代的嬗变与当代建构》，《江淮论坛》2016 年第 2 期。

李相旭：《中韩青年女性的消费价值观与化妆品消费行为比较研究》，硕士学位论文，浙江大学，2013 年。

张梦如：《"中性化"元素在男装品牌设计中的应用与推广》，硕士学位论文，浙江理工大学，2018 年。

温梦华、李佳宁：《上半年中国游戏市场营收超 1500 亿 "Z 世代"助力二次元消费大增》，《每日经济新闻》2021 年 8 月 3 日第 7 版。

夏远望：《"小镇青年"何以强势崛起》，《河南日报》2019 年 12 月 30 日第 5 版。

［英］安东尼·吉登斯:《现代性的后果》,田禾译,译林出版社 2000 年版。

［美］利昂·G. 希夫曼、莱斯利·拉扎尔·卡纽克、约瑟夫·维森布利特:《消费者行为学（第 10 版)》,江林等译,中国人民大学出版社 2011 年版。

李琴:《中国传统消费文化研究》,中央编译出版社 2011 年版。

［英］齐格蒙特·鲍曼:《工人、消费、新穷人》,仇子明、李兰译,吉林出版集团有限责任公司 2010 年版。

［英］迈克·费瑟斯通:《消费文化与后现代主义》,刘精明译,译林出版社 2000 年版。

青年志:《游牧:年轻人的消费新逻辑》,中国发展出版社 2018 年版。

［法］让·波德里亚:《消费社会》,刘成富、全志钢译,南京大学出版社 2000 年版。

［日］三浦展:《第四消费时代》,马奈译,东方出版社 2014 年版。

［日］松田久一:《下一个十年,消费崩盘的年代》,盛凯译,南方出版社 2011 年版。

孙骁骥:《购物凶猛:20 世纪中国消费史》,东方出版社 2019 年版。

唐兵:《新中国成立以来中国消费者行为变迁研究》,四川大学出版社 2012 年版。

王宁:《消费社会学——一个分析的视角究》,北京社会科学文献出版社 2001 年版。

杨德才:《中国经济史新论》,经济科学出版社 2020 年版。

［美］英格尔哈特:《现代化与后现代化——43 个国家的文化、经济与政治变迁》,社会科学文献出版社 2013 年版。

喻厚伟:《城镇化与消费文化变迁》,社会科学文献出版社 2017 年版。

A. H. Maslow, A Theory of Human Motivation, *Originally Published in Psychological Review*, no. 50, 1943, pp. 370 – 396.

Barry, R. Edwards, E. Pelletier, A. Brewer, R. Miller, J. Naimi, T. Redmond, A. Ramsey, L. Enhanced Enforcement of Laws to Prevent Alcohol Sales to Underage Persons—New Hampshire, 1999 – 2004. *Journal of the American Medical Association*. 2004, Vol. 292 Issue 5, pp. 561 – 562.

Gica Pehoiu. Education and Culture. Cultural Consumption among Young People Aged 18 – 35. *Postmodern Openings/Deschideri Postmoderne*. 2018, Vol. 9 Issue 1, pp. 165 – 181.

Karahanna E, Evaristo J R, Srite M. Levels of Culture and Individual Behavior: An Integrative Perspective, *Journal of Global Information Management*, 2005, Vol. 13 Issue2, pp. 1 – 20.

Parker, Robert Nash、Cartmill, Randi S. Alcohol and homicide in the united states 1934 – 1995——or one reason why U. S. rates of violence may be going down. *Journal of Criminal Law & Criminology.* 1998, Vol. 88 Issue 4, pp. 1369 – 1398.

Sueila Pedrozo. "To be 'cool' or not to be 'cool': young people's insights on consumption and social issues in Rio de Janeiro". *Journal of Youth Studies*, 2011, vol. 14 Issue 1, pp. 109 – 123.

后　记

　　投资、消费、净出口被称为拉动经济增长的三驾马车。在改革开放40多年中，中国社会消费品零售总额增长了200余倍，消费对经济增长的贡献率由1978年的38.3%一路攀升至2020年的54.4%（其中2018年高达76.2%）。中国特色社会主义进入新时代，构建双循环新发展格局，需要在开放中更好发挥国内超大规模市场的优势。

　　目前，中国14—35岁青年人口数量约为4亿人，占人口总数的四分之一以上。作为当前及未来国家的建设者，青年群体已经展现出广泛的消费需求与巨大的消费潜力。作为消费潮流的引领者与消费市场的主力军，青年群体的消费表现出许多不同于其他群体的新现象、新特征和新趋势，同时，青年群体的消费行为也带来了许多值得关注的新问题。

　　中国青年消费问题研究具有很大的理论价值和现实意义，理论层面的剖析需要基于多学科学理视角，实践层面的解读需要大量的实证数据和案例支撑。笔者基于多学科理论视角，依托大量青年消费的调查数据，试图对当代青年消费状况进行了比较深入的研究，以期得出一些中国青年消费有价值的研究发现和结论。

　　感谢中国社会科学出版社副总编辑王茵女士及有关编辑同志对本书出版给予的大力支持与帮助。

　　由于本人时间和水平所限，本书可能存在许多不足，欢迎广大读者批评指正。

林　江
2021年11月于北京